고려시대 향리연구

박경자

국학자료원

책머리에

— 서론을 겸하여 —

　근래에 들어 高麗時代를 해명하기 위한 시도가 여러 측면으로부터 행하여지고 있고, 그 중에서도 특히 당시의 身分制度에 있어서의 연구업적은 괄목할 만하다. 그러나 아직도 해결되어야 할 문제는 많이 남아 있다. 고려초 이래로 고려사회를 주도해 온 지방세력에 대한 연구 또한 그 하나라고 생각된다.

　고려왕조 성립기에 광범하게 등장한 지방세력은 新羅의 骨品體制를 붕괴시키면서 새로운 사회의 주역으로 그 모습을 드러내었다. 널리 알려진 바와 같이 고려왕조는 건국 초기부터 강력한 中央集權的 통치체제를 이루지 못하고 豪族勢力과 더불어 혹은 갈등하고 혹은 타협하면서 새로운 사회현실에 대응해 나가야만 했다. 따라서 고려시대 연구에 있어서 이들 지방세력의 向背는 고려사회의 성격을 이해하는 열쇠가 될 것이다. 國王을 정점으로 한 中央貴族에 대하여 지방세력의 힘은 만만치 않았고, 심지어 중앙귀족들조차 그 뿌리를 지방사회에 두고 있었기 때문에 이들 양자의 관계는 실로 복잡 미묘하였다. 이 책에서 다루려고 하는 鄕吏階層은 바로 이러한 지방세력과 불가분의 관계를 가지고 있다. 때문에 史料의 빈약함에도 불구하고 많은 연구가 이루어지고 있는 것이다.

　지금까지의 향리연구는 대체로 중앙의 지배층을 중심으로 이루어진 것이었다. 다시 말하면 지방의 호족층이 고려의 중앙집권화 과정에서 어떻게 향리로 編制되었으며, 또 그들의 존재양상은 어떠했는가를 해명하는 데에 초점이 맞추어져 왔던 것이다. 이러한 연구는 자연 '지방호족이 향리화하였다' 라는 측면이 지나치게 강조됨으로써 그들의 사회적 신분이 실제 이하로 강등된 것으로 이해되었다. 말하자면 중앙에서 '지방호족세력을 억압하고, 그로 말미암아 그들의 세력이 약화되었다'는 것만을 강조하는 결과를 초래하였다는 것이다. 고려의 향리가 이와 같이 중앙의 입장에서만 다루어질 때 고려향리가 지닌 역사적 의미는 축소될 수밖에 없는 것이다.

그리하여 이 책에서는 고려왕조 성립 이후 줄곧 적지 않은 영향을 끼친 지방세력을 부각시키는 데 주목하고 그들의 존재양상과 역사적 추이를 밝혀보고자 한다.

이 책은 다음과 같이 모두 5장으로 구성된다.

제1장에서는 羅末麗初에 있어서 지방세력의 지배구조가 실제로 어떠했는가를 살펴보려 한다. 이는 成宗 2년(983)에 실시된 지방제도의 개편과 향리제의 성립을 이해하기 위하여 필요하다고 생각되기 때문이다. 이를 위하여 먼저 後三國時代 지방세력의 동향을 살피고, 이어서 官府의 명칭이 비교적 뚜렷이 나타나는 몇몇 지방을 통하여 그 官府의 구조와 지배계층을 살펴보려 한다. 이때 존재한 관부는 실제로 지방세력과 밀접한 관계를 가졌을 것이며, 따라서 이를 통하여 이 시기에 다양하게 존재했던 지방의 통치체제와 이들이 지방사회에 미친 영향력을 밝혀볼 수 있을 것이기 때문이다.

제2장에서는 고려 건국기에 지방세력이 어떻게 작용하였으며, 또 중앙의 관심은 무엇에 있었는가를 살펴보려 한다. 그렇게 하기 위하여 고려통일 후 호족세력의 향방과 이에 대처한 고려초기 對 豪族政策을 살피고, 이를 통하여 고려 초기 사회의 실태와 성격을 이해하고자 한다. 이는 또한 호족세력이 어떻게 권력구조에 참여하게 되는가를 살펴보는 방법이 되기도 할 것이다. 그리고 광종대 이후의 대 호족정책을 살펴봄으로써 지배세력 형성과정에 있어서 지방세력의 역할이 어떠했는가에 접근하려한다. 이것은 건국후부터 중앙집권적 통치체제에 막대한 영향을 미쳤던 지방세력의 실상을 이해하는 기초작업이 될 것이기 때문이다.

제3장에서는 향리집단 성립의 배경으로서의 호족과, 향리제도가 성립되는 과정을 살펴보고 나아가 향리의 신분과 職任 등에 대해 살펴보려고 한다. 여기서는 그들이 중앙의 끊임없는 통제를 받으면서도 끝까지 지배층으로서의 신분 배경을 유지할 수 있었던 원인을 찾는데 주목했다. 그것은 바로 그들의 호족적 기반일 것이다. 또한 향리직이 성립된 현실적 토대를 알아보기 위하여 지방제도의 정비에 초점을 맞추어 살펴보려 한다. 그것은 향리제도와 관련하여 밀접한 관계를 맺고 있기 때문이다. 지방제도의 개편이라는 大役事를 수반하여 일어난 成宗 2년, 顯宗 9년의 향리직 개편을 살펴보고, 고려의 문물제도가 완성되었다고 하는 文宗代 이후의 향리직에 대한 변화도 살펴보려 한다. 뿐만 아니라 지방에 있어서의

이들의 사회경제적 위치를 밝힘으로써 고려초 이래로 이들이 가졌던 호족적 속성의 변질 양상에 대해서도 검토해 보려 한다.

제4장에서는 향리신분의 변화에 대하여 언급하려 한다. 이는 고려시대를 통해 향리의 신분이 어떻게 변화되었는가를 살피는데 목적이 있다. 무신집권기, 元의 간섭기, 그리고 恭愍王代를 통하여 그들이 정치·경제적으로 利害를 같이 하는 공동체적 집단으로서의 정치적 관료군을 형성하는 과정은 자못 흥미로운 것이 아닐 수 없다. 이 시기에 형성된 향리출신 신진세력이 朝鮮王朝를 건국한 주도세력과 연결된다고 생각되기 때문이다.

마지막으로 향리신분과 직접적인 연관은 없지만 고려시대 호족세력 및 지방제도와 관련하여 중요한 역할을 한 것으로 보이는 견훤과 궁예에 관련된 논문을 附論으로 싣는다. 「甄萱의 勢力과 對王建政策」 및 「고려후기 연천遷都說에 대하여」 두 편이다. 이들은 신라말 호족세력쟁패기에 각축하였던 세 사람에 관한 것이어서 이 책의 중심에서는 거리가 있지만 그대로 실어두기로 한다.

아울러 그 동안 축적된 고려향리에 대한 연구성과를 정리함으로써 향리연구에 대한 이해는 물론 그 동안의 연구성과를 반영하고자 한다.

고려는 다소간의 성격변화는 있었다 할지라도 지방세력에 의해 시종 주도되고 발전되어왔다고 할 수 있다. 그러므로 향리는 고려 초기 향리제도의 성립과 함께 지방 말단 '행정리'로 격하되었다는 기존의 통설과는 달리, 향리의 전신은 호족이었고 또 그들은 끊임없이 중앙의 통제를 받으면서도 자신들의 지배적 속성을 여전히 유지시켜 왔다는 점에 초점을 맞추어 論旨를 전개해 보려 한다. 그러나 史料가 한정되어 있어 논리에 비약이 따르지 않을까 저으기 조심스럽다.

이 책은 10여년 전에 필자가 학위논문으로 제출하였던 『고려시대 향리연구』를 약간의 손질을 거쳐 묶은 것이다. 스스로 불만이 적지 않음에도 불구하고 출간을 결정하게 된 데는 두 가지 이유가 있다. 하나는 이 책의 출간을 통하여 필자의 연구결과를 객관적으로 검증받고 이를 통해 더욱 연구에 정진하겠다는 다짐의 뜻이며, 다른 하나는 이 책의 출간을 계기로 이 방면에 대한 관심과 성과가 더해지는 계기가 되었으면 하는 기대가 작용한 때문이다. 손질하는 과정에서 내용상 중복되는 부분이 있기도 하였지만 상호 보완하는 측면이 있기 때문에 체제와 내용을 보충하거나 주를 첨가하는 선에서 다듬어 내기로 하였다.

이 책은 필자의 이름으로 출간되는 결과물이기는 하지만 이를 완성하는 과정에서 많은 분들의 격려와 은혜에 힘입은 바가 컸다.

필자가 학문을 시작하면서부터 '고려향리연구'에 눈을 뜨도록 지침을 주시며 석·박사과정을 이끌어 주셨던 이기백 선생님, 언제나 따뜻하게 학문의 길을 안내해주시며 안목을 넓혀주셨던 이광린 선생님, 그리고 지금은 고인이 되신 유원동 선생님을 비롯한 모교의 정병학, 윤혜원, 김봉호, 임채원, 이만열 선생님께 이 자리를 빌어 깊은 감사의 말씀을 드린다.

또한 발걸음이 더딘 필자의 등을 밀어 책의 출간을 도와준 오성, 노용필 선생에게 감사하며 학문의 길에서 희로애락을 같이 했던 분들께도 감사의 마음을 전한다. 그리고 이 책의 출간을 기꺼이 맡아준 국학자료원 정찬용 사장님과 편집부 여러분에게도 감사드린다.

끝으로 오랫동안 학문의 길에 전념할 수 있도록 말없이 도와주고 지켜 보아준 사랑하는 나의 가족과 함께 이 조그만 기쁨을 나누고, 이제는 이승에서 뵐 수 없는 어른들의 영전에 때늦은 이 책을 바친다.

2001년 2월

통일을 염원하며
수락산 자락에서   저 자

차 례

책머리에

제1장 羅末麗初 豪族의 存在樣相　　11

1. 永川·原州·醴泉地方의 豪族 ……………………………………… 13
　1) 後三國時代 支配勢力의 動向 ………………………………… 14
　2) 永川·原州·醴泉地方의 支配組織 …………………………… 22
2. 忠州地方의 豪族 …………………………………………………… 29
　1) 忠州地方의 檀越勢力 …………………………………………… 30
　2) 忠州地方의 官府 및 職制 ……………………………………… 40
3. 淸州豪族의 吏族化 ………………………………………………… 47
　1) 淸州地方의 豪族勢力 …………………………………………… 48
　2) 淸州豪族의 存在樣相 …………………………………………… 56
　3) 幢竿記所載 人名에 대한 檢討 ………………………………… 63
　4) 淸州豪族家門의 展開過程 ……………………………………… 77

제2장 麗初 豪族政策의 推移　　89

1. 太祖王建의 豪族政策과 地方統治 ……………………………… 93
　1) 豪族政策 …………………………………………………………… 93
　2) 地方統治 …………………………………………………………… 108

2. 光宗代의 豪族政策 ·· 125

   1) 勳臣宿將의 除去 ·· 125

   2) 새로운 豪族政策의 摸索 ··································· 133

제3장 鄕吏制度의 運用　　145

1. 鄕吏制度의 成立 ·· 147

   1) 鄕吏集團 成立의 背景 ·· 148

   2) 鄕吏制度의 成立 ·· 159

   3) 鄕吏의 身分 ·· 174

   4) 鄕吏의 職任 ·· 185

2. 鄕吏의 經濟的 基盤 ·· 194

   1) 鄕吏의 經濟的 實態 ·· 196

   2) 田柴科 制定과 鄕吏에 대한 給田 ··················· 205

   3) 鄕吏田 支給의 諸形態 ······································ 217

제4장 鄕吏身分의 變化　　235

1. 研究史 整理 ·· 237

2. 高麗初의 鄕吏身分 ································ 244

3. 高麗末 鄕吏身分의 分化 ·························· 253

　　1) 鄕吏上層部의 中央士族化 ···················· 253

　　2) 鄕村支配勢力의 吏族化 ······················ 273

4. 鄕吏의 職役 ································· 278

附　論　　291

1. 甄萱의 勢力과 對王建政策 ······················ 293

　　1) 甄萱勢力의 成立背景 ························ 295

　　2) 甄萱의 勢力과 西南海 ······················ 300

　　3) 甄萱勢力과 王建 ·························· 306

　　4) 後三國鼎立問題 ·························· 316

2. 高麗時代 漣川遷都說에 대하여 ···················· 321

　　1) 弓裔와 功成縣 ··························· 322

　　2) 高麗時代의 漳州 ·························· 329

　　3) 高麗後期의 漣川遷都說 ······················ 337

參考文獻　　349

索引　　359

제1장

羅末麗初 豪族의 存在樣相

永川・原州・醴泉地方의 豪族

忠州地方의 豪族

淸州豪族의 吏族化

1. 永川·原州·醴泉地方의 豪族

후삼국시대의 정치 주도세력인 호족은 신라라는 낡은 기존체제를 타도하고 고려왕조를 창건하는 데까지는 그 소임을 다 했지만 新王朝의 기반을 구축하고 새로운 질서를 수립하는 데는 그들이 그대로 적격자가 될 수 없었다. 따라서 신흥 고려왕조의 가장 큰 관심은 각 지방에 散居해 있는 호족세력을 어떻게 흡수·동화시키느냐 하는 것이었다. 왜냐하면 고려 초기의 지방세력은 아직도 강력한 호족적 성격을 그대로 유지하고 있었기 때문이다. 따라서 王建의 등장과 후삼국쟁패기에 있어서의 호족의 동향을 살피는 것은 왕건이 고려왕조를 창업하는 과정에서 호족을 어떠한 시각에서 파악하였고 또 어떻게 새 왕조에 편입시켰느냐 하는 문제해결의 열쇠가 될 것이다.

이 시기의 호족들은 在鄕村主層이거나 혹은 일찍부터 낙향한 중앙귀족의 후예들이었다. 이들은 일찍부터 독자적인 지배조직을 구축하고 이를 토대로 지배세력으로 성장할 수 있었다. 그러므로 이들 각 지방의 지배기구의 규모나 존재양상도 지방에 따라 다양하였다. 다양한 형태의 지배기구가 존재하였다는 것은 또 재지세력자들의 권력구조가 달랐다는 것을 의미하기도 한다. 따라서 이들 재지세력자들의 권력구조 내지는 존재양상이 성종2년의 향리직 개편으로 중앙정부의 통치체제내에 재편되기까지 어떠한 형태로 존재하였는가를 살피는 것이 본고의 목적이다. 이것은 羅末麗初의 호족들의 지배기구는 물론, 지방의 관부명 그리고 지방과 중앙의 職制上의 차이 등을 살피는 작업이 될 것이다. 이 작업의 진행을 위해 高鬱府將軍 能丈을 중심으로 한 고울부(永川)의 직제, 그리고 原州, 醴川지방의 직제를 살펴보려고 한다.

아울러 신라말 여러지방의 권력구조를 중심으로 하여 지방사회를 조명하고 고려가 이들 호족층을 통합하는 과정에서 지방세력은 어떻게 변모하였는지도 살펴볼 예정이다. 이들은 이미 지적되고 있는 바와 같이 향리로서 특징 지워지는 지방사회의 특수한 지배적 신분층일 것이기 때문이다. 물론 이러한 작업이 전혀 새로운 것은 아니다.[1] 그렇더라도 羅末麗初의 호족들의 존재양상 내지는 권력구조가 향리제 성립과 관련하여 지니는 의미는 크다고 본다. 따라서 이들 호족의 권력구조가 보다 다양하게, 그리고 구체적으로 이해될 때 鄕吏制가 어떠한 현실 토대 위에서 성립되었는가를 살피는 열쇠가 될 수 있으리라 믿는다.

1) 後三國時代 支配勢力의 動向

신라말 고려초의 호족은 '競用豪武 覇於州縣'하면서 토지와 인민을 통솔하는 입장에 있었던 세력이었다. 이러한 호족의 성격을 구체적으로 파악하기 위하여 다음과 같은 기록이 주목된다. 이 무렵의 호족은

---

1) 이와 관련된 논문들은 다음과 같은 것이 있다.
李佑成, 「麗代百姓考」『歷史學報』14, 1961.
李基白, 「新羅私兵考」『新羅政治社會史研究』, 一潮閣, 1968.
金光洙, 「羅末麗初의 豪族과 官班」『韓國史研究』23, 1979 및 「羅末麗初의 地方學校問題」『韓國史研究』7, 1972.
李鍾旭, 「南山新城碑를 통하여 본 新羅의 統治體制」『歷史學報』64, 1975.
蔡尙植, 「淨土寺址 法鏡大師碑陰記의 分析－高麗初 地方社會와 禪門의 構造와 관련하여－」『韓國史研究』36, 1982.
尹熙勉, 「新羅下代의 城主 將軍」『韓國史研究』39, 1982.
金杜珍, 「玄暉와 坦文의 佛敎思想－高麗初의 敎禪融合思想과 관련하여－」『高炳翊先生回甲記念史學論叢』, 1984.
末松保和, 「新羅の村主について」『新羅史の諸問題』, 1954.

• 신라말의 의관의 후예들은 競用豪武하고 覇於州縣하여 고려조 통합후
  에 처음에는 복종하지 않은 사람이 있어 이를 진압하여 환란을 없애고
  자 하였다. 힘써 소재지의 호장이 되었다(『掾曹龜鑑』 권1 吏職名目解
  興陽李氏譜).

• 競用豪武하고 覇於州郡하면서 토지인민에 의거하여 이로써 나라에 貢
  賦를 수송하였다(『掾曹龜鑑』 권1 觀感錄).

• 堂大等 김예종이라는 사람이 있었는데 州里豪家로서 향리의 관족이다
  (『朝鮮金石總覽』 上, 龍頭寺幢竿記).

• 스승은 휘를 도윤이라 하고 성은 박씨로 한주 산엄 사람이다. 누세에
  걸쳐 호족으로서 그 조상이 벼슬을 하였는데 郡譜에 상세하다(『祖堂
  集』 권17).

• 할아버지의 휘는 술지이고 관이 溟洲郡督에 이르렀으며 그 어머니는
  문씨로 그 집안은 누대에 걸쳐 豪門이었다(『祖堂集』 권17).

• 스승은 휘를 순지라 하고 속성은 박씨이며 패강사람이다. 할아버지와
  아버지는 모두 家業이 雄豪하였다(『祖堂集』 권20).

라고 표현되었다.

  때문에 고려왕조는 이들 호족들과 연합하여야만 정권을 유지할 수 있을 정
도로 그들이 권력구조상에서 갖는 비중은 막중한 것이었다. 이들의 세력규모
나 판도는 각양각색이어서 그 정형을 명확하게 드러낼 수는 없지만 앞의 사
료에 보이는 대로 그 지방의 유력자로서 토지와 인민을 지배했던 것만은 틀
림없는 사실이다.[2] 호족들의 이러한 성격은 고려 통합 후에도 그대로 지속되

---

2) 이에 대해서는 李基白, 『韓國史新論』, 一潮閣, 1967 및 旗田巍, 「高麗王朝成立
  期의 '府'와 豪族」, 『朝鮮中世社會史研究』, 1972 그리고 河炫綱, 「高麗王朝의
  성립과 豪族聯合政權」, 『韓國史』 4, 國史編纂委員會 등에서 확인된 바 있다.

었다. 그런데 이 시기의 지방 세력은 대략 두 그룹으로 분류해 볼 수 있다. 하나는 해당지역에 머물면서 지방민을 지배해 간 이른바 재지 세력의 경우이고, 다른 하나는 상경 종사하여 이후 중앙에서 활약한 중앙귀족세력의 경우이다.

이 시기 해당지역에 그대로 머물면서 재지 세력을 형성한 인물로서는 잘 알려진 대로 王順式, 李悤言, 龔直 등을 대표로 들 수 있다.

- 王順式은 溟州 사람으로 명주의 장군으로 있으면서 오래도록 복속하지 않았다. 太祖가 그것을 걱정하자 侍郎 權說이 아뢰기를 "아버지가 자식을 가르치고, 형이 동생을 가르치는 것은 천리입니다. 순식의 아비 許越이 지금 일찍부터 內院에 들어와 있으니 그를 보내어 말하게 함이 마땅합니다"라고 하여 태조가 그에 따랐다. 순식이 마침내 그의 맏아들인 守元을 보내어 정성을 바치니 왕씨 성을 내리고 밭과 가옥을 내렸다. 또 아들 長命을 보내어 600명을 이끌고 들어가 宿衛케 하고 후에 아들과 동생과 함께 무리를 인솔하여 와서 조회하니 왕씨 성을 내리고 大匡을 제수하였다. 장명에게는 이름 廉을 내리고 元甫를 제수하였다. 小將 官景에게도 역시 왕씨 성을 내리고 大丞을 제수하였다. 태조가 神劍을 토벌할 때 순식은 명주로부터 병사를 이끌고 와서 함께 싸워 이겼다 (『高麗史』 卷92, 列傳 王順式).

- 李悤言은 사서에 世系가 없어졌다. 신라말기에 碧珍郡을 보유하고 있었는데 당시 도적의 무리가 충만하였으나 총언이 성을 견고히 수리하고 고수하니 백성들이 그 덕으로 편안하였다. 태조가 사람을 보내어 손을 잡고 협력하여 화란을 평정할 것을 권유하였더니 이총언은 글월을 받고 심히 기뻐서 그 아들 永에게 군대를 인솔 파견시켰으며 태조를 따라 정벌에 참가하였다. 당시 영은 18세였는데 태조는 大匡 思道貴의 딸로써 처를 삼게 하고 이총언을 본읍장군으로 임명하고 이웃 읍의 丁戶 229호를 더 주었다. 또 충주, 원주, 광주, 죽주, 제주 창고의 곡식 2천2백석, 소금 1천7백85석을 주고 친필로 편지를 써서 금석같이 굳은 신의를 표하였다(上同, 王順式附 李悤言).

• 龔直은 연산매곡사람이다. 어려서부터 용감하고 지략이 있었다. 신라 말기에 본읍장군으로 있었는데 당시 바야흐로 난리가 나서 드디어 백제를 섬기게 되었고 견훤의 심복이 되어 장자 직달, 차자 금서 및 딸 하나를 백제에 볼모로 두었다. 공직은 일찍이 백제에 입조하였다가 그 잔인무도한 것을 보았다. …… (중략) …… "지금 아버님이 현명한 군주에게로 귀순하여 우리 고을을 보존하고 편안케 하고저 하시니 어찌 의당한 일이 아니겠습니까" …… (중략) …… 공직이 드디어 결심하고 태조에게로 귀순하여 왔다. 15년에 공직은 그의 아들 영서와 함께 와서 말하기를 "저는 고을에 있을 때 오랫동안 좋은 정치에 대하여 듣고 있었습니다. 비록 제왕을 보좌할 역량은 없으나 신하된 직분을 다하고자 합니다." 태조가 기뻐하며 大相으로 임명하고 白城郡祿과 廐馬 3필과 채단을 주었다. 그의 아들 함서는 좌윤으로 임명하고 귀척 正朝준행의 딸을 영서에게 妻삼도록 하였다. …… (중략) …… 공직이 인사하고 이어 말하기를 "백제의 일모산군은 저의 고을과 접경인데 제가 귀순하였기 때문에 항상 와서 침범하고 약탈하므로 백성들이 생업에 안착하지 못하고 있습니다. 저는 원컨대 그곳을 공격 점령하여 저의 고을 백성들로 하여금 약탈을 당하지 않고 오로지 농업과 양잠에 힘쓰도록 하며 귀화하려는 충성을 더욱 견고히 하도록 하고자 합니다." 라고 하니 태조가 이를 허락하였다(上同 龔直).

위의 기록에 의하면, 王順式은[3] 그가 溟州將軍으로 있으면서 오래도록 왕건 태조에게 굽히지 않았는데 태조가 이를 걱정하다가 순식의 아버지 許越이 佛僧으로 개경의 內院에 있었으므로 이를 통해 순식을 회유하였다고 한다. 그리고 태조는 순식의 아들 守元과 長命에게 관직을 주고 賜姓하였으며 순식에게도 賜姓하고 大匡이라는 官階를 준 것으로 나타난다.[4]

---

3) 『高麗史』권 92, 列傳 王順式.

4) 溟州將軍으로서의 王順式은 태조에 의해 賜姓名되었음은 분명한 사실이다. 그러나 그의 본래의 성명이 무엇이었는지는 확실히 알 수 없다. 다만 일찍기 신라의 金周元이 왕위 쟁탈에 실패하여 溟州都督으로 낙향한 후에 江陵에 정착하였다는 기록에 접하면(『新增東國輿地勝覽』권44, 江陵府 人物條 참조) 그가 혹 江陵 金氏의 일족이 아니었나 생각된다. 그러나 이에 대해 李樹健교수는 "麗初에 왕건으로부터 賜姓 받은 왕씨는 본래 김씨였기 때문에 족보에 기

그러나 그가 직접 중앙관료가 된 것 같지는 않다. 그것은 태조가 후백제의 神劍軍을 토벌할 때인 태조 19년(936)에 명주로부터 군대를 이끌고 와서 태조군과 會戰하므로서 신검군을 격파하였다는 사실에서 확인할 수 있다. 만약 그가 上京從仕하였다면 '順式自溟州 率其兵會戰' 이라는 표현은 쓰지 않았을 것이다. 그러므로 그는 태조에게 귀순하여 성명을 하사받은 뒤에도 그대로 명주지방에 남아 그 지방을 대표하던 재지 세력이었다고 보아 좋을 것이다.

王順式傳에 附記되어 있는 李恩言은[5] 그 世系가 불분명한 인물이긴 하지만 태조때에 상당히 많은 私兵을 거느린 세력자로서 태조로부터 막대한 은사를 받았던 것으로 나타났다. 태조가 이총언에게 本邑將軍을 除拜하고 이웃 丁戶를 加給하였다는 것은 이총언의 재지적 성격을 드러내 주는 것이라고 하겠다. 따라서 이총언은 태조에게 막대한 恩給을 받으면서도 중앙귀족화하지 않고 碧珍郡(星州)의 실력자로 군림함으로써 후에 이곳의 第一 土姓이 되었다고 할 수 있다. 즉 이총언은 성주의 일곱 '토성' 가운데 맨 먼저 적혀 있는 성주 이씨의 시조로서 고려초기 많은 다른 호족들과 마찬가지로 중앙귀족화하지 않고 재지 세력자로 남아 있었던 인물중의 하나로 보아 좋을 것이다. 이총언과 관련하여 이 지방 또 하나의 세력자로 高麗史 세가에 보이는 양문을 생각할 수 있다. 즉

碧珍郡將軍 良文은 그의 조카 圭奐을 보내어 투항하니 (태조는) 규환을 元尹에 제배하였다(『高麗史』 권1, 世家, 太祖 6년).

라는 기록이 있고 또,

京山府의 장군 良文이 태조에게 항복하였다(『三國史記』 권12, 景明王

재된데 반해 김씨와는 별개인 王順式系는 土姓分定時 기존의 김씨와 함께 江陵府의 토성이 되었다."고 하여 江陵 金氏와 구별하고 있다.(「高麗初期 支配勢力과 土姓」, 『韓國中世社會史研究』, 1984, 189쪽)
 5) 『高麗史』 권92, 列傳, 王順式附 李恩言.

7년).

라는 기록이 있어 碧珍郡(京山府)에 있어서의 양문의 존재를 알려준다. 여기에 보이는 벽진군과 경산부의 관계를 보면

> 京山府는 본래 新羅 本彼縣으로 景德王때 이름을 新安이라고 고치었는데 星山郡의 領縣이 되었다. 후에 고쳐서 碧珍郡이라 하였는데 태조 23년에 다시 지금의 이름으로 고치었다(『高麗史』권57, 地理志, 慶尙道 京山府).

라는 기록이 있어 벽진군과 경산부의 관계를 알려 준다. 이에 의하면 벽진군은 경산부의 옛 이름이고 또한 성주의 옛 이름이라는 것을 알 수 있다. 따라서 위 내용을 보면 벽진군에는 앞의 '史失世系'한 李恩言과 良文이라는 인물이 각기 다른 세력을 형성하고 있다가 태조에게 귀부한 것처럼 보이지만 실제로는 동일 인물이 아닌가 싶다. 왜냐하면 이총언과 양문은 그들이 활동한 시기나 활동한 지역이 같고 또 그들이 장군으로서 태조에게 귀부한 사실 등이 명백하다는 점에서 동일 인물로 보아 좋다고 생각되기 때문이다.[6] 다시 말하면 良文은 漢姓化가 이루어지지 않았던 시기의 이총언일 것이고 이총언은 漢姓化한 양문이라 보아 좋을 것이다.[7]

한편 燕山 昧谷人이었던 龔直은 신라말부터 本邑將軍이 된 호족으로서 일찍이 견훤의 휘하장수가 되었던 사람이다. 공직의 경우 많은 호족이 그러하였듯이 견훤의 無道함과 극에 달한 奢侈에 실망하여 고려 왕건에게 귀부하였다고 한다. 귀부한 이후의 공직의 행적은 왕건으로부터 매우 두터운 예우를 받고

---

6) 만약 동일인물이 아니라면 『高麗史』世家와 列傳에 각기 다른 인물로 항목을 달리 하여 기록되었을 것이다. 景明王 7년은 923으로 태조 6년에 해당하는 바 이 해를 전후로 하여 많은 호족들이 태조에게 來投하고 있는 것으로 나타나며 이총언과 양문도 이 시기에 동일한 지역에서 함께 내투한 것으로 나타나는 점에 주목할 필요가 있다.
7) 旗田巍, 앞의 글, 27쪽 참조.

일시 上京從仕의 청을 받았던 것으로 이해된다.8) 이에 대하여 공직은

> …… (前略) …… 백제의 一牟山郡(지금의 청주부근)은 폐읍과 접경하
> 였는데 신의 귀화로 (백제)의 침략을 받아 백성이 생업을 편안하게 이룰
> 수 없게 되었으니 가서 공취하여 백성들이 오로지 農桑에 전념토록 하고
> 더욱 귀화한 정성을 굳게 할 것을 다짐하고 (태조에게) 귀향을 요구하였
> 다.…… (後略) ……(『高麗史』 권92, 列傳, 龔直)

고 한다. 이러한 공직의 요구를 태조는 흔쾌히 받아들였다는 것이다. 공직
이 태조에게 내세운 이유─백제의 침략에 대비하여 본읍으로 돌아간다─는
표면상의 이유일 뿐이고9) 실제로는 그곳이 그의 강력한 在地 基盤이었기 때
문일 것이다. 그 이후의 공직의 행적에 대해서는 알 길이 없지만 그의 큰아들
을 비롯한 자녀가 견훤에게 볼모로 가 있었다든지, 혹은 왕건이 베푼 예우가
극진했다든지 하는 것으로 보아 그 지역에 있어서 상당한 세력자였던 것만은
틀림없다고 하겠다.

그러한 그가 이후의 기록에 보이지 않는 것은 漢姓化 이후의 그, 혹은 그의
자손과 연결되지 못한 때문이 아닌가 한다. 이것은 앞의 왕순식이나 이총언의
경우도 마찬가지라고 생각된다. 이와 같이 후삼국시대 고유이름을 가진 유력
한 호족가운데 많은 인물이 후대에 그의 출신지와 연결되지 못한 경우는 허
다하다.10) 그러나 다음과 같이 후세에까지 연결, 존속되어 세계가 확실한 세

---

8) 『高麗史』 권92, 列傳, 龔直.

9) 그러나 이 시기에 있어서 청주세력의 저항은 끊임없이 나타나고 있었다. 그렇
기 때문에 공직이 그의 還鄕의 이유로서 弊邑 백성들의 안전을 내세울 수 있
었다고 하겠다.

10) 예컨대 鹽州人尹瑄, 延安人泰評, 洪州人兢俊, 高思葛伊城主興達, 載巖城將軍善
弼, 淸州人堅金, 康州將軍閏雄, 下枝縣將軍元奉 등이 있다. 이들이 후세에 출
신지와 연결되지 못한 이유는 분명치 않으나 李樹健교수는 "이들은 한때 강
력한 호족이거나 권문이었지만 叛逆, 謀逆 등으로 인해 土姓이 되기 전 몰락
했거나 후속세력의 결여로 인해 土姓 分定時에 亡姓된 계열일 것"이라고 하
였다.(앞의 글, 「後三國時代 支配勢力과 土姓」, 136쪽 참조).

력도 있다.

> 古昌郡 城主 金宣平으로 大匡을 삼고 權行·張吉로 大相을 삼았다.(『高
> 麗史』 권1, 世家, 太祖)

이 사료에 보이는 고창군은 경상도 안동의 옛 지명으로 위 세 사람은 안동의 대표적 인물이었다. 위의 사실을 뒷받침하기 위하여 다음 사료를 살펴보도록 하자.

> 安東府는 본래 신라의 古陀耶郡이었는데 (신라) 景德王때 고쳐서 古昌郡
> 이라고 하였다. 태조 13년에 후백제의 견훤과 더불어 郡地에서 싸웠는데
> (태조가) 패하였다. (이때) 郡人 金宣平, 權行, 張吉이 태조를 도와 공을 세
> 우니 (태조는) 김선평에게 大匡을 제수하고 권행과 장길에게는 각기 大相
> 을 제배하고 郡을 승격시켜 안동부로 하였다.(『高麗史』 권57, 地理志, 慶尙
> 道, 安東府)

이것은 잘 알려진 바와 같이 왕건의 후삼국 통일에 결정적인 계기를 마련해준 甁山大戰에 관한 기록이다. 甁山大戰에서의 승리는 무엇보다 이 지방을 장악하고 있었던 성주 김선평, 권행, 장길의 공로에 의한 것이었으므로 왕건은 그에 대한 보상의 뜻으로 그들에게 각각 大匡, 大相의 官階를 제수하고 고창군을 안동부로 승격시켰다는 것이다.[11] 따라서 이들 3인은 안동지방의 3대 토성으로서 각기 安東 金·安東 權· 安東 張씨의 시조가 되었다. 그러나 이들은 비록 고려에 큰공을 세우고 귀순하여 大匡· 大相의 官階를 받기도 하였지만 귀순과 동시에 上京從仕했던 것 같지는 않다. 말하자면 이들은 그 지역에 그대로 토착하여 재지세력을 형성하면서 후세에까지 비교적 정확한 世系를 남겨 놓고 있는 것이다.[12] 이들의 후예인 안동 김씨나 안동 권씨가 중앙

---

11) 旗田巍, 앞의 글, 22~24쪽 참조.
12) 安東鄕孫錄 및 安東金,安東權,安東張씨 族譜.

에 진출하는 시기가 대략 고려중기 이후인 점은 그러한 사정을 말해주는 것이라 보아 좋다.13)

　여하튼 신라말 고려초기의 호족들은 중앙의 통제가 미치지 못하였던 상황 속에서 거의 독자적인 형태로 민중을 지배한 것으로 보인다. 호족들은 각 지방에 따라 그 명칭과 조직을 달리하는 職制를 가지고 首長級인 호족을 중심으로 하여 일정하게 편제되어 있었던 것이다. 따라서 지방의 이와 같은 조직은 적어도 향리직 성립 이전까지는 그대로 유지되었다고 할 수 있다. 이러한 점들은 지방세력이 각 지역의 특성에 관계없이 단순화된 직명으로 일률적인 통치조직을 가졌다고 볼 수 없게 한다. 말하자면 성종2년 호장·부호장 이하 새로운 명칭으로 개편되기 이전까지 지방사회는 그 실질적인 지배자에 의해 다양한 지배조직 내에서 자유롭게 운영되어 왔던 것이다. 그러나 각 지방의 호족들에 의해서 운영되어 온 지배조직은 고려의 통일과 함께 '官'이라는 새로운 지배층의 면모를 갖추고 서서히 고려의 중앙집권적인 통치체제 속에 편입되어 갔던 것이다. 성종2년의 향직개편은 그들을 통일된 통치조직으로 구속하는 과정이었다고 보아 좋을 것이다.

2) 永川·原州·醴泉地方 豪族의 支配組織

　나말여초의 호족들은 중앙의 통제가 미치지 못하였던 상황 속에서 거의 독자적인 지배조직을 가지고 있었던 것으로 보인다. 이들 호족들이 지녔던 직제를 살펴보면 성주·장군이라고 불리우는 首長級 호족 밑에 각기 독자적인 관직을 지닌 호족이 있었음을 알 수 있다. 즉,

---

13) 睿宗·仁宗朝에 出仕한 金珣은 高麗史에 의하면 "金珣, 字富民 安東府人 起胥
　　吏 無學識淸愼能幹事 仁宗朝由閣門祇侯 出爲慶源郡使政尙廉勤召拜 監察御史
　　累遷兵部尙書同知樞密院事(『高麗史』 권98, 列傳 金珣)라 보이는바 비록 胥吏
　　로 출사하고 학식은 없었지만 중요한 관직을 거쳐 재상의 자리에까지 오른
　　안동김씨 일족임에 틀림없다.

• 고울부의 장군 능장이 군사를 거느리고 와서 투항하였다. 그의 城이 신
  라의 王都와 가깝기 때문에 수고를 위로하고 돌아가게 하고 휘하의 시
  랑 盃近과 대감 明才·相述·弓式 등만을 남게 하였다(『高麗史』 卷1,
  世家 太祖).

라는 기록이 보인다. 고울부는 지금의 永川지방으로 이 지방에 유명호족이
있어 府의 설립을 가능케 했다고 한다.[14) 이로 미루어 이 지방에 독자적인 지
배조직이 있었으리라는 것을 짐작하기는 어렵지 않다. 위의 기록은 바로 그러
한 사정을 알려 주는 것이다. 바꾸어 말하면, 고울부의 將軍 能丈 휘하에 侍郎
으로 불리는 職制가 있고 그 아래에 大監으로 불리는 직제가 있어 촌락사회를
통솔해 갔음을 알 수가 있다. 그러므로 장군 능장이 고려 태조에게 투항하는
시기인 태조8년(925)경의 영천지방 호족들의 존재양상을 보면 다음과 같다.

〈표 1〉

將軍 ─────── 侍郎 ─────── 大監
(能丈)　　　　　　　(盃近)　　　　　(明才·相述·弓式)

이에 의하면 영천 지방의 통치조직은 成宗2년(983)의 향직 개편에 나타나는
관부의 명칭과는 크게 다르지만 장군이라 불리는(후에 堂大等－戶長이 되었
을) 인물을 중심으로 독자적인 지배조직을 갖추고 있었음을 알 수 있다.
  장군 밑의 侍郎이란 원래 신라 執事部의 次官에 해당하는 관직이었는데[15)
신라 말기의 어수선한 틈을 타 새로이 등장한 호족층이 신라의 중앙관제를
차용한 데서 비롯된 것으로 보인다.[16) 大監은 촌주층[17)에 의해 운영된 것으

───────────────

14) 旗田巍, 앞의 글, 7～11쪽. 高鬱府將軍 能丈은 金剛城將軍 皇甫能長을 의미할
    것이라 하였다.
15) 典大等二人 眞興王二十六年置. 景德王六年 改爲侍郎 位自奈麻至阿湌爲之(『三
    國史記』 권38, 職官志 上, 執事省).
16) 김광수, 앞의 글, 124쪽 참조.
17) 이종욱, 「남산신성비를 통하여 본 신라의 지방통치체제」에서 촌주의 직제에
    대해 상세히 언급하였다.

로 원래 중앙에서는 軍職이었으나 羅末麗初에 변질되어 촌락의 수장명칭으로
쓰여졌다고 한다.[18] 즉, 성종 6년, 여러 촌의 대감·제감을 고쳐서 村長·村
正이라 하였다는 기록[19]에 의하면 고려 초기에는 이들 대감 등이 촌의 운영
을 담당한 수장급이었음을 알 수 있다. 따라서 이와 같은 것은 고려 성립 이후
지방사회에 존재한 호족들의 一樣相을 보여 주는 것이라 하겠다.

이와 더불어 우리의 주목을 요하는 것은 호족층이 독자적으로 운영해 온
官班체제의 존재이다. 관반이란 주지하는 바와 같이 新羅말이래 재래의 토착
촌주층과 일찍부터 外居하기 시작한 중앙귀족들이 호족층을 이루면서 중앙관
제와 비슷한 관반체제를 형성하고 새로운 지배층으로서 그들의 사회적 지위
를 정립하는 신분현상이었다.[20] 다시 말하면 이것은 호족세력이 반 독립적인
상태에서 경험하여 왔던 관반중심의 지배체제를 의미하는 것이다. 이들 호족
들이 지방통제를 위해 형성하는 관반체제의 구체적인 면모를 살펴보기 위해
다음 사료는 참고되어 좋다고 믿는다. 다음은 태조23년(940)에 건립된 興法寺
眞空大師塔碑의 내용이다.

州官
郞中 昊會朶 金舜朶
侍郞 興林奈 秀英奈
上奈 信希奈

<『朝鮮金石總覽』 上, 152쪽, 興法寺眞空大師塔碑>

이것은 원주지방의 직제를 보여 준다고 생각되는 州官에 관한 것이다. 여기

---

18) 실상 大監·弟監은 신라의 관직으로 그 관등은 대감의 경우 11등 나마에서
    6등 아찬까지 할 수 있는 벼슬이고 제감은 13등 사지로부터 11등 나마까지
    할 수 있는 벼슬로서 그 관등은 상당히 높은 것이었고 직책은 모두 군사관계
    에 속하는 것이었는데 이 시기에는 촌락의 수장명칭으로 쓰여졌다고 한다(이
    우성, 앞의 글, 30쪽 참조).
19) 改諸村大監·弟監爲村長·村正(『高麗史』 권3, 성종6년).
20) 김광수, 앞의 글, 115쪽 참조.

서 우리의 관심을 요하는 것은 侍郎·郎中 등과 같은 중앙관제의 명칭이다. 그렇지만 그것은 어디까지나 上奈를 최고직으로 하는 직제에 포함되어 있음을 놓쳐서는 안 된다. 이미 밝혀진 바와 같이 上奈는 上大奈麻로서 지방의 수장급인 大等이나 上沙湌으로 이해되며[21] 그것은 곧 원주지방의 上村主에 해당된다고 하겠다. 여기서 우리는 진공대사탑비에 보이는 주관의 내용이 上奈, 즉 상촌주를 중심으로 하여 시랑·낭중에 이르기까지 逆順으로 기록된 관반체제[22]를 구축하고 있음을 알 수 있다. 나말여초의 호족층은 각 지방에 따라 독특한 직제를 마련하고 있었지만 '州官'이라 하여 중앙의 관직을 의미하는 '官'을 칭하고 있었음이 주목된다. 이와 같은 현상은 재래의 촌주층에서는 발견되지 않는다. 그러므로 호족층이 칭한 '관'이라는 직제는 이들이 지방사회의 실질적인 통치자로서 재래의 촌주적 성격에서 벗어나 있음을 의미한다고 하겠다. 그리고 그것은 중앙과 비슷한 '관'이라는 새로운 지배신분층으로의 격상을 의미하는 것이라 보아 좋다.[23] 따라서 나말여초의 관반은 단순한 의미의 관직 일반이 아니라 그들의 지배층으로의 격상을 의미하는 것이며 또한 골품제 소멸 이후 종래의 지배층이 갖는 신분적 속성에서의 탈피를 의미하는 것이었다. 다시 말하면 각 지방의 지배층을 이루고 있던 촌주층은 각기 그들이 소속된 지방의 관반체제에 참여함으로써 '관'이라는 새로운 지배층의 면모를 갖추고 고려의 중앙집권적인 통치체제 속에 서서히 편입되어 갔던 것이다. 원주지방의 통치조직이 上奈를 최고직으로 하여 侍郎·郎中 등과 같은 중앙관제[24]를 借用하면서 '관'체제를 이루려 했던 것은 이와 같은 맥락에서 이해되어야 할 것이다.

　원주의 통치조직과는 다르지만 醴泉지방의 그것도 주목하여 좋다고 믿는

---

21) 이우성, 앞의 글, 30~31쪽 참조.
22) 侍郎－郎中－員外郎－史의 체계는 적어도 신라 경덕왕18년 이후에는 확립되었다고 보인다. 그러므로 진공대사탑비의 기록이 역순으로 되어 있음을 확인할 수 있다고 믿는다.
23) 김광수, 「나말여초의 호족과 관반」, 126~127쪽 참조.
24) 김광수, 「나말여초의 지방학교문제」, 118쪽 참조.

다. 다음은 태조24년(941)에 건립된 예천군 소재 鳴鳳寺慈寂禪師凌雲塔碑의 내용이다.

> 補州官班
> 上沙湌元吉
> 第二純保
> 第三英希
> 寺鄉村主吉萱[25]
> 官班
> 上沙湌宗侃
> 第二今岳
> 第三主道
> 村主行梧
> 村主能直
> 村主宣直

<『韓國金石遺文』, 34쪽, 鳴鳳寺慈寂禪師凌雲塔碑>

태조24년(941)경의 예천군 지방의 직제를 알려 주는 이 기록은 州를 보좌하는 관반이 대체로 촌주로 나타나고 있음을 전한다. 이것은 지역에 따라서는 늦게까지 남아있던 것으로 재래의 촌주직제와는 다르다. 그것은 우선 신라시대 현의 상급촌주의 위계였던 사찬[26]이 同碑가 건립되는 태조24년경에는 그 지방의 수장급 토호의 직명으로 바뀌고 있음을 주목해야 한다.[27] 우리는 여기서 실제로 사찬이 수장급 토호들의 일반화된 명칭이었음을 밝히는 다음과

---

25) 寺鄉村主는 대략 鄉村主類에 해당될 것이며 특히 그 지역 사원과 관계되는 임무를 띤 것이 아닌가 본다(末松保和, 앞의 글, 488쪽 참조)

26) 沙喙은 신라 17관등 중 8관등인 沙干, 沙湌, 沙粲과 동일한 것으로 신라의 上村主 혹은 第二村主가 자기의 位號로 정하고 있었던 것이다(이우성, 앞의 글, 31쪽 참조).

27) 김광수, 「나말여초의 호족과 관반」, 117~121쪽 및 이우성, 앞의 글, 30~31쪽 참조.

같은 기록에 접할 수 있다.

> 世祖가 松嶽郡 沙粲일 때 郡을 가지고 弓裔에게 복속하니 궁예가 크게
> 기뻐하며 金城太守로 삼았다. 세조가 그에게 말하기를 대왕이 만일 朝鮮
> 肅愼 卞韓 땅의 왕이 되려 한다면 먼저 송악에 성을 쌓아야 한다고 하여
> 궁예가 그 말을 좇아 태조로 하여금 성을 쌓게 하고 성주로 삼았다.(『高麗
> 史』 卷1, 太祖)

이것은 알려진 바와 같이 송악의 토호였던 왕건의 아버지가 궁예와 연결되는 상황을 나타낸 기록이다. 즉 송악의 토호였던 왕건의 아버지가 당시 송악군의 沙粲으로 있을 때 郡을 들어 궁예에게 投降하였다는 사실을 밝히는 기록이다. 만일 사찬이 그 지역의 최고 권력자가 아니었다면 임의로 군을 들어 투항을 할 수는 없었을 것이다. 그러므로 우리는 사찬이란 그 지역 최고의 권력자가 갖는 직명으로 이해할 수 있다고 믿는다. 그리고 후에 태조가 성주가 되었음을 보면 사찬은 곧 성수에 대비될 수 있다고 본다.[28] 따라서 상사찬 이하 제2, 제3촌주는 상급촌주로서 그 서열을 드러내고 있다고 보아 좋을 것이다. 이와 같은 것은 신라시대의 족장층의 지배성격을 기초로 한 촌주직제의 존속을 의미한다고 하겠다. 그렇더라도 재래의 촌주층의 상한위계였던 사찬이 이제 그 지방 수장급 토호의 직명으로 바뀌었음이 확인된 이상 예천군의 관반체제는 신라시대의 촌주직제와는 다르다는 것을 알게 되었다.

지금까지 살펴 본 바와 같이 예천지방이 앞의 원주지방의 직제보다는 비교적 촌주직제의 전통을 오래 유지했다 할지라도 상급촌주의 위계가 직명화하는 현상은 어떤 변화가 있었음을 짐작케 한다. 그 어떤 변화가 곧 지방세력자의 새로운 지배층으로의 겨상을 의미하는 관반체제의 성립이라고 보아 좋을 것 같다. 그것은 예천지방에서 보이는 것처럼 '沙粲村主'라는 명칭 외에 '관'을 나타내는 이렇다 할 관직다운 내용을 갖추고 있지 못하면서도 '관반'을 칭하는 것을 보면 더욱 그렇다. 이제 호족층이 관반을 칭하므로서 재래의 촌주적

---

28) 이우성, 앞의 글, 30쪽 참조.

성격에서 벗어나 새로운 지배층으로 격상되는 방법을 스스로 모색하는 것이라 하겠다.

따라서 이들 호족층의 관반체제가 비록 각 지방에 따라 그 명칭을 달리 한다 하더라도 그 지방에 있어서의 관반제가 이루어지는 하나의 표징이라 할 수 있다. 다시 말하면 각 지방에 세력을 장악하고 있던 호족층이 관반을 형성함으로써 '관'이라는 새로운 면모를 갖추고 주체적인 입장에서 지방의 통치에 임하였다고 할 수 있다.[29]

그리고 이들은 성종2년 향직 개편으로 인하여 호장·부호장 이하의 새로운 향직으로 개편될 때까지 지방사회의 실질적인 지배자로 군림하였다. 나말여초 호족층의 관반형성은 종래의 촌주직제로부터 탈피함으로써 명실공히 지방사회에 있어서의 지배층으로의 격상을 의미하는 것이라 하겠다.

---

29) 김광수, 「나말여초의 호족과 관반」, 132∼133쪽 참조.

2. 忠州地方의 豪族

잘 알려진 바와 같이 이 시기의 호족들은 在鄉 村主層이거나 일찍부터 낙향한 중앙귀족, 혹은 그 후예들이었다. 이들은 일찍부터 독자적인 통치조직을 가지고 이를 토대로 하여 지배세력으로 성장할 수 있었다. 그러므로 이들 각 지방의 통치기구의 규모나 존재양상도 지방에 따라 다양하였던 것 같다. 이와 같이 다양한 형태의 통치기구가 존재하였다는 것은 또 재지 세력자들의 권력구조도 달랐다는 것을 의미한다.

따라서 본고는 다양한 권력구조의 형태를 고찰하기 위하여 신라말 고려초기의 호족들의 지배양상은 물론, 지방에서 독자적으로 사용했던 관부의 명칭 및 지방과 중앙의 직제상의 차이 등을 살펴보려 한다. 충주지방은 그 직제가 보다 세분화되어 있었고 그 자료가 구체적으로 남아 있으므로 이 작업을 위한 지표로 삼고자 한다. 이렇게 충주라는 한 지방의 권력구조를 중심으로 하여 지방사회를 조명하고 나아가 고려가 이들 호족층을 통합하는 과정에서 이들이 어떻게 변모하여 갔는지를 살펴보려는 것이다. 이들은 이미 지적되고 있는 바와 같이 향리로서 특징 지워지는 지방사회의 특수한 신분층일 것이기 때문이다. 따라서 이들 호족의 권력구조가 보다 다양하게, 보다 구체적으로 이해될 때 향리제가 어떠한 토대 위에서 성립되었는가도 이해될 수 있으리라 믿는다. 羅末麗初의 호족들의 존재양상 내지는 권력구조가 향리제 성립과 관련하여 지니는 의미가 큰 까닭도 바로 여기에 있다.[1] 그러기 위해 후삼국시대

강력한 호족세력을 유지하였다고 보이는 충주지방 檀越의 동향을 살피고 이어서 忠州地方의 官府 및 職制를 살핌으로써 이 문제의 해명에 접근해 보고자 한다.

1) 忠州地方의 檀越勢力

잘 알려진 대로 충주지방에는 강력한 호족세력이 존재하였다.[2] 강력한 지방세력을 가졌으리라 짐작되는 충주지방 호족의 존재양상을 밝히기 위하여 이 지역의 檀越이 중심이 되어 세웠을 淨土寺法鏡大師慈燈塔碑陰記[3]에 주목해 보도록 하자. 이를 통하여 당시 충주지방 호족들의 존재양상은 물론 각지

---

1) 이와 관련된 논문들은 다음과 같은 것이 있다.
　　이우성,「麗代百姓考」,『歷史學報』14, 1961.
　　이기백,「新羅私兵考」,『新羅政治社會史研究』, 一潮閣, 1968.
　　김광수,「羅末麗初의 地方學校問題」,『韓國史研究』7, 1972.
　　＿＿＿,「羅末麗初의 豪族과 官班」,『韓國史研究』23, 1979.
　　이종욱,「南山新城碑를 통하여 본 新羅의 統治體制」,『歷史學報』64, 1975.
　　채상식,「淨土寺址 法鏡大師碑陰記의 分析－高麗初 地方社會와 禪門의 構造와 관련하여－」,『韓國史研究』36, 1982.
　　윤희면,「新羅下代의 城主・將軍」,『韓國史研究』39, 1982.
　　김두진,「玄暉와 坦文의 佛敎思想－高麗初의 敎禪融合思想과 관련하여－」,『高柄翊先生回甲 記念史學論叢』, 1984.
　　末松保和,「新羅の村主について」,『新羅史の諸問題』, 1954.
2) 왕건에게 협조한 중부지방의 대표적인 호족으로 충주의 劉兢達을 들 수 있다. 그리고 그의 딸이며 왕건의 妃인 神明順成太后 劉氏는 定宗, 光宗의 母后로 고려초기 강력한 영향력을 발휘하였음에 주목할 필요가 있다.(『高麗史』권 88, 列傳 后妃).
3) 蔡尙植 교수에 의해 판독된 것으로 총 355字에 달하며 충북 중원군 동량면 하천리의 淨土寺 터에 남아 있는 것이다. 이 비의 전면은 많은 금석학자들에 의해 판독 소개된 바 있다. 예컨대『海東金石苑』,『朝鮮金石總覽』上,『朝鮮金石考』등을 들 수 있으며 최근에는 원광대 趙東元 교수에 의해 판독된 것이『朝鮮金石文大系』권2에 실려 있다. 碑身의 크기는 높이 3.3m, 폭 1.46m의 거대한 것으로 현재 보물 17호로 지정되어 있다.

방 호족들의 존재양상 내지는 지배조직에 대한 구체적인 접근이 이루어질 수 있으리라 믿기 때문이다.

충주 淨土寺는 원래 왕건의 세력권 안에 있었던 사원으로서 忠州 劉氏 세력에 의하여 경영된 사찰인 듯하다. 그것은 다음과 같은 기록이 뒷받침해 준다.

> 佐丞 劉權說이 있었는데 殷의 전설과 같은 아류이다. 나라의 충신가운데 在家弟子는 孔子를 지극히 숭앙하기를 반드시 顏回의 무리와 같이 하며 釋迦의 도리를 잘 지켜 잠시도 잊지 않음은 모름지기 阿難의 무리와 함께 하니 특히 禪의 경지를 뛰어 넘어서 慈顏을 敬禮하였다.(忠州 淨土寺法鏡碑, 『朝鮮金石總覽』上, 149쪽)

즉 劉權說은 충주 유씨 세력으로서 淨土寺의 檀越이었으며 在家弟子로 들 수 있는 충신도 정토사의 단월로 이해될 수 있다. 말하자면 윗 글은 정토사와 충주 유씨 세력과의 관계를 드러내 주는 것이라 할 수 있다. 이 정토시 境內에 세워진 法鏡大師慈燈塔碑는 法鏡大師 玄暉(879~941)의[4] 일대기를 중심으로 하여 惠宗 즉위년(943)에 건립되었으며 陰記는 이보다 1년이 늦은 944년에 刻字한 것이라 한다.[5] 이제 이러한 내력을 지닌 法鏡大師慈燈塔碑陰記(이하 法鏡碑陰記라 칭한다.)에 나타난 내용을 중심으로 하여 이 시기 충주지방 호족들의 존재양상을 살펴보기로 한다. 이해를 돕기 위하여 먼저 法鏡碑陰記의 내용을 다음과 같이 몇 개의 단락으로 나누어 보기로 한다.

淨土寺法鏡大師慈燈塔碑陰記

<A>

1. 開天山

---

4)) 法鏡大師 玄暉에 대해서는 金杜珍,「玄暉와 坦文의 佛敎思想－高麗初의 敎禪 融合思想과 관련하여－」,『高柄翊先生 回甲紀念論叢』, 1984, 393~419쪽 참조.

5) 蔡尙植,「淨土寺址 法鏡大師碑陰記의 分析－高麗初 地方社會와 禪門의 구조와 관련하여－」,『韓國史研究』36, 1982, 40쪽 참조.

2. 維天福九秊歲次甲辰六月一日

3. 辛丑立碑記事

4. 爰有中原府道俗二官公卿夫老

5. 黎人士庶共是歸仰虔爲

6. 大師弟子□載此碑略題名字

<B>

7. 弘琳大德 景孚大統 法譽大統

8. 談弘大德 嚴信和尙 釋訪和尙

9. 帝弘和尙 訓乂和尙 能珠儀娘

10. 權說佐丞 堅書佐丞 遵讓元甫

11. 弼良元輔 龍希元尹 朴謙元尹

12. 敍兢元尹 崔律元尹 義貞佐尹

13. 孔融佐尹 俊弘佐尹 張希阿粲

14. 奉希阿粲 萱直阿粲 崔儒阿粲

15. 新城阿粲 崔忠奈 春一奈

16. 崔貞奈 國奉奈 仁兢奈

17. 乂奉奈 官訓侍郞 龍品侍郞

18. 堅訓侍郞 奉立侍郞 金品侍郞

19. 仁往侍郞 奐儒侍郞 彥猶侍郞

20. 聰明侍郞 直奉侍郞 奐奉卿

21. □寶卿 崔讓卿 居律卿 門品卿

22. 由信卿 必奉卿 聰讓卿 信(興)卿

23. 漢乃達卿 金達卿

<C>

24. 執事郞中 □□ □□ 玄魏

25. 史秀貞 兵部卿 忠式卿 □□卿

26. 倉部卿 彥書卿 孔律卿 幸規

27. 大師門下僧 聰芮 闊行

28. 聰信 貞裕 仁一 慶修 法言

29. □悟 法郞等三百餘人

30. 院主僧 行周 典座 釋悟

31. 史僧 行裕 直歲僧 孝行

32. 都唯那僧 行璘

<D>

33. 諭德山人 淸州釋希侍郎

34. 元州 仁人員外 當城 辛璘卿

35. 目竹縣 聰乂村主

우선 위의 내용을 간략히 훑어보면 아래와 같이 정리할 수 있다.

자료 <A>의 내용은 대체로 법경비 건립 연월일과 법경대사에게 귀의한 제자들의 이름을 밝히고 있다.

자료 <B>는 법경비 건립에 참여한 인물들을 밝히고 있는 것으로 보인다. 그 가운데 7, 8, 9행은 불교계의 중요 인물인 듯하고 10행에서 23행까지는 충주를 중심으로 한 지방호족들의 이름인 듯하며 이를 밝힘으로써 정토사와 지방호족과의 관계를 나타내는 것으로 이해된다.

자료 <C>는 법경비 건립에 참여해 실제적인 역할을 한 것으로 보이는 사람들로서 이를 통해 충주지방의 독자적인 官府 및 職制에 접할 수 있을 것이라 생각된다

자료 <D>는 법경대사와 관련이 있는 충주부근 지방호족들의 이름을 적어 놓은 것으로 보인다. 청주 龍頭寺幢竿建立의 단월인 淸州釋希侍郎의 이름이 그것을 말해준다.

위 자료에서 특히 우리의 주목을 요하는 것은 자료 <A>의

> 中原府에 道·俗 二官이 있었다. 公卿夫老와 백성 및 士人들은 모두 이를 仰虔하여 大師의 弟子가 되어 이 碑에 실려 있으니 대략 그 이름자를 題하였다.(『朝鮮金石總覽』 上, 149쪽)

라는 기록이다. 이에 의하면 중원부에 道·俗 二官이 있어 公卿夫老와 士庶 등 뭇사람이 귀의하고 숭앙하여 대사의 제자가 된 듯한 자의 이름을 나열하여 이 때 법경대사에게 귀의한 제자가 누구인가를 밝혀 놓고 있음을 알 수 있다. 즉 대사에게 귀의한 제자들은 대체로 중원부의 道官과 俗官이 중심이

되어 있는 것으로 나타난다. 그렇다면 道·俗 二官은 무엇을 의미할까? 여기 道·俗이란 僧·俗의 다른 표현으로 道官은 僧官을 의미한다고 하겠다. 따라서 중원부의 도관은 당시 이 지방 불교계의 통치기구라 보아 좋을 것이다.[6] 그렇게 보면 僧官이 무엇을 의미하는지 그 성격이 저절로 드러나리라 생각된다. 주지하다시피 중원부는 신라 眞興王 때 설치된 小京을 景德王 때 개칭하였고 이를 다시 高麗 太祖 23년(940)에 충주라 개칭하여 成宗 2년(983)에 처음으로 지방관이 파견된 곳이다.[7] 그러므로 당시 중원부의 속관은 고려정부에 의해 파견, 설치된 관부가 아니라 중원부의 실질적인 지배자들, 즉 지방세력자들에 의해 독자적으로 통치·운영된 관부를 의미하는 것이다. 그렇다면 이 시기에 이 지방을 중심으로 하여 독자적인 통치체제를 구축한 지배세력은 누구일까? 여기서 우리는 太祖의 神明順成王太后 劉氏가 충주인이며 그의 아버지 劉兢達이 충주지방의 유력한 호족이었음을 상기할 필요가 있다.[8] 따라서 긍달을 중심으로 한 충주劉氏세력이 이 지방의 독자적인 官府인 '俗官'을 통치, 운영했다고 보아야 할 것이다.

이제 법경대사 玄暉 제자로서 충주지역의 단월을 구성한 대표적인 인물을 살펴보기로 하자. 이 작업의 진행을 위해 자료<B>의 10행에서 23행까지의 인물을 중심으로 표를 작성하면 다음과 같다.[9]

<표 1>에 나타난 인물들은 佐丞(3品)으로부터 卿에 이르기까지 다양한 官階를 가지고 있다. 그리고 그것은 고려의 官階와 신라의 官職을 혼용하여 일정한 체제 안에 흡수하고 있음을 알 수 있다.

---

6) 蔡尙植, 앞의 글, 45쪽에서 "道官은 불교계를 통괄하는 일종의 僧政기구로서 僧職이나 僧官의 형태로 구성되는 것이 아닐까 한다." 라고 하여 불교계와 관련 있음을 시사하였다.

7) 眞興王置小京 景德王改爲中原京 太祖二十三年 又改爲忠州 成宗二年 初置十二牧 州其一也(『高麗史』 卷56, 地理志 忠州牧).

8) 神明順成王太后 劉氏 忠州人 贈太師內史令兢達之女 生太子 泰 定宗·光宗·文元大王貞·證通國師·樂浪·興芳 二公主 蒙二神明順成 太后(『高麗史』 卷88, 后妃傳).

9) 蔡尙植, 앞의 글, 52쪽 참조.

〈표 1〉淨土寺 法鏡碑陰記에 나타난 檀越勢力

官階	人員	官品	人名	備 考	
				新羅官等, 職	頭品
佐丞	2	3品	權說 堅書		
元輔	2	4品	邆讓 弸良		
元尹	4	6品	龍希 朴謙 舒兢 崔律		
佐尹	3	6品	義貞 孔融 俊弘		
阿粲	5		張希 奉希 萱直 崔儒 新城	京位(6官等)	六頭品
奈(麻)	6		崔忠 春一 崔貞 國奉 仁鏡 奉	京位(11官等)	五頭品
侍郎	10		官訓 龍侐堅訓 奉立 金侐 仁往	奈麻(11官等)	
			奐儒 彦猶 聰明 直奉	阿粲(6官等)	
卿	11		奐奉 ○○ 崔讓 居律 門侐由信	奈麻(11官等)	
			必奉 聰讓 信○ 漢乃達 金達	阿粲(6官等)	

먼저 佐丞이하 佐尹까지에 주목해 보자. 이들을 『高麗史』鄕職條[10]에 의거
해 보면 대개 3품 이하 6품까지의 官階를 수여 받았던 것으로 보인다. 다시
말하년 權說 佐丞 이하 俊弘 佐尹까지는 3품에서 6품까지의 고려 官階를 수여
받은 大豪族으로 보아야겠다. 여기에 나타난 3품 이하 6품까지의 官階는 대략
신라말 고려초기의 城主·將軍등으로 불리어졌던 대호족들에게 주어졌던 것
으로 고려정부가 지방유력자들을 회유할 목적으로 수여한 것이다. 이는 또 고
려가 집권체제를 구축하는 과정에서 하나의 기준이 된 것이다.[11] 한편 阿粲이
하는 신라의 官等(職)이다. 아찬은 6두품 가운데 최고관등으로서 6관등(17관
등 중)이며 奈麻는 5두품, 11관등으로 각각 신라 執事部의 次官格인 侍郎에 임
명될 수 있는 상한선과 하한선에 해당된다.[12] 卿도 차관급에 해당하므로 대

---

10) 一品曰三重大匡·重大匡 二品曰大匡·正匡 三品曰大丞·佐丞 四品曰大相·
　　元甫 五品曰正甫 六品曰元尹·佐尹 七品曰正朝·正位 八品曰甫尹 九品曰軍
　　尹·中尹(『高麗史』卷75, 選擧志3, 鄕職).

11) 韓沽劤,「古代國家成長過程에 있어서의 對服屬民施策(下)」,『歷史學報』13, 70
　　쪽. ; 武田幸男,「高麗初期官階」,『朝鮮學報』41, 1966, 25쪽 참조.

12) 이기백,「新羅執事部의 成立」,『新羅政治社會史研究』, 一潮閣, 1974, 154쪽 참
　　조.

략 侍郞의 경우와 비슷한 것으로 보인다. 그러므로 이들 阿粲 이하 奈麻·侍郞·卿 등은 신라 17관등 가운데 비교적 상위에 해당하는 관등임을 알 수 있다. 그렇지만 이들은 신라의 官階를 독자적으로 借用한 충주지방의 호족에 불과하다.13) 그리고 이들은 또한 법경비에 기록된 순서로 보아 충주지역의 호족 가운데서도 비교적 세력이 미약했던 群小豪族들이 아니었나 생각된다. 뿐만 아니라 아찬 이하의 관등(직)에 많은 수의 인물이 등장하는 것은 앞의 고려 官階를 수여 받은 인물들보다 하급호족임을 드러내는 이유이기도 할 것 같다. 말하자면 이들은 고려로부터 관계를 받지 못한 충주지역의 군소호족으로서 그들 나름대로의 독자적인 관부를 구축하여 이 지역의 지배자 그룹에 합류한 것으로 보인다. 그러므로 위 사료에 나타난 인물은 자연히 두 집단으로 나뉘어지는 것을 알 수 있다. 즉 고려의 관계를 받은 것으로 보이는 佐丞 이하 佐尹까지의 집단과 신라의 관등을 차용한 것으로 보이는 阿粲 이하 卿까지의 집단이 그것이다. 이들 두 집단을 분류할 때에 고려로부터 관계를 받았느냐 못 받았느냐에 따라 佐丞 이하 佐尹이상을 상급호족, 그 이하를 하급호족이라 할 수도 있겠다.14) 그러나 그 보다는 그들의 주된 활동무대가 중앙과 지방, 어느 곳이었느냐에 따라 그와 같이 분류되었다고 보는 것이 더 자연스럽지 않을까 한다. 이 문제의 해결을 위해 이름을 알 수 있는 인물을 중심으로 그 대강을 살펴보도록 하자.

먼저 權說佐丞이 주목된다. 여기 보이는 좌승 權說은 태조 5년(922) 7월에 강릉의 호족인 王順式을 회유하기 위해 당시 내원에 있던 순식의 아버지 許越을 파견하자고 태조에게 진언한 바로 그 인물로 보인다. 즉 高麗史 王順式傳에

王順式은 溟州사람으로 本州將軍이 되어 오래도록 (태조에게) 不服하므

---

13) 阿粲에서 卿까지의 32명중 崔氏 성을 가진 인물이 4명인데『世宗實錄地理志』忠州牧 土姓條에 崔姓이 보이는 것으로 보아 이들 집단도 충주지역의 유력집단이라 보아 좋을 것이다.
14) 蔡尙植, 앞의 글, 54쪽 참조.

로 태조는 이를 근심하였다. 이때 侍郎權說이 아뢰기를『아비가 자식을
타이르고 형이 동생을 훈계함은 天理입니다. 順式의 아버지 許越은 지금
중이 되어 內院에 있사오니 가서 타이르도록 하소서』하니 태조가 이를 따
랐다.(『高麗史』卷92, 列傳 王順式傳)

라는 기록이 보인다. 위 사료에 나타나는 侍郎 權說은 충주 劉氏로 法鏡碑陰
記에 보이는 좌승 권열임에 틀림없다. 그가 태조 5년(922)에는 신라관직인 시
랑으로 나타나지만 법경비음기가 새겨지는 혜종1년(944)경에는 고려의 관계
인 좌승을 제수 받은 것으로 보인다. 따라서 좌승 권열은 일찍부터 왕건과 연
결되어 밀접한 유대를 가졌던 인물이라고 생각된다. 왕건의 妃父 가운데 충주
劉氏가 있었다는 점은 이것을 더욱 확신시키는 것이라 하겠다.[15] 또한 그는
태조 7년(924)에는 다음과 같은 기록으로 나타난다.

> 다음해 2월중에 初侍中 權說과 大相 朴守文을 정중히 보내어 ○郡內院
> 으로 맞아들이어 경건하게 住持를 청하였다.(廣照寺 眞澈大師碑,『朝鮮金
> 石總覽』上, 127쪽)

여기에서는 권열이 初侍中으로서 大相 朴守文 등과 함께 왕건의 명을 받아
파견된 것으로 나타난다. 태조 5년(922)에는 시랑이었는데 이 때(924)에 이르
러 초시중으로 나타난 것으로 보아 그 사이 승진했던 듯 하다. 어떻든 이 기록
에 보이는 초시중 권열을 충주의 호족 劉權說이라 보는 것은 무리가 없을 듯

---

15) 고려 태조와 충주劉氏와의 관계는 왕건이 궁예의 휘하 장수로서 廣州 · 忠
州 · 淸州를 복속시킬 때부터 비롯된 것이 아닌가 추측 된다. 즉 이때 충주의
호족이었던 劉兢達과 관계를 맺고 그의 딸을 취하므로서 충주지방에 그의 지
지세력을 확보한 것이라 보인다. 그러나 유긍달과 좌승 권열을 연결시킬 아
무런 근거도 우리는 갖고있지 못하다. 그렇더라도 "劉權說은 후삼국시대 가
장 강력한 在地的 기반과 당시 유명한 禪師였던 法鏡大師 玄暉와 긴밀한 관계
를 유지하면서 왕건의 심복세력이 되었다." 는 李樹健 교수의 주장은 설득력
을 갖는다고 생각된다.(李樹健, 앞의 글, 183쪽 참조.) 따라서 유권열 등은 충
주劉氏一門이라 보아 무리가 없을 것 같다.

하다. 이 밖에도 유권열의 이름은 여러 곳에서 나타나 그가 고려초에 상당한 지배세력이었고 왕건과 밀착되어 있었을 것이라는 점을 뒷받침해 주고 있다. 예컨대 혜종원년(943)에 건립되는 興寧寺澄曉大師寶印塔의 碑陰에서 충주 유씨 소생으로서 나중에 定宗과 光宗이 되는 王堯君·王昭君 등 종실과 함께 權說佐丞의 이름이 보인다든지[16] 또는 五龍寺法鏡大師普照慧光塔碑에 庾黔弼과 함께 劉權說佐丞(承)의 이름이 보이는 것[17] 등은 이를 말해 준다고 하겠다. 이러한 그의 행적으로 미루어 권열좌승은 충주 유씨 세력의 핵심인물로서 고려 초기에 上京從仕한 계열이라 추측된다.[18]

다음으로 堅書佐丞에 대해 살펴보자. 그러나 견서좌승에 대해서는 확인할 자료가 많지 않다. 다만 다음 기록은 견서좌승을 이해하는데 참고된다고 본다.

> 18년에 태조는 여러 장수에게 일러 말하기를 羅州界 40여군은 나의 藩蘺가 되어 오래 풍화에 젖었으므로 일찍이 大相 堅書 ·權直·仁壹 등을 보내어 가서 위무하도록 하였는데 근자에 백제에게 劫掠한 바 되어 6년 간에 걸쳐 海路가 통하지 않으니 누가 나를 위해 鎭撫할꼬.(『高麗史』 卷 92, 列伝 庾黔弼傳.)

라는 기록에 나타난 堅書이다. 즉 왕건이 일찍이(935년경) 나주지역을 鎭撫하기 위해 파견한 大相堅書가 法鏡碑陰記에 나타난 佐丞 堅書일 것이라는 지적은 매우 타당하다.[19] 태조 18년(935)에 大相이었던 그가 혜종 원년(943)에

---

16) 「興寧寺澄曉大師寶印塔碑陰記」, 『韓國金石遺文』, 107쪽.

17) 「五龍寺法鏡大師塔碑陰記」, 『朝鮮金石總覽』 上, 167쪽.

18) 金杜珍, 앞의 글, 「玄暉와 坦文의 佛敎思想」, 409쪽. 蔡尙植, 앞의 글, 「淨土寺址法鏡大師碑陰記의 分析」, 50쪽 참조. 劉權說은 충주 유씨 세력과 관련이 있는 獅子山門과 밀접한 유대를 가져 折中이나 慶猷의 碑를 건립하는데 깊이 관여한 충주의 단월세력이라고 추정하였다.

19) 蔡尙植, 앞의 글, 51쪽 참조. 그리고 그는 "堅書佐丞, 堅書侍郎 등 '堅'자가 보이는 것으로 미루어 혹 충주지방의 來姓인 '堅氏'와 관련있는 것은 아닌지"라고 하여 佐丞堅書와 충주 來姓인 堅氏와 연결지을 수 있음도 시사하였다.

좌승으로 승진된 모습으로 나타난 것은 지극히 자연스럽다. 대상은 4품이고 좌승은 3품인바 이 같은 해석은 전혀 무리가 없다고 본다. 따라서 태조이래 활약한 그가 충주지방의 대표적인 단월로써 법경비음기에 기록되고 있는 것은 오히려 당연하다고 하겠다.

俊弘佐尹 역시 충주지방의 단월세력임이 분명하다. 그에 관해서는 다음과 같은 기록이 있다.

> 評農書史 權信이 大相 俊弘과 佐丞 王同 등이 모역하였다고 참소함에 이를 귀양보냈다.(『高麗史』 卷2, 世家, 光宗11년)

이는 광종의 왕권강화 조치에 따라서 많은 훈구대신 및 호족세력이 제거되는 상황에서 대상 준홍과 좌승 왕동 등이 모역죄로 제거되었다는 기록이다. 평농서사 권신에 의하여 화를 당하는 대상 준홍이 법경비음기에 보이는 좌윤 준홍과 동일 인물일 것이라는 점은 이미 지적된바 있다.[20] 또한 延豊 覺淵寺 通一大師塔碑陰記[21]에는 준홍이 內奉省令으로 나타나는데 이 역시 앞의 좌윤 준홍과 동일 인물일 것이다.[22] 고려초 중앙관부의 중추기관은 다 아는바와 같이 廣評省, 內奉省, 內議省이고 수상은 廣評侍中이었다. 여기 보이는 內奉省의 임무는 인사업무를 총괄하는 것이고 그 우두머리는 內奉省令이다.[23] 그러므로 준홍은 법경대사비가 건립되는 혜종 원년(943)에는 제 6품인 좌윤의 官階를 가졌으며 광종 9년~11년(958~960) 사이에는 內奉省令으로 활약하다가 광종 11년(960)에 대상으로서 광종의 호족억압정책에 의해 제거된 바로 그 인물이라 보아 좋다. 왜 그가 광종에 의하여 제거되었는지는 확인할 수 없지만 아마도 그가 유력호족이기 때문이 아니었을까? 그렇다면 그가 기반으로

---

20) 蔡尙植, 앞의 글, 49쪽 참조.
21) 弟子大德 釋聰訓 中原府上廳釋訓 ……, 內議省令匡謙 內奉省令俊弘 侍中仁奉 侍郎昕巖 尹謙石匠 仍戶依(『朝鮮金石總覽』 上, 233쪽)
22) 姜喜雄, 「高麗初 과거제도 도입에 관한 小考」, 『韓國史論文選集』 Ⅲ, 1976, 84쪽. 金杜珍, 앞의 글, 「高麗光宗代의 專制 王權과 豪族」, 70쪽 참조
23) 李泰鎭, 「高麗宰府의 성립」, 『歷史學報』 56, 3쪽.

한 지방세력은 어디였을까? 그것은 말할 나위 없이 충주지방이었을 것이다. 그가 법경비음기에 대표적 단월세력으로 나타나는 준홍과 동일인물일 것이라는 사실이 이를 말해 준다. 따라서 준홍은 유권열과 함께 충주지방의 대표적 호족으로서 上京從仕한 인물이라 보아 무리가 없을 것이다.

　법경비음기에 나타나는 다른 많은 단월들의 행적에 대해서는 더 이상 분명한 것을 밝힐 수 없다. 그렇더라도 다음과 같은 추론은 가능하다. 이들 가운데 일단 고려로부터 官階를 받게 된 인물이라면 중앙에 진출할 수 있는 통로가 마련된 집단이라고 볼 수 있다는 것이다. 위에서 확인된 몇몇 유력자들이 중앙에서 활약한 것으로 보아 그와 같은 추론은 가능하다. 다시 말하면 佐尹 이상의 官階를 받은 이른바 상급호족들은 중앙에 진출하여 중앙귀족이 될 수 있게 되었던 것이다. 그렇다면 이들 상급호족이 上京從仕한 이후의 지방사회는 누구에 의해 어떻게 통치·운영되었을까. 이에 대한 해명이 본고가 살펴야 할 다음 차례이다.

2) 忠州地方의 官府 및 職制

　이제 우리는 충주지방의 관부 및 직제를 알아보기 위하여 앞의 자료<C>에 나타난 阿粲 이하 卿까지의 인물들을 살펴 볼 필요가 있다. 이들은 마치 신라 관등을 연상케 하는 관직을 가지고 있는데 비교적 많은 수(32명)의 이들 인물에 대해서는 일일이 구체적인 것을 밝힐 수가 없다. 밝혀 줄 자료가 없기 때문이다. 다만 阿粲 新城에 대해서는 다음과 같은 기록이 있어 주목된다. 즉『高麗史』[24]에 徐弼과 함께 광종의 配享功臣으로 나타나는 劉新城이 아닐까 하는 것이다. 만일 阿粲 新城이 광종의 배향공신인 劉新城이라면 그가 중앙에 진출할 수 있는 기반은 역시 忠州劉氏 세력이라는 점일 것이다. 그가 광종의 배향공신이 되었다는 것은 고려초 어느 때인가 상경하여 광종의 개혁정치에 참여하였음을 의미하기 때문이다.

---

24)『高麗史』 권60, 禮志 2.

阿粲 新城에 대한 그와 같은 기록 이외에 다른 인물에 대해서는 상고할 만한 자료가 없다. 新城이외의 다른 인물들이 기록에 나타나지 않은 이유는 그들이 상경종사하지 않고 지방의 실질적인 지배자로서 독자적인 官府를 통치·운영한 계층이기 때문이 아니었을까? 그렇다면 이들에 의해 독자적으로 운영된 관부는 어떤 것이었을까? 이 문제를 해결하기 위해 자료 <C>에 나타난

> 執事郎中 ○○ ○○ 玄魏
> 史 秀貞
> 兵部卿 忠式卿 ○○卿 倉部卿 彦書卿 孔律卿 幸規

라는 기록은 우리의 주목을 요한다. 아마 이것이 이른바 충주지방의 俗官으로서 僧官인 道官과 더불어 충주지방을 주도해 간 집단이었을 것이다. 따라서 여기에 나타난 職名은 당시 충주 지방의 독자적인 통치구조를 표시한 것임이 분명하다. 그리고 그것은 상당히 세분화되어 있었던 것 같다. 우선 그것의 역할이 무엇이었던가를 살펴보기로 한다.

執事郎中은 다른 지방의 통치구조에서는 찾을 수 없고 다만 신라의 직제 가운데 보이는 大舍가 景德王 때의 개편[25]으로 郎中이 된 예가 있을 뿐이다. 그리고 그 位는 대략 舍知에서 奈麻에 이르는 4−5두품이었으므로 阿粲 이하 卿에 이르는 것보다는 그 격이 떨어진 것으로 보인다. 이들은 아마도 독자적으로 신라관직을 차용하여 지방사회의 통치에 임했던 것이 아닌가 생각된다. 그러므로 執事郎中은 신라 執事部의 기능을 살려 史를 통솔하면서 다른 여러 관부의 행정실무를 통제하는 역할을 했을 것이다.

史는 원래 집사부의 최하위직으로 후에 郎으로 개편된 것인데[26] 성종 2년

---

25) 大舍二人 眞平王十一年置 景德王三十八年 改爲郎中 位自舍知 至奈麻爲之(『三國史記』 권38, 雜志 7, 職官 上).

26) 史十四人 文武王三十二年 加六人 景德王 改爲郎 位自先沮知 至大舍爲之(『三國史記』 권38, 雜志 7, 職官 上).

의 향리직 개편 때에는 執事가 史로 고쳐져서 나타난다.27) 그 位는 대략 先沮知에서 大舍에 이르고 이것은 4두품에 해당한다.

兵部卿 이하 卿으로 나타나는 6개의 직명에는 인명이 보이지는 않지만 이것은 법경비 건립당시, 충주지방의 독자적인 관직명으로 보아 좋을 것 같다. 그 개개의 기능이 어떠하였는지 구체적으로 밝힐 수는 없으나 대체로 다음과 같이 추측해 볼 수 있겠다.

兵部卿은 병부의 우두머리로서 지방에 있어 군사적인 업무를 관장하는 관직일 것이며 卿가운데 맨 먼저 기록되고 있는 것으로 보아 그 당시 병부경이 갖는 비중을 짐작할 수 있게 한다. 그리고 倉部卿은 창부의 우두머리로서 조세의 징수라든지 貢賦의 수렴 등과 같은 경제적인 업무를 관장하였을 것이라 짐작하여 무리가 없을 것 같다. 그러나 忠式卿, 彦書卿, 孔律卿 등은 전혀 생소한 명칭이다. 그렇더라도 그 명칭으로 보아 式·書·律의 업무를 관장하는 역할을 했을 것이라는 점은 쉽게 짐작할 수 있다. 즉 忠式卿은 禮式을 관장하는 禮部의 우두머리일 것이며 彦書卿은 교육을 관장하는 學部의 우두머리일 것이고28) 孔律卿은 지방사회의 질서와 풍속을 교정하는 刑部의 우두머리일 것으로 짐작할 수 있겠다. 그리고 이름을 알 수 없는 ○○경은 혹 工部를 의미하는 것이 아닐까 하는 추측이 있다.29) 이렇게 보면 법경비가 건립되는 혜

---

27) 法鏡碑陰記에 나타나는 史는 향리직 개편이후의 명칭인 것 같은데 일찍이 충주지방에서 독자적으로 사용되지 않았나 생각된다.

28) 실제로 지방사회에 學部가 존재했다는 기록은 淸州龍頭寺幢竿記에 學院郎中, 學院卿이라는 관직이 나타나는 것으로 보아 이렇게 생각해 볼 수 있겠다. 또한 彦書의 뜻 풀이에 의하면 彦은 착한 선비를, 書는 글을 뜻하니 '글 잘하는 착한 선비'를 나타내는 것이 된다. 그러므로 彦書는 학부에 대비해도 무리가 없을 것 같다.

29) 蔡尙植, 앞의 글, 56쪽에서 '위 사료에 나타난 6개의 직명은 혹 唐制의 六典體制를 모방한 것이 아닌가' 라고 하면서 그 이유로서 충주가 신라 5小京의 하나였던 점, 또 强首의 출신지였다는 점, 그리고 일찍부터 왕건과 밀접한 관계를 맺었다는 점을 들어 다른 지역보다 선진지역일 것이므로 당의 영향을 받을 가능성이 크다고 하였다. 따라서 이름을 알 수 없는 ○○卿은 工部를 의미하는 것이라 추측하였는데 이러한 추측은 가능하다고 생각된다.

종 원년(943)경의 충주지방에는 매우 다양하고 포괄적인 직제를 갖춘 관부가
존재했음을 알 수 있다. 이를 다시 성종 2년(983)의 향직개편 사실과 결부시켜
보면 고려초기 지방사회에 존재한 독자적인 관부의 실체에 더욱 접근할 수
있으리라 믿는다. 다음『高麗史』의 기록을 살펴보도록 하자.

> 성종 2년에 州·府·郡·縣의 吏職을 개편하였는데 兵部를 司兵으로,
> 倉部를 司倉으로, 堂大等을 戶長으로, 大等을 副戶長으로, 郎中을 戶正으
> 로, 員外郎을 副戶正으로, 執事를 史로 하였다. 그리고 兵部卿을 兵正으로,
> 筵上을 副兵正으로, 維乃를 兵史로 하고 倉部卿을 倉正으로 하였다.(『高麗
> 史』卷75, 選擧志 鄕職)

이는 잘 알려진 바와 같이 성종 2년(983)에 주·부·군·현의 吏職을 개편
하였다는 것을 나타낸 것이다.[30) 이를 위 충주지방 관직명과 비교해 보면 당
시 지방의 실력자들이 일정한 지역에 대한 지배권을 어떻게 행사하고 있었는
가를 구체적으로 이해할 수 있으리라 믿는다. 그리고 그러한 관부가 지방사회
에 일률적으로 존재하고 있었던가도 살펴 볼 수 있을 것이다.

　<표 2>를 통해 알 수 있는 것은 성종 2년의 향직개편 때에 보이지 않는 명
칭이 충주지방의 독자적인 관부로 등장하고 있다는 점이다. <표 2>의 法鏡碑
陰記에는 향리직의 首長인 堂大等이나 大等의 명칭은 보이지 않는다. 그렇더
라도 우리는 앞에서 살펴 본 아찬 이하 경에 이르는 관등 및 관직을 가졌던

---

30) 李基白 교수는 향리직 개편의 사실과 관련하여 다음과 같이 도표화한 바 있다.

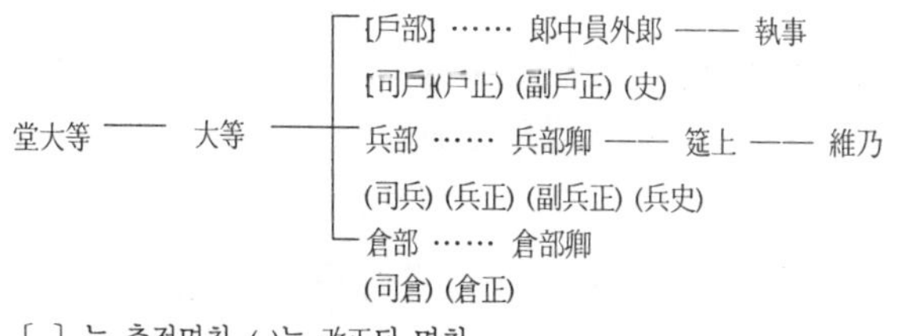

〔 〕는 추정명칭. ( )는 改正된 명칭

(李基白:「新羅私兵考」,『新羅政治社會史硏究』, 1974, 266쪽 참조).

<表 2> 鄕吏職 改編前後의 鄕職名과 法鏡碑陰記 所載 官職名 比較

區分	成宗 2년 鄕職名		法鏡碑陰記 所載 官職名		
官府名	改編前	改編後	官府名	職名	役割
	堂大等 大等	戶長 副戶長			
戶部 [司戶]	郎中 員外郎 執事	戶正 副戶正 史		執事郎中 史	[戶部所屬?] [戶部末端事]
兵部 (司兵)	兵部卿 筵上 維乃	兵正 副兵正 兵史	[兵部]	兵部卿	軍事管掌
倉部 (司倉)	倉部卿	倉正	[倉部]	倉部卿	經濟管掌
			[禮部] [學部] [刑部] [工部]	忠式卿 彦書卿 孔律卿 ○○卿	禮式管掌 敎育管掌 刑律管掌 [營繕管掌]

( )는 改正된 명칭, [ ]는 추정명칭.

인물을 떠올릴 수 있다. 즉 6두품으로 아찬인 張希, 奉希, 萱直, 崔儒, 新城 등으로부터 5두품으로 경인 金達에 이르기까지 많은 인물을 연상할 수 있다. 이들을 충주지방 관부의 首長 역할을 한 인물이라 생각할 수는 없을까? 일찍부터 고려의 관계를 제수받은 것으로 나타나는 좌승 권열 이하 좌윤 준홍에 이르는 호족들은 상경하여 중앙의 귀족이 되었을 것이란 점을 상기하면31) 충주라는 지방사회를 주도해 간 계층이 누구였나를 추측하기는 어렵지 않다. 그들은 곧 아찬 이하 경에 이르는 계층이었을 것이다. 비록 그들의 역할이 무엇이었는지 뚜렷이 밝힐 수는 없지만 이들이 대체로 충주지방을 이끌어간 중심세력이었다고 보아 무리가 없을 듯 하다. 따라서 이들은 중앙귀족화한 호족들과는 규모나 크기는 다르다 하더라도 여전히 충주지방의 단월 세력이었음이 분명하다. 그러므로 이들이 충주지방의 首長級으로서 충주사회를 주도해 갔다고 보아 무리가 없을 것이다.

그리고 관직명만 보이는 兵部卿 이하 관부의 우두머리도 위의 단월 세력 가

---

31) 앞에서 살펴 본 것처럼 權說, 堅書, 俊弘 등과 같은 인물은 충주호족으로서 중앙귀족이 된 뚜렷한 경우라 할 수 있다.

운데서 충당되었을 것 같다. 어떻든 <표 2>에 나타난 바와 같이 법경비음기에 보이는 충주지방의 지배구조는 성종 2년의 향직에 나타난 것처럼 일률적인 것은 아니었다.32) 그렇지만 이를 통해 적어도 충주지방의 지배구조는 독자적인 것이었음이 확인되었다고 믿는다. 이러한 것은 이 당시 原州나 醴川지방33) 혹은 청주지방의 지배구조에서도 확인될 수 있었다.34) 그러므로 성종 2년 이전의 지방조직은 지방세력의 규모나 크기에 따라 다양하게 존재했다고 하겠다. 다시 말하면 성종 2년(983)을 전후한 시기의 지방조직은 단순화된 직명으로 일원화된 것이라기 보다는 각 지방의 특성에 따라 중앙과 비견할만한 지배체제를 갖추고 독자적으로 운영되어 갔던 것으로 나타났다. 그리고 성종 2년 향리직 개편 당시의 직제는 위에 보이는 지방사회의 통치조직 가운데 가장 핵심되는 직제로서 堂大等－大等－郎中－員外郎－執事의 체제가 중심을 이룬다고 하겠다. 이 체제를 중심으로 하여 戶部·兵部·倉部·式部·律部·學部 등과 같은 실무 부서가 존재하여 지방사회를 통솔·운영한 것으로 보인다. 따라서 성종 2년에 위와 같이 향리직이 개편되었다고 하더라도 지방사회에 이미 존재해 온 저와 같은 독자적인 조직은 일시에 무너졌다고 할 수는 없다. 다만 중앙정부의 지방에 대한 통치욕구가 개편을 통한 일률적인 적용을 강요했을 가능성은 있다. 그것이 성종 2년에 향리직 개편으로 나타났던 것이다. 다시 말하면 고려는 고려의 중앙집권적인 통치체제 속에 지방통제를 부분적으로나마 수용하려 했을 것이라는 점은 부인할 수 없겠다.

　지금까지 우리는 淨土寺法鏡碑陰記에 나타나는 충주지방의 단월세력을 중심으로 하여 단월세력의 성격과 그들을 중심으로 하여 존재하였을 통치구조

---

32) 金光洙, 「羅末麗初의 地方學校問題」, 『韓國史硏究』 7, 1972 및 金光洙, 앞의 글 「羅末麗初의 豪族과 官班」, 138쪽에 이미 지적된 바 있다. 그리고 蔡尙植, 앞의 글 55쪽에서도 성종2년의 향리직 개편사실과 향리직제를 일률적으로 羅末麗初의 지방호족의 독자적인 관부의 직제로서 단정지을 수 없다고 하였다.

33) 拙稿, 『高麗時代 鄕吏硏究』(숙명여대 박사학위 논문, 1987), 10〜12쪽 참조.

34) 拙稿, 「淸州豪族의 吏族化」, 『院友論叢』 4, 1986.

에 대하여 살펴보았다. 그 결과 다음과 같은 사실을 밝혀 볼 수가 있었다.

신라말 고려초기에 있어 충주지방의 단월세력은 대체로 忠州劉氏 劉權說을 비롯하여 上京從仕한 계열－上級豪族이라 보아 좋다－과 지방의 실질적인 지배자로서 독자적인 관부를 통치・운영한 계층－下級豪族－으로 나누어 살펴 볼 수 있었다. 이른바 상급호족층은 일찍부터 고려의 官階를 제수받아 중앙에 진출할 수 있었고 阿粲이하 卿에 이르는 하급호족－신라 官等 借用者들－는 지방에서 독자적인 관부를 운영하다가 이보다는 늦게 중앙에 진출한 계열들이라고 보았다. 그리고 성종 2년 향리직에 나타나는 명칭과 유사한 자료 ＜C＞의 執事郎中 이하 兵部卿 등 6개의 卿은 이 당시 충주지방에 존재한 官府로 이해되었다. 향리직이 성립되기 이전의 지방세력의 존재양상은 각 지역의 특성에 따라 각기 다른 모습으로 전개되어 왔다. 그 가운데 충주 혹은 청주와 같은 신라 小京지역은 중앙의 관부와 유사한 내용과 명칭을 갖춘 관부가 보다 세분, 운영되어 왔던 것으로 이해하였다. 이러한 것은 성종 2년의 향직개편이 이들 小京의 직제를 중심으로 하여 개편되면서 그 중 핵심되는 직제만을 남겨 중앙의 통치체제내에 일원화시키려 했던 것이 아닌가 하는 추론을 낳게 하였다. 충주나 청주의 관부 속에 공통적으로 나타나는 兵部卿 이하 통치조직상 필요한 여러 관부와 堂大等・大等과 같은 명칭은 이런 추론을 가능케 하였다. 어떻든 성종 2년 戶長・副戶長 이하 새로운 명칭으로 개편되기 이전까지의 지방사회는 그 지역의 실질적인 지배자에 의해 다양한 통치조직을 가지고 자유롭게 운영되었다고 보아 무리가 없을 것이다. 이것이 성종 2년의 향리직 개편으로 중앙의 통치조직 내에 구속되기 시작했다고 하겠다. 그렇다 해도 종래 독자적으로 존재해 오던 호족들의 통치기구가 성종 2년을 전후해 갑자기 축소・편입되었다고는 보이지 않는다. 오히려 상당 기간을 기다려서야 중앙의 통제 속에 들어간 것으로 보인다. 그만큼 지방세력자들은 지방사회에 깊은 뿌리를 내리고 있었던 것이다.

3. 淸州豪族의 吏族化

新羅末 신라왕조의 국력쇠퇴와 이에 따른 지방통제의 약화를 틈타 전국 각
처에서는 그 지방을 세력기반으로 하여 독자적인 세력을 형성해 나가던 유력
자가 있었다. 이들 유력자들은 城主·將軍 혹은 城主將軍이라 불리우며 서로
雌雄을 겨루고 있던 호족들이었다. 이들은 물론 그 규모나 세력판도에 차이가
있었지만, 대체로 그 지방의 민중들을 직접 지배하고 또 독자적인 군사력을
소유하는 것과 같은 공통점을 지니고 있었다.

이들은 고려왕조가 성립된 뒤에도 그와 같은 성격을 그대로 지닌 채 고려
왕조에 참여하거나 혹은 동화되어 간 것으로 보인다. 많은 호족 가운데는 고
려왕조 성립에 순조롭게 참여한 경우도 있었지만, 때로는 고려왕조에 대해 적
대 관계를 나타내는 호족도 있어 高麗太祖는 이에 대한 대책 마련에 골몰하였
으며, 그 대책의 일단이 賜姓, 婚姻, 賜官이었다 함은 잘 알려진 사실이다. 말
하자면 이로써 고려 국왕과 지방호족들 사이의 互惠的인 관계가 성립된 것이
다. 이러한 상황은 高麗王權의 약체성이 무엇보다 큰 원인이 되는 것이지만
한편으로는 지방호족들의 세력 또한 만만찮았음에도 그 원인을 찾을 수 있을
것이다.

이들 호족 가운데 지방세력이 강한 지역의 하나로 지목된 곳이 청주지방이
었다. 청주는 新羅 五小京의 하나로서 일찍부터 학교가 존재하는 등 지방문화
의 중심지를 이루고 있는 곳이었다.[1] 신라시대 이래 지방문화의 중심지였던

청주가 後三國 爭覇期에는 후백제와의 접경지역에 위치한데다 강한 지방세력을 보유하고 있었으므로 弓裔나 王建은 이 지방에 대해 크게 관심을 기울였던 것으로 보인다. 그러므로 羅末麗初에 있어서 청주지방 호족의 실체를 파악한다는 것은 당시 각 지역에 널리 퍼져 있던 호족들의 실체가 어떠했는가를 이해하는 한 방법이 되지 않을까 생각된다. 따라서, 本稿는 청주지방 호족세력의 存在樣相과 活動, 그리고 幢竿記 所載 인물들 가문의 전개과정을 통해 그들이 成宗 2년의 鄕職改編과 관련하여 지방사회에서 어떠한 역할을 하였는가를 살펴보려고 한다. 나아가 또 이들이 어떻게 中央舞臺에 진출하게 되는가를 살펴봄으로써 청주세력에 대한 이해를 넓히고자 한다. 물론, 이러한 試圖가 전혀 새로운 것은 아니다.[2) 그렇더라도 이러한 작업을 통하여 청주지방의 호족이 吏族化하는 모습을 구체적으로 살필 수 있을 것이며 나아가 당시 지방사회를 이끌어 가던 많은 호족들의 실체에 보다 접근할 수 있을 것이라 믿는다.

1) 淸州地方의 豪族勢力

신라 五小京의 하나로서 일찍부터 학문과 문화의 중심지였던 청주가 왜, 어떻게 弓裔, 王建의 주목의 대상이 되었을까 하는 문제는 우리의 흥미를 자아낸다. 그것은 청주지방에 많은 호족이 존재하여 중부지방에 있어서 일대 세력권을 형성하고 있었을 것이라는 점에 초점을 맞추어야 할 것이다.

청주지방에 호족이 많았을 것이라고 생각되는 이유는 신라 孝恭王 4년(900)에 國原(忠州), 菁州(淸州), 槐壤(槐山) 등의 賊帥인 靑吉, 莘萱 등이 城을 들어

---

1) 金光洙,「羅末麗初의 地方學校問題」,『韓國史研究』7, 1972, 115～130쪽.
2) 청주지방과 관련된 논문들로는 대체로 다음과 같은 것을 들 수 있다.
　　林炳泰,「新羅五小京考」(『歷史學報』35・36 合輯), 1967.
　　金光洙,「羅末麗初의 地方學校問題」(『韓國史研究』7), 1972.
　　李樹健,「高麗前期의 支配勢力과 土姓」(『韓國中世社會史研究』, 一潮閣), 1984.
　　金甲童,「高麗建國期의 淸州勢力과 王建」(『韓國史研究』48), 1986.
　　藤田亮策,「新羅九州五京考」(『朝鮮學報』5), 1953.
　　武田幸男,「新羅の滅亡と高麗朝の展開」(『世界歷史』9), 1971.

투항했다는 다음과 같은 기록으로부터 비롯된다.

> 10월 국원, 청주, 괴양의 적장들인 청길, 신훤 등이 성을 들어서 궁예에
> 게 투항하였다. (『三國史記』 卷12, 新羅本紀, 孝恭王 4년)[3]

이에 의하면 이 지방을 중심으로 한 호족들이 弓裔의 휘하에 들어갔고 이후
弓裔－王建으로 이어지는 정복활동이 後百濟와의 접경지대로 보이는 淸州까
지 확장되고 있음을 알 수 있다. 이것과 관련하여 다음 기록은 궁예의 淸州人
에 대한 입장을 드러내 주는 것이라 보인다.

> 효공왕 8년 7월에 청주의 민가 一千戶를 철원성으로 옮겨 서울을 삼고
> 상주 등 삼십여 州縣을 공격하여 취하였다. (『三國史記』 卷50, 弓裔傳)[4]

위 기록은 잘 알려진 바와 같이 淸州人의 鐵圓으로의 徙民에 관한 것이다.
즉, 궁예가 청주의 투항을 받은 지 4년이 지난 후인 孝恭王 8년에 청주인 一千

---

3) 여기서 十月 國源 菁州 槐壤 賊帥 淸吉·莘萱等 擧城投於弓裔(『三國史記』, 新
   羅本紀, 孝恭王,4年) 이라는 사료와 다음 弓裔傳의 사료를 비교해 볼 필요가
   있다. 즉 궁예전에는 孝恭王四年 又命太祖 伐廣州 忠州 唐城 靑州 槐壤 等 皆
   平之 以功授太祖阿湌之職(『三國史記』 卷50, 列傳, 弓裔傳) 이라고 되어 있다.
   두 번째 사료는 弓裔가 王建에게 명하여 위의 각 지역을 평정케 함으로써 무
   력에 의해 服屬시킨 것으로 되어 있다. 따라서 이것은 新羅本紀 孝恭王 4년의
   自發的인 投降과는 差異가 있음을 느끼게 된다. 즉, 신라 본기는 인근적수들
   의 自發的인 投降을 의미하고 궁예전은 왕건에 의해 服屬 당한 것이라는 의
   미로 해석될 수 있다는 말이다. 이는 단순한 記錄上의 錯誤라기보다는 弓裔
   의 軍勢와 당시 民心의 向方과를 관련지어 생각해 볼 때 상당히 중요한 의미
   를 깇는다고 하겠다. 당시 궁예는 戰場에 나가 士卒과 더불어 同苦同樂할 뿐
   만 아니라 모든 士卒에 대해 公平無私했다는 記錄을 (『三國史記』 卷50 弓裔
   傳) 통해 보더라도 당시 民心은 弓裔에게 쏠리고 있었다는 것을 추측하기는
   어렵지 않다. 그러므로 효공왕 4년의 기록에 더 신빙성이 있다고 보는 것이
   좋을 것 같다.
4) 孝恭王八年七月 移靑州人 戶一千 入鐵圓城 爲京 伐取尙州等三十餘州縣(『三國
   史記』 권50, 列傳, 弓裔傳).

戶를5) 철원에 이주시키고, 이어서 도읍을 송악으로부터 철원으로 옮기는 조치를 취하였다는 것이다. 이는 위 효공왕 4년 당시의 성격을 밝혀 주는 열쇠가 될 수 도 있다고 생각한다. 왜냐하면, 당시와 같은 後三國 쟁패기에 그와 같이 많은 숫자의 徙民을 할 수 있었다는 사실은 궁예의 청주인에 대한 강한 신뢰가 작용하지 않고서는 불가능했을 것이라는 생각 때문이다. 따라서, 孝恭王 4년의 기록은 국원, 청주, 괴양 등 청주의 인접 지역 호족들이 궁예의 무력에 의해 강압적으로 평정되었다기 보다는 자발적으로 투항했음을 의미한다고 보아 좋을 것이다.6) 이들의 자발적인 투항은 이들이 궁예정권의 심장부인 철원에 徙民할 수 있는 충분한 이유가 될 수 있지 않을까?

　　清州徙民의 성격을 좀더 이해하기 위하여 신라시대 여러 곳에 설치했던 鎭의 목적을 살펴보도록 하자. 즉, 宣德王이 한산주에 순행한 후 패강진에 민호를 이주시킨 기록을 통하여 보면7) 鎭은 그 설치목적이 해상방어에 있었고, 그러한 곳에 민호를 이주시키는 목적 또한 방어에 있었다. 따라서 徙民 그 자체가 곧 방어를 목적으로 한 設鎭을 의미하는 것이라 하겠다.8) 그러므로 清州人의 鐵圓으로의 徙民은 궁예국가의 심장부였던 철원 주위에 대한 강화의 뜻으로 이해할 수 있겠다. 그렇다면 이곳에 이주한 청주인은 단순한 농민이 아닌, 精銳核心軍의 이동일 것이라는 지적은 매우 설득력을 갖는 것이라 생각된다.9) 청주는 원래

---

5) 清州人戶一千은 궁예에 의한 청주인의 徙民의 규모를 말하는 것이라 보이는데, 이것은 아마도 清州人으로서 戶一千, 즉 家族單位로서의 戶一千 家口를 의미하는 것으로 본다.

6) 이 지역 豪族들의 弓裔에 대한 투항은 『三國史記』 권50, 列傳, 弓裔傳에 나타난 초기의 궁예의 人品에 대한 묘사가 참고되지 않을까 생각된다.

7) 三年 二月 王巡幸漢山州 移民戶於浿江鎭 (『三國史記』 卷9, 新羅本紀, 宣德王 3年).

8) 이기백, 「高麗太祖時의 鎭」(『高麗兵制史研究』, 一潮閣, 1968), 232쪽 참조.

9) 이기백, 「高麗京軍考」 (위의 책, 46쪽 참조)에서 "清州人戶一千이 그저 보통 人民이 아니라 弓裔의 兵力의 土臺가 된 것이었음은 의심할 것이 없다"고 하였다.

동남쪽의 집합지로서 그 땅이 넓고 人口가 조밀하여 사업이 번잡하며
그 人材의 많음이 실로 다른 고을에 비할 바가 아니다.(『新增東國輿地勝
覽』卷15, 淸州牧 形勝條)[10]

라는 기록에 접하고 보면 청주인의 徙民은 궁예에 의한 강제적인 것이라기
보다는[11] 자발적으로 이루어졌을 것이라는 점을 더욱 확인할 수 있다고 믿는
다. 다시 말하면, 인구 많고 복잡한 생활주변에서 탈피하는 한편, 새로운 곳에
대한 동경과 호기심이 그들로 하여금 자발적으로 徙民策에 응할 수 있게 한
것이라 할 수 있다. 그러므로, 청주인의 철원으로의 사민은 강제나 형벌에 의
해서가 아닌 자발적인 선택이었고, 또 이들은 궁예의 核心軍을 이루는 중앙군
의 토대가 되었다고 할 수 있다. 궁예의 청주인에 대한 이와 같은 신뢰가 어디
서 비롯되었는지 알 수는 없지만[12], 아마도 사민과 더불어 그들 청주인에게
취해진 특혜가 다른 지방보다 훨씬 우월한 데서 그 이유를 찾을 수 있지 않을
까 한다. 그것은 물론 사민된 민호에게만 주어진 특혜에 그치지는 않았을 것
이다. 사민된 민호는 물론 在地 청주세력에게도 똑같이 주어진 은전이었을 것

---

10) 東南地走集也其地廣其民多其事穴以繁人才之衆多固非他邑之可比(『新增東國輿
    地勝覽』卷15, 淸州牧 形勝條) 이러한 淸州를 가리켜 李崇仁은 東南之走集이
    라 하였고, 盧叔同은 地大民稠하다 하였으며 李英耈는 境壤遼曠하다 하였다.
11) 김갑동 교수는 靑州人戶의 徙民은 왕건의 회유와 한편 형벌로서의 성격을 갖
    는 것으로 이러한 조처는 청주를 완전히 지배하여 後百濟에 붙지 못하도록
    하기 위한 조치였다고 하면서 이는 일종의 集團人質的인 성격을 띤 것이라
    하였다(金甲童,「高麗建國期의 淸州勢力과 王建」,『韓國史研究』48, 1985, 38
    쪽 참조).
12) 武田幸男,「新羅의 滅亡과 高麗朝의 展開」(『世界歷史』9), 492~497쪽에서 '신
    라통일 이래 청주의 중요성이 논의되었지만 왜 그 곳이 그렇게 주목받게 되
    었는지에 대해서는 언급이 없다. 그러나 청주의 역사지리적 배경에서 그 원
    인을 찾을 수 있지 않을까 한다. 청주는, 즉 삼국 鼎立時에는 그 접경지역에
    위치하게 되었으므로 각국에 의한 쟁탈전의 중심지가 되었고 신라통일기에
    는 西原小京으로서 정치와 지방문화의 중심지가 되었으므로 일찍부터 이 지
    역에 대한 관심이 집중되었던 것으로 보인다. 거기에 청주는 土地沃饒하고
    人多豪傑하여 풍부한 산물과 인물의 집합지였을 것이라는 점이 청주가 주목
    의 대상이 된 원인일 것이라 추측된다.'고 하였다.

이라 보는 것은 무리가 아닐 것이다. 궁예가 청주인에게 제시한 보상책과 대우가 구체적으로 무엇이었는지 그것을 정확히 지적할 수는 없지만 대체로 다음과 같은 것을 생각해 볼 수 있지 않을까 한다. 즉, 궁예의 청주인에 대한 사민은 小京人을 사민시켜 王京人으로 승격시켜 줌으로써 地域身分的 향상을 약속하지 않았을까 하는 점이다. 이것은 당시와 같이 거주지에 의한 신분적 제약과 특권이 보장된 사회에서는 상당한 예우였을 것이다. 이 약속을 지키기라도 하려는 듯 궁예는 실제로 효공왕 8년, 서둘러 송악에서 철원으로 도읍을 옮기고 있다. 따라서, 궁예와 청주인과의 관계는 위에서 살펴본 바와 같이 상호 互惠的인 입장에서 지속되어 왔다고 할 수 있으며, 그러한 관계는 청주에 막강한 실력을 가진 호족세력의 존재와 더불어 가능할 수 있다고 본다.

弓裔가 무너지고 王建이 즉위한 이후에도 청주세력에 대한 관심은 줄어들지 않았던 것으로 보인다. 때문에, 王建은 즉위하자마자 郡人 愛堅·尹全 등 80여인을 석방토록 하여 각기 田里로 돌아가게 하는 등의 조처를 취함으로써13) 청주세력에 각별한 관심을 표명한 것으로 나타난다. 이러한 王建의 태도는 청주지방에 자리하고 있는 호족들의 세력이 만만치 않았음을 의식한 데에 기인한다고 하겠다. 다음 사료는 청주의 그러한 입장을 이해할 수 있는 가장 좋은 기록이라 생각된다.14) 따라서 인용문이 다소 길기는 하나 청주세력을 이해하는데 도움이 될 것 같아 그대로 옮기기로 한다.

> 견금은 청주 사람이다. 그 고을의 영군장군으로 있었는데 태조가 즉위한 후 '청주사람들은 변심하는 일이 많으니 제 때에 방비하지 않으면 반드시 후회가 생길 것이다.' 고 생각하고 드디어 그 고을 사람 능달, 문식, 명길 등을 보내어 엿보게 하였더니 능달은 돌아와 보고하기를 '그 사람은 다른 뜻이 없으니 족히 믿을 만 합니다'라고 하였는데 오직 문식과 명길은 은밀히 고을 사람 김근겸과 관준에게 말하길 '능달은 비록 그에게 다른 마

---

13) 王謂韓粲聰逸曰 前主信讒好殺以卿貫青州土地沃饒 人多豪傑 恐其爲變 將欲孅之 乃召郡人尹全·愛堅等八十餘人 俱以非辜 械繫在道 卿其亟往 放還田里 (『高麗史』 卷1, 太祖世家, 元年 6月).

14) 『高麗史』 卷92, 列傳5, 王順式傳 附堅金.

음이 없다고 보고하였지만 앞으로 햇곡식이 익으면 변이 생길 우려가 있
다.' 라고 하였다. 견금이 부장 연익, 홍현과 함께 와서 예방하니 태조는
이들에게 각각 말과 비단을 차등 있게 주었다. 견금이 태조에게 말하기를
'저희들은 충성을 다하기를 원하며 두 마음은 없습니다. 그러나 본 고을
사람인 김근겸과, 관준, 김언규 등 서울에 있는 자들은 마음이 같지 않습
니다. 이 몇몇 사람만 없애 버리면 후환이 없을 것입니다.'라고 하니 태조
는 말하기를 '나의 마음은 사람을 죽이지 않는 데 있다. 비록 죄 있는 자라
도 오히려 용서하려 하거늘 하물며 이 사람들은 모두다 자기 역량을 국가
보위에 바친 공로가 있는 사람들인데 한 고을을 얻자고 충성스럽고 어진
사람을 죽이는 일은 내가 하지 않겠다.'라고 하니 견금 등이 부끄럽고 송
구하여 물러갔다. 근겸, 언규 등이 이 말을 듣고 아뢰길 '전일 능달이 복명
하기를 딴 마음이 없다고 하며 저희들도 꼭 그렇지 않으리라고 생각하였
더니 지금 견금 등의 말을 듣건데 딴마음이 없다고 보장할 수 없으니 청컨
데 그들을 체류시키면서 변화를 관찰하시기 바랍니다.'라고 하니 태조도
그 의견을 들어 주었다. 그러나 얼마 후에 견금 등에게 이르기를 '지금은
비록 그대의 맏대로 하지 않으나 나는 그대들의 충성을 깊이 가상히 여기
고 있다. 그대들은 일찍 돌아가서 여러 사람들의 마음을 안정시키는 것이
좋다'라고 하니 견금 등이 대답하기를 '저희들이 충직한 마음을 피력하고
저 이해 관계를 말씀드린 것이 도리어 무고하고 참소한 것처럼 되었으나
이것을 죄로 삼지 않으시니 은혜가 막대합니다. 일편단심 보국을 맹세합
니다. 그러나 고을 사람들이 저마다 각자의 뜻을 품고 있으니 만약 난리가
난다면 제지하기 어려울 것 같습니다. 청컨데 관군을 파견하여 성원하여
주십시오' 라고 하니 태조는 이 말을 옳게 여기고 마군 장군 홍유, 유금필
등을 파견하여 병사 1천 5백 명을 인솔하고 진주를 지킴으로써 이를 방비
하였다. 미구에 도안군에서 아뢰기를 '청주가 비밀히 백제와 내통하니 장
차 반란을 일으킬 것이다.' 라고 하였다. 태조는 또 마군 장군 능식을 파견
하여 군대를 거느리고 가서 진무하게 하였다. 이렇게 되어 반란을 일으키
지 못하였다. (『高麗史』 卷92, 列傳 5, 堅金傳)15)

---

15) 堅金, 靑州人 爲本州領軍將軍 太祖卽位 以靑州人多變詐 不早爲備 必有後悔 乃
    遣州人能達・文植・明吉等 王覘之 能達還奏 彼無他志 足可恃也 唯文植・明
    吉 私謂州人金勤謙・寬駿曰 能達雖奏無他 然新穀熟 恐有變 堅金與副將連
    翌・興鉉 來見太祖 各賜馬・綾帛 有差 堅金等上言 臣等願竭患忠 庶無二心 但

위 기록에서 우리는 청주에 막강한 지방세력이 존재하고 있었음을 짐작할
수 있다. 여기 보이는 인물들의 성향은 대체로 두 부류로 나누어지는 것으로
보인다. 그 하나는 能達·明吉·文植·金勤謙·寬駿·言規 등으로 이들은
아마도 일찍이 弓裔가 徙民시켰던 청주인으로서 在京從仕한 세력들이 아닌가
한다. 이들은 주로 무인으로서 활약하고 있었을 것이라 짐작되는 바,16) 이 시
기에 있어서 무인으로 上京從仕하고 있는 경우는 대부분 각 지방에 일정한 세
력을 보유하고 있었던 사람이라 보아 좋을 것이다. 그리고 또 다른 세력, 堅
金·連翌·興鉉 등은 在地勢力으로서 실제로 청주인을 통솔함은 물론 상당
한 신뢰를 얻고 있었던 인물들이라 짐작된다. 그것은 堅金 등이 王建에게 金
勤謙·寬駿·言規 등 중앙에서 활약한 것으로 보이는 인물들을 제거하도록
무참하였을 때에 오히려 이들을 타일러 돌려보내면서 "빨리 돌아가서 衆心을
안정시켜라"라고 한 말에서 그들이 상당한 在地 실력자였을 것이라는 점을
확인할 수 있다. 만약 그렇지 못하였다면 王建은 그들에게 충신(金勤謙 등)을
모함했다는 구실로 죄를 씌워 誅殺하거나 벌을 줄 수도 있었을 것이다. 堅金
등의 다음과 같은 말들은 이를 뒷받침한다고 보아 좋을 것이다. 즉, 堅金 등이
스스로

本州人與勤謙 寬駿·金言規等在京都者 其心異同 去此數人 可無患矣 太祖曰
心存止殺 有罪者尙欲原之 況此數人 皆有宣力扶衛之功 欲得一州 而殺忠賢 朕不
爲也 堅金等慚懼而退 勤謙·言規等聞之 奏曰 日者 能達復曰無他 臣等固以爲
不然 今聞堅 金等所言 不可保其無他 請留之以觀變 太祖從之 旣而謂堅金等曰
今雖不從爾言 深嘉爾忠 可早歸以安衆心 堅金等言 臣等欲露忠讜輒陣利害 反類
誣譖 不以爲罪 惠莫大焉 誓赤心報國 然一州之人 人各有心 如有始禍 恐難制也
請遣官軍 以爲聲援 太祖然之 遣馬軍將軍洪儒·庾黔弼等 率兵千五百 鎭鎭州
以備之 未幾 道安郡奏 靑州密與百濟通好 將叛 太祖又遣馬軍將軍能植 將兵鎭撫
由是 不克叛(『高麗史』,列傳, 堅金傳) 이라든지, 또 太祖卽位 慮靑州反側 儒與
黔弼 率兵千五百 鎭鎭州以備之 由是靑州不克叛 (『高麗史』卷92, 列傳5, 洪儒
傳)이라 하여 위 堅金傳에 보이는 記錄의 일부와 같은 내용이 洪儒傳에도 보
인다.
16) 李基白, 앞의 책, 『高麗兵制史硏究』, 46쪽 참조.

反逆의 무리가 誣讒함에도 罪를 주지 않으니 恩惠가 莫大하다. 마음을
드러내어 깊이 국가에 보답하겠다.(『高麗史』卷92, 列傳5, 堅金傳)17)

라는 말을 한 것은 모함에 빠질 수 있었던 급박한 상황을 짐작하게 하기에
충분하다. 그러나 王建은 오히려 그들을 용서함은 물론 恩賜를 베풂으로써 이
들의 마음을 사로잡을 수 있었던 것으로 보인다. 王建의 이러한 행위는 물론
堅金 등을 회유시켜 淸州人의 민심을 王建에게 유리하게 작용토록 하기 위한
것이기도 하지만 한편으로 재지 세력자로서의 견금 등이 갖는 비중을 무시할
수 없었기 때문이라고도 하겠다.18)

　따라서, 우리는 위와 같은 사실들에서 淸州地方은 일찍부터 강력한 호족들
이 등장하여 혹은 上京從仕하고 혹은 在地勢力으로 나뉘어 상호 막강한 실력
을 행사하고 있었음을 알 수 있다.19)

---

17) 反類誣譖 不以爲罪 惠莫大焉 誓赤心報國.(『高麗史』, 列傳, 堅金傳).
18) 이 時期에 王建은 청주지역의 동향에 대해 상당히 민감한 반응을 나타내었던
　　것으로 보인다. 親弓裔的인 성격을 가졌던 청주에서 王建의 즉위와 거의 비
　　슷한 시기에 謀叛事件이 빈번하게 일어났기 때문이다. 이에 맞서 王建 또한
　　청주세력에 대한 견제를 게을리 하지 않았던 것 같다. 청주지방과 가까운 忠
　　州나 鎭州를 중심으로 군사를 배치하고 優遇政策을 편 것은 이에 대한 회유
　　및 견제활동의 일환이었음을 쉽게 짐작할 수 있다. 왕건이 어떤 이유로 하여
　　이토록 청주세력을 견제했는지에 대해서는 확실하지 않지만 淸州人이 親弓
　　裔的이라는데 있지 않을까 한다. 어떻든 청주인의 王建에 대한 감정은 그다
　　지 우호적이지는 않은 것으로 보인다. 그러나 本稿는 청주지방 호족세력에
　　초점을 맞추었으므로 淸州人의 弓裔, 혹은 王建에 대한 태도는 논외로 하기
　　로 한다.
19) 金甲童 교수는 그의 앞의 글, 「高麗建國期의 淸州勢力과 王建」(46～47쪽)에서
　　能達은 上京從仕하되 在地勢力인 堅金·連翌·興鉉 등과 연결되어 反政府的
　　인 반면 淸州勢力으로 활약하고, 明吉·文植은 金勤謙·言規 등과 더불어 親
　　政府勢力으로서 堅金 등의 토착세력과 서로 반목한 것으로 보았다. 어떠한
　　관점에서 보더라도 청주를 중심으로 하여 만만찮은 세력이 相存하고 있었다
　　는 점에는 異意가 없다고 본다.

2) 淸州豪族의 存在樣相

지금까지 살펴본 바와 같이 羅末麗初에 있어 淸州地方의 호족세력은 京鄕
을 막론하고 그 움직임이 활발한 곳이었다. 이제 청주에 토착세력을 거느렸던
것으로 보이는 호족들의 存在樣相을 살핌으로써 이 당시 지방세력의 동향을
어느 정도 파악할 수 있으리라 믿는다. 그러기 위하여 우리는 이제 淸州龍頭
寺幢竿記를 주목해 볼 필요가 있다. 이를 통하여 당시 지방사회에 있어서의
鄕職構造, 그리고 여기에 참여한 인물들의 구체적인 분석이 이루어질 수 있으
리라 믿기 때문이다. 잘 알려진 바와 같이 鐵幢竿記는 前翰林學生 金遠이 지은
것으로 그 내용은 다음과 같다.

> 당대등 김예종이라는 이가 있었다. 그는 주, 리의 호족이며 지방 귀족이
> 었다. 우연히 병에 걸린 바 되자 문득 부처에게 약속하기를 우러러 기도한
> 즉 경건히 철종을 만들고 장엄한 사찰을 만들 것을 엎드려 맹세하였다. 그
> 러나 죽음을 막기는 어려웠다. 그가 죽고 난 후 오랜 세월 동안 공사가 지
> 연되었다. 이에 종형 堂大等正朝賜丹銀魚袋 김희일 등이 이를 이어 마침내
> 30단의 철통의 주조를 이루었고 연이어 60척의 당주를 세웠다.(『朝鮮金石
> 總覽』 上, 195쪽)[20]

이에 의하면 堂大等 金芮宗이 그의 병을 고치기 위하여 당간건립을 시도하
였다는 것을 알 수 있다. 그러나, 그 완성을 보지 못한 채 金芮宗이 죽었으므
로 오랫동안 건립이 중단되었다가 金芮宗의 從兄인 역시 堂大等 金希一 등에
의하여 다시 상당히 큰 규모의 당간을 건립하게 되었음을 알 수 있다. 이어서
同幢竿記는 당간 건립에 협조한 사람들과 建立 年月日을 밝힘으로써 청주지

---

20) 有堂大等金芮宗者也 州里豪家 鄕閭冠族 偶人染疾 忽約佛天 仰祈則敬造鐵幢俯
　　誓則莊嚴寺刹 然而難停逝水 易沒黃泉己間數歲遲延 隔時容易 於是 從兄堂大等
　　正朝賜丹銀魚袋○金希一等 彼爲還願 此繼頹현 遂令鑄成三十段之鐵筒 連立六
　　十尺之幢柱.

방의 호족세력의 실태를 파악할 수 있게 하였다. 즉.

當寺令釋紬大德 檀越兼令 金希一正朝金守○大等 金釋希大○ 金寬謙大
等 監司 上和尙信學○○ 前侍郎孫熙奈(大末)[21] 前兵部卿慶柱洪大末 學○
卿韓明寔奈末 前司倉慶奇俊大舍 學院郎中孫仁謙 鑄大○○ 維峻豐三年太
歲壬戌二月二十九日鑄成 (上同)

이를 통하여 당간 건립에 종사하고 있는 인물들이 지방사회에서 어떠한 위
치를 차지하고 있었는가를 알아 볼 필요가 있다. 그것은 앞장에서 살펴본 청
주호족의 실체를 파악하는 작업이 될 것이기도 하기 때문이다. 그러기 위하여
그들에게 주어진 관직의 내용을 자세히 검토해야 할 것이다.

羅末麗初에 있어 지방사회는 대체로 堂大等을 최고로 하고 중앙과 동일한
명칭인 倉部・兵部 등의 官府를 가지고 있었다는 것은 이미 언급되어 있는
바와 같다.[22] 그리고, 龍頭寺幢竿記에 나타나는 관직은 신라나 고려의 관직으
로 보기보다는 오히려 청주지방의 독자적인 것으로 보아야 한다는 견해는[23]
매우 설득력을 갖는다고 생각한다. 그러므로 당시의 지방 세력자들이 중앙과
비슷한 독자적인 행정조직을 가지고 있었다는 것을 구체적으로 살펴보기 위
하여 成宗 2年의 다음 기록은 참고되어 좋다고 믿는다.

　　　주, 부, 군, 현의 향리들의 職制를 개정하여 兵部를 司兵으로 하고 倉部
　　를 司倉으로하고 堂大等을 戶長으로 하고 大等을 副戶長으로 하고 郎中을
　　戶正으로 하고 員外郎을 副戶正으로 하고 執事를 史로 하고 兵部卿을 兵正
　　으로 하고 筵上을 副兵正으로 하고 維乃를 兵史로 하고 倉部卿을 倉正으로
　　하였다.(『高麗史』 卷75, 選擧志3, 鄕職條)[24]

이것은 이미 잘 알려진 바와 같이 鄕吏織改編에 관한 기록이다.[25] 이 향리

---

21) 金光洙, 앞의 글, 「羅末麗初의 地方學校問題」, 116쪽에서 奈을 大末로 보았다.
22) 李基白, 「新羅私兵考」(『新羅政治社會史研究』, 一潮閣, 1974), 266쪽 참조.
23) 金光洙, 앞의 글, 「羅末麗初의 地方學校問題」, 116쪽 참조.

<표 1> 成宗 2年 鄕吏職名과 幢竿記 所載職名의 比較

區分	成宗 2年 鄕吏職名		幢竿記所載職名	官階	役割
	改編前	改編後			
首長	堂大等 大等	戶長 副戶長	堂大等 大等	正朝	檀越兼令 檀越兼令
戶長[司戶]	郎中 員外郎 執事	戶正 副戶正 史	前侍郎	大末	檀越兼令
兵部(司兵)	兵部卿 筵上 維乃	兵正 副兵正 兵史	前兵部卿	大末	監司
倉部(司倉)	倉部卿	倉正	前司倉	大舍	監司
學[部]			學院卿 學院郎中	奈麻	監司 監司

( )는 改編後 名稱 [ ]는 추정명칭.

직개편 내용에 龍頭寺幢竿記의 내용을 대비시켜 보면 당시 지방의 세력자들이 일정한 지역에 대한 지배권을 어떻게 행사하고 있었던가를 구체적으로 파악해 볼 수 있으리라 생각한다. 이의 해명을 위해 다음과 같은 표를 작성해 보았다.

우선 <표 1>에서 확인할 수 있는 것은 鄕吏織改編 후에 戶長이 되는, 즉 그 지방의 首長級인 堂大等의 존재였다. 당대등의 역할은 위 幢竿記에서 보면 '遂

---

24) 改州府郡縣吏職 以兵部爲司兵 倉部爲司倉 堂大等爲戶長 大等爲副戶長 郎中爲
戶正 員外郎爲副戶正 執事爲史 兵部卿爲兵正 筵上爲副兵正 維乃爲兵史 倉部卿
爲倉正(『高麗史』, 選擧志 권75, 鄕職條).

25) 李基白 敎授는 鄕吏職改編의 사실을 다음과 같이 圖表化한 바 있다.

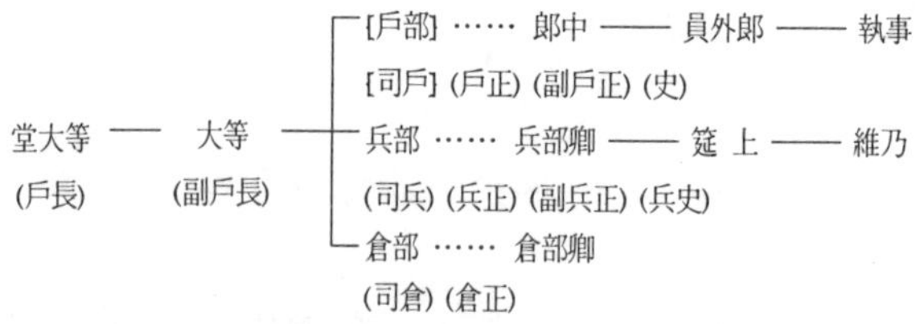

(「新羅私兵考」, 『新羅政治社會史硏究』, 一潮閣, 1974), 266쪽.

令鑄成'으로서 다른 종사자들을 움직일 수 있는 것이었다. 따라서 당대등은 그 지방에 있어서 가장 막강한 실력을 보유한 사람들이었고 외관이 파견되지 않은 당시에 있어서 이들의 명령은 절대적인 위력을 발휘한 것으로 나타나고 있다. 朶

다음의 大等도 檀越을[26) 그들의 임무로 하는 사람들이라면 이들의 사회경제적인 지위는 상당히 높았을 것이다. 뿐만 아니라, 정치적인 면에서도 명령 권자인 점을 생각하면 이들도 역시 당대등과 같은 맥락에서 이 지방 최고의 지배층에 속한다고 이해되어야 할 것이다.

다음의 前侍郎을[27) 필자는 戶部에 속한 관직명으로 추측해 보았다. 侍郎이란 관직은 신라 중앙관부인 執事部의 차관격인 侍郎에서 그 명칭을[28) 찾을 수 있고, 또 대체로 각 관부의 차관급에 해당되는 것으로 이해되어 왔다.[29) 그런데 龍頭寺幢竿記에 나타나는 관직은 <표 1>에 보이는 대로 鄕吏職改編 이전의 명칭을 고루 갖추고 있으면서 戶部에 속하는 관직은 시랑 이외에는 대비시켜 볼 만한 것이 없다. 다시 말하면, 호부의 역할을 수행할 만한 다른 관직을 찾을 수 없다는 말이다. 그렇다고 호부에 속한 잡다한 일들을 수장급인 堂大等이나 大等이 수행하지는 않았을 것이다. 兵部에는 兵部卿이 있고 倉部에는 倉部卿이라 보아 좋을 관직이 있다.[30) 이렇게 따지고 보면 戶部의 실무담

---

26) 檀越이란 梵語 Danapari의 音譯으로 稱檀越者 檀卽施也 此人行施 越貧窮海라 하였으니, 즉 보시를 행하는 사람, 施主이다 (翻譯名義集).

27) 金光洙, 앞의 글, 117쪽에서 前侍郎을 비롯하여 前司倉, 前兵部卿 등에 붙여진 『前』字는 이들이 幢竿建立 당시에는 이 官職을 保有하지 않았기 때문일 것이라고 추측한 바 있다.

28) 李基白,「新羅執事部의 成立」(『新羅政治社會史硏究, 一潮閣, 1974), 159~160 쪽 참조.

29) 李基東, 「羅末麗初의 近侍機構와 文翰機構의 擴張」(『歷史學報』 77, 1978), 22~23쪽에서 9세기경의 官府·官職名에서 兵部와 倉部의 次官이 侍郎으로 나타나고 있는 것을 볼 수 있다.

30) 倉部의 우두머리가 倉部卿이고 司倉은 鄕吏職改編 이후의 倉部名稱인데, 三國史記 景德王 18년의 官職改革은 倉部租舍知를 司倉이라 하였다고 하니 이의 混同이 아닌가 한다. 이에 대해 金光洙 교수는 앞의 論文에서 "국가운영에 있어서 무엇보다도 긴요한 經濟面에 관련된 것일진대 우선적으로 개혁될 수도

당자가 없다. 따라서 호부의 역할을 담당할 만한 관직으로 당간기에 나타나는
것은 시랑 이외에는 달리 대비시킬 만한 것이 없다. 때문에 侍郎을 호부에 소
속시켜 보면 어떨까 생각되는 것이다.31) 그것은 다음과 같은 史料를 통해 뒷
받침할 수가 있지 않을까 한다.

> (신라)고울부 장군 능문이 군사들을 데리고 와서 투항하였다. 그 성이
> 신라 수도에 가까우므로 신라와의 관계를 고려하여 그들을 위로하여 돌려
> 보내고 다만 그 부하들인 시랑 배근과 대감 명재, 상술, 궁식 등만을 남겨
> 두었다. (『高麗史』 卷1, 世家 太祖 8年).32)

이에 의하면 太祖 8年에 來投한 高鬱府將軍 能文의 휘하에 侍郎이란 관직명
을 가진 사람이 있어 이들을 머물러 두게 하였다는 것인데, 이로써 高鬱府라
는 지방에 시랑이라는 관직이 존재했음이 확인되는 셈이다. 따라서 幢竿記에
보이는 侍郎 역시 청주지방에서 독자적으로 사용했던 관직이라 보아 좋을 것
이다. 그러나 시랑이 지방의 독자적인 관직이라 하더라도 그것이 어떤 관부에
속했을까 하는 의문은 여전히 남는다.

그러나 羅末麗初의 지방관부의 존재양상은 지방에 따라 다양하였으므로 굳
이 成宗 2年의 그것과 비교하여 侍郎의 위치를 억지로 설정할 필요는 없다고
본다. 왜냐하면, 이 시기의 지방은 독자적인 관부를 갖추고 전개되었다고 믿
어지기 때문이다. 그렇더라도 우리는 侍郎의 위치를 다음과 같이 생각해 볼
수는 있다. 즉, 改編以前의 향직이 대체로 堂大等－大等－郎中－員外郎 등으
로 이어지는 체계를 갖추고 있었다면 執事部의 그것과 비교하여 大等과 郎中
사이에 侍郎을 설정해 볼 수 있다. 그렇게 보면 역시 侍郎은 호부에 소속된

있다"(118쪽)고 하였다.

31) 兵部·倉部의 次官이 9세기경의 官府·官職名에서 대체로 侍郎이란 명칭으
로 나타나고 있지만 幢竿記의 경우, 兵部·倉部에 해당하는 관직명이 나타나
므로 이를 戶部에 所屬된 관직이라고 對比시켜 보았다.

32) 高鬱府將軍能文 率士來投 以其城近新羅王都 勞慰遣還 唯留麾下 侍郎盃近 大監
明才·相述弓式等.

관직이 아니었을까 생각된다.

　다음의 兵部卿은 兵部의 우두머리로서 羅末麗初 호족들에게 있어서 가장 중요한 군사적인 권한을 관장하는 관직일 것이라는 점은 새삼스러운 것이 아니다. 즉, 지방 호족들이 그들의 영역을 방위하고 나아가서는 그들의 세력권을 확장하기 위해 필수적이었던 사병의 보유와 연결시켜 생각하면 兵部卿의 역할은 자연 명확히 드러나리라 믿는다. 그리고 그것이 지방사회에서 얼마나 중요한 위치를 차지하고 있었던가도 충분히 짐작할 수 있겠다. 따라서, 중부지방에 있어서 一大 세력권을 형성하고 있었던 淸州地方에 兵部卿과 같은 군사적 업무를 관장하였을 部署가 있었으리라는 점은 지극히 자연스러운 일이라 하겠다.

　다음으로 司倉에 대하여 살펴보기로 한다. 사창이란 당시 지방세력자들이 가장 중요하게 여겼을 권한 중의 하나로 경제적 권한을 행사하는 것이었음을 짐작하기는 어렵지 않다. 이들 지방세력자들이 갖는 경제적인 권한은 자기 세력권 안에 있는 촌락늘에 대한 경제력을 행사하는 것으로 정치적 및 군사적인 권한을 존속·유지시킬 수 있는 막중한 영향력을 갖는 것이었다. 여기에서 문제가 되는 것은 司倉이란 명칭이 어느 때부터 사용되었느냐 하는 것이다. 司倉은 물론 倉部에 소속된 것이겠지만 그것이 幢竿記에 사용된 시기가 鄕吏職改編 以前인 광종대여서 선뜻 수긍되지 않는 면도 있다. 그러나 成宗 2년에 改編된 鄕吏職과 鄕吏制度의 成立이 갑자기 이루어진 것이 아니고 고려 개국 이후 부단히 混用되어 오던 것이 이때 이르러 제도적인 성립을 보게 되었을 것이라는 見解에 접하고 보면33) 그 또한 큰 문제가 되지는 않을 것이다.

---

33) 李純根,「高麗初 鄕吏制度의 成立과 實施」(『金哲埈回甲紀念論叢』 1984), 228쪽에서 "成宗2년 鄕吏職改編 등이 이루어졌다 해도 成宗 14년까지는 高麗初期의 것과 新羅式官階가 混用되었다"고 하면서 鄕吏職이 일시적으로 갑자기 改編된 것이 아님을 지적했다.
　또, 金光洙 교수는 앞의 글, 119쪽에서 "幢竿從仕者들 거의가 羅代의 官階를 使用하고 있는 점이나 成宗代의 鄕吏職改編이 일면 前代的인 遺制에 대한 새로운 高麗的인 體制의 정비를 뜻한다는 점에서 미루어 보면 그들 관직이 또한 羅代로 소급될 수 있다는 점도 쉽게 느껴지리라 생각한다"라고 하였다. 이

뿐만 아니라, 국가 운영면에 있어서 무엇보다도 긴요한 경제적인 면에서의 개
혁이 우선적으로 추진될 수 있었을 것이라는 견해는 鄕吏職改編이 일시적으
로 이루어진 것이 아니었다는 점과 결부하여 상당히 설득력을 갖는 것이라
여겨진다.

　다음으로는 청주지방의 학교와 관련하여 일찍이 자세한 연구가 행해진 學
院卿과 學院郞中이 우리의 시선을 요한다.[34] 이 두 관직명은 성종 2년의 향리
직 개편 내용에는 보이지 않지만 同幢竿記에서 발견됨으로써 羅末麗初에 있
어서 지방사회의 학문적 욕구와 수준을 짐작할 수 있게 되었다. 즉, 同幢竿記
에서 學院卿이니, 學院郞中이니 하는 것과 같은 관직이 발견됨으로써 지방의
행정조직 내에 교육담당기관이 있었을 것이라는 점이 확인되었던 것이다. 그
렇다면 이들 學院卿이나 學院郞中이 지방사회에서 갖는 비중은 어떠했을까?
이미 밝혀진 바와 같이 이들은 토착적인 지방세력자들로서 지방관직에 포함
될 수 있었으며 그들의 관직이 각부의 고위직인 卿·郞中인 것을 보면 대체
로 청주지방에 있어서의 元老級이었을 것이라는 지적은 적절하다고 생각한
다.[35] 그리고 <표 1>에 나타난 대로 병부나 창부에 소속된 관직이 각기 하나
뿐인데 비하여 학부소속의 관직명이 둘씩이나 나타난 것으로 보아 이 당시
청주지방에서 교육에 기울인 비중이, 상당하였을 것이라는 점도 아울러 상정

　　점은 新羅 景德王 때의 官職改革 사실을 염두에 둔 것이 아닌가 생각된다.
34) 金光洙, 앞의 글, 126쪽에서 鄕職條에 地方學校 관계의 職이 脫落된 것은 成宗
　　2년에 地方制度의 改革을 단행하면서 地方勢力의 手中에 있었던 地方學校를
　　일단 폐쇄하고 地方子弟를 詣京習業케 했다가 如意치 못함에 許還하고 이듬
　　해 中央의 統制下에 움직일 수 있는 博士를 12牧에 파견하여 이들을 再整備토
　　록 하게 했다고 하였다. 그것은 다음과 같은 기록에 根據하여서이다. 六年八
　　月 以許還學生 無師敎授敎選通經閱籍者 以經學醫學博士 於十二牧 各遣一人 敎
　　行敎論(高麗史, 卷74, 選學志 學校條).
35) 金光洙, 앞의 글, 127~128쪽에서 그와 같이 밝히고 이어서 그들에게서 보이
　　는 大奈麻라는 官階는 그들 身分上의 上限일 수 없는 可能性이 크다고 하면서
　　大奈麻를 新羅官階로 치면 五頭品 以下의 신분이며 이를 『三國史記』屋舍條
　　에 根據하면(外眞村主 輿五品同 次村主輿四品同) 村主級에 해당한다고 하였으
　　므로 청주지방의 元老級이었을 것이라는 추측은 타당하다고 하겠다.

할 수 있겠다. 學院卿과 學院郎中의 존재와 역할이 확인되었다 할지라도 우리의 관심은 學院卿과 學院郎中의 서열에 주목하게 된다. 왜냐하면, 卿도 郎中도 모두 각 부서의 우두머리에 해당되기 때문이다.36) 그러나 대개의 경우 관직은 높은 것에서부터 낮은 것으로 차례로 기입되는 것이 상례이므로 먼저 기록된 學院卿이 상위이고 學院郎中이 그 다음을 차지하는 것이라고 보아 무리가 없을 것 같다. 이렇게 보아 가면 學院卿 · 學院郎中이 비록 성종 2년의 개편 때에는 보이지 않았지만 이들이 청주지방의 실력자로서 자치적 성격이 강한 지방행정조직 내에 포함되어 교육을 담당하였을 것이라는 점을 확인할 수 있었다. 이것은 또한 당시 청주와 같은 지방사회의 교육수준을 짐작케 해 준다고 믿는다.

이제까지 살펴본 바와 같이 청주지방에는 수장급인 堂大等을 비롯하여 이 지방에 있어서의 軍事權(兵部), 經濟權(倉部) 및 學問과 敎育(學部)을 관장했을 것으로 보이는 관직이 있었음을 알 수 있었다. 그리고 이 幢竿記所載 官職名을 성종 2년의 향리직과 대비시켜 보면서 962년경 청주지방 향직의 존재를 밝혀 보았다. 여기서 우리는 同 幢竿이 건립되는 이 시기에 堂大等을 중심으로 한 지배세력이 상당한 영향력을 행사하며 청주인 위에 군림하고 있었음을 알 수 있었다. 사실 일찍부터 新羅五小京의 하나로서 정치 · 문화의 중심지였던 청주에 이와 같은 체계를 갖춘 지배세력이 존재했을 것이라는 점을 짐작하기는 어려운 일이 아니다. 그리고 지방의 행정조직을 성종 2년의 鄕職構造와 비교함으로써 청주와 같은 지방에는 대체로 鄕職 改編時의 명칭과 비슷한 관직 및 행정조직이 존재했었다는 점을 확인할 수 있었다.

3) 幢竿記所載 人名에 대한 檢討

이제 우리는 幢竿記에 나타난 人名을 통하여 청주지방 토착세력의 존재양

---

36) <표 1>에 나타난 것만 보더라도 鄕吏職改編 후의 兵 · 倉部의 우두머리는 卿이고 戶部의 우두머리는 郎中으로 둘다 각 부서의 長으로 나타나 있다.

상을 보다 구체적으로 해명하여야 할 것이다. 그것은 여기에 참여한 인물들이 당시 자치적인 성격을 강하게 지닌 토착인들이라고 생각되기 때문이다.

同 幢竿記에 나오는 인물은 모두 14명이고 이 가운데 2명은 승려인 것 같다.37) 그러므로 2명의 승려를 제외한 나머지 12명에 대한 해명이 우리의 주목을 요한다. 주지하는 바와 같이 당간기에 나타난 인물은 堂大等 金芮宗을 비롯하여 金氏, 韓氏, 孫氏, 慶氏로서 모두 中國式 姓을 가지고 있는 것을 확인할 수 있다. 따라서 고려초기 청주지방 지배세력의 실태를 파악하기 위해서는 이들에 대한 구체적인 검토가 우선되어야 하리라 믿는다. 羅末麗初에 있어서 地方군현의 토성화 과정에 대해서는 이미 상세히 밝혀진 바 있다.38) 이에 의하면

　各郡縣 土姓은 그들의 토착적 기반과 씨족적 유래는 오래 전부터 내려왔겠지만 그들의 漢姓化過程은 羅末麗初에 와서 일반화되었다. 그렇다고 해서 각읍 토성이 모두 같은 시기에 형성되었다고는 볼 수 없다. 즉 같은 군현 토성이라도 토성과 次姓, 토성과 立州後姓이 있듯이 그 형성 및 발전 과정도 시간적 선후관계가 있을 것이다.

라고 했다.39)

그러므로 청주지방의 세력자들 가운데 태조 王建 즉위 당시에 이미 漢姓을

37) 幢竿記에 보이는 當寺令이나 上和尙은 鄕職과는 별도로 龍頭寺에 소속된 승려에게 붙여진 명칭으로써 幢竿建立에 참여한 인물이라 보인다. 당시 지방사회에는 지방 세력자와 佛教, 혹은 승려와의 관계가 대단히 밀접했음이 많은 연구에서 밝혀진 바 있다. 즉, 闍崛山派와 연결된 江陵金氏, 獅子山派와 연결된 忠州劉氏, 鳳林山派와 연결된 金海의 蘇律熙勢力, 그리고 須彌山派와 연결된 開城王氏 및 聖住山派와 연결된 保寧地方의 金昕一族 등을 들 수 있다. 代表的인 論文로서는 崔柄憲, 「新羅下代 禪宗九山派의 成立」(『韓國史硏究』 7, 1972), 「新羅末, 金海地方의 豪族勢力과 禪宗」(『韓國史論』 4) 및 金杜珍, 「郞慧와 그의 禪思想」(『歷史學報』 65)등이 있다.
38) 李樹健, 「三國時代 支配勢力과 土姓」(『韓國中世社會史硏究』, 1984, 一朝閣), 116〜137쪽.
39) 李樹健, 앞의 글, 136쪽.

<표 2> 幢竿記 所載人物의 임무와 官職名

구분	人名	任務	官職	官階
가	金遠	撰兼書	前翰林學生	
	孫錫	鐫者		
나	金芮宗		堂大等	正朝
	金希一	檀越兼領	堂大等	
	金守○	檀越兼領	大等	
	金釋希	檀越兼領	大等	
	金寬謙	檀越兼領	大等	
	釋紬			大德
다	孫熙	監司	前侍郎	奈麻
	慶柱洪	監司	前兵部卿	奈麻
	韓明寔	監司	學院卿	奈麻
	慶奇俊	監司	前司倉	大舍
	孫仁謙	監司	學院郎中	
	信學	監司		上和尙

사용하고 있었던 金氏를[40] 제외한 나머지 세력은 언제부터 이러한 中國式 姓을 사용하게 되었는지 정확히 알 수 없다. 그렇더라도 三國의 宗姓이나 駕洛國姓을 제외한 나머지 各姓의 시조들이 대부분 고려초기의 개국공신이거나 귀순호족들이었음을 염두에 둔다면[41] 이들 청주지방의 幢竿記所載 姓氏 역시 太祖 이후 급속히 보급된 것이라 보아 좋을 것 같다. 그렇다면 幢竿記所載 各姓氏는 적어도 幢竿이 세워지는 光宗 13년(962), 그 시기에는 일반화되었던 것이 아닌가 한다. 따라서, 이들 四姓은 청주지방의 토성으로서[42] 청주지방의 실력자였을 것이라는 점은 부인할 수 없겠다.

이제 이들에 대한 보다 구체적인 접근을 위하여 다음과 같은 表를 만들어 보았다.

---

40) 앞의 史料 堅金條를 보면—私謂州人金勤謙・寬駿日 能達雖奏無他 然新穀熟—이라고 한 대목이나 그 아래의 本州人勤謙・寬駿・金言規라는 記錄으로 보아 청주金氏는 太祖 이전에 漢姓을 使用했던 것으로 보인다.

41) 高麗初期의 기록을 보면 高麗太祖의 賜姓은 開國功臣, 혹은 歸順豪族들에게 주로 행해지는 것을 볼 수 있는데, 이들 賜姓의 主人公들이 各姓의 始祖가 되었던 것이라 생각된다.

42) 『新增東國輿地勝覽』 淸州牧 姓氏條.

<표 2>에 나타난 바와 같이 幢竿建立에 종사한 사람들을 그 기능과 역할에 따라 세 집단으로 나누어 살펴봄으로써 청주지방 호족세력의 실태에 보다 접근하고자 한다.

<가>집단은 同 幢竿記를 직접 撰하고 쓴 金遠과 그것을 새긴 孫錫을 묶은 것으로 幢竿記 作成을 주도하고 직접 참여한 사람이다.

<나>집단은 幢竿建立의 추진 및 주동세력으로서 이 지방에 있어서의 실질적인 지배세력이라 보이는 인물들을 묶어 놓은 것이다.

<다>집단은 同 幢竿을 건립함에 있어 직접 감독을 하거나 노동력을 동원하는 등과 같은 실질적인 역할을 했을 것으로 보이는 실무자들을 묶어 놓은 것이다.

먼저 <가>집단에 속해 있는 金遠에 대해 살펴보기로 하자. 幢竿記를 撰하고 쓴 金遠의 관직은 前翰林學生이었다고만 기록되어 있다. 그가 翰林學生이었다는 것은 金遠의 役割, 즉 그가 幢竿記를 짓고 썼다는 사실과 잘 부합되는 것이라 하겠다.[43] 왜냐하면, 翰林學生이란 文翰機構인 翰林院에 소속된 학생이란 뜻으로 해석될 수 있기 때문이다. 문한기구로서의 한림원의 설치는 실제로는 고려 현종 때에 이루어진 것이다. 그런데 어떻게 하여 광종때 건립된 幢竿記에 翰林學生이란 명칭이 보일까? 이 문제에 대한 해명을 위하여 우리는 한림원의 설치과정을 살펴보아야 할 것이다.

翰林院은 新羅下代의 대표적인 文翰機關이었던 瑞書院과 崇文臺가 고려초기의 관제 속에 발전적으로 계승되어 광종대의 개혁정치에 크게 영향을 끼쳤다는 점은 밝혀진 바 있거니와[44], 이러한 견해는 한림원의 역할을 이해하는데 크게 도움을 준다고 하겠다. 이에 따라 고려 광종 때에 활약한 翰林學士에

---

43) 중국에서는 唐 玄宗(712~756) 초에 翰林侍詔를 설치하여 처음에는 문서작성의 임무를 장악케 하다가 점차 문서가 폭주하게 되자 翰林供奉의 칭호를 주어 天子의 詔勅에 관한 업무를 관장케 하였다. 開元 26년(738)에는 翰林供奉을 翰林學士로 개칭하여 황제의 측근에서 실권을 장악하는 관료집단으로 대두하게 되었다고 한다(『新唐書』 券46, 百官志 序). 이로써 翰林學士의 역할은 한마디로 文翰之任이었음을 알 수 있겠다.

44) 李基東, 앞의 글, 「羅末麗初의 近侍機構와 文翰機構의 擴張」, 49~65쪽 참조.

관계된 기록을 列記하면 다음과 같다.45)

光宗　元年：太祖・守禮寶卿・守元鳳令兼知制誥・上柱國孫紹(太安寺廣慈
　　　　　　大師碑,『朝鮮金石總覽上』, 174쪽)
光宗　9 年：翰林學士　知貢擧　雙冀(『高麗史』卷 2, 光宗　9 年)
光宗　9 年：通直部・正衙・翰林學士　金廷彦(玉龍寺洞眞大師塔碑,『朝鮮金
　　　　　　石總覽上』, 189쪽)
光宗 15年：翰林學士　知貢擧　趙翌(『高麗史』卷73, 選擧志 1)
光宗 16年：奉議郎・正衙・翰林學士・前守兵部卿・李夢游(鳳岩寺靜眞大
　　　　　　師塔碑,『朝鮮金石總覽』上, 196쪽)
光宗 17年：翰林學士　知貢擧　王融(『高麗史』卷74, 選擧志 1)
光宗 18年：翰林學士・內議承旨・知制誥 崔行歸(大華嚴首座圓通兩重大師,
　　　　　　均如傳)

이에 의하면 翰林學士라는 명칭의 쓰임은 이미 光宗 때 보편화된 느낌을 받
는다. 그러므로 顯宗 때 설치된 한림원은 太祖 이래로 설치 활동해 온 학사원
을 개편한 데 불과한 것이라고 하겠다. 그것은 학사원에 翰林學士가 있었고
더욱이 그것이 顯宗 때 고쳐진 것이라는 다음 기록에 접해보면 이해될 수 있
다고 믿는다. 즉,

　　편찬, 저술하는 일을 맡았다. 태조는 태봉의 제도를 이어, 원봉성을 설치
　　하였다. 후에 학사원으로 개칭하여 한림학사를 두었는데, 현종 대에 다시
　　고쳐 한림원이 되었다.(『高麗史』卷76, 百官1, 藝文館)46)

　學士院에 翰林學士가 있었다는 위 記錄으로 보아 龍頭寺幢竿記에 보이는 翰
林學生이란 당시로서는 學士院에 所屬된 學生이었다는 뜻이 될 것이다. 그러

---

45) 이들 각자의 活動 및 官界進出에 대해서는 李基東, 앞의 글, 52∼55쪽에 상세
　　한 內容檢討가 있다.
46) 掌制撰詞令 太祖 仍泰封之制 置元鳳省 後改學士院 有翰林學士 顯宗 改爲翰林
　　院.

므로 幢竿記撰·書者인 金遠은 學士院에 所屬된 學生이었다는 뜻으로 해석될 수 있겠다.

그런데, 문제는 왜 그의 翰林學生이라는 관직 앞에 '前'자가 붙여졌을까 하는 점이다. 이것은 혹시 그가 王建의 고려 개국 당시에 중앙에서 활약하던 金氏와 동일한 가계의 인물이었음을 드러내는 것이 아닐까 한다. 그러한 추측은 다음과 같은 사실과 연결하여 가능하다고 본다. 즉, 개국 당시 중앙에서 활약하던 지방의 세력자들이 光宗의 즉위와 더불어 취해진 호족탄압정책에 밀려 지방으로 낙향한 사실과 결부하여 생각할 수 있다는 것이다. 이것은 광종의 왕권강화책의 일환으로 취해진 조처로서 청주지방의 호족에게 있어서도 예외는 아니었을 것이다. 청주는 신라이래 정치적, 군사적으로 중요한 요충지로서 강한 지방세력을 보유했다는 점에 있어서 더욱 그렇다. 따라서, 前翰林學生 金遠은47) 당간건립 이전 어느 시기에 중앙에서 활약하다가 적어도 당간 건립시에는 청주지방에 낙향, 토착하게 된 청주지방의 세력자로 추측해 볼 수도 있지 않을까? 만약 그런 추측이 허락된다면 이들이 청주에 낙향한 시기는 대략 光宗 7年 奴婢按檢法의 실시 이후가 아닐까 한다. 그것은 光宗 7年에 실시된 奴婢按檢 및 그 이후의 大 肅淸作業으로 인하여 많은 호족세력이 경제적 및 군사적 기반을 잃게 됨으로서 중앙에서의 그들 세력이 약화되었을 것이기 때문이다.48) 이처럼 광종대에 호족세력을 숙청하는데 철저하였다고는 하지

---

47) 定康王元年 守兵部郎中兼崇文館學士金遠(沙林寺弘覺禪師碑)이라는 이름이 보인다. 金遠은 관직이 崇文館 直學士이고 弘覺禪師碑文의 撰者이다. 이러한 점을 보면 용두사 당간기의 찬자인 金遠과 동일인물로 볼 수도 있을 것 같다. 그러나 이 碑가 세워지는 시기는 定康王 3年, 즉 886년으로서 龍頭寺 幢竿이 세워지는 962년과는 상당한 거리가 있다. 만약 시대적 거리만 좁혀 질 수 있다면 그 관직이나 역할 및 비문찬자라는 동일성으로 보아 동일인물이라 보아 좋을 듯 하다. 이 시대에 있어 同音異寫의 현상은 조금도 이상한 일이 아니었다.

48) 平農書史權信 譖大相俊弘 佐丞王同等謀逆 貶之 自是 讒佞得志誣陷忠良 奴訴其主 子讒其父 圄圄常溢 別置假獄 無罪而被殺戮者 相繼(『高麗史』卷2, 世家, 2, 光宗 11年)라 하였는데, 이 사건 이후 光宗은 崩去하는 26년까지 왕권강화를 위한 끈질긴 노력으로서 호족세력을 억압하였다.

만 이 때의 왕권강화정책이 아직도 중앙중심이었다는 한계를 상기하면 호족세력은 王權 앞에서 완전히 무시될 정도로 약화되지는 않았을 것이다. 다시 말하면, 비록 호족들이 중앙에서의 정치적 기반을 잃었다고는 하더라도 그들의 출신지역에서는 아직도 강한 세력을 유지하고 있었을 것이라는 점을 부인하기 어렵다. 따라서 前 翰林學生 金遠의 경우도 청주지방에 기반을 둔 호족의 일족으로서 光宗 7年 이전에는 중앙에서 활약한 사람이라 볼 수 있지 않을까 한다. 만약 이러한 추측이 허락된다면 前 翰林學生 金遠에 대한 해명은 光宗 7年 이전의 學士院學生이었다는 맥락에서 찾아질 수 있을 것이라 믿는다.

幢竿에 글을 새긴 작업을 한 孫錫 또한 청주지방에서 활약하던 인물일 것이라고 추측하는 것은 그리 어렵지 않다. 이에 대해서는 <다>집단에 보이는 孫氏와 관련하여 뒤에 다시 검토할 기회를 갖고자 한다.

다음으로 <나>집단에 주목해 보도록 하자. 여기에 참여하고 있는 사람은 그 姓을 알 수 없는 當寺令 釋紬를[49] 제외하고는 堂大等 金芮宗을 비롯히여 모두 金氏 姓을 갖고 있는 것으로 나타난다.

이들의 임무가 檀越兼令이라 한 것으로 보아 이들은, 즉 당간건립의 모든 재정적 부담을 책임 맡고 있는 단월세력임과 동시에 당간건립의 주도세력이라 보아 틀림없다. 따라서 金芮宗과 그의 從兄인 金希一은 堂大等이기 때문에

---

49) 當寺令 釋紬는 僧侶로서 龍頭寺 幢竿建立에 적극 참여하였던 인물일 것이라 언급하였다. 이 當寺令釋紬의 姓氏를 확실하게 밝힐 수는 없지만 그렇더라도 이 역시 金氏 姓을 갖는 청주의 토착세력이라 볼 수는 없을까? 그것은 나말여초의 많은 호족과 불교는 매우 밀접한 관계에 있었다는 점과 또 金氏 家와 불교가 매우 밀착되어 있었다는 데서 그 이유를 찾을 수 있을 것 같다. 즉 고려초 이래 상당한 영향력을 행사한 것으로 보이는 玄化寺의 僧統이나 住持를 이 淸州 金氏家에서 三代째 계속하였다는 점을 연상하면 용두사 또한 이들 김씨와 전혀 무관하지는 않을 것이다. 그렇다면 當寺令 釋紬도 청주 김씨 일족이거나 혹은 김씨 일족의 비호를 받는 불교세력이었다고 보아 무리가 없을 듯하다. 江陵 崛山寺의 梵日도 溟州 金氏로서 江陵都督·金公의 초청으로 崛山寺에 住持하여 40여 년을 지냈다고 하니 이러한 것으로 미루어 볼 때 청주 김씨와 釋紬의 관계도 연관 있을 것이라는 추측은 가능하다고 믿는다(崔柄憲,「金海地方 豪族勢力과 禪宗」,『韓國史論』 4, 418쪽 참조).

청주지방의 幢竿을 건립함에 있어 그 지방의 관직에 있는 모든 사람들을 동원
할 수 있는 능력을 가졌다고 생각할 수 있겠다. 그렇다면 이들 金氏가 언제
어떻게 하여 청주지방의 주도권을 행사할 수 있는 세력으로 성장하게 되었을
까? 이에 대해서는 신라로부터 西原小京에 出居한 귀족들의 후예였을 것이라
는 지적이50) 많은 示唆를 던져 준다고 하겠다. 주지하는 바와 같이 小京의 설
치는 신라의 귀족 및 피정복민의 지배층을 徙民시키는 과정에서 이루어졌다
고 한다. 청주지방에 金氏 세력이 등장하는 시기가 언제인지 정확히 밝힐 수
는 없지만 아마도 신라 서원소경의 설치시기와 때를 같이 하지 않았을까 생
각된다. 왜냐하면, 신라 五小京의 설치 목적이 신라귀족 및 피정복민의 지배
층에 대한 회유와 포섭에 있었다면 新羅宗姓으로서 귀족인 김씨의 이주는 충
분한 가능성을 갖는다고 생각되기 때문이다. 그리고 그들이 이주하여 토착화
하는 과정에서 원래의 貴族性을 토대로 하여 청주지방의 가장 강력한 호족세
력으로 성장하였다고 보아 좋을 것이다. 따라서 <나>집단에 보이는 바 金氏
姓을 가진 인물들은 일찍부터 이 지방에 이주하여 토착세력으로 성장하였을
金氏의 후예로서 청주지방에 있어 우위의 집단을 형성하고 있었다고 할 수
있다. 그러므로 이러한 배경을 갖고 있는 이들 김씨들은 신라말기 중앙의 지
방에 대한 통제력이 약화되었을 때 이 지역의 군사권과 재정권을 장악하여
청주지방을 지배하는 독립적 세력으로 성장하였을 가능성은 충분하다. 때문
에 孝恭王 8年(904) 弓裔에 의해 徙民政策이 실시될 때 청주지방을 대표하여
上京 從仕한 계열이 바로 그들 일족이었을 것이다. 王建 등장시기에 중앙에서
활약하고 있었던 金勤謙·金寬駿·金言規 등이 바로 청주에 기반을 둔 세력
이었다는 점을 염두에 두면 더욱 이해될 수 있으리라 믿는다. 그러므로 이들
청주출신의 강력한 호족들은 막강한 지방세력을 배경으로 하여 이미 고려의
건국 이전부터 본관을 떠나 上京從仕한 金勤謙·金寬駿·金言規 등의 세력
과 청주에 토착해 있던 在地 세력으로 나뉘어져 있었다고 할 수 있다. 그리고
幢竿建立에 주동적으로 참여하고 있는 金氏 系는 在地 세력으로 성장한 계열

---

50) 林炳泰, 「新羅五小京考」(『歷史學報』 35·36합집, 1967).

이었을 것이다. 여기서 우리는 羅末麗初의 많은 호족들이 한편은 上京從仕하고 다른 한편은 在地 세력을 형성하여 중앙과 지방에서 두루 활동해왔다는 점을 상기할 필요가 있다. 이에 관련된 대표적인 사료로서 다음과 같은 것은 주목해 좋다고 하겠다.

> 金宣弓은 태조가 후백제를 칠 때 숭선에 이르러 종군할 사람을 모집하였는데, 선궁이 吏로 응모하였으므로 태조가 기뻐서, 자기가 쓰던 활을 내려 주면서 宣弓이라는 이름도 함께 하사하였다. 뒤에 공으로써 大匡 門下侍中이 되었고, 정종이 大丞을 추증하였으며, 시호를 순충이라 하였다. 맏아들 문봉은 三司右尹으로 고향에 돌아와 吏가 되었으며, 둘째아들 봉술은 아버지의 뒤를 이어 시중이 되었다. 府의 사족 및 이족은 다 선궁의 후손들이다.(『新增東國輿地勝覽』卷29, 善山府 人物條)[51]

위의 사료는 羅末麗初에 있어서 동일한 가문의 자제 가운데 上京 從仕者와 在地 勢力者의 出入이 대체로 자유로웠던 점을 설명해 주는 자료로 널리 알려진 바 있는 것이다.[52] 이와 관련해 보면 淸州 金氏도 다른 호족세력들과 마찬가지로 고려 초부터 上京從仕한 계열과 在地土着하는 계열로 나뉘어져 있었던 것이라 할 수 있다. 그 결과 龍頭寺幢竿建立에 참여한 堂大等 金芮宗·金希一 系는 재지 토착세력으로서 그 지방에 있어 '州里豪家 鄕閭冠族'이 되어 중앙으로부터 丹銀魚袋를 下賜받는 강력한 세력집단으로 성장한 것으로 보인다.

---

51) 金宣弓 太祖征百濟 至嵩善募從軍者 宣弓以吏應募 太祖善 賜所御弓 因賜名焉 后以功爲大匡門下侍中 定宗追贈大水諡順忠 長子文奉 以三司右尹 還鄕爲吏 次子奉術 繼爲侍中府之士族及吏族 皆宣弓之後.

52) 이러한 경우는 善山府의 金宣弓 이외에도 허다하여 당시에는 거의 보편화되다시피 한 것으로 보인다. 水州崔氏의 경우도 왕건의 南征時 歸順協力한 豪族으로 上京從仕한 崔承珪系와 在地勢力인 崔書遷系로 나뉘어져 있었다. 玄宗 때 出仕한 崔仕威는 바로 이 在地勢力으로 있던 書遷(徐遷)의 曾孫이 된다(李樹健,「高麗前期 支配勢力과 土姓」,『韓國中世社會史硏究』, 1984, 175쪽. 및 朴龍雲,「高麗時代 水州崔氏家門分析」,『史叢』, 26집, 25~26쪽 참조).

이하 大等이란 관직을 갖고 있는 金守○ 金釋希[53] 金寬謙도 모두 위에서
살펴본 바와 같이 재지 세력을 형성한 淸州 金氏 일족으로서 다른 성씨들보다
우위에서 그들을 지배할 수 있는 입장의 사람들로 보아 좋다고 생각한다.[54]

다음에는 <다>집단에 관해 살펴보기로 하자. <다>집단에 나타나는 姓氏는
孫氏가 2명, 慶氏가 2명, 韓氏가 1명으로 모두 三姓 5인의 인명이 보인다. 이들
의 임무는 監司라는 어휘가 뜻하는 바 아마도 幢竿建立에 대한 감독이었던 것
같다. 따라서 이들은 堂大等·大等을 점한 金氏보다는 하위일 것이 분명한 大
等 이하 鄕職者들로서 幢竿建立時 노동력동원 및 감독의 역할을 했을 것으로
보인다.

이들 三姓의 성립시기나 유래에 대해서는 김씨와 마찬가지로 정확한 論據
를 제시할 수는 없지만 대체로 다음과 같은 추측은 가능할 수 있지 않을까
한다. 먼저 孫熙·孫仁謙 등 孫氏에 대해 주목하고자 한다.

前侍郞 孫熙와 學院郞中 孫仁謙으로 대표되는 淸州 손씨는 위의 堂大等 金
氏系와 마찬가지로 신라의 西原小京의 설치와 함께 이주된 신라의 귀족으로
혹 六頭品 계층이 아니었을까 생각된다. 주지하는 바와 같이 신라의 六頭品에
는 신라 中代 이래 그 이름을 떨친 强首, 薛聰, 祿眞, 餘三을 비롯하여 眞骨을
제외한 金氏 및 6部의 6姓이 포함될 수 있다는 견해가 밝혀진 바 있다.[55]. 그
러므로 그 6姓의 하나인 茂山大樹村의 漸梁部 孫氏가 포함되었을 것이라는 점
은 청주지방에서 孫氏가 지배집단에 속한다는 사실과 관련하여 결코 우연한

---

53) 金釋希大等은 943년 忠州淨土寺의 法鏡大師慈燈塔碑陰記에 나타나는 釋希侍
郞으로 추정된다. 이 때는 지방 세력자들이 신라의 官階나 관직 등을 독자적
으로 차용하기도 하면서 실질적인 지배자로 군림하였다는 것은 알려진 바와
같다. 따라서 釋希侍郞은 忠州 淨土寺 法鏡大師碑의 建立時 淸州를 대표하여
참석한 것으로 보아 좋을 것이다. (蔡尙植, 앞의 글, 「淨土寺址 法境大師碑陰
記의 分析」, 54쪽 참조).

54) 그들 김씨 계가 모두 堂大等, 大等인데 대등의 원초적인 의미가 신라귀족을
뜻하는 것이라면 (李基白, 「大等考」, 『新羅政治社會史硏究』, 1974, 86쪽), 이
들 김씨의 이러한 역할은 당연하다고 생각된다.

55) 李基白, 「新羅六頭品硏究」(『新羅政治社會史硏究』, 一潮閣), 54~57쪽.

일은 아닌 것 같다. 다시 말하면, 漸梁部의 孫氏가 일찍이 六頭品으로서 청주 지방에 徙民된 것은 아닐까 하는 것이다. 이러한 추측을 가능케 하는 것은 대체로 다음과 같은 이유들에 근거한다.

그 하나는 小京의 설치와 徙民과의 관련에서 지적될 수 있을 것이다. 小京의 설치목적이 중앙귀족인 王京人의 徙民과 被征服民의 지배층의 분산을 위한 것이었다면56) 六頭品으로서의 孫氏도 그와 같은 목적에서 예외는 아니었을 것이라 생각된다. 그렇다면 이들 청주의 孫氏도 西原小京 설치 때 徙民되어 온 王京人으로 보아 좋을 것 같다. 따라서, 육두품이 최고의 신분층은 되지 못 한다고 할지라도 그들이 王京人으로서 지배자 집단에 속한 중앙귀족이었다는 견해는57) 小京의 설치목적과 상통된다고 하겠다. 육두품은 일반적으로 골품적인 제약에 묶인 현실정치에 불만을 품고 있었다. 그러므로 육두품들은 비록 왕경인으로서 지배계층에 속한다고는 할지라도 결코 현실에 만족할 수 없었을 것임을 짐작하기는 어렵지 않다. 이러한 상황에서 청주에의 徙民은 새로운 지역에 대한 호기심과 새로운 지배자로서의 욕망을 한꺼번에 충족시킬 수 있는 기회가 될 수도 있었을 것이다. 따라서 피정복자인 고구려민의 遷徙와 더불어 이들 육두품으로서의 孫氏의 徙民도 그런 측면에서 이해되어 좋을 것 같다. 다시 말하면 청주의 손씨도 신라의 육두품으로서 西原小京의 설치와 함께 徙民되어 淸州에 정착하는 과정에서 토착세력으로 성장한 계열이라 할 수 있다.

淸州의 孫氏가 육두품일 수 있다는 또 하나의 가능성은 이 지방의 학교교육과 관련지어 생각해 볼 수 있다. 앞에서도 지적했듯이 西原小京의 설치는 신라가 그 정복과정에서 被征服民의 지배층과 자체의 귀족층을 옮겨 小京이란 명칭으로 우대하면서 집단으로 회유·감독코자 한데서 비롯되었다. 따라서 이 小京의 설치로 인하여 중앙귀족의 전유물이라고 할 수 있는 학문과 교육이

---

56) 今西龍, 「新羅骨品考」(『新羅史研究』), 217쪽.
　　林炳泰, 「新羅五小京考」(『歷史學報』 35·36합집, 1967) 및 李基白, 앞의 글, 「新羅 六頭品研究」, 38쪽.
57) 李基白, 앞의 글, 「新羅六頭品研究」, 38쪽 참조.

자연스럽게 지방에 파급되는 결과를 낳았다고 생각된다.58) 그러므로 徙民된 사람 가운데 상당수가 신라의 중앙 귀족으로서 학문과 밀접한 관계를 가졌으리라는 추측이 가능해진다. 이 중앙귀족 속에 육두품으로서의 孫氏도 포함되었다고 보면 어떨까? 바꾸어 말하면, 청주지방의 孫氏는 일찍부터 신라 왕경에서 귀족층으로 머물렀던 관계로 학문적 소양이 깊었을 것이고 이를 토대로 하여 청주지방에서의 교육을 담당하는 입장에 설 수 있었을 것이다. 그것은 우선 學部에 나타나는 學院郞中으로서의 孫仁謙의 역할이나 幢竿記를 새긴 孫錫의 역할에서 찾아질 수 있다. 위에 든 직책은 모두 학문적 소양이 없으면 맡기에 곤란한 직분이 아닌가 한다. 따라서 淸州 龍頭寺의 幢竿建立에 참여한 12人 중 3人의 孫氏 姓 소유자는 신라 육두품 출신으로서 西原小京 설치시 청주에 徙民하고 정착하는 과정에서 토착세력으로 성장했을 가능성은 충분히 있다. 그러므로 고려 광종때 청주지방의 실력자로 등장한 孫氏를 신라 육두품 출신이라고 보아 무리가 없을 것 같다.

다음은 前兵部卿이었던 慶柱洪과 司倉이었던 慶奇俊에 대하여 살펴볼 차례이다.

慶柱洪은 前 兵部卿으로, 청주지방의 병부를 대표하였던 인물이었을 것이라는 점을 짐작하기는 어렵지 않다. 앞에서도 언급한 바와 같이 병부의 장악은 곧 그 지방에 대한 통솔과 병력동원의 힘이 있음을 의미하므로 상당히 중요한 관직이었음은 틀림없다. 따라서 前 兵部卿이었던 慶柱洪은 앞의 다른 姓

---

58) 金光洙, 앞의 글, 「羅末麗初의 地方學校問題」, 121쪽에서 "新羅 五小京에는 그 成立時로부터 學問·敎育的인 분위기가 형성되었으리라고 보아 타당할 것이다. …… (中略) …… 이것은 未久에도 또한 學校成立으로 발전할 수 있는 가능성을 다분히 내포한 것이라고도 보아야 될 것으로, 이것이 小京地域에서의 學校成立의 가능성을 뚜렷이 해 준다고 하겠다. 그런데, 이러한 추측은 小京이 中央의 貴族이 出居한 곳이었다는 점에서 더욱 보장된다고 믿어진다."라고 하여 新羅小京의 설치와 중앙귀족의 이동을 불가분의 관계로서 이해하고, 이 때 학문적인 분위기도 함께 이동, 성숙하였을 것이라는 측면에서 교육시설의 지방 설치는 일찍부터 가능한 것이었다고 지적하였다. 이러한 지적은 청주의 孫氏가 신라 육두품출신일 것이라는 추측에 많은 示唆를 준다.

氏들과 더불어 청주의 실력자였을 것이라고 하는 데 주저할 것이 없다.

司倉이라 기록되는 慶奇俊은 慶柱洪과 더불어 淸州 慶氏를 대표하는 인물로 보인다. 慶奇俊의 官階가 大舍라는[59] 점으로 미루어 보면 앞의 孫熙, 慶柱洪, 혹은 韓明寔보다는 한 단계 아래의 인물이었던 것 같다. 그렇지만 그가 맡은 직책이 그 지방에 있어서의 경제력을 장악하고 동원할 수 있었다는 점을 염두에 두면 이 또한 결코 소홀히 넘겨버릴 인물은 아니라고 생각된다. 따라서 慶奇俊은 司倉으로서 청주지방의 경제력을 장악하면서 동시에 군사력을 장악한 慶柱洪과 더불어 청주의 실력자로 청주인에 군림하고 있었음을 알 수 있겠다. 이들 청주 경씨 역시 이 지방의 토착세력으로서 일찍부터 상당한 족세를 이루었다고 짐작되지만 고려초기에 있어 청주 경씨의 가문을 추적하기 위한 자료로서는 幢竿記의 것이 남아 있는 유일한 것이다.[60] 그렇더라도 이를 통하여 당시 지방사회의 행정조직 및 청주 경씨를 비롯한 지방실력자들의 흔적을 더듬어 볼 수 있게 된 것은 여간 다행한 일이 아니라고 생각된다.

다음으로 주목의 대상이 되는 것은 韓明寔이다.

韓明寔은 學院郎中 孫仁謙과 더불어 청주지방의 교육을 담당했던 사람으로 보인다. 즉, 그에게 주어진 學院卿이란 관직은 그의 학문적 소양 정도를 짐작케 해 준다고 하겠다. 일찍부터 학교교육이 발달한 청주지방에 있어서의 학문에 대한 열의는 대단하였던 것 같다. 그 이유는 학문을 담당했음직한 學部라는 부서에만 이름을 알 수 있는 2名의 현직인물이 기록되고 있다는 데서 찾을

---

59) 大舍는 신라 17官等 가운데 12번째로, 大奈麻(10) 奈麻(11)보다는 관등이 낮다. 幢竿記에 보이는 관등이 거의 신라 때의 것으로 보이는데, 이것은 아직도 고려저인 중앙집권체제가 이루어지시 않은 상태임을 나타내는 것이라고 생각한다.

60) 李樹健, 앞의 글, 「高麗前期 支配勢力과 土姓」, 183쪽에서 "고려중기 내지 후기에 진출한 淸州 慶氏, 鄭氏, 韓氏 등은 국초에는 각기 족단을 대표하여 고려에 귀순하면서 太祖功臣 칭호를 받고 전기에는 그냥 本貫에 토착해 있다가 중기 이후에 차례로 중앙에 진출하여 점차 명문으로 발전해 갔다."고 하였다. 이를 통하여 고려 성립 당시의 淸州慶氏도 예외가 아니었음을 짐작할 수 있다.

수 있을 것 같다. 따라서 이처럼 중요한 학문연구의 임무를 띤 韓明寔은 청주의 토착세력으로서 청주 韓氏를 대표하는 사람이라 보아 틀림없을 것이다.

지금까지 우리는 龍頭寺幢竿建立에 참여한 12人의 인물을 그 출신별 姓氏를 중심으로 하여 살펴보았다. 그 결과 羅末麗初에 있어서의 청주지방의 호족세력의 鄕職 구조와 그들의 역할까지도 이해할 수 있게 되었다고 믿는다. 이에 대한 이해를 돕기 위하여 成宗 2年의 향직개편을 염두에 두고 표로 정리하면 아래와 같다.61) 이러한 표는 곧 청주지방의 鄕職 구조와 더불어 실제로 청주세력의 실태파악에 도움이 되리라 믿는다.

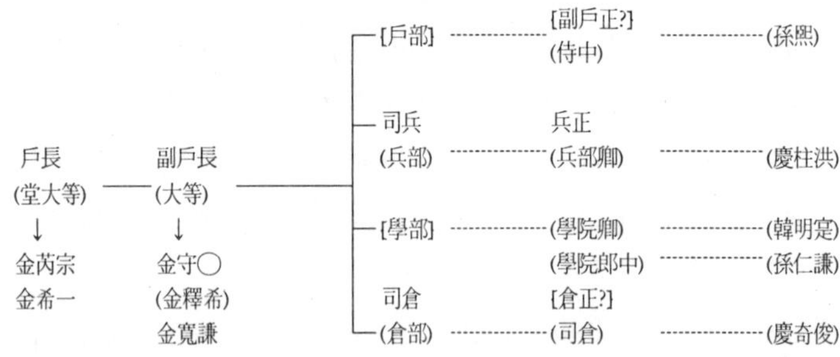

( )는 淸州鄕職 및 人名, [ ]는 추정명칭

표에 의하여 成宗 2年의 鄕職 구조에 나타난 향직이 실제로 지방사회에 존재해 있었다는 사실에 보다 접근할 수 있게 되었다고 믿는다. 뿐만 아니라, 이를 통하여 堂大等·大等 등과 같은 鄕吏의 최고직은 州里豪家 鄕閭冠族으로서의 金氏 가문이 독차지하여 이들이 청주를 대표하는 강한 세력으로 성장하였음을 알 수 있게 되었다. 이들 金氏는 新羅小京의 설치와 때를 같이 하여 이주, 정착하는 과정에서 청주지방의 강력한 세력집단으로 성장했을 것이다. 또한, 청주의 학교교육과 밀접한 관계를 맺고 있는 孫氏가 신라 육두품 계통으로서 西原小京 설치 때 徙民하여 청주의 토착세력으로 성장한 것이 아닐까 하는 추측을 해 볼 수 있다. 이처럼 金氏와 孫氏가 西原小京 설치와 관련되어

---

61) 이 표의 작성은 李基白, 앞의 글 「新羅私兵考」, 266쪽의 도표를 참조하였다.

徙民, 정착했을 것이라는 데 비해 청주 慶氏와 韓氏는 원래부터 청주에 토착해 있던 세력으로써 上記한 김씨와 손씨 등과 같이 거의 대등한 세력을 형성하면서 청주사회를 주도해 간 것이 아닌가 생각된다.

4) 淸州豪族家門의 展開過程

(1) 淸州 金氏

고려개국 당시 이미 강력한 족세를 형성하고 있었던 청주의 호족들은 本貫을 떠나 王建 太祖에게 협력하며 上京從仕한 계열과 在地 토착세력으로 성장한 계열로 나누어지고 있었다. 이들 가운데 초기에 강력한 族勢를 떨쳤던 金氏 家門의 전개과정을 먼저 살펴보도록 하자.

淸州 金氏는 이미 弓裔·王建 代에 중앙에서 활약했던 金勤謙·金寬駿·金言規 등이 淸州土姓으로 밝혀진바 있다.62) 고려전기에 중앙에서 활동한 金勤謙의 족세를 알아보기 위하여 그 가계를 작성하면 다음과 같다.

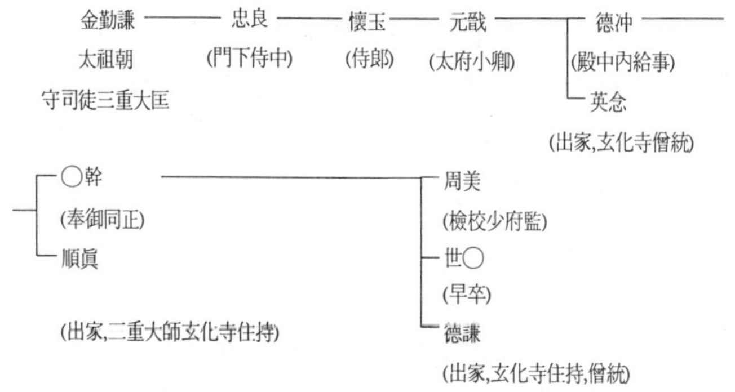

---

62) 李樹健, 앞의 글, 「高麗前期의 支配勢力과 土姓」, 180쪽에서 거명된 사람들은 아마도 후삼국 쟁패기에 弓裔의 徙民政策에 따라 청주에 徙民된 청주인들 일 것이라고 하였다.

이는 玄化寺僧統 金德謙墓誌에 의거하여 작성한 것이다.63)

여기 보이는 金勤謙은 王建 즉위 이전부터 上京從仕하던 세력으로서 堅金·聰逸·能達 등 청주의 토착세력들로 보이는 인물들과 상당히 반목하였던 인물인 것으로 나타난다.64) 이와 같은 金勤謙 家門이 언제 어떻게 하여 上京從仕하게 되었는지에 대해서는 명확한 증거를 구할 수 없다. 그렇더라도 우리는 金勤謙이 이미 後三國 爭覇期의 많은 호족이 그랬듯이 고려 王建에게 귀순·협력한 세력이었을 것이라고 짐작하기는 어렵지 않다. 그에게 주어진 守司徒 三重大匡이라는 관직이 이를 뒷받침한다고 생각한다. 그가 三重大匡이라는 正一品의 관직을 받을 수 있었다는 것은 그의 족세가 막강하여 王建의 고려통일에 상당한 영향력을 발휘했다는 것을 의미한다.65) 그러므로 金勤謙이 上京從仕한 시기는 羅末麗初의 쟁패기일 것이고 出仕 방법은 청주의 호족으로서 王建에게 귀순, 협력한 결과라고 하겠다. 金勤謙 이후의 家系는 표에 나타난 바와 같이 주로 문반직을 두루 거치면서 중앙 관계에서 활동한 것으로 보인다. 그러나 上京從仕한 청주 김씨 세력은 高麗 초기의 그와 같은 영광을 오래 지속하지는 못하였던 것 같다. 그들의 官職이 代를 거듭할수록 낮아지다가 德謙의 父代인 ○幹 代에 와서는 虛織인 同正職 등을 제수받는 것으로 보아 더욱 그렇다. 이를 좀더 자세히 살펴보기로 하자.

金勤謙으로 대표되는 淸州金氏는 金勤謙이 高麗太祖 때 守司徒三重大匡을 지냈음은 앞에서 말한 바와 같고 그 아들 忠良은 문하시중을 역임한 것으로 나타난다. 손자 懷玉은 侍郎을 역임한 것으로 나타나 적어도 이 때까지는 중앙 官界의 핵심 인물들로서 중요한 역할을 했을 것으로 보인다. 그러나 官階가 차츰차츰 낮아져서 元戩때에 이르러서는 太府寺少卿(從四品)으로, 다음 대인 德冲에 이르러서는 殿中寺內給事(從六品)로 낮아졌다가 ○幹代에 이르러서는 급기야 虛職인 奉御同正職을 除授받게 된다. 그리고 ○幹의 아들 周美

---

63) 金德謙(玄化寺僧統) 墓誌銘(李蘭暎 編,『韓國金石文追補』, 123쪽)참조.
64)『高麗史』권92, 列傳 王順式附堅金條 참조.
65) 金光洙,「高麗太祖의 三韓功臣」,『史學志』7輯, 36쪽에 의하면 "三韓功臣은 後三國統一의 有功者에게 고려정부가 수여한 것으로 짐작케 한다."고 하였다.

역시 실직이 아닌 檢校少府監을 除授받는 등 代를 거듭할수록 관직이 낮아지고 있음을 알 수 있다. 이와 같이 高麗王朝 成立期에는 족세를 자랑하다가 代를 거듭할수록 그 관직이 낮아지는 경우는 高麗 開國初에 자주 발견되는 것이므로 새삼스러울 것은 아니다. 다만, 왜 어떤 연유로 하여 그와 같은 현상이 나타나게 되었는지 명확한 연유를 구할 수 없지만 왕권 강화책의 일환으로 豪族勢力을 억압한 때문이 아닌가 한다.66)

그러나, 이들 淸州 金氏는 당시 불교계와 상당히 밀접한 관계에 있었던 것 같다. 위의 표를 통하여 알 수 있듯이 이 가문에서는 玄化寺를 중심으로 한 高僧의 위치를 3代에 걸쳐 유지하고 있는 것으로 나타난다. 따라서 淸州 金氏 家門은 고려전기에 僧·俗 兩界에서 큰 세력을 떨친 것으로 보아 무방하겠다. 흥미로운 것은 그들의 관직이 대를 거듭하면서 낮아지는 가운데서 僧界로의 진출이 두드러지고 있다는 사실이다.

이는 마치 이들 金氏家의 후손들이 俗界에서의 劣勢를 僧界인 불교를 통하여 만회하려고 한 듯한 인상마저 풍긴다. 玄化寺僧統 金德謙의 墓誌에 의하면 德謙은 玄化寺僧統(住持)으로서 당시 외척 李資謙일파의 專橫에 굴하지 않고 玄化寺를 지킨 功으로 仁宗에게 三重大師의 직함을 除授받는 등 불교계의 중추적 역할을 했던 인물로 나타난다.

上京從仕한 淸州 金氏에 관한 자료가 金德謙 묘지 이외에 달리 발견되지 않는 것으로 보아 고려 건국초 활발한 움직임을 보였던 것과는 달리 중기 이후, 이들 上京勢力은 僧·俗 兩界에서 모두 그 족세가 쇠미해진 것으로 보인다. 이러한 현상은 龍頭寺幢竿建立을 주관한 堂大等 金芮宗으로 대표되는 在地勢力에서도 마찬가지로 나타났다.

그러므로 淸州 金氏는 청주를 본관으로 上京從仕한 후 주로 문관으로 출세한 金勤謙家系와 在地土着하여 청주지방을 主導해 간 것으로 보이는 金芮宗家系 모두 高麗前期의 영광을 오래 지속하지 못하고 후기에 갈수록 그 족세가 급격히 떨어졌다고 할 수 있다.

---

66) 金杜珍, 「高麗光宗代의 專制王權과 豪族」(『한국학보』 15輯).

(2) 淸州 韓氏

淸州 韓氏 역시 청주 金氏와 마찬가지로 高麗太祖때 귀순·협력하여 統合
三韓開國壁上功臣號를 가진 韓蘭을 시조로 하여 일찍부터 중앙에 진출한 가
문이다. 시조 韓蘭에 대해서는

> 시조는 統合三韓功臣三重大匡門下太衛로 휘는 란이다. 청주 방정리에
> 터를 잡고 농사를 지어 수만 곡식을 축적한 부호였다 고려 태조가 견훤을
> 정벌할 때 집 앞에 군사를 내고, 公은 하루 군량을 내어 맞이하였고 마침
> 내 말을 몰아 종군하였다.(淸州韓氏世家史)[67]

라 한 것으로 보아 이 지방 호족이었음에 틀림없다. 畜穀累鉅萬했다든지 公
出迎以一日之粮했다 함은 그의 경제적인 능력을 짐작케 해 준다. 遂從而驅馳
했다 함은 韓蘭 홀로 太祖에게 종군했다고 하기보다는 그가 지닌 경제력에 상
응한 군졸들과 더불어 함께였을 것이라는 점도 羅末麗初의 상황으로[68] 보아
짐작하기 어렵지 않다. 그러므로 이들의 入仕時期 및 入仕方法도 대부분의 지
방호족들이 그랬듯이 후삼국 쟁패기에 高麗太祖에게 귀순협력함으로써 가능
했다고 보인다. 이들 淸州 韓氏의 전개과정을 살펴보기 위하여 다음과 같은
표를 만들었다. 이것은 淸州韓氏世家史 및 韓氏事蹟 등을 참조하여 작성한 것
이다.[69]

---

67) 始祖統合三韓功臣三重大匡門下太衛諱蘭 公居淸州方井里 服事畎穀累鋸萬 麗祖
　　征甄萱師出宅前 公出迎以一日之粮 遂從而驅馳

68) 李基白,「新羅私兵考」(『新羅政治社會史硏究』, 一潮閣, 1974).

69) 淸州 韓氏는 幸州 奇氏, 龍岡 鮮于氏 등과 더불어 마치 그 出自가 箕子로부터
　　나온 양하여 기자의 후손이라 하지만 믿을 수 없다. 중국을 숭배한 나머지
　　자기의 가문을 빛내기 위하여 후손들이 그럴 듯 하게 꾸며낸 것이라 봄이 옳
　　겠다. 또한, 청주 韓氏는 上黨韓氏라고도 하니 上黨은 청주의 옛 이름이다
　　(『新增東國輿地勝覽』 卷15, 淸州牧 건치연혁).

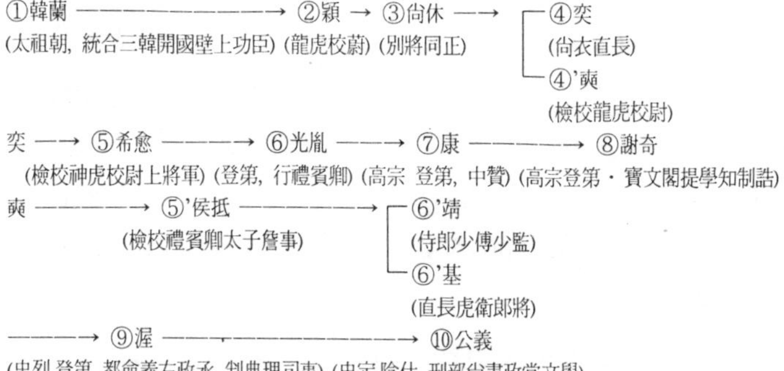

위 표에 의해서 이들의 入仕 과정을 살펴보면 始祖 三韓壁上功臣 韓蘭으로 부터 5代 檢校神虎衛上將軍 希愈까지는 대체로 武班職을 계승한 것으로 보인 다. 그것도 대부분 實職이 아닌 虛職을 除授받았는데 정확한 근거를 제시할 수는 없지만 이는 아마도 고려 초기의 韓氏 族勢가 寒微했기 때문이 아닌가 한다.70) 그러나 6代 光胤代에 이르러서부터 淸州 韓氏의 入仕方法에 변화가 일어나고 있음을 알 수 있다. 즉, 이 때부터 과거를 통해 文班職으로 진출하고 있는 것이다. 光胤은 등과하여 禮賓卿을 지냈고 7代 韓康은 高宗때 16세의 나 이로 등제하여 文名을 떨친 사람으로 그의 열전이 『高麗史』에 남아 있다.71) 그의 후손인 韓公儀의 墓誌에 의하면

> 대대로 청주 사람이었다. 먼 조상에 蘭이라는 이가 있어 국초에 공을 세 워 삼한공신이라는 호를 가졌다. 그후 최고로 성한 사람으로는 康이라는 이가 있었다.72)

이라 하였으니73) 韓康은 아마도 淸州韓氏의 中始祖에 해당되는 인물이 아

---

70) 淸州韓氏世家史에는 앞서 인용한 것에서 보이듯이 始祖 韓蘭의 업적을 대단 히 강조하고 있지만 그것은 후손들에 의해 상당 부분 윤색되었을 터이고 실 제로는 군소호족에 속하지 않았을까 생각된다.
71) 『高麗史』 卷107. 列傳 韓康傳.
72) 世爲淸州人 遠主蘭 有功國初 號三韓功臣 其後最盛者曰康.

닌가 한다.

그 뒤를 이은 자손들이 모두 登科하여 고려중기 이래 번성하였고 고려후기에 名門家로 등장한 것으로 보인다. 이로써 보면 上京從仕한 淸州韓氏의 入仕方法은 초기에서 중기까지는 武班이었으나 光胤代를 고비로 하여 이후 문과에 登科함으로써 文班職으로 전환한 듯 하다. 이후 명문가로 성장하여 高官要職을 두루 거쳤으며, 특히 10代孫 公儀는 門蔭으로 출사하여 淸州韓氏 전성기를 맞이했던 것 같다.

한편 龍頭寺幢竿建立에 참여했던 韓明寔家는 淸州韓氏世家史 및 淸州韓氏族譜에는 보이지 않는다. 그렇지만 다음과 같은 기록을 통하여 在地 淸州勢力의 존재를 확인할 수 있지 않을까 한다.

> ……(中略)…… 淸州白雲寺飯子齋主安逸戶長正位韓衍愈(白雲寺 飯子
> 銘 李蘭暎 編 『韓國金石文追補』 72쪽).

여기 보이는 安逸戶長 韓衍愈와 韓明寔을 연결시킬 근거도 찾지 못하였고 또한 그의 生沒年度를 알지 못하므로 그 정확한 것을 밝힐 수는 없다. 그렇다고 하더라도 이를 통하여 확인된 安逸戶長 韓衍愈를 在地 淸州韓氏系의 인물로 볼 수는 없을까? 만약 그렇다면 韓明寔이 용두사 당간 건립에 주도적으로 참여하였고 재지세력을 갖고 있었다는 점과 연결하여 韓衍愈와 함께 麗初에 본관에 토착한 청주 한씨 계열로 보아도 무리가 없을 것 같다. 따라서 淸州韓氏 역시 다른 군현의 지배세력들과 마찬가지로, 한편으로는 上京從仕하고 또 한편으로는 재지세력을 형성하면서 지방사회를 주도해 나갔다고 볼 수 있다. 그리고 上京從仕한 韓氏系는 초기에는 武班職으로 出仕하다가 韓光胤의 등과를 고비로 하여 文班職으로 전환하면서 고려 후기의 명문가로 성장하게 되었다고 할 수 있겠다.

---

73) 韓公儀墓誌(『牧隱文嵩』 卷16).

(3) 淸州 慶氏

幢竿建立時 참여했던 四姓 가운데 하나인 경씨는 청주를 단일 본관으로 하
는 토착세력이었다.[74]

淸州 慶氏는 고려초기에 있어서는 재지 세력으로서 상당한 영향력을 발휘
하며 청주사회를 주도해 나갔다고 생각된다. 그것은 앞에서 살펴본 바와 같은
활동을 통해 짐작할 수 있었다. 그러나 그 같은 활동을 보였던 경씨는 초기
이후 상당 기간 동안에 京·鄕 어느 곳에서도 그 진출이 활발하지 못했던 것
으로 보인다. 따라서 고려초기에 지배세력으로서 지방사회에서 막강한 영향
력을 행사했던 청주 경씨는 그 영광을 오래 지속하지 못했던 듯 하다. 그러나
다음과 같은 자료를 통하여 고려중기 이후의 청주 경씨의 동향을 더듬어 볼
수는 있을 것 같다. 즉,

> 경대승은 청주 사람이니 그의 부친 경진은 중서시랑 평장사 벼슬을 지
> 냈다. 경대승은 힘이 월등하게 세었다. 일찍이 큰 뜻을 품고 살림살이는
> 돌보지 않았다. 나이 15세에 문음으로 교위에 보용되었고 여러번 승진되
> 어 장군으로 임명되었다.(『高麗史』 卷100, 列傳 13, 慶大升)[75]

---

74) 淸州 慶氏 族譜에는 始祖가 慶珎으로 되어 있다. (그러나 珎은 珍의 俗字이므
로 앞으로는 高麗史의 記錄에 따라 珍으로 통일한다.) 始祖 慶珍은 睿宗 14년
(1119)생으로 幢竿記에 나오는 淸州 慶氏들과는 시대적으로 상당한 거리가 있
고 또 이들과 慶珍을 연결시킬 어떠한 근거도 없다. 그렇다고는 하지만 다음
과 같은 추측은 가능하리라고 생각된다. 즉, 羅末麗初에 걸쳐 청주지방에서
지배세력을 형성하고 있었던 慶氏들은 고려의 중앙 집권화 정책에 밀려 강력
한 族勢를 형성하지 못 하다가 慶珍代에 와서 중앙에 出仕히면서 성장하게
된 가문이 아닐까 한다. 때문에, 고려초기에 토착세력을 형성했던 淸州 慶氏
의 世系는 상실되고 뚜렷한 足跡을 남긴 慶珍. 大升 父子대로부터 淸州 慶氏
의 世系가 시작되는 것은 아닐까? 말하자면 이들은 淸州 慶氏의 中始祖에 해
당하는 인물일 것이다. 어떻든, 慶氏는 청주를 단일 本貫으로 하는 淸州 土姓
으로서 토착세력이었을 것이라는 점은 부인할 수 없다.

75) 慶大升 淸州人 父珍中書侍郎平章事. 大升膂力絶人 早有大志 不事家産 年十五
蔭補校尉 累遷將軍(『高麗史』 권100, 列傳).

이에 의하면 청주경씨는 고려중기 무인으로 활약했던 慶大升을 중심으로 하여 다시 족세를 키워 간 것으로 보인다. 慶大升의 父 慶珍의 벼슬이 中書侍郎平章事이나 그가 어떻게, 어떤 경로로 出仕하게 되었는지에 대해서는 잘 알수 없다. 그렇더라도 다음과 같은 기록을 통하여 그 실마리를 풀어 볼 수는 있지 않을까 한다.76)

> 시조 경진은 송나라 휘종 선화 원년 기해년에 태어났다. 고려 명종조에 벼슬에 나아가 그 관직이 正議匡靖大夫平章事로 門下省事에 이르렀다. 우군장으로서 서경의 반란군 조위총을 토벌하여 평정하기도 하였다.(淸州慶氏族譜 上)77)

이에 따라 慶大升의 父 慶珍의 출사시기와 출사방법을 밝혀 볼 수 있을 것이다.

宋 徽宗 宣化 元年은 고려 睿宗 14년으로 1119년에 해당된다. 그러니까 그가 출사한 시기는 정확히 말할 수는 없지만 明宗朝를 전후한 것으로 보아 거의 틀림없다고 본다. 그의 出仕 방법이었다고도 보여지는 西京反賊 趙位寵의 亂을 평정할 때의 나이가 50대 중반이었는데 趙位寵의 亂 이전, 그의 경력에 대해서는 다른 기록이 없는 것으로 보아 이때 세운 功을 크게 인정받았던 것으로 보인다. 다시 말하면, 慶珍은 明宗朝에 平亂의 功을 세운 뒤 일약 무인으로 出世한 사람이라고 할 수 있을 것이다. 이 시기에 慶珍과 같은 방법으로 출세한 사람으로는 우리에게 널리 알려진 李義旼이나78) 崔忠獻79) 등을 들 수 있

---

76) 族譜는 대개 家門을 빛내기 위한 윤색이 加味되는 것이 일반적인 현상이지만 慶珍·慶大升의 관직이나 출사시기 및 그 이후의 事跡으로 보아 대체로『高麗史』와 비슷하다. 그러므로 그 신빙성을 부인할 아무런 이유가 없다. 따라서, 淸州 慶氏의 族譜를 그대로 믿어 좋다고 생각한다.

77) 始祖慶珍 宋徽宗宣化年乙亥年生 仕於高麗明宗朝 官至正義匡正大夫平章事至門下省事 以右軍將 討西京反賊趙位寵平之.

78)『高麗史』卷128, 列傳 41, 李義旼.

79)『高麗史』卷129, 列傳 42, 崔忠獻.

다. 그러므로 慶珍의 그와 같은 출사는 자연스러운 것이었다고 생각된다. 그의 출사 배경은 옛부터 청주의 토착세력으로서의 토대와 뛰어난 담력에 있었을 것이다. 그가 趙位寵의 亂을 평정할 때의 나이는 50代 중반이었을 것이라 짐작되는데, 그 만한 나이에 叛賊 토벌에 참가할 수 있었다는 것 자체가 이를 뒷받침한다고 보아도 좋겠다. 그리고 그의 平亂의 功은 정확히 알 수는 없지만 으뜸에 속했음직하다. 때문에 그의 관직은 中書侍郎平章事까지 올랐고 父의 음덕에 힘입어 그의 아들 慶大升이 門蔭으로 출사할 수 있는 기회를 얻게 된 것이 아닐까? 이렇게 해서 출사한 청주 경씨는 주로 무반으로 진출하면서[80] 한때는 무인정권하의 실력자였던 鄭仲夫·鄭筠·宋有仁 등을 타도하고 집권한 慶大升을 배출하기도 하였다. 그러나 慶大升은 젊은 나이에 夭折하였고 그가 죽은 후, 청주 경씨 일문에서의 仕宦이 계속되기는 하였으나 그 족세는 그다지 번창하지 못했던 것으로 보인다.[81]

  이상으로 고려초기 중부지방에 있어서 一大 세력권을 형성하고 있었던 淸州의 豪族勢力에 대하여 그 대강을 살펴보았다. 그 결과 다음과 같은 사실에 접근할 수 있었다.

  먼저, 청주호족의 실태를 알아보기 위하여 淸州龍頭寺幢竿記所載 관직명을 成宗 2년의 鄕吏職改編 때의 명칭과 대비시켜 보았다. 그 결과 同 幢竿이 건립

---

80) 『高麗史』卷100, 列傳 13, 慶大升 條에 보면
　　王呼大升曰, 欲以筠承宣之任授卿, 大升曰 臣不識字 非所敢望이라 하였다. 이 것으로 보아 그는 不學無識하였고 그러한 그의 出仕는 그의 뛰어난 힘과 큰 뜻을 바탕으로 하여 父의 蔭德에 힘입어 가능하였나고 보여진다. 따라서 그는 武班으로 出仕하였음을 알 수 있다.
81) 淸州 慶氏 族譜는 慶大升死後 끊겼다가 高麗高宗 때의 慶蕃으로 이어 지지만 뚜렷한 활약을 보이지 않았던 것으로 나타난다. 그의 孫 慶斯萬은 明德太后의 姪壻로 출사하여 관이 右代言에 이르렀고 斯萬의 子 復興은 恭愍王 때의 重臣으로서 관이 參知中書省事에 이르렀으며 그의 傳이 高麗史에 남아 있음을 제외하면(『高麗史』卷111, 列傳24, 慶復興傳) 그 이후로는 별로 번창하지 못했던 듯 하다.

되는 962년(光宗 13)에 堂大等을 중심으로 한 여러 鄕職者가 지배세력을 형성하며 청주인에게 상당한 영향력을 행사하고 있었음을 확인할 수 있었다. 그리고, 지방의 행정조직을 成宗 2년의 그것과 비교함으로써 고려초기 淸州와 같은 지방에는 대체로 鄕吏職改編 때의 명칭과 비슷한 명칭 및 행정조직이 독자적으로 존재하고 있었음을 확인하였다.

또한, 同 幢竿記에 나오는 인명을 통하여 堂大等·大等과 같은 最高位職을 점하여 州里豪家 鄕閭冠族으로서의 淸州 金氏家의 성장과정을 알아보았다. 이들 金氏는 新羅小京의 설치와 때를 같이 하여 이주·정착하는 과정에서 청주지방의 강력한 세력집단으로 성장했을 것으로 보았다. 孫氏 또한 新羅 六頭品 계통으로서 신라의 西原小京 설치 때 徙民되어 귀족들의 전유물이다시피 한 학문적 능력을 청주의 학교교육에 쏟은 계층이 아닌가 추론해 보았다. 이처럼 金氏와 孫氏가 西原小京 설치에 관련되어 徙民되고 정착하는 과정에서 지배세력으로 성장했을 것이라 이해한 데 비해 淸州 慶氏, 韓氏는 원래부터 청주에 토착해 있던 세력으로써 上記한 金氏·孫氏 등과 거의 대등한 세력을 형성하면서 청주사회를 主導해 간 것이라 파악하였다. 그러므로 이 시기의 호족들은 상호 共存하면서 세력을 형성해 간 것이라 할 수 있다.

다음으로 이들 豪族家門의 전개과정을 살펴보았다. 고려 개국 당시 이미 강력한 족세를 형성하고 있었던 청주의 호족들은 본관을 떠나 王建에게 협력하여 上京從仕한 계열과 在地 토착세력으로 성장한 계열로 나뉘어지고 있었다. 이들 중 가장 막강한 세력을 보유한 청주 金氏는 고려초부터 주로 문반직을 거치며 중앙에 진출하였으나 그 출사 방법 및 시기에 대해서는 명확한 답변을 구할 수 없었다. 그렇더라도 金勤謙이 이미 후삼국 쟁패기의 많은 호족들이 그랬듯이 王建에게 귀순·협력함으로써 얻어진 결과라고 생각하기는 어렵지 않다. 그러나 이들 金氏는 代를 거듭할수록 그 직이 낮아져 급기야는 實職 아닌 虛職을 제수받는 것으로 나타나 그 족세는 그다지 번창하지 못했던 듯하다. 이와 같은 현상은 在地勢力에게서도 그대로 나타나 초기 이후의 활동을 찾아볼 수 없었다.

淸州 韓氏 역시 高麗太祖 때 귀순·협력하여 일찍부터 중앙에 진출한 가문이었다. 그들의 入仕 방법은 초기에는 무반직으로 출사하였다가 光胤대를 고비로 과거를 통한 문반직으로의 전환이 이루어지고 있는 것으로 나타났다. 그런데, 이들 청주 한씨는 초기보다 오히려 중기 이후 성장을 거듭하여 高麗代에 보기 드문 명문가로 성장하였다. 이 점 청주 김씨와는 대조적이었다.

청주를 단일 본관으로 하는 청주 경씨는 慶大升의 父 慶珍 때에 西京叛賊 趙位寵의 난을 평정한 공으로 무반직으로 출사하였다. 大升은 父의 陰德에 힘입어 역시 무반으로 출사하여 한때 무인정권 하의 최고실력자가 되기도 하였지만 요절하였고 그 후로는 그다지 족세가 번창하지 못했던 것으로 나타났다.

이로써 淸州豪族의 실태 및 청주로 대표되는 중부지방의 鄕職構造, 그리고 토착세력의 吏族化를 통해 청주세력의 실체를 이해하는 데 접근할 수 있었다고 믿는다.

제2장

麗初 豪族政策의 推移

太祖王建의 豪族政策과 地方統治

光宗代의 豪族政策

다 아는 바와 같이 고려 태조 왕건은 송악의 호족 출신으로서 궁예의 부하로부터 출세하였다. 그러므로 그는 궁예의 무력적 기반을 계승하여 그것을 발판으로 신라 및 후백제와 대결하며 세력을 확장할 수 있었다. 왕건의 세력이 우세해짐에 따라 각지의 호족들은 태조에게 항복·복속해 오는 경우가 많았고, 왕건은 이들 호족의 동태에 민감하고 신속하게 대처하였다. 이제 왕건이 이들 호족들에게 어떻게 대처하고 견제하면서 포섭·통치해 갔는지 살펴보아야 할 것이다.[1]

이는 또한 호족세력이 어떻게 권력구조에 참여하게 되는가를 살펴보는 방법이 되기도 할 것이다. 먼저 후삼국 쟁패기에 대 호족정책에 주목하기로 한다. 여기서 말하는 후삼국 쟁패기란 궁예 이후 고려왕조가 통일되기까지의 시기를 말한다(936). 이 시기에 주목할 것은 왕건이 이들 호족과의 통합에 매우 적극적이었다는 것이다. 그것은 이른바 賜姓·賜官 및 결혼정책이었음은 널리 알려진 사실이다. 이를 살펴봄으로써 태조대에 그의 측근에 등장하는 인물들이 어떤 경로로 고려왕조 성립에 협력하게 되며 또 어떠한 보상을 받는가에 대한 해명이 이루어질 것이다.

그리고 광종대 이후의 대 호족정책을 살펴봄으로서 지배세력 형성과정에서의 지방세력의 역할이 어떠했는가에 접근하려 한다. 이것은 건국초기부터 중앙집권적 통치체제에 막대한 지장을 초래했던 지방세력의 실상을 이해하

---

1) 지방세력의 동향을 다룬 논고로서는 하현강, 「고려서경고」, 『역사학보』 35·36합집, 1967.
   이태진, 「김치양난의 성격」, 『한국사연구』 17, 1977.
   최병헌, 「신라말 김해지방의 호족세력과 선종」, 『한국사론』 4, 1978.
   이혜옥, 「고려초기 서경세력에 대한 일고찰」, 『한국학보』 26, 1982.
   민병하, 「고려시대의 지방제도와 토착세력」, 『성대논문집』 8, 1963 등이 있다.

는 기초적인 작업이 될 것이다. 상경종사한 귀족들조차 지방에 그 뿌리를 의 연히 내리고 있는 고려 국초의 상황 하에서는 지방세력에 대한 올바른 이해가 전제되지 않고서는 고려사회에 대한 정확한 이해가 불가능할 것이라 믿기 때문이다. 따라서 고려초기의 대 호족정책의 구체적인 면모를 밝힘으로서 향리 집단에 대한 배경적 설명이 이루어지리라 믿는다.

1. 王建太祖의 豪族政策

1) 豪族政策

태조 왕건의 호족정책을 이해하기 위하여 고려 초기에 중앙 관계에 진출한 인물을 주목할 필요가 있다.

이들은 고려왕조의 창업에 적극 참여하여 태조 때에 이미 중앙의 權貴勢力이 된, 이른바 태조공신, 즉 三韓功臣系列[1])과 광종 이후 성종 년간에 걸쳐 각 지방의 세력자들이 과거 등의 방법을 통하여 새로이 官僚群으로 형성되는 계열로 대별해 볼 수 있다. 먼저 태조 때에 활동했던 인물로서 중앙관계에 진출한 경우를 살펴보면(『高麗史』 권92, 列傳 洪儒・裵玄慶・申崇謙・卜智謙),

---

1) 김광수, 「고려태조의 삼한공신」, 『사학지』 7, 1973, 35~72쪽 참조.. 이에 의하면 삼한공신에 선정된 범위는 태조에게 협력하였던 당시의 세력가들을 총 망라한 것이라 보이며 그 수 또한 적지 않아서 有司請 追贈太祖功臣大匡 千明 等三千二百人 次第職 從之(『高麗史』 세가7, 문종1)에 의한바 무려 3,200명에 달하고 있다. 그러니 여기에서는 태조의 고려통일에 있어서의 직접 유공자 및 귀순협력한 호족 중에서도 태조의 통일에 결정적 역할을 했다고 생각되는 사람만을 지적하고 나머지는 본고 마지막 부분에 도표화하였다.
그리고 삼한공신의 자손으로서 광종대 활약한 가문은 유신성으로 대표되는 충주유씨, 광종때 재신으로 활약한 皇甫光謙의 황주황보씨 및 박수경가인 평주박씨 등을 들 수 있으나 이들은 과거를 통해 등장했다기 보다 선대의 공음으로 출사했다고 봄이 옳을 것 같다. 따라서 삼한공신계열은 과거를 통해 형성된 관료군과는 구별된다고 생각된다.

A

1. 洪儒, 初名은 術로 義城府 사람이다. 궁예 말년에 裵玄慶・申崇謙・卜智謙과 같이 기병대장이 되었는데 이들이 밀모하고 밤에 태조(왕건)의 집으로 찾아가서 말하기를 "삼한이 분열되고 뭇 도적이 봉기하였을 때 지금 임금이 용기를 분발하고 크게 호통침으로써 그만 도적들을 쳐 없애고 遼左지방의 3분의 1에서 그 절반 이상을 점유한 후 나라를 건설하고 도읍을 정한지도 이미 2기가 넘습니다. 그러나 지금에 와서는 끝을 잘 맺지 못하고 포악한 행위가 태심하며 형벌을 남용하여 처자를 살육하고 관리를 죽여 없애니 인민은 도탄에 빠져 임금을 원수같이 여기게 되었는바 桀이나 紂의 죄악도 이보다 더하지는 않았을 것입니다. 폭군을 폐위하고 현명한 사람을 세우는 것은 천하의 대의이니 청컨대 공은 殷과 周의 옛일을 본받아 실행하셔야 하겠습니다"라고 하니 태조가 안색을 변하며 거절하는 말이 "나는 충의를 신조로 삼고 있으니 비록 난폭할지라도 어찌 감히 두 마음을 가지겠는가? 신하로서 임금을 정벌하는 것을 혁명이라고 하는데 나는 실로 박덕한 몸으로 어찌 감히 성탕과 무왕의 옛일을 본받을 수 있겠는가? 후세의 난신들의 구실로 삼을 것을 두려워하는 바이다. 옛사람들이 말하기를 "하루라도 임금으로 삼았으면 종신토록 주상으로 섬긴다"고 하였다.(『高麗史』卷92, 列傳 洪儒・裵玄慶・申崇謙・卜智謙)

2. 裵玄慶, 初名은 白玉衫으로 경주 사람이다. 담력이 보통사람보다 컸다. 行伍에서 출발하여 대광에까지 진급하였다. 태조가 청주 사람 玄律을 徇軍郞中을 삼으니 玄慶과 崇謙이 말하기를 "옛날에 林春吉을 순군으로 삼았을 때 반란을 음모하다가 누설되어 사형을 당한 일이 있었는바 이것은 병권을 잡은 데다가 자기 고향인 것을 믿었기 때문입니다. 지금 또 현률을 순군랑중으로 임명하시려는데 대하여 저희들은 저으기 의혹하지 않을 수 없습니다"라고 하니 태조도 이를 옳다 하였다.(上同)

3. 申崇謙, 初名은 能山으로 光海州 사람이다. 키가 크고 武勇이 있었다. 10년에 태조가 견훤과 公山桐藪에서 싸울 때 불리하여 견훤의 군사가 태조를 포위하여 매우 위급하였을 때 숭겸이 大將이었는데 원보 金樂과 함께 힘껏 싸워 전사하였다. 태조가 매우 애석히 여겨 壯節이라 시호를 내리고 그의 동생 能吉과 아들 甫樂・第鐵을 모두 元尹으로 삼았다. 智妙寺를 창건하여 명복을 빌었다.(上同)

4. 卜智謙, 初名은 砂瑰로 桓宣吉・林春吉의 모반을 모두 밀고하여 죽게
   하였다.…… (중략) …… 성종13년 4사람 모두에게 太師를 추증하고
   태조묘에 배향하였다.(上同)

등이 있다.

위에 열거한 홍유・배현경・신숭겸・복지겸 등 4인은 태조 추대공신으로
서 너무나도 유명한 인물들이다.2) 이들 4인의 출신지는 각기 의성・경주・
광해주・洞山지방임은 밝혀진 바와 같다. 그리고 이들 4인은 각기 그 지방의
실력자들로서 이미 궁예 때에 중앙에 진출하여 궁예 휘하에 있었던 인물이다.
따라서 이들이 태조의 고려 건국에 도움을 주고 이와 더불어 중앙관료화 되
었음은 지극히 자연스러운 일이다. 이들과 함께 庾黔弼・崔凝을 주목할 필요
가 있다.

5. 庾黔弼, 平州 사람이다. 태조를 섬겨 마군장군이 되었으며 累轉하여 대
   광이 되었다.(『高麗史』 권92 열전 庾黔弼)
6. 崔凝, 黃州 土山 사람이다. 아버지는 대상 祐達이다.… 태조가 즉위하자
   옛 관직대로 知元鳳省事로 임명하였다가 곧 廣評郎中으로 임명하였다.
   凝은 대신될 만한 도량이 있고 행정실무에도 통달하여 당시에 명망이
   대단히 높았다.(『高麗史』 권92 열전 崔凝)

이 두 사람은 태조 추대공신 4인과는 다르지만 死後에 태조의 廟庭에 배향
된 공신으로서 위의 4인과 합하여 이른바 태조의 6공신이다. 이들은 고려의
개국 및 후삼국통일에 元勳을 세운 이들로서 일찍부터 중앙에 진출하였다고

---

2) 개국일등공신인 홍유, 배현경, 복지겸, 신숭겸 중 신숭겸과 복지겸은 관계제
   수에 대한 기록이 없으나 신숭겸이 태조10년 公山桐藪戰鬪에서 전사하자 그
   의 아우 능길과 아들 보락을 원윤으로 삼은 점으로 보아 본인인 신숭겸의 관
   계가 높았을 것임을 짐작하기는 어렵지 않다. 홍유는 태조19년까지 대상이었
   고 그 이후는 삼중대광으로 나타나며 배현경은 태조19년, 그의 사망시 관계
   가 대광으로 나타난다.

보인다. 태조 6공신 가운데 최응을 제외한 나머지 5인은 기록에 보이는 대로 각기 일정지역을 그들의 세력기반으로 하여 태조에게 협력한 호족출신이라 보아 좋다. 이에 태조는 그가 베풀 수 있는 온갖 방법을 동원하여 그들을 우대 하였다. 말하자면 이들은 각기 출신지역을 배경으로 중앙에 진출한 뒤 태조의 고려 건국에 결정적 역할을 한 地方勢力者들이라 할 수 있다.

B

1. 王儒, 본래 성명은 朴儒이고 字는 文行으로 光海州 사람이다. 성질이 곧 고 經史에 능통하였다. 처음에 궁예에게 벼슬하여 員外가 되었고, 東宮 記室이 되었으나 궁예의 정치가 문란한 것을 보고 출가하여 산곡간에 은둔하였다. 태조가 즉위한 소문을 듣고 와서 태조를 뵈니 그를 대우하 였다.(『高麗史』 권92 열전 王儒).

2. 朴述熙, 槥城郡 사람이다. 아버지는 大丞 得宣이다. 술희의 성격은 용감 하고 고기를 너무 즐겨 두꺼비, 땅강아지와 개미라 하더라도 모두 먹었 다. 나이 18세에 궁예의 衛士가 되었고, 후에 태조를 섬겨 자주 軍功을 세워 대광이 되었다. …… (중략) …… 태조가 죽음에 임박하자 그에 게 나랏일을 부탁하며 태자를 잘 보살필 것을 말하매 술희는 遺命을 한 결같이 따랐다.(『高麗史』 권92 열전 朴述熙).

3. 朴守卿, 평주사람이니 부친은 大匡尉 遲胤이다. 박수경은 성품이 용감하 고 권모 지략이 풍부하였다. 태조를 섬겨 元尹으로 임명되었다. 백제가 가끔 신라를 침공하므로 태조가 박수경을 장군으로 임명하고 나가서 지키게 하였는데 때마침 견훤이 재차 공격하여 왔으나 박수경은 곧 기 묘한 계책으로써 격파하였다.(『高麗史』 권92 열전 朴守卿)

위에 든 인물은 각기 광해주(평산), 혜성, 평주(평산)를 그들의 출신지로 하 여 활약한 사람이다. 주지하다시피 평산 등은 신라의 對唐해상교통의 요충지 로 일찍부터 주목되어 왔던 지역이다.3) 이 지역에 경제적·군사적으로 우세

---

3) 김광수, 「고려 건국기의 패서호족과 대여진관계」, 『사총』 21·22합집;『강진 철교수화갑기념한국사학논총』, 1977, 138~141쪽 및 강희웅, 「고려 혜종조 왕위계승난의 신해석」, 『한국학보』 7, 1977, 75쪽에서 박술희의 출신지인 혜

한 호족이 존재했으리라는 것을 짐작하기는 어렵지 않다. 이들을 단지 光海州人·平州人·樹城郡人이라고만 하여서 실제 그들의 세력 정도를 가늠할 수는 없지만 이때의 郡人 혹은 州人 등은 州吏, 縣吏 등과 같이 그 지방에 있어 실력자를 지칭한 것임에 틀림없다는 견해는 타당하다.4) 따라서 왕유, 박술희, 박수경 등은 평산지방을 중심으로 한 지역의 호족으로서 태조의 통일정책에 적극 참여한 지방세력이다.5)

王儒는 光海州 사람으로 본래의 성명은 朴儒였다. 처음에 궁예를 섬기다가 그 정치가 문란함을 보고 궁예를 떠났다가 태조 즉위 소식을 듣고 와서 태조에게 극진한 대접을 받았던 것으로 나타난다. 그가 유력한 지방세력이 아니었다면 태조 왕건은 그와 같은 관심을 보이지 않았을 것이다.

朴述熙는 樹城郡 사람이다. 그가 18세에 이미 궁예의 衛士로 발탁된 것은 그의 뛰어난 勇力 때문이었다고 보인다. 뿐만 아니라 태조를 도와 많은 군공을 세우고 大匡의 관계를 받은 것은 박술희의 무력적 능력과 그 기반을 의미하는 것이라 보아 틀림없다. 그가 후에 혜종의 태자 책립에 절대적인 공헌을 하고 그를 보좌하는 데 도움이 될 수 있었던 것도 그의 그러한 배경세력 때문이었다고 할 수 있다.6)

朴守卿의 경우도 이미 밝혀진 바와 같이7) 후삼국시대, 평산을 대표하던 대호족이었다. 때문에 일찍부터 이 가문은 평산과 谷山을 잇는 浿西지방에 성을 쌓고 궁예에 협력한 세력자로 성장할 수 있었다. 그 세력이 왕건에게 그대로 이어져서 태조 때 중앙에 진출한 가문이 되었다.

성이 신라의 대당해상교통의 관문적 위치에 있음을 밝힌 바 있다.
4) 이우성, 「고려조의 吏에 대하여」, 『역사학보』 23.
5) 이기백, 「고려경군고」, 『고려병제사연구』, 1968, 47쪽
　이기동, 「신라하대의 패강진 - 고려왕조의 성립과 관련하여 - 」, 『한국학보』 4, 1976, 11～12쪽 및 김광수, 앞의 「고려건국기의 패서호족과 對여진관계」, 138～141쪽 참조.
6) 강희웅, 「고려 혜종조 왕위계승난의 신해석」, 『한국학보』 7, 1977, 75～76쪽
7) 김광수, 「고려건국기의 패서호족과 대여진관계」, 『사총』 21·22합집, 1977, 138～141쪽

따라서 위 A, B 두 사료는 모두 궁예 때부터 중앙에 진출하여 왕건의 고려
건국에 크게 협력한 功으로 계속하여 중앙관계에 머물렀던 대표적인 지방세
력의 예라 하겠다.[8]

C

1. 朴英規, 昇州 사람으로 견훤의 딸과 결혼하여 견훤 휘하의 장군이 되었
   다. 신검의 반역을 당하여 견훤이 투항하자 영규는 그 처에게 은밀히
   말하기를 "대왕이 40여년간이나 노력하여 이룬 공업이 家人의 화로 땅
   을 잃고서 고려에 투항하였다. 무릇 정숙한 여자는 두 지아비를 섬기지
   아니하고 충신은 두 임금을 섬기지 아니하니 어찌 글을 올려 우리 왕을
   安慰하고 아울러 왕공의 친절을 치하하여 장래의 복과 평안을 도모하
   지 않을 수 있겠는가" 하니 그 처가 말하기를 "당신의 말씀은 바로 나
   의 뜻"이라 하였다. 태조 19년 2월 영규가 사람을 보내어 그 편지 첫머
   리에 "만약 의병을 일으켜 內應하기를 청한다면 왕의 군대를 맞이하겠
   다" 하니 태조가 크게 기뻐하였다 …… (중략) …… 좌승을 제수하고
   田 천 頃을 하사하고 역마 35필을 보내어 가인을 불러 치하하고 그의
   두 자식에게도 벼슬을 내렸다. 영규는 후에 관직이 三重大匡에까지 이
   르렀다(『高麗史』 권92, 열전 朴英規).

주지하다시피 박영규는 후백제 견훤의 사위로서 견훤이 고려 왕건에게 투
항한 이래 견훤을 따라서 그 부인과 함께 왕건에게 歸附한 사람이다. 그의 귀
부에 따라 후백제의 신검군을 토벌하는 데 막힘이 없었으므로 왕건은 그에게

---

8) 이들이 받는 관계는 대개 최상위의 것은 아니었다고 생각된다. 개국1등공신
   인 배현경의 관계가 卒年에 大匡이었고, 홍유가 태조2년부터 19년까지 대상
   이었다는 기록을 토대로 하면, 뚜렷한 관계가 나타나지 않은 다른 개국공신
   들도 대개 비슷한 관계를 제수받았던 것으로 보아 좋을 것이다. 이에 대해
   황운용씨는 『고려 閥族에 관한 연구』, 62쪽에서 이들을 측근인사라고 하고
   "측근인사들은 비교적 중하위의 관계를 수여함으로써 기타 인사들(씨에 의
   하면 지방호족세력)의 비위를 건드리지 않고 태조의 주변에서 犬馬之勢를 다
   하게 하는 한편 후삼국통일을 전후하여서는 비교적 상위의 관계를 누진시켜
   나갔다."고 하였다.

제3품인 佐丞을 제수하고 그 아들들을 임관시켰으며 결국 그의 벼슬은 삼중대광에까지 이르렀다. 그의 귀순은 견훤의 투항과 함께 후백제 멸망의 결정타가 되었다고 할 수 있다. 그의 이러한 행위는 그가 갖는 무력적 능력에 근거하였음은 물론이다. 따라서 그는 後百濟系 세력으로서 유일하게 태조 때부터 중앙에 진출하여 상경종사한 인물이 되었다. 그가 후백제계로서는 유일하게 그의 출신지를 본관으로 하는 順天의 토성이 된 것은 우연한 일이 아니다.9) 이밖에 후백제지역 인물들은 대체로 문종대 이후 출사한 것으로 나타난다. 예컨대, 南平의 문씨라든지 遂寧의 유씨 등이 그 대표적 가문이다. 이들은 문종 이후 상경종사하면서 예종·인종대를 거쳐 무신집권기간 동안 그 활동이 활발했던 것으로 나타난다. 이것은 고려 태조의 후백제지역에 대한 정책이 상당히 완고하였음을 나타내는 것이라 하겠다.10) 그것은 태조가 고려통합과정에서 후백제 세력 가운데 유일하게 朴英規에게만 그 출신지를 인정해 주었음에서 보여진다. 박영규에게 그를 지지하는 지방세력이 있었을 것임은 물론이다.

또한 왕건을 지지한 세력으로는

D

1. 神惠王后 유씨, 貞州 사람으로 삼중대광 天弓의 딸이다. 천궁의 집은 큰 부자로 읍인이 長者라 칭하였다. 태조가 궁예를 섬겨 장군이 되어 병사를 이끌고 정주를 지날 때 오래 된 버드나무 아래에서 말을 쉬게 할 적에 后가 냇가 옆길에 서있었다. 그 덕스러운 용모를 보고 "너는 누구의 딸이냐고 물으니 말하기를 이 읍의 장자 가문의 딸이라"고 하였다. 태조가 그 집에 머물게 되자 그 집에서 병사를 매우 융숭하게 대접하고 后로 하여금 잠자리 시중을 들게 하였다(『高麗史』 권88, 열전 后妃1).

---

9) 이수건, 「후삼국시대 지배세력과 토성」, 『한국중세사회사연구』, 일조각, 1984, 124쪽

10) 후백제지역 출신으로서 광종대에 출사한 유방헌이 있다. 그는 전주의 호족출신으로서 그의 조부가 후백제에 출사하였기 때문에 태조대에 중앙귀족화하지 못했다가 광종대에 와서야 과거를 통해 중앙에 진출한 것으로 보인다. 그들이 각기 유력한 지방세력이었음에도 불구하고 태조때 중앙에 출사하지 못한 것은 그들 지역이 후백제지역이라는 지역적 특성 때문이었을 것이다.

2. 莊和王后 오씨, 나주 사람이다. 할아버지가 富이고, 아버지는 多憐君이
   다. 대대로 木浦에 살았다 …… (중략) …… 태조가 수군장군으로서
   나주에 출병하여 목포에 배를 대고 냇가의 위쪽을 바라보니 오색영롱
   한 기운이 있어 가보니 后가 빨래를 하고 있었다. 태조가 불러 총애하
   였으나 미천하다하여 임신하기를 원치 않아 자리를 펴고 后가 곧 호흡
   하여 마침내 아들을 가져 낳으니 이가 바로 惠宗이다(『高麗史』 권88,
   열전 后妃1).
3. 神明順成王后 유씨, 충주 사람이다. 贈太師內史令 兢達의 딸이다(『高麗
   史』 권88, 열전 后妃1).
4. 神靜王太后 황보씨, 황주 사람이다. 태위삼중대광충의공 悌恭의 딸이다
   (『高麗史』 권88, 열전 后妃1).

등과 같은 왕건 妃의 아버지들의 세력을 들 수 있다. 태조 왕건이 통합과정
에서 각 지방에 산재해 있던 호족들을 擬制家族的인 혼인을 통해 결속시켜 왔
음은 밝혀진 바와 같다.

우선 태조 왕건이 처음으로 맞아들인 神惠王后 유씨는 그녀의 생가가 정주
지방의 부호였으며 그 재력으로 초기 태조 왕건의 적극적인 지원세력이 되었
을 것임은 의심의 여지가 없다.[11]

莊和王后 오씨의 경우도 이에서 크게 빗나가지 않을 것이다. 즉, 그의 아버
지 多燐君도 나주지방의 부호였다고 본다. 위 D 2 기록 속에 側微하다는 표현
이 있으므로 해서 장화왕후 오씨가의 호족적 능력에 대해 의견이 분분하지
만[12] 그럼에도 그녀의 생가가 나주지방의 호족이었음은 틀림이 없다고 하겠
다. 위 D 1, 2의 기록은 태조가 즉위 이전 궁예 휘하장수로서 활약하던 때 그
가 직접 출정했던 지역의 호족가문과 결속되는 과정을 나타내는 것이다.[13]

---

11) 김철준, 「후삼국시대의 지배세력의 성격」, 『한국고대사회연구』, 지식산업사,
    1975, 262쪽
12) 강희웅, 앞의 논문, 71쪽에서 '側微란 신분적 열세를 의미하는 것'이라고 했
    고, 하현강, 「고려 혜종대의 정변」, 『사학연구』 20, 1968, 195～197쪽에서
    '군사력과 같은 현실적 능력의 부족을 의미한다'라고 하여 나주 오씨가의 호
    족적 능력에 의문을 표시하고 있다.

그들 王后의 아버지가 태조의 즉위와 함께 중앙관료화되었는지에 대해서는 확인할 수 없지만 유천궁이 삼중대광의 높은 관계를 가졌던 것으로 보아 중앙에 진출하였을 가능성도 짐작해 볼 수 있겠다.

神明王后 유씨는 태조 즉위 후 제일 먼저 后妃가 된 인물이라 생각된다. 그녀의 아버지 兢達 역시 충주의 호족으로서 태조의 창업에 절대적인 역할을 하였을 것이라 짐작된다. 그것은 충주가 신라5소경의 하나였고 중부지방에서의 군사적 요충지였다는 점에서 더욱 그렇다.14)

神靜王太后 황보씨 역시 황주를 배경으로 한 유력가문 출생임을 짐작하기는 어렵지 않다. 이들이 신라말 이래 중시되어 온 패강진 세력과 연결되었을 것이라는 점을 상기하면15) 이 황주 황보씨와 고려왕실과의 혼인이 어떤 토대 위에서 이루어졌는지 알 수 있을 것이다.

이들 妃의 아버지가 고려왕실 창업시 태조의 절대적인 지원세력이었을 것임은 틀림없지만 상경종사 여부는 확인할 수 없다. 다만 황주 황보씨의 경우 태조16년경까지 대광의 관계를 제수받았던 것으로 나타나 비교적 높은 관계를 지녔던 것으로 파악할 수는 있다.

이밖에 태조에게는 25명의 后妃가 있었는데 이들이 모두 고려초기 유력가문의 출신이었음은 말할 나위도 없다. 그들의 출신지역을 알아보기 위해 도표화하면 <표 1>과 같다.16)

<표 1>에 의하여 태조후비의 출신지를 도별로 살펴보면 황해도에 8명으로

---

13) 정용숙, 「고려초기 혼인정책의 추이와 왕실족내혼의 성립」,『한국학보』37, 1984, 35～40쪽에서 이 시기의 혼인을 태조의 제1기 혼인이라 하였다.

14) 임병태, 「신라5소경고」,『역사학보』35·36합집, 1967, 100쪽에서 "소경은 군사요새지의 성격이 강하며 仕臣은 행정책임을 지고 있다고 하더라도 무장으로서 그곳을 지켜야 할 책임이 있다"고 하여 군사적 요충지로서의 역할을 강조하였다.

15) 이기동, 「신라하대의 패강진－고려왕조의 성립과 관련하여－」,『한국학보』 4, 1976, 11～12쪽 참조 및 이태진, 「김치양난의 성격」,『한국사연구』17, 73～74쪽 참조.

16) <표 1>은『高麗史』권88, 열전 后妃條를 주된 전거로 하여 작성하였다.

<표 1> 太祖后妃의 出身地域

后妃名	姓氏	出身地名	現地名	道別	父官階(職)	妃父名
神惠王后	柳	貞州	豊德	京畿	三重大匡	天弓
莊和王后	吳	羅州	羅州	全羅		多憐君
神明順成王后	劉	忠州	忠州	忠淸	太師內寺令	兢達
神靜王太后	皇甫	黃州	黃州	黃海	太尉三重大匡	悌恭
貞德王后	柳	貞州	豊德	京畿	侍中	德英
義城府院夫人	洪	義城	義城	慶尙	太師三重大匡	儒
獻穆大夫人	平	慶州	慶州	慶尙	伊尹	俊
貞穆夫人	王	溟州	江陵	江原	太師三重大匡	景
東陽院夫人	庾	平州	平山	黃海	太師三重大匡	黔弼
興福院夫人	洪	洪州	洪州	忠淸	三重大匡	規
大良院夫人	李	陜州	陜川	慶尙	大匡	元
大溟州院夫人	王	溟州	江陵	江原	內史令	乂
廣州院夫人	王	廣州	廣州	京畿	大匡	規
小廣州院夫人	王	廣州	廣州	京畿	大匡	規
東山院夫人	朴	昇州	順天	全羅	三重大匡	英規
禮和夫人	王	春州	春川	江原	大匡	柔(儒)
大西院夫人	金	洞州	瑞興	黃海	大匡	行波
小西院夫人	金	洞州	瑞興	黃海	大匡	行波
信州院夫人	康	信州	信川	黃海	阿湌	起珠
月華院夫人	?	?	?	?	大匡	英章
小黃州院夫人	?	?	?	?	元甫	順行
聖茂夫人	朴	平州	平山	黃海	三重大匡	智胤
月鏡院夫人	朴	平州	平山	黃海	太尉三重大匡	守文
蒙良院夫人	朴	平州	平山	黃海	太師三重大匡	守卿
海良院夫人	?	海平	善山	慶尙	大匡	宣必
天安府院夫人	林	慶州	慶州	慶尙	太守	彦
西殿院夫人	?	?	?	?	?	?
後大良院夫人	李	陜州	陜川	慶尙	大匡	元
神成王太后	金	慶州	慶州	慶尙	匝干	億廉

※ 『高麗史』 권88, 列伝 后妃條에 의함

가장 많고 경상도가 6명으로 그 다음이며 경기도가 4명, 충청·강원도가 각각 3명, 전라도가 2명, 史失世系로 미확인된 사람이 3명이었다.

이로써 우리는 다음과 같은 사실을 알 수 있었다. 즉, 后妃의 출신지가 주로 황해·경기의 양도에 집중되어 있는 것으로 보아 태조는 이 지역 출신의 호족들과 적극적으로 결속하려 했다는 것이다. 이것은 결국 고려건국의 주체세력이 近畿지방을 중심으로 하는 호족세력이었음을 의미한다. 또한 여기서는 구신라의 전통을 외면하지 않았음도 나타난다. 경상도 출신의 后妃가 6명인데 이 가운데 3명이 경주출신임을 보면 新羅系와의 결속에도 적극적이었음을 알 수 있다. 近畿지방과 경상도지역 호족과의 결속에 적극적이었던 데 비해 후백제계열은 단 두 명에 불과하였다. 이들의 경우도 특수한 상황이었음을 고려하면[17] 태조 왕건이 후백제계열과의 제휴를 얼마나 꺼렸는가를 짐작하고도 남음이 있다.[18] 그리고 이들 태조 妃의 아버지들은 대부분 大匡 이상의[19] 관계를 받는 것으로 나타났다. 그러나 이들이 높은 관계를 받았다고 해서 모두 중앙관계에 진출했을 것이라고 보기는 어렵다. 이 시기 대부분의 호족들은 각기 그들이 보유한 지방에 대한 긍지와 자부심으로 재지세력화하였다고 보이기 때문이다. 그렇다고 하더라도 상경종사한 세력이 전혀 없었던 것은 아니다. 다음의 몇 사람은 상경종사한 대표적인 인물이다.

東陽院夫人 庾氏의 아버지 庾黔弼은 이미 궁예 때부터 활약한 사람으로 태조의 추대공신은 아니지만 태조 묘정에 배향된 6공신 중의 한 사람이다.[20] 그는 태조8년에 征西大將軍이라는 직함을 가지고 출전하고 있는 점으로 보아[21] 당시에 이미 상당한 실력가였음을 짐작할 수 있다. 그가 한때 참언으로 鵠島에 유배당하기도 한 것은 그의 공로와 실력에 대한 반작용이라 보아도 좋다. 태조19년 신검군과의 전투에 대장으로 참가하였으며 태조24년 그의 사망시에는 삼중대광의 관계가 추증되었다 하니 생존시에는 대광이[22] 그의 최고 관

---

17) 장화왕후 오씨와의 경우는 궁예휘하장수로서 나주 정벌에 임했을 때이고 동산원부인 박씨는 견훤 사위인 박영규의 딸로 후백제 멸망에 결정타를 가한 박영규에 대한 優遇에서 비롯되었다고 본다.

18) 이것은 고려의 중앙군 속에 박영규 군대를 제외하고는 후백제계통의 군대가 포함되지 않았다든지 혹은 최후까지 저항한 후백제의 군대가 양수척이 되있다든지(『高麗史』 권129, 崔忠憲傳), 또는 금강 이남의 인물을 등용치 말라는 태조의 십훈요 등을 비추어 보면 더욱 명백해 질 수 있다.

19) 아찬 혹은 잡찬 등과 같은 신라식 관계가 더러 보이지만 대부분 고려초기의 관계를 제수한 것으로 보인다. 武田幸男, 「高麗初期の官階」(『朝鮮學報』 41, 1966), 3~5쪽 참조.

20) 『高麗史』 권92, 열전 유검필.

21) 『高麗史』 권1, 세가 태조8년 10월.

계가 아니었나 생각된다.

한편 神靜王太后 황보씨의 아버지인 皇甫悌恭은 태조9년에 大相으로 있다가 태조16년에 大匡이 되고 통일후 三重大匡에 오른다. 그가 언제쯤 삼중대광의 관계를 제수받았는지 확실히 알 수 없지만 그의 그러한 승진은 태조의 패강진 세력 포섭과 깊은 관련을 맺는 것으로 볼 수 있다.

이와 아울러 夢良院夫人 박씨의 아버지 朴守卿 가문이 주목된다. 이 평산 박씨 가문은 고려 창건과정에서부터 3부자가 태조의 妃父가 될 만큼 그 족세가 번창했던 것으로 보인다. 박수경과 그의 형 守文 그리고 그의 父 智胤[23]은 일찍이 패서지역에 13성을 쌓고 궁예에게 귀부한 이 지방 최고의 실력가였다.[24] 그들이 순조로운 승진을 거쳐 3부자 모두 삼중대광이라는 높은 관계를 받을 수 있었던 것은 평산 박씨 가문의 재지적 세력 때문이었다고 할 수 있다. 그들은 신라 하대 강력한 세력으로 등장한 패서지방 軍鎭勢力의 핵이었던 것이다.[25]

義城府院夫人 홍씨의 아버지 洪儒 역시 義城을 중심으로 한 지역의 실력자였다. 그가 裵玄慶·申崇謙·卜智謙 등과 함께 궁예를 축출하고 왕건을 추대할 수 있었던 것도 그의 재지적 기반에 힘입은 바 컸다고 할 수 있다. 그러므로 이가 일찍이 중앙에 진출하여 삼중대광이라는 관계를 받고 크게 활약하였음은 새삼스러운 것이 아니다.

위의 몇 가문을 통하여 알 수 있듯이 太祖妃父들은 각 지방에 재지적 기반을 갖고 그것을 배경으로 하여 중앙과 밀접한 관계를 맺으면서 상경종사하고

---

22) 황운용, 『고려벌족에 관한 연구』(동아대, 1978), 44쪽에서 黔弼至新羅 老幼出城 迎拜垂泣言曰 不回今日得見大匡 微大匡 吾其爲魚肉乎(『高麗史』권92 열전 庾黔弼)의 기록이 태조16년임을 들어 이때의 대광설은 착오라는 점을 지적하고 있다.

23) 박지윤은 수경의 父 遲胤과 동일인일 것이다. 동일인이 同音異寫로 표기되는 경우는 새삼스러운 것이 아니다.

24) 朴景仁墓誌(『朝鮮金石總覽』상, 303쪽) 및 朴景山墓誌(『韓國金石文追補』, 143쪽).

25) 김광수, 「고려건국기의 패서호족과 대여진관계」, 『사총』 21·22합집, 1977.

있었다. 太祖妃父의 재지적 기반에 대한 개별적인 분석이 이루어지지 못했다 할지라도 그들 대부분이 상경종사하며 고려의 건국기에 주체세력으로 성장했을 가능성은 높다고 하겠다. 고려초기의 지배세력이 근기지방 출신자임을 생각할 때 이것은 설득력을 가진다.

이상 王建 推戴功臣으로부터 配享功臣 혹은 王建妃父들에 걸쳐 그 대강의 면모를 살펴보았다. 그 결과 이들은 대체로 각 지방에 강한 재지세력을 갖고 있었던 호족들로서 태조 건국에 협조하여 그대로 중앙관료화하였다는 것을 알 수 있었다.[26] 결국 중앙관료화에 적극적이었던 이 세력들의 재지적 기반은 상대적으로 무너지게 되었고, 반면에 재지세력으로 남아 있던 호족들은 이후 각 해당지역에 있어서의 실력자로 군림하게 되어 고려초기 토성 분정시 그 지방의 토성으로 남게 되었다고 한다.[27]

이상 장황하게 살펴본 태조 때의 유력한 세력들은 추대공신을 비롯한 王建妃父 등과 같이 상경종사하면서 중앙관료화 되는 경우와 왕건의 통일에 협력하였으나 재지세력을 형성하고 있던 계열들로 나누어 볼 수 있었다. 여기에 나타난 특징은 대체로 다음과 같이 지적할 수 있겠다.

추대공신을 비롯한 패서호족 및 王建妃父들은 각기 그들의 출신지역에 독자적인 세력을 갖고 있었다. 그러나 이들은 그러한 세력을 배경으로 하여 중앙관료화 함으로써 점차 그 재지적 성격은 퇴색되어 갔다고 보인다. 그리고 王建后妃의 출신지역이 황해·경기를 중심으로 한 近畿지역에 집중되어 있는 것으로 보아 왕건은 이 지역의 호족들을 결속시키는 데 특히 적극적이었

---

26) 변태섭, 「고려초기의 정치제도」, 『한우근박사정년기념사학논총』, 지식산업사, 1981, 164~166쪽에서 "그러니 이들 건국공신들은 혁명왕조의 주체자로서 안으로 왕조보위를 위해 힘쓰고 밖으로 전쟁에 출정하여 활동하지만 실제로 정부 관직에는 임명되지 않고 있다"라고 하여 실질적인 권력을 소유하였으되 실무직에는 임명되지 않고 관계만 갖고 있었다고 하였다.

27) 이수건, 앞의 「후삼국시대 지배세력과 토성」, 133~137쪽에서 各姓의 시조 가운데는 여초의 공신이 많은 비중을 차지하고 있지만 지방군현의 중소호족이 왕조의 확립과 함께 변질되어 邑事를 주제함과 동시에 재지토성의 주체가 되었다고 하였다.

음을 알 수 있다. 이는 지배세력 형성과정에 있어서의 지방세력에 대한 태조 왕건의 자세를 말해 주는 것이기도 하다. 그가 舊신라지역의 규합에 힘을 쏟은 반면 후백제지역에 대해서는 신중한 태도를 보였던 데서도 그러한 점은 발견될 수 있을 것이다. 고려 초기의 지배세력이 주로 근기지방 출신자임을 고려할 때 초기 지방세력의 향방 또한 짐작할 수 있겠다.

한편, 왕건의 통일에 적극 협력하였으나 중앙귀족화 하지 않고 재지세력으로 남은 인물들은 원래 그들이 보유한 지역을 중심으로 세력을 유지한 것으로 보인다. 말하자면 이들에게 있어, 적어도 통합초기에는 왕건에게 복속한다는 의미보다 講和의 의미가 더 짙게 작용하였다고 할 수 있다. 그리고 대체로 王建妃父로 등장한 세력은 그 지방의 토성으로 남아 그 후손들에게 연결되고 있는 데 반하여 추대공신 및 한성화 이전의 유명세력들은 대부분 도태되고 그 후손과 연결되지 않는다는 사실도 확인할 수 있었다. 이러한 경우는 상경 종사한 계열이나 재지세력화한 경우나 거의 동일하게 나타난 현상이다. 아마도 원래부터 단단한 토착적 세력기반을 가진 지방호족들이 그대로 존속하여 이후 중앙관계의 자원공급원이 되지 않았나 한다.

지금까지의 서술을 토대로 표를 작성하면 <표 2>와 같다. 여기서는 王建妃父를 제외하고 일일이 설명하지 못한 군소세력들도 다 포함하였다. 이에 의하여 우리는 대략 다음과 같은 결과를 얻을 수 있다고 본다.

제1기의 지방세력들은 후삼국시대에 각기 해당지역을 기반으로 하여 진출한 세력들로 패서지방 출신자들이다. 그들은 대개 궁예휘하장수들로서 왕건을 도와 고려를 건국하고 그대로 중앙귀족화 하였다고 생각된다. 이 점은 앞에서 장황하게 설명한 바와 부합된다.

제2기는 태조1년부터 대략 태조10년까지에 해당하는 시기로 태조가 많은 호족과 더불어 적극적인 연합정책을 펴는 때라고 생각된다. 태조의 對 호족결혼정책이 가장 왕성하게 취해진 시기가 이 때인 점을 상기하면 수긍이 간다. 지역적으로는 태봉과 경상도를 중심으로 한 舊 신라계세력의 투항이 많았으며 이들은 대체로 재지세력으로 남아 있었다고 보인다. 그렇게 볼 때 이 시기

<표 2> 통일이전 지방세력의 동향

區分	姓 名	出身地	道別	진출시기	進出 背景	최고관직	地域	備考	典據
1기	申崇謙	平山	黃海	後三國	武勇 弓裔騎將 王建推戴	大將	泰封	中央	『高麗史』 권92 열전5
	卜智謙	沔川	黃海	後三國	西海卜勢力弓裔騎將王建推戴	大匡	泰封	中央	『高麗史』 권92 열전5
	裵玄慶	慶州	慶尙	後三國	膽力過人 弓裔騎將王建推戴	大匡	新羅	中央	『高麗史』 권92 열전5
	洪 儒	義城	慶尙	後三國	膽力過人 弓裔騎將王建推戴	三重大匡	新羅	中央	『高麗史』 권1 세가1
	庾黔弼	平山	黃海	太祖	事太祖爲馬軍將軍	三重大匡	泰封	中央	『高麗史』 권92 열전5
	崔 凝	黃州	黃海	後三國	通經善屬文 文翰史幹	廣評侍郎	泰封	中央	『高麗史』 권92 열전5
	朴述熙	沔川	黃海	後三國	性勇敏 弓裔衛士 軍功	大匡	·泰封	中央	『高麗史』 권92 열전5
	洪 規	洪州	忠淸	後三國	王建妃父	三重大匡	泰封	中央	『高麗史』 권88 열전1
2기	尹 瑄	延安	黃海	太祖1	鶻岩城帥 沈勇	未詳	泰封	在地	『高麗史』 권92 열전5
	徐 穆	利川	京畿	太祖2	郡人 陞郡	戶長	泰封	在地	『新增東國輿地勝覽』 권3
	閔 雄	菅州	慶尙	太祖3	康州將軍	子에게 阿粲	新羅	在地29)	『三國史記』 권12
	元 奉	安東	慶尙	太祖5	下枝縣將軍	元尹	新羅	未詳	『高麗史』 권1 태조5
	王順式	江陵	江原	太祖5	溟州將軍	大匡	泰封	在地	『高麗史』 권92 열전5
	官 景	江陵	江原	太祖5	王順式麾下將軍	大丞	泰封	中央	『高麗史』 권92 열전5
	洪 術	靑松	慶尙	太祖5	眞寶城主	子에게 元尹	新羅	未詳	『高麗史節要』 권1
	城 達	抱川	京畿	太祖6	命旨城將軍	未詳	泰封	未詳	『高麗史』 권1 태조6
	良 文	星州	慶尙	太祖6	碧珍郡將軍1)	甥에게 元尹	新羅	在地	『高麗史』 권1 태조6
	李悤言	星州	慶尙	太祖6(?)	保碧珍郡 堅城固守民賴以安	本邑將軍	新羅	在地	『高麗史』 권92 열전5
	能 玄	禮安		太祖8	買曹城將軍2)	未詳		未詳	
	李能宣	禮安		?	禮安城主 陞郡	未詳		未詳	『新增東國輿地勝覽』 권4
	能 丈	永川	慶尙	太祖8	高鬱府將軍	未詳	新羅	在地	『高麗史』 권1 태조 8
	皇甫能長	永川	慶尙	?	金剛城將軍	左丞	新羅	在地(?)	『新增東國輿地勝覽』 권5
	興 達	聞慶	慶尙	太祖10	高思葛伊城主	未詳	後百濟	在地	『高麗史』 권92 열전5
3기	善 弼	靑松	慶尙	太祖13	戴岩城將軍	(尙父)	新羅	?	『三國史記』 권12
	金宣平	安東	慶尙	太祖13	古昌城主	大匡	新羅	在地	『高麗史』 권1 태조13
	權 行	安東	慶尙	太祖13	古昌城主麾下將軍	大相	新羅	在地	『高麗史』 권1 태조13
	張 吉	安東	慶尙	太祖13	古昌城主麾下將軍	大相	新羅	在地	『高麗史』 권1 태조13
	萱 達	迎日	慶尙	太祖13	彌秩大城主	大相	新羅	?	『高麗史』 권1 태조13
	朴允雄	蔚山	慶尙	太祖13	郡人	(賜府名)	新羅	在地	『新增東國輿地勝覽』 권6
	金宣弓	善山	慶尙	太祖13	州史	大匡	新羅	在地	『新增東國輿地勝覽』 권7
	龔 直	燕岐	忠淸	太祖15	甄萱麾下將軍	左丞	後百濟	在地	『高麗史』 권92 열전 5
	王 規	廣州	京畿	?	郡人	大匡	泰封	中央	『高麗史』 권127 열전
	朴英規	順天	全羅	太祖19	甄萱壻 歸順王建	三重大匡	後百濟	中央	『高麗史』 군92 열전5

* 『三國史記』 및 『高麗史』에 의함

의 호족들은 왕건의 호족연합정책에 적극적으로 참여하였으며 또한 왕건은 舊 신라계 세력의 포섭에 적극적이었음을 알 수 있겠다. 왕건의 妃父가 되는 호족층이 중앙귀족화 한 것과는 좋은 대조를 이루지만 그러나 이들이 이후 고려의 지배세력으로 성장하는 데는 그와 같은 재지적 기반이 큰 몫을 한 것이라 보아 좋을 것이다.

제3기는 태조10년 이후 몇 년 동안의 소강상태를 거친 태조13년부터 통일이 되는 19년까지로 잡아 볼 수 있다. 이 시기는 태조의 통일에 대한 끈질긴 집념이 실현되는 시기로서 태조13년 古昌의 瓶山戰鬪를 고비로 戰勢가 왕건에게 유리하게 전개되는 시기라고 본다. 이 때의 지방 세력자들은 순천의 朴英規와 연산의 龔直을 제외하고는 모두 舊 신라계 세력들임이 주목된다. 그리고 이들은 그 재지적 기반이 튼튼했다고 보인다. 때문에 고려가 후삼국을 완전히 통일한 후에도 오랫동안 재지세력으로 남아서 지방사회를 주도할 수 있었다고 생각된다. 그러나 이 시기의 호족연합은 후백제지역의 세력들에게까지는 미치지 못했던 점을 지적할 수 있다. 그것은 후백제지역의 병합이 자진 투항의 형식이 아니고 태조 19년, 神劍軍의 패망으로 이루어진 것이기 때문이다. 비록 견훤이 妻妾과 몇몇 자녀를 거느리고 투항하고[32] 또 그의 사위 박영규가 투항의사를 밝혔다고[33] 할지라도 그것은 후백제 전 지역의 투항을 의미하는 것은 아니었기 때문이다. 아직도 후백제지역은 신검을 중심으로 하여 고려에 대적하고 있었다. 이러한 점이 제3기에도 후백제계의 적극적인 참여를 缺하게 된 까닭이 아닌가 생각한다.

2) 地方統治

앞에서는 대체로 통일이전에 있어서의 지방세력의 동향을 중심으로 하여 살펴보았다. 그 결과 이 시기에 태조의 통일사업에 협력한 지방세력은 近畿地

---

32)『高麗史』권2, 세가, 태조18년 6월.
33)『高麗史』권2, 세가, 태조19년 2월.

方의 옛 태봉지역 및 경상도 중심의 舊신라계 지역의 세력자들이었음을 알수 있었다. 그리고 대체로 近畿지역의 지방세력들은 일찍이 중앙귀족화 하였고 舊신라계의 지방세력들은 오랫동안 재지세력자로 남아 지방사회를 주도해 갔다고 보았다.

이제 통일 이후 이들 지방세력자들에 대한 정책이 어떠한 것이었는지 검토해 볼 차례이다. 그것은 지방세력자들이 호족으로서 귀순한 이후 중앙의 권력구조 속에 어떻게 편입되어 가는가를 살피는 작업이 되기도 할 것이다. 말하자면 지방호족들이 통일고려 속에 어떻게 흡수되어 가는가 하는 과정을 살피는 작업이 될 것이기 때문이다.

태조왕건이 신라 敬順王의 귀순을 받은 후 제일 먼저 취한 행동은 事審官의 설치이다. 즉

> 태조18년 신라왕 金傅가 와서 투항하여 신라구을 없애고 경주라 하였다. 傅로 하여금 본 주의 事審을 맡게 하고 副戶長 이하 관직 등의 일을 알게 하였다. 이에 여러 공신들도 그것을 본받아 자기 본 주의 사심을 맡으니 事審官은 이로 비롯되었다(『高麗史』 권75, 選擧志 3, 事審官).34)

라는 것이 사심관 설치에 관한 기록임은 이미 알려진 바와 같다.35) 즉, 신라

---

34) 『高麗史節要』에는 '김부를 경주의 사심관으로 삼아 부호장 이하 관직 등의 일을 주관하게 하였다. 이에 여러 공신들도 역시 이를 본받아 각기 그 주의 사심관이 되었으니, 사심관은 이 때에 시작되었다' 라하여 其本州를 其州라 표기하였다. 그러나 其本州, 其州란 諸 功臣 각각의 본관의 주를 의미하며 이 것은 주부군현의 총칭이라는 견해에 접하면 용어상의 차이일 뿐, 다른 의미 는 없다고 본다(旗田巍「高麗の事審官」,『朝鮮中世社會史の硏究』, 1972, 107 쪽 참조).

35) 사심관에 관한 주된 연구로는 旗田巍 :「高麗の事審官」(『朝鮮中世社會史の 硏究』、1972)과 周藤吉之 :「高麗朝の京邸, 京主人とその諸問題－唐末,五 代,宋の進奏院・邸吏および銀台司との關聯において－」,(『朝鮮學報』, 111, 1984) 및 李純根 :「高麗時代 事審官의 機能과 性格」(『高麗史의 諸問 題』,1986) 등이 있다.

왕 김부가 와서 투항한 10월로부터 두 달이 지난 후에 김부에게 베푼 많은 은전 가운데 하나는 경주를 食邑으로 賜給한 것이다. 이후 많은 공신들이 김부의 예를 표본으로 하여 本州事審36)을 제수받게 되었다. 이들 공신들이 사심의 역할을 담당한 시기가 언제부터인지 분명히 밝힐 수는 없지만 태조18년 이후의 어느 시기, 좀더 구체적으로는 태조23년 役分田의 지급과 때를 같이 하는 것은 아닐런지 모르겠다.37) 어떻든 이러한 조처는 통일과정에 협력한 공신들에 대한 우대책이었음에 틀림없다. 위에 인용한 사료 중 '其本州'란 김부 혹은 다른 많은 공신들의 출신지임은 물론이다.

김부를 비롯한 여러 공신에게 주어진 사심이란 지방호족으로서 중앙관료가 된 고관에게 그 출신지에 대한 권한을 최대한으로 보장해 주는 제도였다. 그러나 고려의 왕권이 점차 강화되어 가면서 일어난 각종의 변화는 사심관에게도 예외는 아니었다. 즉 호족적인 것으로부터 관료적인 것으로의 변화가 그것이다. 주지하다시피 고려는 성종2년에 州·府·郡·縣의 향직을 개편하고 지방관을 파견하는 등 여러 가지 제도의 개혁을 단행하였다. 이와 더불어 사심에 대한 새로운 규정이 나타났으니 그것은 다음에서 살펴볼 수 있다.

성종15년 모든 事審官은 500丁 이상의 주에 4員, 300丁 이상의 주에는 3員, 이하의 주에는 2員으로 정한다(『高麗史』 권75, 選擧志3, 事審官).

이에 의하여 설치될 당시의 사심에 官字가 덧붙여지고 또 定員이 제정되고 있다는 사실을 알 수 있다.38) 사심에 관자가 덧붙여지는 시기가 어느 때인지

---

36) 여기서 본주란 각 공신들의 출신지를 일컫는다고 보아도 무리가 없을 것이다.
37) 사심제의 기원에 대해 이순근 교수는 태조18년에 갑자기 실시된 것이 아니라 그 이전부터 있어온 고대국가의 대복속민시책에서 구할 수 있다고 하였다(앞의 글, 「고려시대 사심관의 기능과 성격」, 192쪽 참조).
38) 事審과 事審官의 차이에 대해 旗田巍씨는 앞의 글에서 "사심관은 당초는 사심이라고 불리어졌고"라고 하여 아무런 차이 없이 보고 있으며(106쪽) 또한 周藤吉之씨도 앞의 논문(24쪽)에서 구분 없이 혼용하고 있다. 그러나 이순근교수는 그의 논문(209쪽)에서 사심관은 사심에 비해 공식적 관제하에 임명된 관원이라는 성격을 강하게 풍기고 있다고 하였다. 이교수의 의견에 동감이다.

정확히는 밝힐 수 없다 하더라도 성종15년보다는 먼저일 것으로 추측할 수 있다. 그것은 事審의 역할이 인민을 宗主하는 입장에서 부역을 고루하고 풍속을 바르게 하며 치안을 유지하는 등과 같은 것이었다고 한다면,[39] 이는 지방관이 파견되기 이전에 그를 대신할 만한 것이었으므로, 이미 이 때 사심관은 호족적 입장을 떠나 중앙관료화 되고 있었다고 말할 수 있겠다. 특히 위의 기록을 통해 주목을 요하는 것은 사심관의 정원을 제정하는 항목이다. 고려초에 김부를 위시한 여러 공신들을 사심으로 삼았던 때는 고려왕권의 미약한 상태가 그대로 반영된 때라고 생각된다. 그러나 이제 사심의 정원이 정해짐으로써 사심의 권한은 오히려 축소된 것으로 보인다.

사심관의 정원이 주의 '丁'을 기준으로 하여 500정 이상의 주에는 4명, 300정 이상의 주에는 3명, 300정 이하의 주에는 2명으로 그 수가 정해졌다는 사실은 이제 왕권이 어느 정도 확립된 위에서 중앙의 통제가 가해지기 시작했다는 것을 의미하기 때문이다. 그렇다고 해서 사심관의 역할이 축소된 것은 아니었다. 이들은 지방관과 더불어 여전히 지방사회에 강력한 영향력을 행사했던 것이다.[40] 그러면 지방행정의 통솔자인 호장과는 어떠한 관계에 있었을까? 사심관이 지방세력과 지나치게 밀착되는 것을 방지하기 위하여 중앙정부는 다음과 같은 조처를 취하고 있다.

---

39) 忠肅王五年五月下敎 一事審官之設 本爲宗主人民 甄別流品 均平賦役 表正風俗 今則不然(『高麗史』 권84, 刑法1 職制)이라 하여 사심관이 설치될 당시 본래의 목적과 그 역할에 대해서 언급하고 있다. 물론 이는 사심관폐지때의 말이어서 얼마큼 신빙성이 있는지 알 수 없다. 그렇지만 사심관의 역할과 임무가 많이 퇴색하였다고 보여지는 충숙왕 당시에 위와 같이 말할 수 있었다면 결코 그 역할을 더 이상 폄하할 수는 없다고 본다. 따라서 사심관의 역할은 대개 위와 같은 것이었다고 믿어 좋다고 생각한다.

40) 배임된 사심관은 지방관이 파견되는 주군, 주현만이 아닌, 오히려 지방관이 파견되지 않는 군현에서의 사심관의 역할이 크므로 지방관의 유무에 관계없이 전 군현에 걸쳐 배임되고 있었다는 견해에 접하면 사심관의 임무가 무엇이었는지 쉽게 이해할 수 있으리라 믿는다(旗田巍, 「高麗の事審官」, 『朝鮮中世社會史の硏究』, 1972), 121쪽 참조.

현종 초년에 아버지와 친형제가 戶長인 자는 事審官을 임명하지 말라는
판결이 있었다(『高麗史』 권75, 選擧志 事審官).

즉, 그 임지에 아버지나 친형제가 호장으로 있는 자는 사심관으로 임명하지
못하도록 규제를 가하였음을 알 수 있다.41) 이것은 물론 사심관과 지방세력
이 밀착되는 것을 방지하기 위한 조처였다. 그렇더라도 위 양자가 매우 밀접
한 관계에 있었다는 것은 부인할 수 없다. 이들은 동일한 지방출신으로 각기
지방통치에 임하면서 한결같이 부호장 이하를42) 지휘감독하고 있었던 것이
다. 다만 차이가 있다면 사심관은 관료화한 상경세력으로서 유사시에 귀향하
며 호장은 재지세력으로서 부호장 이하를 측근에서 지휘감독한다는 점일 뿐
이다. 사심관이 실제로 상경해 있었다는 것을 드러내 주는 것으로 다음 기록
을 참고할 수 있다.

문종11년에 사심관이 귀향하여 폐단을 일으키는 자는 按廉使와 監倉使
가 서울로 도로 보내어 죄를 묻고 사심이 주관하던 일을 바꾸라는 판결이
있었다(『高麗史』 권75, 選擧志3 事審官).

여기 사심관으로서 귀향하여 폐단을 일으킨다는 것은 평상시의 사심관은
분명 서울에 머물러 있었음을 의미하는 것이다. 그리고 이들에 대한 科罪는
군·현의 지사가 아닌 도의 按廉使나 監倉使가 할 수 있었다. 이것은 결국 사
심관이 군·현의 지사보다는 우위에 있어 동격의 지방관의 지휘·통솔을 받

---

41) 현종초년의 사심관에 대한 이와 같은 규제는 현종초에 실시된 지방제도의 개
편과 밀접한 관련을 갖는다고 보인다. 즉 성종14년 이후의 외관파견과 지방
제도의 개편은 이들 지방세력에 대한 중앙편제가 적극적으로 모색되는 시기
에 행해진 일련의 조처들이라고 생각되기 때문이다.
42) 사심관의 임무가 부호장이하 官職等事이고 보면 사심관에게는 아마도 부호장
이하의 향직자에 대한 인사권 및 지휘감독권이 있었던 것 같다. 그러나 태조
18년에 부호장이란 용어가 쓰이지는 않았을 것이므로 후대의 부호장에 상응
하는 어떤 명칭을 그렇게 표현한 것이 아닌가 한다(旗田巍, 앞의 「高麗の事
審官」), 110쪽 참조.

지 않았음을 의미한다. 한편 사심관이 서울에 머물면서도 부호장 이하의 향리
들을 지휘·감독한다는 것은 곧 그들의 본거지에 있어서의 기존의 治者的 입
장이 다분히 留保되었음을 나타내는 것이라 하겠다.[43]

또한 고려초기 對호족정책의 일환으로서 其人制度를 빼놓을 수 없다.[44] 기
인제도의 설치에 대해서는

> 國初에 향리의 자제를 뽑아 서울에 잡아두고 자기 고향의 일을 고문하
> 게 한 것을 일러 其人이라 하였다(『高麗史』 권73, 選擧志 其人).

라고 하여 國初에 인질이 되어 서울에 거주하는 것으로부터 비롯된다고 하
였다. 그러나 기인의 설치기원에 대해서는 일찍부터 논의가 있어서 그 기원을
삼국시대[45] 신라시대[46] 고려초기[47] 등으로 보는 여러 설이 엇갈려 있다. 우
선 고려시대 其人의 選上立役을 통하여 기인의 성격과 그 기원을 추적해 보기
로 한다.

고려시대 기인의 선상입역은 태조 왕건 당시의 여러 호족들과의 관계에서
찾아볼 수 있다.

> 명주장군 順式은 아들 長命을 보내어 부하 600명을 이끌고 宿衛하게 하

---

43) 김광수, 「고려태조의 삼한공신」, 『사학지』 7, 1973, 51쪽 참조.
44) 기인제도에 관한 논문으로서는,
   이광린, 「기인제도의 변천에 대하여」, 『학림』 3, 1954.
   김성준, 「기인의 성격에 대한 고찰(上,下)」, 『역사학보』 10·11, 1958, 1959.
   한우근, 「고대국가 성장과정에 있이시의 대복속민시책(上,下)」, 『역사힉보』
   12·13, 1960.
   한우근, 「여초의 其人選上規制」, 『역사학보』 14, 1961.
   이우성, 「삼국유사소재 처용설화의 분석―고려기인제도의 기원과의 관련에
   서―」, 『김재원박사회갑기념논총』, 1969 등이 있다.
45) 이광린, 앞의 「기인제도의 변천에 대하여」.
46) 김성준, 앞의 「기인의 성격에 대한 고찰(상)」, 199쪽
47) 한우근, 앞의 「고대국가 성장과정에 있어서의 대복속민시책(하)」, 74쪽

였다(『高麗史節要』 권1, 太祖10年).

이에 의하면 장명의 숙위는 왕건에 의한 강제적인 의미보다는 자발적인 의
미에 가까웠다는 사실을 확인하게 된다. 만일 강제적인 인질로서의 성격을 띠
는 것이라면 600명이나 되는 장명 휘하의 士卒을 함께 入京시키지는 못했을
것이다. 이 경우 600명의 숙위군은 왕건의 중앙군에 편입되었을 것이지만 이
들에 대한 궁극적인 통솔권은 왕순식에게 있었다.[48] 고려초기의 호족들은 고
려왕실에 服屬되었다고 할지라도 그 통솔권은 호족들에게 거의 독자적으로
맡겨져 있었기 때문이다.[49]

따라서 한 사람의 인질에 대해서는 어느 정도 監視와 牽制가 가능할 수 있
지만 600명이나 되는 군사에 대해서는 고려초기 상황에서 감시와 견제 같은
것은 의미가 없었으리라 생각한다. 물론 호족이 그 자제, 혹은 그 휘하 士卒을
상경숙위 시켰다는 점에서 보면 복속의 의미를 전혀 배제할 수는 없지만 그
렇다고 무조건 人質的인 의미만을 강조할 수는 없다. 그러므로 고려초기의 기
인의 성격은 인질적인 의미보다는 중앙과 지방의 상호 우위를 약속하는 협조
적 의미를 더 강하게 풍겼다고 생각된다. 그것은 다음과 같은 사료에서도 이
해될 수 있다. 즉,

> 碧珍郡 장군 良文이 그의 조카 圭奐을 보내어 와서 투항하니 규환을 元
> 尹에 삼았다(『高麗史』 권1, 太祖 5).

라든가 또는,

---

48) 하현강, 「고려왕조의 성립과 호족연합정권」(『한국사』 4, 1974, 48~49쪽)에
    서 "長命이 이끄는 600명의 숙위병졸은 그의 父 순식에게 복종하는 군사라고
    규정하고 이들은 장명을 매개로 하여 고려국왕에 충성하였으며 반대로 국왕
    도 이들 병졸 600명에 대해서는 장명을 통하지 않고 직접 지휘하지 못했다"
    고 하였다.
49) 이기백, 「고려경군고」, 『고려병제사연구』, 일조각, 1968, 48쪽 참조.

眞寶城主 洪術이 그의 아들 王立을 보내어 갑옷 30벌을 보내니 왕립을
元尹에 삼았다(『高麗史節要』 권1, 太祖 6).

등과 같은 기록에서 대호족의 아들이나 조카가 선상입역되어 관계를 제수
받고 있는 것을 알 수 있다. 이와 같이 호족 그 자신이 아닌 그의 아들, 혹은
조카를 上京入役시키는 것은 지방세력이 중앙과 적당히 제휴하면서 독자적인
세력기반을 구축하는 데 게을리 하지 않았음을 의미한다.[50] 이것은 나아가
기인이 중앙관직 속에 자연스럽게 흡수되는 것을 의미하는 것이기도 하다. 그
러므로 麗初 기인선상이 향리자제로서 인질적인 성격을 띠고 그 지방에 관한
일의 고문에 대비케 한 데서 비롯되었다고만 하는 것은 고려초기의 저와 같
은 사정을 전혀 고려하지 않은 데서 연유한 것이 아닌가 한다. 실제로 다음
기록을 보면 기인의 실체와 설치 당시의 목적이 무엇이었는가를 짐작할 수
있을 것이다.

其人 설립은 賦役을 위한 것이 아니라 배반을 염려하고 화합을 굳게 하
기 위하여 여러 읍으로 하여금 한 사람씩 서울에 보내게 하여 복속되었음
을 보여주기 위한 뜻이었다(『成宗實錄』 권50, 成宗 5年).

이에 의하면 기인제도 설치의 목적은 지방세력을 효과적으로 통제·감시
하기 위한 것이었다. 그러므로 고려초기의 기인은 인질적 의미와 함께 지방세
력의 견제라는 사실을 내포하고 있었으며 이들은 이러한 추세 속에서 자연스
럽게 중앙관료화 했다고 할 수 있다. 따라서 왕권이 미약하고 지방세력자의

---

50) 이 시기의 호족은 휘하에 수많은 촌을 거느리고 있었는데 諸村의 수장들도
제각기 큰 세력을 떨치고 있었음은 물론이다. 이와 같은 실정이었으므로 향
리의 자제를 上京宿衛케 하여 지방세력의 동향에 주의를 기울였던 것이라 생
각한다(윤희면, 「신라하대의 성주·장군」, 『한국사연구』 39, 65쪽). 그리고
여기에서의 촌이란 몇 개의 자연촌을 거느린 지역촌을 의미한다고 하겠다.
그러한 촌의 수장은 대감·제감 등의 칭호를 사용하며 촌락사회에 군림하였
다(이우성, 「麗代百姓考」, 『역사학보』 14, 1961, 33쪽 참조).

권한이 강화되었던 고려초기와 같은 상황 하에서는 중앙과 호족 사이의 특수
한 상황이 고려된다면 지방세력의 성장이 일방적으로 貶下될 수는 없을 것이
다.51) 기인의 이러한 성격은 적어도 성종대까지는 존속·유지되었다고 볼 수
있다. 이 시기에 지방관파견을 비롯한 지방제도의 개편이 제도적으로나마 성
립되었기 때문이다.52)

그러나 고려가 서서히 중앙집권적인 귀족국가로 성장함에 따라 기인의 성
격에도 변화가 왔을 것이다. 명실공히 '향리의 자제를 서울에 인질로 두고 그
고향의 일의 고문에 대비한다'라는 성격을 갖는 시기는 성종대를 지나 문종대
에 이르러서였다고 생각된다. 그와 같은 변화가 문종31년의 其人選上規準으
로 나타난다.

> 문종31년에 모든 기인은 千丁 이상의 州에서는 足丁이라 하여 해마다
> 30세 이상 40세 이하의 사람을 뽑아 올려보내고 千丁 이하의 州에서는 半
> 足丁이라 하여 兵倉正 이하 副兵倉正 이상을 막론하고 富强 정직한 사람을
> 뽑아 올려서 족정은 15년, 반정은 10년을 기한으로 入役하는데 반정은 7
> 년, 족정은 10년이 되면 同正職을 허락해 주고 역을 다하면 관직을 더해
> 준다(『高麗史』 권75, 選擧志3, 其人)

물론 이와 같은 기인선상규준이 문종 때 갑자기 나타난 것이라고는 할 수
없다. 그렇더라도 이 때 이르러 제도적 성립을 보게 된 것은 왕권이 안정기에

---

51) 하현강, 「고려초기의 지방통치」, (『고려지방제도의 연구』, 한국연구원총서,
   1977), 15쪽에서 『高麗史』 백관지 기록에 대해 "이는 고려왕조의 중앙행정력
   이 어느 정도 정비된 뒤에 기인의 성격이 국초와는 달리 변질되었을 때의 상
   황을 두고 한 말이며 또 어디까지나 후세의 사관이 중앙왕실의 입장에서만
   기인의 선상을 보았기 때문에 기인제가 생길 당시의 사회적 여건이 올바르게
   주목되지 못한 탓으로 보인다"라고 하였다. 필자도 이에 대해 전적으로 동감
   이다.
52) 한우근, 앞의 「고대국가 성장과정에 있어서의 대복속민시책」, 74쪽에서 기인
   제 기원은 고려태조시 투항복속자에 대한 포섭조치에서 연유되어 여초 향리
   제의 정비에 따라 제도화된 것이라 하였다.

접어 들므로서 지방세력에 대한 통제에도 자신이 생겼다는 것을 간과할 수
없다.

千丁 이상의 州와 이하의 州라는 丁田[53])에 의한 구분은 고려초기 其人制度
설치 당시의 대소호족의 세력에 의한 구분에서 진일보했음을 알 수 있다. 그
리고 기인의 立役期間이 일정하게 정해져서 그 기간 동안 입역을 하면 同正職
을 허락하거나 역이 차면 職을 더해주는 등과 같은 구체적인 기준을 제시하
였다. 이들이 일정기간 입역하면서 행한 역은 즉, 자기 고향의 일에의 고문에
대비하는 것이었을 것이다. 그 고문의 일이 구체적으로 무엇이었는지 알 수
없지만 選上되는 이들이 향리자제인 점을 감안하면 상하의 공문전달이나 제
반 貢納에 관한 일들이 아니었을까 생각된다.

그러므로 고려초기의 기인제는 기본적으로 중앙의 지방세력 견제 내지는
상호 협조적인 입장 위에서 마련된 것이었으므로 후세에서 의미하는 質子的
성격으로만 파악할 수는 없다고 본다. 왕권이 어느 정도 안정기에 들었다고
하는 문종대의 선상규준이 저와 같을진대 초기의 그것은 더욱 협조적이었으
리라고 믿어 좋을 것이다.

지방의 호족들이 사심관 혹은 기인 등으로 불려 지면서 중앙귀족화한 데
비하여 일부 재향호족들은 서서히 지방관화 되는 현상을 찾아볼 수 있다. 그
러나 이 때의 중앙통제란 명목일 뿐이어서 실제로는 지방의 모든 업무가 재
지호족들에 의하여 행하여졌다고 할 수 있다. 崔承老의 상서문이 이를 밝혀
준다고 하겠다.

> 성종원년 6월 왕이 백성을 다스리는데 집에 이르러서 매일 보는 것이
> 아니기 때문에 수령을 보내어 백성의 이해를 살피게 하는 것입니다. 우리
> 성조께서 통합을 이루신 이후에 외관을 두려 하셨으나 초창기라 일이 번

---

53) 한우근, 「여초의 기인선상규제」, 『역사학보』 14, 1961, 12쪽에서 "기인선상에
　　있어서는 州府郡縣의 일반적인 구분 例에 따르지 않고 千丁 이상의 것과 이
　　하의 것으로 양분하여 이른바 丁은 이떠한 단위로서의 <丁田>을 의미하는
　　것이다"라고 하였다. 丁을 丁田으로 보는 이 견해에 따르기로 한다.

거룹고 경황이 없어 이루지 못하셨습니다. 지금 鄕豪를 살피건대 공무는 한가로이 하고 백성에게 포악하게 하여 백성이 명을 감당할 수가 없을 지경이니 외관을 두기를 청하옵니다(『高麗史節要』 권2).

위 기록은 고려개국 초창기에 일이 번거롭고 겨를이 없어 외관을 설치하지 못해 鄕豪가 백성을 침략하고 포악하게 한다는 최승로 상서문의 일부이다. 그러나 이것은 개국초창기의 겨를이 없는 상황 때문만은 아니었다고 생각된다. 그것은 외관을 파견할 수 없을 만큼 지방세력이 강했기 때문이다.[54]

그런데 여기 보이는 鄕豪에 대해 주목할 필요가 있다. 이 때의 향호는 단순히 사전적 의미의 향호를 뜻하지는 않을 것이다. 이와 관련하여 다음 기록이 참고될 수 있을 것이다.

今有・租藏은 모두 外邑 使者의 이름이다. 국초에 있었는데, 성종2년에 혁파되었다(『高麗史』 권77, 百官志 外職)

즉, 고려초의 향호란 外邑使者라 부르는 금유・조장을 의미하는 것은 아닐까? 최승로의 상서문에 보이는 바와 같이 공무를 일삼아 백성을 괴롭히고 포악하게 대할 수 있는 향호란 어떠한 형태로든 국가로부터 일정한 업무를 부여받은 계층이어야 할 것이다. 그러므로 고려초기의 그와 같은 상황 즉, 일이 번거롭고 경황이 없을 때 그러한 임무를 부여받을 수 있는 사람은 일반적인 의미의 향리는 아닐 것이다. 그렇다면 外邑使者의 號를 가진 금유・조장이 그와 같은 역할을 부여받지는 않았을까?[55] 말하자면 향호는 곧 금유・조장

---

54) 변태섭, 「고려초기의 외관제」,(『고려정치제도사연구』, 일조각, 1971), 118쪽 및 하현강, 「고려초기의 지방통치」, (『고려지방제도의 연구』, 한국연구원총서, 1977), 19쪽 참조.
55) 今有・租藏에 대해서는 논의가 분분하다. 즉 변태섭 교수는 '금유・조장의 임무는 조부의 징수가 主였을 것이라 하면서 지방을 지배하는 향호를 통제하기 위해서 중앙정부에서 파견된 사자'라 하였고(앞의 「고려초기의 외관제」, 119쪽), 하현강 교수는 '금유・조장은 그때 그때의 필요에 따라 지방에 파견

의 총칭이었을 것이라고 생각할 수 있는 것이다. 이러한 생각을 뒷받침하는 것으로 다음과 같은 기록이 주목된다.

> 公의 姓은 柳氏이고 이름은 邦憲이며 字는 民則으로 全州사람이다. 曾祖는 其休이며 성격은 근검 정직하였다. 벼슬이 각간에 이르렀으며, 할아버지는 法攀으로 어려서부터 虎藝하였고 백제에서 벼슬이 大將軍에 이르렀다. 父는 潤謙으로 字는 受益이다. 사람됨이 바르고 정직하였으며 賤毫爲事 하였고 벼슬은 檢務·租藏을 거쳐 대감에 이르렀다.(柳邦憲墓誌銘, 『朝鮮金石總覽』 상, 265쪽)

이에 의하면 유방헌의 선조는 전주 토호로서 그의 증조는 신라 향직인 角干을 역임했고 그의 조부는 후백제하에서 대장군을 지냈으며 부는 檢務·조장을 거쳐 大監[56]에 이르렀다고 하였다. 유방헌 또한 鄕貢進士로서 출사하였으니 이로써 보면 유방헌의 선조는 유방헌이 출사할 때까지 모두 전주를 배경으로 한 지방세력이었다는 것을 알 수 있겠다.

이제 우리는 유방헌의 父 윤겸이 역임한 관직에 주목해 보자. 윤겸이 역임한 관직은 검무·조장·대감이다. 검무가 무엇인지 그것을 밝힐 만한 구체적인 자료는 없다. 그렇더라도 이것이 혹 금유를 의미하는 것은 아닐까 짐작해 볼 수는 있다. 그것은 검무와 나란히 쓰인 조장이 백관지의 금유와 함께 쓰인 조장을 의미하는 것일 것이라는 점, 그리고 금유와 검무의 음이 유사한 것이라는 점에 연유한다. 굳이 검무를 금유와 음이 유사한 것으로 이해하지

되어 부과된 임무를 마치고 돌아오는 임시직일 수밖에 없다'고 했으며(앞의 「고려초기의 지방제도」, 8쪽), 또한 이기백 교수는 '태조 때부터 성종2년까지 금유·조장이 파견되어 있었고 이들은 왕과 지방호족을 연결시키는 유대가 되었다'고 했다(「고려지방제도의 정비와 주현군의 성립」, 『고려병제사연구』, 1968, 183쪽). 위의 세분 모두 금유·조장은 중앙에서 파견된 것으로 이해하였다.

56) 처음 大監·弟監은 신라의 관직으로 상당히 높았으며 그 직책은 군사관계에 해당하는 것이었지만 이후 村長·村正으로 개칭되었다(이우성, 앞의 「麗代百姓考」, 30쪽 참조).

않는다 하더라도 검무의 뜻을 그대로 살려 '임무를 조사하고 교정하는'이라는 뜻으로 해석할 수도 있다. 말하자면 지방의 여러 가지 업무에 대한 감독의 역할을 수행하는 것 정도로 이해될 수 있을 것이다. 만일 그렇다면 금유는 즉 檢務[57]로서 지방의 지배에 임하는 향호이며 제반 지방사를 통솔하는 임무를 띤 관직이라 할 수 있다.

租藏은 그 명칭에서 풍기는 바 조부를 징수하여 보관하는 것을 주된 임무로 하였을 것이다.[58] 그러므로 이와 같은 역할을 수행하기 위해서는 이에 적합한 인물이 설정되어야 함은 물론이다. 이러한 임무수행은 중앙에서 파견된 使者나 혹은 그때 그때 필요에 따라 파견된 임시직으로서는 所期한 만큼의 목적을 달성할 수 없다. 그러한 역할의 수행은 오히려 그 지방의 재지토착세력이어야 가능할 것이다. 더욱이 대감이란 밝혀진 바와 같이 村의 수장이었다.[59] 따라서 검무·조장을 역임한 유윤겸이 대감이었다는 것은 그 지방의 촌장이었을 것임을 의미한다. 그는 지방유력자였던 것이다. 지방유력자였던 윤겸은 성종6년의 개편으로 말미암아 촌의 수장인 촌장이 되었지만 그의 前歷은 지방사회를 통솔하고 아울러 지방의 조부를 징수하는 것을 임무로 하였다고 보아 무리가 없을 것이다.[60] 그것이 유방헌의 부 윤겸이 역임한 검무·조장이요 百官志의 금유·조장이었을 것이며 최승로의 상서문에 나타나는 향호가 아니었을까? 그렇다면 향호는 곧 지방호족이었으며, 지방민의 통솔과 조부징

---

57) 이기백, 앞의 「고려지방제도의 정비와 주현군의 성립」, 183쪽에서 "금유와 검무를 동일시 할 근거는 희박하지만 조장과 수반되는 것으로 보아서는 동일시 할 수 있을 것 같다"고 하였다.

58) 변태섭, 앞의 「고려전기의 외관제」, 119쪽 및 하현강, 앞의 「고려초기의 지방제도」, 9쪽 참조.

59) 성종6년의 기록에 의하면 改諸村大監·弟監爲村長·村正(『高麗史』 권3, 세가3, 성종).

60) 이수건, 「고려전기 지배세력과 토성」,(『한국중세사회사연구』, 일조각, 1984), 212쪽에서 유방헌에 대해 "父는 검무 조장 대감 등 성종조 개정되기 이전의 관직인 외관, 또는 향직을 역임하였으니 강력한 토착세력이었던 것이며 따라서 토성분정시 전주토성이 되었던 것이다."라고 하여 지방유력자였음을 지적하였다.

수의 책임을 맡은 금유·조장은 향호로서 지방관이 파견되기 이전 **外邑使者**
의 역할을 한 것이라 할 수 있다.

다시 百官志의 기록에 유의해보자. "금유·조장은 외읍 사자의 號로서 국
초에 있었는데 성종2년에 없앴다."고 되어 있다. 국초에 있었는데 '성종2년에
없앴다'하는 데서 이 때 실시된 지방관의 파견과 향직의 개편을 연상하지 않
을 수 없다. 즉 성종2년(983)의 지방관 파견은 금유·조장과 밀접한 관계에
있었을 것이라는 점이다. 이 문제와 관련하여 다음 기록은 참고되어 좋다고
생각한다.

> 2월 처음으로 12牧을 설치하고 금유·조장을 없앴다. 금유·조장이란
> 것은 外邑使者의 號이다(『高麗史節要』 권2, 成宗).

이것을 『高麗史』백관지의 그것과 비교하면 백관지에는 단지 '외읍사자의
호인 금유·조장을 성종2년에 없앴다'라고만 한 데 대하여 『高麗史節要』에
는 '비로소 12牧을 설치하였다'라는 기록을 보여 줌으로써 12목의 설치와 금
유·조장의 혁파가 밀접한 관련이 있음을 드러내 주고 있다. 즉 12목이 설치
된 후 이에 파견된 지방관이 금유·조장의 역할을 수행하게 되었다는 것을
암시하고 있는 것이다.

그렇다면 금유·조장은 어떻게 되었을까? 지금까지 보아 왔던 대로 금
유·조장이 지방호족세력이었다면 지방관의 파견으로 갑자기 이들의 소멸이
이루어졌다고 할 수 없다. 혹 이들이 그대로 지방관화 하지는 않았을까?[61] 그
와 같은 추측을 가능케 하는 것은 물론 고려초기의 특수한 상황 때문이다. 즉,

---

61) 하현강, 앞의 「고려전기의 지방통치」, 9쪽에서 "지방을 지배하는 향호를 통
제하기 위해서 중앙정부에서 파견된 사자가 금유·조장이다"라고 한 변태섭
교수의 주장(앞의「고려전기의 외관제」)에 대하여 "당시 여러 가지 여건으로
미루어 보아 향호를 통제할 정도로 중앙행정력이 강력하지 못했을 뿐만 아니
라 임시외직인 금유·조장체제로서는 그렇게 할 수도 없었을 것이다."라고
하였다. 말하자면 금유·조장은 지방유력자일 수도 있다는 가능성을 제시한
것이다.

많은 지방호족들은 중앙의 회유에 의해 상경종사하고는 있었으나 이들은 한결 같이 지방에 강력한 세력기반을 확보하고 있었던 것이다. 따라서 이들 상경종사한 계열의 세력 하에 있는 지방은 각기 그들의 통제하에 있었으므로 왕건은 이를 적절히 이용하여 조부징수, 지방통솔 등과 같은 임무를 부여함으로서 국가권력의 신장에 도움을 주게 하였다고 생각된다. 이와 같은 상황이 금유·조장으로 하여금 중앙에서 파견된 사자, 혹은 임시로 필요에 따라 지방에 파견된 사자로 이해되게 하였다고 할 수 있다. 따라서 금유·조장은 재지세력이었고 지방관 파견시 없어진 이들은 그대로 해당지역의 지방관으로 轉化되었다고 보아 좋을 것이다.[62] 그리고 그것은 일시에 모든 지방에 지방관을 파견할 수 없는 당시와 같은 상황에서는 오히려 그와 같은 전화가 자연스러울 것이라 믿는다. 따라서 금유·조장은 재지향호로서 그 지방의 통솔 및 조부징수의 역을 행하는 것이며 이후 지방관으로의 전화가 이루어진 것이라 하겠다.

또한, 이와 아울러 轉運使의 존재는 주목을 요한다.

> 국초에 여러 도에 전운사가 있었는데 현종20년에 없앴다(『高麗史』 권 77, 百官志 外職).

이것은 국초에 여러 도에 전운사가 있었다고 하는 사실을 기록한 것이다. 전운사가 무엇을 하는 곳인지 확실히 밝혀진 바는 없지만 아마도 전운사란 무엇인가를 운송하는 역할을 한 것이라는 짐작은 가능하다. 여기서 말하는 '무엇'이란 말할 나위도 없이 각 지방에서 징수한 조부를 개경으로 운송하는

---

62) 성종5년 始令十二牧 挈妻子赴任(『高麗史節要』 권2)에 의하면 처음으로 12목에 처자를 데리고 부임케 했다고 한다. 그렇다면 실제로 지방관이 파견된 것은 이때가 아닐까? 즉 성종2년의 지방관 파견은 제도의 성립이고 기존 금유·조장을 파한다고 하면서 이들로 하여금 그대로 지방관을 역임케 한 것은 아닐까 한다. 고려 초와 같이 중앙의 권력이 지방세력에 의해 좌우되는 상황에서는 중앙정부의 그와 같은 미온적인 태도는 얼마든지 가능하다고 생각되기 때문이다.

것이었을 것이다.63) 최승로의 상서문에 보이는 '향호'들이 거두어 주는 租賦를 중앙으로 운송하는 것인데 이것은 고려 초기에 지방세력이 중앙정부의 통제를 받은 일면으로 파악하여도 좋다.64) 그러나 이러한 사정은 고려가 성립된 이후 새삼스럽게 중앙정부의 통제를 받는 것으로 이해되기보다는 신라시대 이래로 내려오는 조부징수 및 운반이 그대로 답습되었을 것이라 생각하는 것이 자연스럽지 않을까 한다. 따라서 지방세력자는 자기들에게 주어진 이와 같은 임무를 새삼스러운 통제나 혹은 새롭게 부과된 부담이라 생각하지는 않았을 것이다. 그들은 오히려 당연한 것으로 이해하였을 것이고, 이 과정에서 이것을 수행하는 향호들의 지방관화가 자연스럽게 이루어졌다고 할 수 있다.65)

이들 금유·조장이나 전운사의 설치시기에 대해서 하현강 교수는 광종 때 州縣歲貢의 액을66) 정한 것과 관련하여 광종 초에 설치된 것이 아닌가 하는 견해를 밝힌 바 있다.67) 금유·조장이나 전운시기 '국초에 있었다'(國初有之)라는 애매한 기록을 남기고 있어 이의 설치시기를 구체적으로 밝힐 자료는 없지만 대개 다음과 같이 생각할 수는 있을 것 같다. 조부의 징수 및 운반이란 때를 가리지 않고 항상 필요한 것이었던 만큼 고려의 성립과 함께 있었을 것이라 이해된다는 것이다. 즉 지방에 일정한 지배기구를 갖추기 이전에 기존

---

63) 변태섭, 앞의 「고려전기의 외관제」, 120쪽 참조.
64) 김두진, 「고려 광종대의 전제왕권과 호족」(『한국학보』 15, 1979), 50쪽에서 "고려초의 외직으로서 금유와 조장 외에 전운사가 있었다. 전운사는 징수된 공물의 운반을 담당했을 것이다. 조장과 전운사가 비슷한 종류의 일을 나누어 맡고 있는 것으로 보아 이들이 지방에 파견되어 수행하는 공무가 세분화되었음을 알 수 있다. 麗初에 이름을 달리하는 세 종류의 외직이 있었다는 것은 그만큼 중앙의 지방지배가 다양화되었음을 의미한다"고 하였다. 그러나 실제로 이와 같은 외관의 파견이 있었는지는 의문이다.
65) 국초에 있었던 전운사가 현종20년에 혁파되고 있는 것은 고려의 지방제도가 일단락된 시기였다는 점에서 의미를 갖는다. 즉, 지방세력의 통제에 대한 자신감 속에서 취해진 조처들이라 생각되기 때문이다.
66) 命元甫式會·元尹信康 等 定州縣歲貢之額(『高麗史』 권78, 食貨志, 田制).
67) 하현강, 앞의 「고려전기의 지방통치」, 10쪽 참조.

의 지배체제로서 조부징수에 관한 대책을 마련할 수도 있지 않았을까 하는 생각이다. 다음 기록은 그 가능성을 뒷받침하는 것이다.

> 有司에게 일러 말하기를 泰封主가 백성을 마음대로 하여 옛 제도를 따르지 아니하고 1頃의 전에 조세가 6碩이요, 管驛의 집에 絲 3束을 부과하여 백성들로 하여금 본업을 버리고 떠돌게 하였다. 지금부터 조세와 征賦는 옛 법을 따라야 한다라고 하였다(『高麗史』권78, 食貨志 田制 租稅).

태조 원년 7월에 유사에게 '泰封主(궁예)가 백성을 마음대로 하여 가렴주구를 일삼고 옛 제도를 따르지 않으며 1경의 전에 조세가 6석이요, 관역의 집에 絲 3속을 부과하여 드디어 백성이 유망하는 사람이 많았음을 지적하고 조세와 정부는 마땅히 옛 제도를 따르라'고 지시하고 있다. 여기에 보이는 舊制 혹은 구법이란 말할 것도 없이 신라시대의 제도를 뜻하는 것이다. 그리고 태조는 즉위와 동시에 곧 조부징수에 착안하여 그와 같은 명령을 내렸던 것이다. 그렇다면 조부징수 및 운반의 업무는 모두 질서있고 순조롭게 전국에 걸쳐 행해졌다고 볼 수는 없을까? 따라서 이들의 설치는 '국초'라는 막연한 시기에서 "太祖以來"라는 좀더 구체적인 시기로 파악될 수 있을 것 같다.[68]

---

68) 이를 좀더 추론해 보면 고려가 후삼국을 통일하였다고 해서 새로운 의미의 지방통제나 조부의 징수가 행해졌다고 할 수 없을 것이다. 왜냐하면 당시와 같은 상황하에서 정권의 교체는 중앙에서 이루어진 것이고 그것이 지방에 영향하기까지는 상당히 오랜 시간이 소요될 것이기 때문에 새로운 정부가 수립된 후 곧 조세의 징수에 관심을 기울인다는 것은 의례적인 것일 뿐, 지방 그 자체로서는 커다란 변화를 의식하지 못할 것이라는 점에서이다. 즉 중앙정부의 정권교체로 인하여 조세징수가 중단되었다가 중앙정부의 통제로 다시 지속되는 것은 아니었을 것이라는 말이다. 따라서 今有·租藏·轉運使 등과 같이 국초에 보이는 外職은 羅末 이래 설치되었던 것이 그대로 답습되다가 중앙의 집권화가 이루어지는 성종때 혁파되고 새로운 지배체제에 의한 지방관의 파견을 보게 된 것이라 하겠다.

2. 光宗代의 豪族政策

1) 勳臣宿將의 除去

광종은 호족세력을 제거하기 위하여 일련의 개혁을 단행한 인물로서 이 시기는 고려의 정치·사회적인 면에서 커다란 변혁기에 해당한다고 할 수 있다. 특히 광종7년 奴婢按檢法의 실시를 비롯하여 9년의 後周 귀화인 雙冀의 등장과 과거제의 실시 그리고 11년의 百官 公服제정 등과 같은 개혁은 전제왕권의 확립을 위한 기초작업이었다. 그리고 그러한 작업이 개국공신 계열의 훈구대신이나 호족세력을 약화시키는 결과를 가져 왔다 함은 이미 널리 검토된 바 있다.[1] 이러한 개혁의 결과 고려사회는 왕을 중심으로 하는 전제왕권이

---

1) 김용덕, 「고려광종조의 과거제도문제」, (『중앙대논문집』 4, 1959).
　　김철준, 「최승로의 시무28조」,(『조명기박사화갑기념불교사학논총』, 1965 및 『한국고대사회연구』, 1975).
　　이기백, 「신라통일기 및 고려초기의 유교적 정치이념」, (『대동문화연구』 6·7합집, 1970 및 『신라시대의 국가불교와 유교』, 1978).
　　이태신, 「고려 幸府의 성립」, (『역사학보』 56, 1972).
　　박창희, 「고려시대 관료제에 대한 고찰」, (『역사학보』 58, 1973).
　　강희웅, 「고려초 과거제의 도입에 관한 소고」,(『한국의 전통과 변천』, 1973).
　　이기백, 「고려귀족사회의 형성」, (『한국사』 4, 1974).
　　하현강, 「호족과 왕권」, (『한국사』 4, 1974).
　　이기백, 「귀족적 정치기구의 성립」, (『한국사』 5, 1975).
　　하현강, 「고려초기 최승로의 정치사상연구」, (『이대사원』 12, 1975).
　　김두진, 「고려광종대의 전제왕권과 호족」, (『한국학보』 15, 1979).

성립되고 이에 걸맞는 새로운 정치세력이 등장하게 되었다. 특히 광종11년은 그 동안 추진되어 온 왕권강화정책을 결산하는 중요한 시기였다고 할 수 있다. 이 해에 새로운 왕권강화정책에 불만을 품은 많은 훈구대신이나 호족세력이 축출, 숙청되기 시작한 것이다.[2] 이와 아울러 호족들의 군사력을 약화시키고 왕권을 뒷받침할 만한 새로운 제도적 조처가 마련되기도 하였다. 즉 광종 11년에 행해진 군부의 개혁은 호족세력에 대한 탄압과 숙청을 목적으로 하였다고 할 수 있다. 즉 건국이래 병권 장악의 최고기관으로서 유공호족들의 아성이었을 徇軍部가 군부로 개편되었고 侍衛軍인 內軍이 왕권강화를 뒷받침하는 掌衛部로 바뀌었으며 物藏省이 寶泉으로 바뀌어져 왕성시위군졸의 증가에 따른 군수를 담당한 것과 같은 것은 모두 왕권강화와 밀접한 관련을 맺는 것이었다.[3] 뿐만 아니라 개경을 皇都로 칭하고 西京을 西都라 칭하여 왕권안정에 대한 자신감을 대내외에 표명하기도 하였다.[4]

이러한 과정에서 구세력은 크게 그들의 세력기반을 잃었을 터인즉 중앙호족이 제거되는 몇 가지 사례를 살펴보고 동시에 그 자리를 메꾸어간 계층이 어떤 계층이었나를 살펴봄으로써 광종대의 지방통치가 어떠한 양상으로 전개되었는가를 이해하게 되리라 믿는다.

먼저 광종의 개혁이 추진되는 과정에서 제거된 사람들을 살펴보도록 하자.

---

2) 하현강, 앞의 「호족과 왕권」, 132쪽에서 광종대를 세 시기로 구분하였다. 제1기는 광종 즉위년에서 7년까지, 제2기는 7년에서 11년까지, 제3기는 11년에서 26년까지로 나누었다. 이 중에서 제2기인 7년〜11년 사이에 호족세력에 대한 철저한 탄압과 왕권의 강화에 필요한 제도적인 조치를 취하였다고 하였다.

3) 이기백, 「고려경군고」,(『고려병제사연구』, 일조각, 1968), 61쪽 및 김두진, 앞의 「고려 광종대의 전제왕권과 호족」, 69〜70쪽, 이태진, 앞의 「고려 재부의 성립」 13쪽 등 참조.

4) 하현강, 앞의 「호족과 왕권」, 142쪽에서 "개경으로서 황도로 삼고 서경으로 서도를 삼았는데, 광종이 개경은 황도 즉 황제의 수도라고 명명한데서 광종의 자부심을 엿볼 수 있다"고 하였다. 여기에서 광종의 자부심이란 물론 왕권강화에 대한 자신감을 일컫는다고 하겠다.

評農書史 權信이 참소하기를 大相 준홍, 佐丞 왕동 등이 역모를 꾸민다
고 하였기 때문에 이들을 내쫓았다. 이때부터 아첨하는 자들이 득세하여
충성심 있고 현량한 사람들을 모함하였으며 노비가 제 주인을 고소하고,
아들이 제 아비를 참소하여 감옥이 항상 가득 차게 되었다. 이리하여 따로
임시 감옥까지 설치하였다. 죄 없이 잡혀가는 자가 계속 생겨나고 시기하
는 버릇이 날로 심해졌다. 왕실의 일족들도 많이 잡혀 죽었고 왕의 외아들
伷까지도 역시 의심을 받아 왕에게 가까이 가지 못하게 되니 모든 사람들
이 두려워하여 감히 마주 앉아서 이야기도 하지 못하였다(『高麗史』권2
光宗11년).

평농서사 권신이 大相 준홍과 佐丞 왕동 등이 역모했다고 참소함에 광종이
이들을 貶黜시켰다는 것이다. 이 사건을 계기로 많은 충량한 사람이 참소를
입어 죄 없이 귀양가고 죽음을 당하는 자가 끊임없이 이어졌다고 한다. 여기
보이는 대상 준홍이나 좌승 왕동 등은 각기 4품과 3품에 해당하는 관계를 가
진 사람들로서[5] 당시 상당한 실력자였을 것이라는 점은 이미 여러 곳에서 지
적된 바 있다.[6] 준홍과 왕동 등이 제거된 후 희생된 사람은 너무도 많아 따로
임시옥사를 설치할 정도였다고 하니 그 숙청의 정도가 어떠했는지 짐작하기

---

5) 고려초의 官階를 『高麗史』권75, 選擧志3, 鄕職條에 의거 도표화하면,

品階	순	官階	品階	순	官階
1품	1	三重大匡	5품	9	正甫
1품	2	重大匡	6품	10	元尹
2품	3	大匡	6품	11	佐尹
2품	4	正匡	7품	12	正朝
3품	5	大丞	7품	13	正位
3품	6	佐丞	8품	14	甫尹
4품	7	大相	9품	15	軍尹
4품	8	元甫	9품	16	中尹

그러나 官職의 高低가 반드시 官階의 上下와 일치하지는 않는다.
6) 하현강, 앞의 「호족과 왕권」, 144쪽 및 이기백, 앞의 「고려귀족사회의 형성」,
152～154쪽.
김당택, 「최승로의 상서문에 보이는 광종대의 '後生'과 경종원년 전시과」,
(『고려광종연구』, 일조각, 1982), 65～69쪽.

는 어렵지 않다. 또한,

> 박수경 평주 사람이다. …… 광종15년에 아들 좌승 承位와 承景, 才相 承禮 등이 참소를 당하여 하옥되자 수경이 근심하다가 죽었다(『高麗史』 권92, 朴守卿傳).

이라는 기사는 태조이래 패서지방에 상당한 세력을 확보하고 중앙귀족으로서 활약하던 박수경의 三子가 모두 참소를 입고 하옥됨으로서 박수경이 울화로 세상을 떠났다는 것인데, 이 또한 광종의 왕권강화에 따른 호족의 억압책에서 기인하였음은 두말 할 나위도 없다. 그런데 이 때 박수경 家의 참화는 어떤 이유가 원인이 되었을까? 광종15년이면 호족에 대한 숙청작업이 일단 고개를 숙인 때라고 생각된다. 그런데 왜 麗初이래, 그리고 광종 자신이 우대하였던[7] 박수경 가에 이와 같은 숙청이 가해졌을까? 그것은 아마도 다음과 같은 것에 연유한 것이 아닐까 한다. 즉 광종에 의한 호족억압정책에 대한 박수경 가의 불만의 토로이다. 그것은 광종이 14년 내린 조서에서

> 오랫동안 離宮에 있으면서 백관이 일을 아뢰는 것을 친히 듣지 않는 것이 많으니, 여러 사람의 마음이 혹시 의심하고 막힘이 있을까 염려한다. 이제는 궁궐의 수리가 끝났으므로 정사를 들을 곳이 있으니 모든 백관들은 각기 자기의 일을 조심하여 그 전대로 나와서 아뢰도록 하라. 물고기와 물과의 관계처럼 군신이 즐거움을 같이 하여 서로 막힘이 없도록 하라 (『高麗史節要』 권2, 光宗14년)

라고 하였다. 이 조서는 광종이 그의 5촌인 王育의 私第로 移御했다가[8] 환궁하며 내린 것이다. 이에 의하면 군신이 함께 즐겨 군신간에 막힘이 없어야

---

7) 秋八月命大匡朴守卿等攷定國初有功役者賜四役者米二十五碩三役者二十碩二役者十五碩一役者十二碩以爲例食(『高麗史』 권2 光宗).
8) 是歲 置修營宮闕都監 移御正匡 王育第(『高麗史』 권2 광종12)라 하였는데 이때의 移宮은 공신숙청으로 인한 잡음을 피하기 위한 것이었다 한다.

한다고 하였다. 이것은 바꾸어 말하면 그 동안에는 言路가 막혀 있었음을 의미하는 것이다. 광종 12년, 王育家로의 移御가 호족의 거센 반발로부터 광종 자신을 지키기 위해 취해졌다고 하는 견해9)에 접하면 더욱 그렇다. 즉 평주 박씨계열은 광종의 과감한 숙청 이후 쌓인 불만을 터뜨림으로써 간신히 면한 숙청의 와중에 다시 끼어 들게 된 것으로 보인다. 말하자면 광종의 왕권강화 정책에 거센 반발을 보인 대표적인 호족인 것이다.

한편, 태조이래 중용되어 온 崔知夢도 같은 경우라고 생각된다.

> 일찍이 광종을 따라 귀법사에 갔다가 술에 취하여 예를 잃은 죄로 강등되어 隈傑縣에 가서 11년이나 있다가 경종5년에 소환되어 大匡內議令에 제수되었다(『高麗史』 권92, 崔知夢傳).

이는 태조의 개국공신이며 경종의 배향공신10)인 최지몽이 광종21년 광종을 따라 귀법사에 갔다가 득죄하여 폄출되었다는 사실을 적은 것이다. 그가 어떠한 내용으로 죄를 얻었는지 그것을 구체적으로 알 수는 없지만 이도 역시 광종의 개혁에 관련된 이야기를 하였다가 광종의 노여움을 사게 된 것이라 보인다.11)

이들 有力 호족 및 대신 뿐만 아니라 골육과 종실에 대해서도 광종은 왕권강화에 장해요소가 된다고 생각하면 과감히 제거하였던 것 같다.

이 두 임금은 모두 다 아들이 하나밖에 없었는데 그들의 생명마저 보전

---

9) 강희웅, 앞의 「고려초 과거제도의 도입에 대한 소고」, 84쪽.
  김두진, 앞의 「고려 광종대의 전제왕권과 호족」, 71쪽.
  김용선, 「광종의 개혁과 귀법사」, (『고려 광종연구』, 일조각, 1982) 96쪽 참조.
10) 이기백, 앞의 「고려귀족사회의 형성」, 156쪽 참조.
11) 김용선, 앞의 「광종의 개혁과 귀법사」, 100쪽에서 "그가 得罪하여 貶黜되었다는 사실은 곧 그가 훈신숙장의 계열로서 광종의 귀법사를 통한 사회적 지지 세력의 확대기도를 반대했다는 것을 말해 주는 것은 아닐까 한다"라고 하였다.

하지 못하게 하였으니 이는 비단 그 은덕을 보답하지 않았을 뿐만 아니라
오히려 깊은 원한을 맺은 것입니다(『高麗史』 권93, 崔承老傳).

여기서 말하는 兩朝란 혜종·정종을 의미하는 것은 물론이다. 그 양조의
오직 하나밖에 없는 아들이 그 생명을 온전히 보존하지 못하였다는 것은 광
종의 숙청이 얼마나 철저하였는가를 짐작케 하는 대목이다. 그 이유는 다음
기록에 보면 이해되리라 믿는다.

孝隱太子는 그 이름이 전하지 않는다. 혹은 東陽君이라도 불렀는데 성격
이 난폭하였으며 작당하여 반역을 꾸미려는 뜻을 품고 있었으므로 광종이
사약을 내렸다. 그의 아들 琳과 禎은 孝隱이 자결할 때 어렸기 때문에 죽
음을 면하여 도망칠 수 있었다(『高麗史』 권90, 宗室).

여기 보이는 孝隱태자는 태조의 25아들 가운데 한 사람으로 광종의 異母弟
이다. 그가 성품이 험루하고 군소배들과 서로 친하게 지내면서 다른 뜻을 품
었으므로 그를 죽였다는 것이다. 따라서 위의 혜종·정종의 아들이 그 성명
을 온전히 보존하지 못한 것도 효은태자의 경우와 비슷하리라 생각할 수 있
다. 위의 기록들을 정리해 보면 광종에 의해 숙청된 사람들은 건국초기의 호
족이나 혹은 훈구대신 계열, 그리고 종실세력이었다. 그러나 이것은 표면에
나타나는 분류이고 실제 숙청의 목적은 그들을 지지하고 배경세력이 되어 주
는 호족세력의 제거에 있었다고 하겠다. 왜냐하면 이들의 제거는 어느 한 개
인의 제거에 머무른 것이 아니라 그들과 연결되어 있는 모든 세력의 제거를
의미하기 때문이다. 광종대 숙청의 열풍이 얼마나 강하게 불었는가는 다음 기
록에 의해 확인될 수 있다.

혜종·정종·광종 세 왕이 왕위를 계승하는 초기는 모든 일이 안정되
지 못한 시기였으며, 兩京의 문무관리들의 반수는 이미 살육되었습니다.
더욱이 광종말년에 세상이 소란스럽고 참소가 일어나게 되니 무릇 형벌
받는 사람들의 다수가 죄 없는 사람들이었습니다. 역대로 공훈을 세운 신

하와 오랜 장수들이 모두 다 죽음을 면하지 못하여 경종이 즉위하신 때 옛 신하로 생존한 사람이 40여명뿐이었습니다(『高麗史』 권93, 崔承老傳).

이에 의하면 혜종·정종·광종 3대의 초기에는 백사가 편치 못하여 개경과 서경의 문무관이 반 이상이나 살상되었고 더욱이 광종말년에는 세상이 어지럽고 형장이 잇달아서 歷世 훈신숙장이 죽음을 면치 못했던 바 경종대에 살아 남은 舊臣은 겨우 40여 명밖에 되지 않았다는 것이다. 물론 이 때의 40명이란 숫자가 어느 정도 정확한지는 알 수 없다. 그렇더라도 태조 삼한공신이 3,200명이었다는 기록에 접하고 보면[12] 광종 때의 문무관도 이 숫자보다 적지는 않았을 것이라 생각된다. 그러므로 위의 40이란 숫자는 살륙의 정도가 상당히 심각했음을 드러내 주는 것이라 하겠다.[13] 그렇다면 광종 때 행해진 공신숙장의 제거는 주로 어느 지역 출신자를 대상으로 해서 행해졌을까? 그것을 구체적으로 밝힐 수는 없지만 우선 兩京지역을 중심으로 한 근기지방이었을 것이라는 짐을 밝히기는 어렵지 않다. 우리는 위의 사료를 통해 양경의 문무관이 반 이상이나 살상되었다는 점을 알 수 있었다. 양경은 물론 개경과 서경을 일컫는다. 이 중 서경세력이 대두하는 시기는 잘 알려진 바와 같이 西京鎭將 王式廉과 제휴한 정종의 등장시기와 일치한다.[14] 혜종 때는 왕위계승을 둘러싸고 극렬한 대립을 보이기는 하였지만 양경의 문무관을 살상할 여유를 갖지 못했다. 그렇다면 그 가능성은 정종·광종대가 될 수밖에 없다. 이 두 왕대는 왕위계승을 둘러싼 갈등이 없었는데도 兩京의 문무관이 많이 제거되고 있다. 거기에는 그럴만한 이유가 있을 것이다. 여기서 우리는 정종의 즉위와 왕식렴과의 관계, 그리고 정종에 의해 추진된 서경천도계획에 눈을 돌릴

---

12) 有司請追贈太祖功臣大匡千明等三千二百人次等職從之(『高麗史』 권7 文宗8년 12월).

13) 이기백, 앞의 「고려귀족사회의 형성」, 153쪽 참조.

14) 강희웅, 「고려 혜종조 왕위계승난의 신해석」,(『한국학보』 7, 1977), 85～86쪽. 하현강, 앞의 「호족과 왕권」, 107쪽. 이종욱, 「고려초 940년대의 왕위계승전과 그 정치적 성격」, (『고려광종연구』, 1982), 26～29쪽 참조.

필요가 있다. 정종의 서경천도계획은 단순히 도읍을 옮긴다는 선에서만 이해
될 수 없다. 그것은 서경세력과 제휴한 정종이 서경을 중심으로 하여 왕권강
화를 추진하려는 노력을 기울였다는 측면에서 이해되어야 할 것이다. 즉 정종
은 서경세력에 의해 옹립된 바 있으므로 그 재위 동안은 서경세력이 개경세
력을 능가하였고 그러한 상황 속에서 개경의 문무관이 많이 살상되었다고 볼
수 있다. 그 대표적인 인물이 朴述熙요 또 王規라 짐작된다.[15] 정종과 王式廉
에 의해 개경세력이 일단 꺾이기는 하였지만 아직도 그 세력에 대한 불안은
여전히 남아 있었다. 여기에서 우리는 정종이 서경천도를 서두른 이유를 찾을
수 있다고 본다.

　그러나 그의 內禪에 의해 왕위에 오른 그의 同母弟 광종대에 와서는 서경
천도계획은 좌절되고 말았다. 그리고 이후 서경세력은 크게 대두되지 못하였
다.[16] 이것은 곧 서경세력의 실각을 의미한다. 말하자면 兩京세력 중 서경계
열이 제거된 것이다. 따라서 최승로의 상서문에 보이는 兩京문무관 살상자 가
운데 서경세력은 광종 때 많은 희생을 보았다고 하겠다. 뿐만 아니라, 서경세
력을 겨냥한 광종의 숙청은 시간의 흐름에도 불구하고 늦추어지지 않았던 것
같다. 광종15년에 제거된 평주지역의 박수경 家를 볼 때 더욱 그러하다. 박수
경은 건국초기에 평산지방을 근거로 한 유공호족으로서 그 가문에서 태조의
妃가 셋이나 배출되었음은 잘 알려진 바와 같다.[17] 그러한 가문이 광종대에
와서 참소를 입고 몰락하고 만 것이다. 당당한 중앙귀족으로서 자리를 굳혔으

---

15) 하현강, 앞의 「호족과 왕권」에서 "정종이 왕식렴 사후 벼락에 크게 놀라 불치
　　의 병에 든 것은 평소에 어떤 죄의식에 사로잡혀 있었던 것일 것이라 하고,
　　그것은 변칙적인 왕위계승과 많은 살상에 자책감을 갖고 있었기 때문이 아닌
　　가"하였다(128쪽 참조). 즉 재위 4년 동안 이렇게 자책감으로 병을 얻을 만한
　　이유는 개경 문무관에 대한 살상이었을 것이다.
16) 하현강, 「고려시대의 서경」, (『고려지방제도의 연구』, 한국연구원), 157～158
　　쪽 참조.
17) 이 책 제1장 제2절 호족세력의 동향 참조. 왕건의 비빈 중에는 박지윤의 딸,
　　박수경의 딸, 박수문의 딸이 있다. 이들 수경, 수문 형제는 왕건에게 크게 협
　　력한 평산지방의 호족으로서 당시 으뜸가는 명문가로 꼽혔다(이수건, 「고려
　　전기 지배세력과 토성」, 『한국중세사회사연구』, 156쪽).

리라 짐작되는 박수경 家의 몰락은 일찍이 지역적인 이해관계를 갖고 서경의
왕식렴과 제휴했다는 것도 이유가 된다고 한다.[18] 말하자면 훈신숙장계열의
박수경 家는 서경세력과 연결된 호족이었다는 것이 숙청의 이유로 드러난 것
이라 하겠다. 이에 의해 광종의 호족억압정책은 서경세력은 물론 서경방면의
다른 세력, 즉 舊신라의 변경중심지인 평산지역(패강진)의 세력까지도 제거함
으로서 왕권강화에 더욱 박차를 가하였다는 것을 알 수 있다.

그러므로 광종대에 제거된 세력은 건국초기의 호족이나 혹은 훈구대신계
열 그리고 종실세력이었다고 하겠다. 이들의 제거는 어떤 일개인의 제거가 아
니고 그들과 연결되어 있는 모든 세력의 제거를 의미한다는 데에 의의가 있
다. 그리고 지역적으로는 서경세력 및 서경세력과 연결된 세력으로서의 舊신
라의 변경 중심지인 평산지역도 포함되어 있었다. 이러한 것으로 보면 광종대
는 태조대에 우대되었던 지역에 대한 전면적인 숙청이 단행되었다고 할 수
있겠다.

2) 새로운 豪族政策의 摸索

이제 광종대를 주도해 간 정치세력이 어떠한 계층이었나를 살펴볼 차례이
다. 그것은 광종대에 추대된 호족정책의 변화를 살펴보는 작업이 될 것이기
때문이다.

우선 광종대의 개혁정치에 크게 비판적이었던 최승로의 다음 기록을 주목
해 보도록 하자.

> 雙冀를 등용한 후부터 문사를 존중하고 대우하는 것이 지나치게 豊厚하
> 였습니다. 이런 까닭에 재주없는 자가 부당하게 등용되고 차례도 없이 벼
> 슬이 뛰어 올라 1년이 못되어도 문득 재상이 되곤 하였습니다. 이런 일을

---

18) 강희웅, 앞의 「고려 혜종조 왕위계승난의 신해석」에서 "평산의 박수문, 수경
　　형제는 지역적인 이해관계를 갖고 왕식렴과 제휴, 정종을 지지했다"고 하였
　　다. 85～86쪽 참조.

즐기는 반면 정사를 게을리 하여 군국 대사가 막히기만 하고 열리지 못하
였으며 먹고 마시는 잔치가 끊이지 않았습니다. 이리하여 남북의 용렬한
자들이 서로 다투며 찾아와서 의탁하였는데 그들의 지혜와 재능이 있고
없는 것을 논하지 않고 일률적으로 특별한 은총과 대우를 해 주었습니다.
때문에 후생들은 앞을 다투어 등용되나 德望있는 구신들은 점점 쇠락하였
습니다. 비록 중국의 교화는 존중한다고 하나 중화의 좋은 법은 섭취하지
않았으며 비록 중국의 선비들은 대우하여도 중국의 현명한 인재는 쓰지
못하였습니다(『高麗史』 권93, 崔承老傳).

　이것은 최승로의 五朝政績評 중 광종에 관한 부분이다. 이에 의하면 雙冀
이래 문사들에 대한 恩禮가 지나치게 풍성하였기 때문에 非才가 濫進하고 南
北庸人[19]이 다투어 依投하여 후생이 爭進하였다고 한다. 여기 보이는 '후생'이
곧 새로이 등장한 정치세력일 것이라는 점은 알려진 바와 같다.[20] 그러면 이
들 '후생'은 어떤 경로를 밟아 중앙관계에 진출하게 되었을까? 그 하나는 과거
를 통하여 등용된 경우이고 또 다른 하나는 雙冀 등을 비롯한 귀화중국인들의
경우였을 것이다.
　이제 과거를 통해 새롭게 등장하는 인물을 분석함으로써 다음 <표 3> 大豪
族 및 개국공신계열이 숙청된 이후에 이를 대체한 정치세력이 어떠한 계층이
었는가를 이해하게 될 것이라 믿는다. 물론 과거급제자들이 모두 광종의 개혁
에 깊숙이 관련된 인물이라고는 할 수 없다. 그렇더라도 이들이 과거라는 관
문을 통하여 신진관료가 된 사실은 부인할 수 없다.
　광종대의 과거합격자는 8차에 걸쳐 뽑힌 39인 가운데 進士科 27명, 明經科

---

19) 南北庸人 에 대한 해석은 여러 가지가 있다. 먼저 후백제와 발해계통의 인물
　　로 보는 견해(이기백, 앞의 「신라 통일기 및 고려초기의 유교적 정치이념」)가
　　있고, 중국출신의 귀화인으로 보는 견해(하현강, 앞의 「고려초기 최승로의
　　정치사상연구」 및 이기동, 「나말여초 근시기구와 문한기구의 확장─ 중세적
　　측근정치의 지향─ 」, 『역사학보』 77, 1978)가 있다. 전자의 의견이 보다 설득
　　력을 갖는 것이 아닌가 생각된다.
20) 김두진, 앞의 「고려 광종대의 전제왕권과 호족」, 53쪽, 강희웅, 앞의 「고려초
　　과거제도의 도입에 관한 소고」, 79~80쪽.

<표 3> 광종대 과거급제자 일람표

進士科 及第者 姓 名	及第 年月	出身地	歷任 官職	知貢擧	備考 (各科 及第者 數)				計
					進士	明經	卜業	醫業	
崔 暹	9.5	靈光(경주?)	成宗12 : 翰林學士, 成宗15:知貢擧	雙 冀	2	3	2	3	7
晉 兢	9.5	南原	光文院少監	雙 冀					
崔光範	11.3	(慶州?)		雙 冀	7	1			11
徐 熙	11.3	利川	光宗:廣評員外郎, 內議侍郎, 成宗:太侍 內史 令	雙 冀					
王 擧	12.4	?		雙 冀	7	1			8
金 策	15.3	光陽	左僕射 翰林學士	趙 翌	1	1	1		3
崔居業	17.?	博川		王 融	2				2
楊 演	23.?	?		王 融	4				4
柳邦憲	23.?	全州	成宗:爲禮部侍郎, 穆宗:門下侍郎平章事	王 融					
白思柔	24.2		成宗10:翰林學士, 成宗14:知貢擧	王 融	2				2
韓藺卿	?5.3	楊州	成宗8:侍郎, 穆宗10:平章事	王 融	2				2
崔 亮	?.?	慶州	光宗:攻文博士, 成宗師友, 成宗:內史侍郎兼 民官御史 同內史門下平章事監修國史						
田拱之	?.?	靈光	顯宗:刑部侍郎 中樞院副使 吏部侍郎						
計					27	6	3	3	39

6명, 醫·卜業科 각 3명으로 진사과 합격자가 월등하게 많다. 이들 중 이름을 알 수 있는 사람은 진사과 13명으로 전체의 ⅓에 해당하며 진사과만을 기준으로 할 때는 반에도 미치지 못한다. 그렇더라도 이들을 통하여 새로운 관료층으로 성장하는 정치세력의 실체를 파악해 볼 수는 있지 않을까 한다.

이름이 알려진 진사과 합격자 13명 중에서도 다음 인물들은 각기 지방에 세력기반을 가진 대표적인 인물들이다.

광종9년 제1차 과거시험에 합격한 崔暹은 광종대의 활약상은 보이지 않고 성종12년에 와서야 한림학사, 동15년에 지공거를 역임한 사실이 보일 뿐이다.[21) 그의 출신지가 어디인지 분명히 밝혀 줄 기록은 없지만 그의 제자이며 사위로서 성종대에 등제한 金審言이 영광현 사람인 점으로 보아 그도 영광과 가까운 어느 지역 출신이 아닐까 생각된다.[22] 그렇다면 그는 후백제계 인물로서 그 기반을 배경으로 광종의 개혁정치에 참여한 인물로 보아 좋을 것이다.

晉兢의 경우는 그의 후손인 晉光仁의 墓誌[23]에 의거하면 南原 출신이다. 진긍은 남원토성으로서 광종 때에 급제하여 상경종사하는 것으로부터 중앙에의 진출이 비롯되었다. 그의 조부는 신라의 舊臣으로서 오랫동안 고려에 불복하였고 이러한 이유로 麗初에 낙향하였다가 광종 때 중앙에 복귀한 세력이라 할 수 있다.[24] 따라서 진긍은 남원을 세력기반으로 하는 호족으로서 광종조에 중앙관료화한 세력이라 하겠다.

徐熙는 利川 지방의 호족출신이며 개국공신으로서 광종대에 크게 활약한 徐弼의 아들이다. 서필은 잘 알려진 바와 같이[25] 처음에는 刀筆로 출사하여

---

21) 『高麗史』 권73, 選擧志1, 科目.
22) 그가 최씨였다는 사실로 인해서 신라 귀족출신으로 보는 견해도 있지만(강희웅, 앞의 「고려초 과거제도의 도입에 관한 소고」, 92쪽 및 이기백, 앞의 「고려귀족사회의 형성」, 168쪽, 박창희, 앞의 「고려시대 관료제에 대한 고찰」, 41쪽), 한편 영광부근이었을 것이라는 견해도 있다(김당택, 앞의 논문, 50쪽). 그 이유로서는 "최지몽과 같은 인물이 최씨임에도 불구하고 영암출신이었음을 고려하면 최섬을 최씨라는 이유만으로 신라귀족 출신이라 보는데는 무리가 따른다"고 하였다. 필자 역시 崔暹이 金審言의 스승이자 장인인 점과 연결하여 김심언의 출신지와 가까운 지역출신으로 보는 것이 더 설득력 있다고 생각한다. 좀더 나아가 최씨가 영암군 토성 중 맨 처음으로 기록되고 있고, 또 최지몽이 영암출신인 것을 감안하면 오히려 영암출신일 가능성도 있다고 본다(『新增東國輿地勝覽 』, 영암군 성씨조).
23) 公之先赴 自帶方 高祖晉兢應鄕貢進士 擧於光宗朝顯德五年 擢甲第春官 位至光文院少監(이난영편, 『한국금석문추보』, 1968, 176쪽)
24) 강희웅, 앞의 「고려초 과거제도의 도입에 대한 소고」, 82쪽에서 杞溪兪氏族譜에 근거하여 위와 같이 서술하였다. 김두진 교수도 지적하였듯이 사료적 가치는 다소 떨어진다 하더라도 고려초에 왕실에 불복한 호족들을 충분히 상정할 수 있으며 또 논리의 전개에 무리가 없으므로 그에 따르기로 한다(김두진, 앞의 「고려 광종대의 전제왕권과 호족」, 58쪽 및 오성, 앞의 「고려 광종대의 과거합격자」, 34쪽 참조).
25) 『高麗史』 권93, 徐弼전.

결국 內議令에까지 오른 인물이다. 그의 그와 같은 출세배경은 지방에 확고한
근거를 가지고 있었다는 것으로 볼 수 있다. 즉,

처음에 필의 아버지 神逸이 교외에 거주할 때 일이다. 어떤 사슴이 달아
나다 의지함에 신일이 그 화살을 뽑아주고 숨겨주니 사냥꾼이 와서 잡지
못하고 돌아갔다. 꿈에 어떤 신이 감사를 하며 말하기를 그 사슴은 나의
아들인데 당신 덕분에 죽지 않았으니 마땅히 당신의 자손이 대대로 卿相
이 되게 해주겠다고 하였다. 신일의 나이 팔십에 필을 낳았다(『高麗史』 권
94, 徐熙附 徐訥傳).

라는 기록은 그의 집안이 지방에 근거를 가지고 있었다는 것을 나타내는
것이다. 따라서 서필은 이천지방의 호족으로 보아 좋을 것이다. 더욱이 이천
지방에 徐穆이란 호족이 있어 왕건의 渡江을 도왔다는 기록에 접하면26) 서필
또한 이천지방의 호족일 것임이 분명하다.27) 서목이나 서필을 연결시킬 근거
를 갖지는 못했지만 그들의 근거지가 이천이고 같은 시기에 활약한 점으로
보아 모두 이천 서씨로 보아 무방할 듯 하기 때문이다. 이러한 기반을 갖고
광종대에 활약한 서필은 광종의 두터운 신임을 받았던 것으로 보인다. 그가
광종의 개혁정치에 깊이 관여한 '젊은 무리'나 중국 귀화인 등을 비난하고 元
甫式會 등 호족세력의 공을 두둔하는 등 광종에게 직언을 서슴치 않았음에도
그 생명을 보전할 수 있었던 것은 광종의 서필에 대한 두터운 신임 때문이었
다. 말하자면 서필은 광종의 개혁정치에 적극 참여한 이천지방 호족세력이었

---

26) 太祖南征 郡人徐穆 導之利涉 故賜號利川郡(『高麗史』 권56, 지리1, 양광도 이천
   군).
27) 김두진, 앞의 「고려 광종대의 전제왕권과 호족」, 73쪽 주 69) 에서 "같은 시기
   에 이 지방에 서목이란 호족이 있었다. 그는 왕건이 남정할 때 도강을 도운
   유공호족세력이다. 그가 서필과 연결되는지는 분명하지 않지만 그러나 같은
   지방에, 같은 시기에 살았던 것으로 미루어 인척으로 연결되는 사이로 추측
   해도 좋을 것이다. 말하자면 서필은 이천지방의 호족출신이었다고 생각된다"
   라고 하였다. 이수건 교수도 앞의 「고려전기 지배세력과 토성」, 172쪽에서
   같은 의견을 제시하였다.

다. 그의 아들 서희가 18세의 나이로 과거에 합격하여 廣評員外郞, 內議侍郞 등을 거쳐 성종 때에는 內史令에 이르렀으니 이들 서씨 일가는 단단한 호족세력을 기반으로 중앙관료화한 대표적인 경우라 하겠다.

金策 또한 나주·光陽縣의 출신으로[28] 광종의 4차 과거시험을 통해 중앙에 진출한 인물이다. 그가 과거를 통해 중앙에 진출할 수 있었던 것은, 비록 유공호족은 아니라 할지라도 지방에 충분한 세력기반을 가지고 있었기 때문일 것이다. 왜냐하면 이 시기에 과거에 응시하기 위해서는 적어도 어느 정도의 사회·경제적 위치를 점유한 사람이어야 가능했기 때문이다. 그의 출신지역이 후백제지역인 것으로 보아 유공호족이 아니었을 것이지만[29] 그렇더라도 지방에 든든한 세력기반을 가졌을 것임에 틀림없다. 말하자면 김책은 광양현의 호족으로서 광종의 개혁정치에 적극 참여한 후백제계 인물이라 할 수 있으며 토성분정시 광양을 기반으로 한 광양김씨가 되었다고 보인다.[30] 그가 등제하던 광종15년은 과거제에 時務策이 추가 실시된 해이다. 그가 광종으로부터 친히 공복을 하사받고 赴宴케 한 사실로 미루어 보아[31] 그가 제시한 시무책이 광종의 개혁의지에 부합되었다는 것을 의미하는 것으로 보아도 좋을 것 같다. 어떻든 김책은 광양을 기반으로 한 호족으로서 광종의 개혁에 적극 참여한 인물임에 틀림없다.

광종23년에 과거에 급제한 柳邦憲은 광종대보다 오히려 성종대에 크게 활약한 인물이지만 광종의 對호족정책을 살펴보는 데는 지장이 없을 것이다. 유방헌의 선대는 전주지방의 세력자로서 그의 증조는 신라말에 흔히 지방호족

---

28) 이난영 편, 『한국금석문추보』, 金義元墓誌銘, 133쪽 참조.

29) 김책이 급제했던 광종15년은 과거제에 변화가 오던 시기이고 또 훈신세력에 대한 유화책을 펴나가던 시대이므로 김책이 훈신계통의 인물이 아닌가 보는 견해도 있다(강희웅, 앞의 「고려초 과거제도의 도입에 관한 소고」, 85~86쪽 참조).

30) 진긍의 경우와 같이 南北庸人中南人, 즉 후백제 계통의 인물이 등용된 경우일 것이라는 견해는 설득력을 갖는다고 보인다(오성, 앞의 「고려광종대의 과거 합격자」, 36쪽).

31) 賜金策等及第 御天德殿 宴君臣 命策赴宴(『高麗史』 권2, 광종15년)

이 지녔던 각간이란 향직을 역임하였고 그의 조부는 후백제의 대장군을 역임하였다. 그의 아버지 柳潤謙은 검무·조장·대감 등을 역임하였으니 강력한 토착세력이었음은 의심할 여지가 없다.32) 그와 같은 세력기반을 가진 유방헌의 출사는 물론 과거라는 관문을 통하기는 했지만 결코 단순한 관계 진출만으로 생각할 수는 없다. 즉 전주호족 유방헌의 진출은 광종의 왕권전제화에 방해되는 훈신숙장 계열의 호족이 거세된 뒤 그 공백을 메우기 위한 또 다른 호족세력의 진출이었던 것이다.

지금까지 그 출신을 알 수 있었던 科擧及第者 이외에 광종11년에 급제한 崔光範, 12년의 王擧, 17년의 崔居業, 23년의 楊演, 24년의 白思柔 등에 대해서는 급제 사실 이외에 그들이 구체적으로 어떤 인물이며 출신기반이 어떠하였는가는 알 길이 없다.33) 그렇더라도 출신을 알 수 있는 사람의 경우 모두 지방에 세력을 가진 가문이었다는 점을 주목하면 이들도 해당지방에 세력기반을 가진 호족출신이라 보아 무리가 없을 것이다.

한편, 이들 과서급제자 이외에 광종대 개혁에 참여하여 중앙관이 된 다음과 같은 인물을 들 수 있다. 즉 湍州 (長湍) 출신 韓彦恭이다.

> 韓彦恭, 湍州 사람이다. 아버지 聰禮는 光祿少卿이었다. 언공의 성격이 명민하고 학문을 좋아하였다. 광종조에 나이 15세로 光文院 서생이 되었고, 얼마 지나지 않아 본원의 承事郞이 되었다가 內承旨로 전임되었다. 진사시험에 응시할 것을 청하여 수험하였으나 낙제하였으며, 누차 승진되어 內議承旨舍人이 되었다(『高麗史』권93, 韓彦恭傳).

한언공은 어렸을 때부터 학문을 좋아하여 15세때 광문원 서생이 되고 이어

서 광문원승사랑을 거쳐 內議承旨舍人을 지냈다. 한언공은 성종 때 더욱 출세하여 中樞院使參知政事를 지낸 바 있는데, 언공은 徐熙와 더불어 이 시대를 주도해 간 인물이었던 것 같다. 단주지방의 유일한 토성이기도 한 한언공은 과거출신자가 아니지만 이 지방 유력호족으로서 광종조에 출사하여 중앙관료가 된 대표적인 사람이다.

또한 광종대 등용된 인물 중에는 상당수의 侍衛軍이 있었다.[34] 이들의 출세도 지방세력과 무관하지는 않을 것이다.

우리조정의 시위군졸들은 태조 때에는 다만 궁성에서 숙위하는 일뿐이어서 그 수가 많지 않았고 광종 대에 와서 참소를 믿고 장군들과 재상들을 책벌하였으며 의혹하는 마음이 저절로 나서 군졸을 증원하되 주와 군에서 풍채 좋은 자들을 선발하여 入侍하게 하였으며 이들은 모두 다 궁중 주방에서 식사하였습니다. 당시 여론은 이것을 번잡하기만 하고 이로운 점이 없는 일이라 하였으며 경종 때 와서는 비록 약간 감원하였으나 오늘에 이르기까지 아직도 그 수가 많으니 바라건대 태조 때의 법을 준수하시어 단지 용감한 자들만 남겨 두고 나머지를 모두 돌려보내신다면 원망하는 사람도 없을 것이요 나라는 저축할 수 있을 것입니다(『高麗史』 권93, 崔承老傳).

이는 최승로의 상서문의 일부이다. 이 기록에 따르면 태조 때에는 다만 궁성숙위에만 충당되었던 시위군의 역할이 광종 때 와서는 크게 변질된 느낌을 준다. 그 변질이 어떤 것인가에 대해서는 궁성숙위 이외에 공신이 보유한 私兵을 제거하고 공신숙청까지를 업무로 하였을 것이라는 견해가 있어[35] 설득력을 가진다. 어떻든 이 시기에 증강된 시위군은 광종의 전제왕권강화에 일익을 담당했을 것이라는 점을 짐작하기는 어렵지 않다. 우리의 관심은 '州·郡

---

34) 김두진, 앞의 「고려광종대의 전제왕권과 호족」, 62~63쪽 참조.
35) 김당택, 앞의 「최승로의 상서문에 보이는 광종대의 '후생'과 경종원년 전시과」, 60~61쪽 참조.
　　김두진, 앞의 「고려 광종대의 전제왕권과 호족」, 63쪽 참조.

의 풍채 있는 자를 뽑아서 入侍케 했다'라는 기록에 모아진다. 여기에서 말하는 '주군의 풍채 있는 자'란 단순히 신체가 건강하고 멋있는 사람만을 의미하는 것은 아닐 것이다. 즉 州郡의 실력자, 곧 지방세력자일 것이라는 견해는 타당하다고 생각된다.[36]

이제 광종대 왕권전제화에 따라 변화를 가져온 호족세력에 대해 정리해 보기로 하자.

먼저 광종대 왕권전제화에 방해가 되는 개국공신 및 훈신숙장에 대한 제거를 살펴보았다. 여기에는 주로 태조 개국공신계열로서 근기지방을 중심으로 한 세력, 그리고 지역적 이해관계에 얽힌 박수경 家와 같은 패서호족세력이 제거된 것으로 나타났다. 아울러 서경의 문무관이 이때 많은 살상자를 낸 것도 결코 우연한 일이 아니라는 점도 밝혀 보았다. 그리고 개국공신계열이 거세된 뒤 광종의 개혁정치에 적극 참여한 계층은 넓은 의미에서의 또 다른 지방세력자들이었다. 柳邦憲, 晉兢 등과 같은 후백제계 인물이 이에 속한다. 이들이 비록 고려초기 유공호족출신은 아니었다 할지라도 대부분 지방에 확고한 세력기반을 갖고 있는 자들이었으므로 광종대에 새로운 실력자로 부상할 수 있었다고 보인다.[37] 이렇게 보면 광종의 전제왕권 추진과정에서 나타난 호족억압정책의 대상은 훈신숙장 및 유공호족에 불과하였다고 생각된다. 광종의 측근에 새로이 등장하는 인물들은 대부분 크든 작든 지방에 나름대로의 세력기반을 갖고 있는 것으로 보아 더욱 그렇다.[38] 이러한 현상은 광종의 전

---

36) 김당택, 앞의 논문, 61쪽 참조.

37) 광종대 등장한 인물은 대개 태조에게 끈질기게 저항한 후백제지역의 인물과 독자적인 실력을 바탕으로 중앙정계에 등장한 인물로 나눠 볼 수 있다. 그러나 어느쪽이든 지방에 확고한 세력을 갖고 있었음에 틀림없다.

38) 김두진, 앞의 「고려광종대의 전제왕권과 호족」, 79쪽에서 광종의 측근세력으로 등장한 인물은 대개 귀화중국인, 후백제계인, 태봉 및 발해계인으로 반신라적 인물이며 이들은 모두 지방에 굳건한 세력기반을 갖지 못한 자들로서 기껏해야 지방의 군소토호에 지나지 않는다고 하였다. 그러나 토호의 사전적 의미는 지방에서 양반을 떠새할만큼 세력이 있는 사람 혹은 지방에 웅거하여 세력을 떨치는 호족이므로 그들의 세력정도를 폄하할 수는 없다고 본다. 그들은 지방에 일정한 세력기반을 가진 호족이었다.

제정치가 호족세력의 전면적인 도태나 부정을 의미하는 것은 아니었음을 뜻한다. 그리고 과거를 통해 중앙관료가 된 인물들을 통해 보면 고려초기 '武' 중심의 호족세력이 '文' 중심의 호족세력으로 대체되었음을 살펴볼 수 있었다. 이들의 출사방법이 과거급제였다는 점을 생각하면 더욱 그렇다. 앞에서 분석한 과거출신자가 모두 지방에 세력기반을 가진 호족이었다는 점은 이러한 사정을 전해주는 것이라 보아 좋을 것이다. 이제 '文·武'를 겸비한 호족세력이 그 시대를 담당해야 했던 것이다. 또한 이러한 과거급제자 이외에도 광종의 측근에 모여든 관료층 가운데는 새로운 지방세력자가 많았음을 간과할 수 없다. 따라서 광종의 對 호족정책은 호족연합을 의도한 왕건태조의 정책에는 어긋났다 할지라도 호족세력에 대한 전면적인 부정을 의미하는 것은 아니었다.39) 그것은 오히려 새로운 관료층을 넓은 의미에서의 지방세력에서 구하였으므로 폐쇄된 호족정책에서 개방된 호족정책에로의 변화를 의미한다 하겠다. 그것은 이후 경종대의 後生讒賊이라는 부작용을 낳기는 하였지만 성종대의 고려 귀족정치의 기틀을 마련했다고 보아 좋을 것이다. 광종대의 그와 같은 개혁정치가 전제되지 않고서는 성종대의 정치적 안정은 불가능했을지도 모르기 때문이다.

태조가 통일을 이룩하기 이전의 지방세력들은 후삼국시대부터 각기 해당 지역을 기반으로 하여 진출한 궁예휘하장수로서 주로 浿西地方 출신자였다. 그들은 왕건을 도와 고려를 건국하고 그대로 중앙관료화하였다고 생각된다. 그리고 태조 10년경까지의 호족정책은 매우 적극적이어서 이 시기에 많은 귀순호족에게 관직을 내리거나 혹은 擬制家族的인 혼인정책을 폈던 것으로 나

---

39) 광종의 대호족정책은 19년 이후에 변화를 가져온 것으로 보인다. 즉 19년 이후가 되면 전제정치가 실패로 기울면서 당시까지 억압받아왔던 호족세력이 그 세력을 만회하여 광종의 전제정치에 반기를 들기 시작하였다. 그 예로서 광종의 측근세력이 하나 둘 제거되고 있었는데 그것은 표면상으로는 광종의 명에 따른 것으로 되어 있으나 내면적으로는 세력을 만회한 권호의 압력에 의하여서였다고 한다(김두진, 앞의 「고려광종대의 전제왕권과 호족」, 77쪽 참조).

타났다. 이 시기의 호족은 대체로 태봉과 경상도 중심의 舊신라계 세력의 來投가 많았으며 이들 중 대부분은 재지세력으로 남아 있었던 것 같다. 태조 10년 이후 통일기 까지는 태조의 통일에 대한 끈질긴 집념이 실현되는 때로 태조13년의 甁山戰鬪를 고비로 하여 전세가 태조에게 유리하게 작용하였던 것으로 나타났다. 이러한 과정에서 개국공신 및 王建妃父들이 대체로 중앙관료화한 데 비하여 왕순식을 중심으로 한 많은 호족들은 재지세력으로 남아 있어 좋은 대조를 보였다.

통일 이후에는 주로 지방세력에 대해 적절한 회유와 아울러 견제책을 썼던 것으로 보인다. 사심관, 기인 등과 같이 재지세력을 가지고 있으면서 상경종사하는 계열이 있는가 하면 今有·租藏·轉運使 등과 같이 재지세력으로서 지방민의 통솔에 임하는 계열이 있기도 하였다. 이들은 모두 고려왕조의 지배세력 형성에 참여한 지방세력자들이다. 금유·조장이 지방을 통솔하고 감독하는 한편 조세를 징수하는 역할을 한 것임에 틀림없지만 그러나 이들이 중앙으로부터 임시로 파견된 使者는 아닐 것이라 보았다. 아마도 그들은 재지세력자로 지방민에 군림하는 유력자였을 것이다.

광종대에는 호족정책에 커다란 변화가 왔다. 광종11년 이후 제거된 호족들은 주로 개국공신계열의 훈신숙장이거나 유공호족이었다. 따라서 광종의 개혁정치는 이들 유력호족세력을 숙청하는 동시에 이 공백을 또 다른 지방세력자로 교체하는 것이었다. 광종대의 측근세력의 성격은 과거를 통해 등용된 인물들을 중심으로 살펴볼 수 있었다. 이들은 대부분 지방에 세력기반을 갖고 있었으며 최승로의 상서문에 나타나는 南北庸人들도 끼어 있음을 확인하였다. 광종의 이와 같은 호족정책은 결국 ‘武’ 중심의 호족정책에서 ‘文’ 중심의 호족정책에로의 전환을 의미하며 호족, 그 자체를 부정하거나 외면하는 것은 아니었다. 오히려 광종이 구세력을 도태시키고 넓은 의미에서의 새로운 계층을 구한 것은 이후 성종대의 귀족정치를 마련하기 위한 디딤돌의 역할을 한 셈이다.

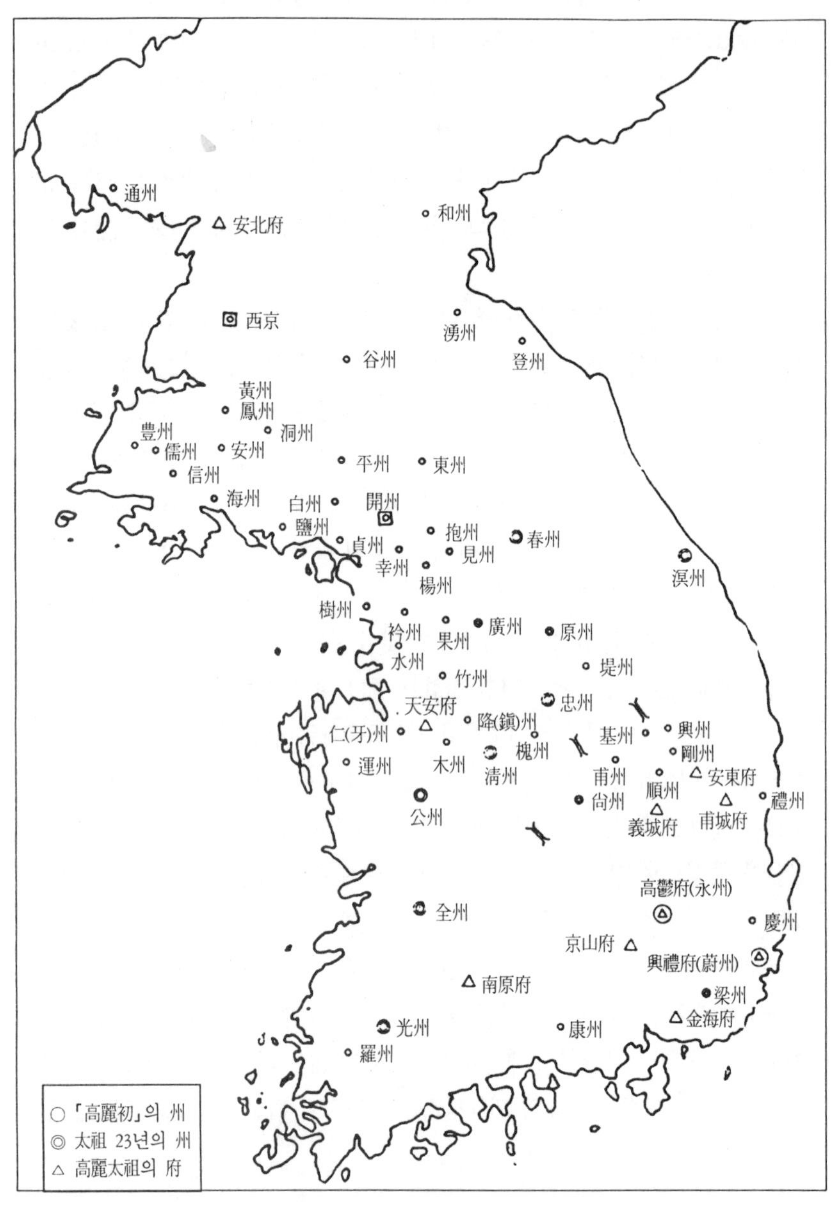

〈圖 1〉高麗太祖代의 州·府 분포

제3장

鄕吏制度의 運用

鄕吏制度의 成立

高麗 鄕吏의 經濟的 基盤

1. 鄕吏制度의 成立

　　나말여초의 호족들이 통일 후 어떠한 모습으로 편제되었는가 하는 것은 高
麗社會를 이해하는 중요한 단서가 될 것이다. 그러므로 본고에서는 문제의 성
격상 신라말에서 고려초기에 걸쳐 광범하게 대두된 호족에 대하여 언급하지
않을 수 없다. 왜냐하면 호족은 지방유력자로서 성종2년 지방제도의 개편과
아울러 향리라는 이름으로 명명된, 바꾸어 말하면 향리의 전신(前身)이 되기
때문이다.1) 따라서 본고는 향리집단 성립의 배경으로서 호족을 살피고 이어

---

1) 향리에 관계된 주요논문을 들어보면 다음과 같다.
　有井智德,「高麗の鄕吏について」,『東洋史學論集』3, 1954
　김성준,「기인의 성격에 대한 고찰(상,하)」,『역사학보』10 · 11집, 1958. 1959
　한우근,「고대국가성장과정에 있어서의 대복속민시책(상, 하)」,『역사학보』
　12 · 13집, 1960
　한우근,「여초의 기인선상규제」,『역사학보』14집, 1961
　김종국,「高麗時代の鄕吏について」,『朝鮮學報』25집, 1962
　민병하,「고려시대의 지방제도와 토호세력」,『성대논문집』8집, 1963
　김광수,「나말여초의 호족과 관반」,『한국사연구』23, 1979
　조영제,「고려초기향리직의 전말에 대한 소고」,『부산사학』4, 1980
　＿＿＿,「고려전기 향리제도에 대한 일고찰」,『부산사학』6, 1982
　이순근,「고려초 향리제의 성립과 실시」,『김철준박사화갑기념사학논총』,
　1983.
　＿＿＿,「高麗中期 鄕吏制度의 變化에 대한 일고찰」,『동아연구』6, 1985.
　박경자,「高麗時代의 鄕吏研究」, 숙명여대 박사학위논문, 1986.

서 향리제도는 구체적으로 어떻게 이루어졌으며 나아가 그들의 신분상의 지위는 어떠했는지를 살피고자 한다. 또한 향리의 수장(首長)인 호장(戶長)의 직임(職任)을 통해 지방사회에서의 그들의 역할에 주목하려 한다. 문제해명의 범위는 신라말에서 고려의 정치기구가 확립되었다고 할 수 있는 문종에 이르기까지를 중심으로 하였고 경우에 따라서는 무신란 이전까지 시대를 내려 잡기도 했다. 왜냐하면 이 시기 향리는 대체로 같은 성격을 지니고 있다고 생각했기 때문이다.

1) 鄕吏集團 成立의 背景

고려초기 향리제도의 성립과정을 살펴보기에 앞서 우선 호족에 대해 고찰해 볼 필요가 있다. 왜냐하면 고려초기의 향리는 신라말 고려초기에 걸쳐 광범하게 대두한 호족집단과 밀접한 관계가 있기 때문이다.

통일신라의 통치력이 약화되고 후삼국이 출현할 무렵 각 지방에 실질적인 세력가로 등장한 것이 바로 호족이었다. 이들 호족에 대하여 『三國史記』나 『高麗史』에서는 다음과 같이 기록하고 있다. 즉, 『三國史記』에 보면,

---

나각순, 「高麗鄕吏의 身分變化에 관한 硏究」, 성대 박사학위논문, 1988.

______, 「高麗鄕吏의 身分變化」, 『국사관논총』 13, 1989.

이혜옥, 「高麗時代의 鄕役」, 『이화사학연구』 17, 1988.

이숙경, 「高麗時代 地方官廳附屬地에 대한 일고」, 『동아연구』 17, 1989.

홍승기, 「高麗後期 事審官制度의 運用과 鄕吏의 중앙진출」, 『동아연구』 17, 1989.

박경자, 「高麗 鄕吏의 經濟的 基盤」, 『국사관논총』 39, 1992.

채웅석, 「高麗時代 '本貫制'의 施行과 地方支配秩序」, 서울대 박사학위논문, 1995.

강은경, 「高麗後期 鄕吏出身 及第者의 成長課程」, 『大眞大論叢』 3집, 1995.

강은경, 「高麗後期 戶長層의 變動研究」, 연세대 박사학위논문, 1997.

윤경진, 「高麗前期 鄕吏制의 構造와 戶長의 職制」, 『한국문화』 20, 1997.

이수건, 「高麗時代 支配勢力과 鄕吏」, 『계명사학』 8, 1997.

- 尙州의 산적 우두머리인 阿玆盖가 사신을 보내어 태조에 항복하였다 (『三國史記』 권12, 신라본기12, 경명왕2년).
- 康州장군 閔雄이 태조에 항복하였다(동상, 경명왕4년).
- 견훤의 군대가 강주를 습격하여 삼백여 인을 죽이자 장군 有文生이 항복하였다(『三國史記』 권50, 열전10, 견훤).
- 견훤이 강한 군사를 뽑아 缶谷城을 공격하여 군사 천여 인을 죽이자 장군 楊志·明式 등이 살아서 항복하였다(동상).
- 태조12년 天成 4년 7월 견훤이 갑병 오천 인을 데리고 의성부를 공격하니 성주장군 홍술이 전사하였다(동상).[2]

등의 기록이 보이며 또한 『高麗史』에는

- 朔方 鶻岩城帥 윤선(尹瑄)이 와서 항복하였다(『高麗史』 권1 태조원년).[3]
- 下枝縣 장군 元奉이 와서 투항하였다(同上, 태조5년 6월).
- 泰評은 鹽州人으로 경서와 역사에 대하여 광범히 연구히였고 행정실무에 능숙하였다. 처음에는 그 州의 적수 柳矜順의 記室로 있었으며 궁예가 유긍순을 격파하니 태평이 항복하였다(『高麗史』 권92, 열전5, 태평).
- 溟州 장군 順式이 자기 아들을 보내어 항복하였다(동상, 태조5년).
- 命旨城 장군 城達이 그 아우 伊達·端林과 함께 와서 귀부하였다(동상, 태조6년).
- 碧珍郡 장군 良文이 자기 생질 圭奐을 보내어 항복하였다. 규환에게 元尹 벼슬을 주었다(동상, 태조6년).
- 왕이 運州로 들어가 그 성주 兢俊을 성 아래에서 격파하였다(동상, 태조

---

2) 『高麗史』 권1 태조5년 11월 辛巳條에는 "眞寶城城主洪術 遣使請降"이라 보인다. 이 기사는 위의 『三國史記』의 성주장군 홍술을 가리키는 것임에 틀림 없다. 여기에서 『三國史記』의 '城主將軍'이란 기록은 성주요 장군인 홍술의 뜻으로 보면 좋을 것 같다.

3) 『高麗史』 열전에는 윤선에 관하여 다음과 같은 기록이 있다.
尹瑄은 鹽州人이다. 그 사람됨이 沈勇하여 兵法에 능통하였다. 처음 궁예가 사람죽이기를 함부로 함에 禍가 미칠까 염려하여 그 黨與를 거느리고 北邊으로 달아났다 …… (중략) …… 太祖가 즉위함에 무리를 거느리고 來附하여 북변이 안정되었다.(『高麗史』 권92, 列傳, 尹瑄)

10년).
- 왕이 康州를 순행하는데 高思葛伊城 성주 興達이 기회를 틈타 귀부하였다(동상, 태조10년).

등 기록이 보인다. 이러한 기록에 의하면 그 명칭은 장군·성주·성수·적수[4] 등 각양각색으로 표시되어 있다. 이들은 각기 독자적인 무력을 보유하고 있었다. 고려초기의 다음과 같은 기록은 이들 호족의 무력조직이 보편화되었음을 말해 주는 좋은 자료가 될 것이라 생각된다. 즉,

> 왕순식은 명주장군으로, 장군으로 있으면서 오래도록 복종하지 않아 태조가 그것을 근심하였다. …… (중략) …… 순식이 마침내 장자 수원을 보내어 歸款하니 왕성을 내리고 전택을 하사하였다. 또 아들 장명을 보내어 600명을 데리고 숙위케 하였다. 후에 아들과 동생과 함께 무리를 이끌고 와서 조회하였다. 왕성을 내리고 대광을 제수하였다(『高麗史』권1, 태조5년 및 동권92, 열전5, 왕순식전).

고 한 것과 동 태조8년의

> 태조8년 겨울 10월 기사 고울부장년 능장이 사졸을 이끌고 와서 투항하였다(『高麗史』권1, 태조8년).

고 한 것이 그것이다. 여기에 보이는 <卒六百>, <其衆>, <士卒> 등은 분명히 그 지방의 호족에게 소속되어 있던 병졸이었을 것이다.[5] 이와 같은 현상은 당시의 호족이 각 지방에 할거하여 지방분권적 세력을 지니고 있었음을 의미한다고 하겠다. 따라서 후삼국시대에 있어서 정권의 향방을 좌우하는 데 이들 호족집단의 동향은 매우 중요한 의미를 지니고 있었던 것이다.

---

4) 적수는 호족일 수도 있고 도적의 두목일 수도 있으나 신라말 고려초기의 상황으로 보아 호족적인 성격이 더 짙었을 것이라 생각된다.
5) 이기백, 「신라사병고」, 『역사학보』9, 1957, 45~50쪽 참조.

고려태조 왕건은 궁예의 무력적 기초를 계승하고 신라 및 후백제의 견훤과 대결함에 있어서 우선 이들 호족집단에 주목하였음은 물론이다. 이 점에 있어서는 신라나 후백제도 같은 상황이었을 것임에 틀림 없다.

주지하는 바와 같이 고려태조 왕건은 송악의 토호출신으로서 궁예의 휘하에서 출세하여 정권을 장악하게 되었다.[6] 왕건의 세력이 점차 우세해짐에 따라 각지의 호족들은 태조에게 항복·복속해 오는 경우가 속출하였다. 이러한 주변세력에 대해 태조는 한편으로는 회유하고 한편으로는 견제함으로써 이들을 포섭·통치해 갔는데 이제 그 구체적인 몇 개의 사례를 들어 태조의 호족정책에 대한 이해를 돕고자 한다. 『高麗史』를 보면,

> 진보성주 홍술은 사신을 보내어 항복을 청하므로 원윤 왕유 경 함필(舍弼) 등을 보내어 위유(慰諭)하였다(『高麗史』 권1, 태조5년 11월).

라는 기록이 있다. 진보현은 지금의 경상북도 청송지방에 해당하는 곳이다. 이 진보현에 당시 성주 혹은 장군이었던 홍술이라는[7] 유력자가 있어서 태종게 사신을 보내어 항복을 청하므로, 태조는 그를 위유하기 위하여 사신을 보내는 등 통합에 적극적인 자세를 취하고 있는 것을 알 수 있다. 그리고 또

> 고울부 장군 능장이 군사를 이끌고 와서 투항하였다. 그 성이 신라의 왕도와 가까워서 위로하여 보내고 휘하 시랑 배근 대감 명재·상술·궁식 등을 남게 하였다(『高麗史』, 태조8년 동 10월).

고 한 것이 있다. 고울부는 지금의 경상북도 영천으로서 신라의 왕도인 경주지방과 근접하고 있었다. 신라왕도와 가까운 지역에 위치하고 있던 호족집단이 그의 휘하장병과 더불어 태조에게 와서 투항했다는 사실은 무엇을 의미

---

6) 『高麗史』 권1, 태조.

7) 진보성주 홍술에 대해서는 윤희면,「신라하대의 성주·장군 ― 진보성주 홍술과 재암성장군 선필을 중심으로 ― 」,『한국사연구』 39, 1982에 자세히 검토된 바 있다.

하는 것일까? 이것은 곧 태조8년경에 이르면 신라지배하에 있던 유력한 호족들이 점차 왕건세력하로 흡수되고 있었다는 것을 의미하는 것이라 본다. 또한 載岩城의 경우, 善弼이라는 유력자도 왕건에게 와서 투항한 우세호족이었다. 즉 다음 기록에는

> 춘정월 재암성 장군 선필이 와서 투항하였다. 처음에 왕이 신라와 통하고자 하였으나 도적이 일어나 길이 막히니 왕이 이를 근심하였다. 선필이 기기한 계획으로 이끌어 통하게 하였다. 그러므로 지금 그가 와서 조회하니 후한 예로 대접하고 그가 연로한 뒤에는 상부(尙父)라 칭하였다(『高麗史節要』권1, 태조13년).

라고 하였다. 재암성은 지금의 경상북도 청송군 진보현이다. 이곳의 장군 선필이 와서 투항하였던 태조13년은 고려가 이 방면의 지배권을 둘러싸고 후백제의 견훤과 더불어 격전을 거듭하여 승패를 예측하기 어려웠던 시기였다. 그러한 때에 이 지역의 요충지인 재암성의 장군 선필이 와서 투항하였다는 사실은 고려로 하여금 이 방면에 있어서의 여러 호족의 협력을 얻을 수 있게 하였다.8) 이와 동시에 신라와의 연결을 가능케 하는 계기를 마련해 주기도 하였다. 그런 만큼 장군 선필이 와서 투항하였다는 것은 고려의 지배권 신장에 일대전기를 마련해 주는 역할을 하였다고 하여도 지나친 말은 아니다.9) 때문에 고려태조는 선필에게 상부라는10) 칭호를 주어 후하게 대접해 주었던

---

8) 예컨대, 고려태조 13년 2월 을미조를 보면 '是時 新羅以東沿海州郡 部落 皆來降 自溟州至興禮府 惣百十餘城'이라 되어 있다. 명주는 강원도 강릉이고 홍예부는 경상도 울산인바 강릉에서 울산에 이르는 100여개의 성이 한꺼번에 내강하여 이 지방에 있어서의 고려의 지배권 확장에 큰 역할을 하고 있음을 알 수 있다.

9) 이로 말미암아 후백제와 더불어 치열한 전쟁을 벌렸던 경상북도 부근지역의 지배권이 고려로 돌아왔을 뿐만 아니라 이 지방 제호족의 협력을 얻어 통일에의 발판을 더욱 굳힐 수 있었다.

10) 尙父라는 칭호는 상대방에 대한 최고의 존칭이다. 태조가 尙父라는 칭호를 사용한 예는 단 둘뿐이다.『三國史記』열전 견훤조에 보면 '…… (上略)…… 待

것이니 이러한 사실로 미루어 보면 당시 선필이라는 한 지방의 호족의 역할
이 얼마나 중요했던가를 짐작할 수 있겠다.

태조의 통합과정에서 지배권확장에 일대 전기를 부여한 것은 역시 고창지
방(경북 안동)의 대호족들이었다.『高麗史』에 보면

고창군 성주 김선평을 대광으로 삼고 권행·장길을 대상으로 삼으니
이에 영안(永安)·하곡(河曲)·직명(直明)·송생(松生) 등 30여 군현들이
서로 차례로 와서 항복하였다(『高麗史』권1, 태조13년).

고 하였는데, 이것은 성주 김선평을 위시한 호족에게 관직을 주어 포상하였
다는 것을 말해 준다. 그리고 또한 이것은 영안·하곡·송생 등 주위의 30여
군현이 차례로 왕건에게 와서 투항하였다는 것을 알려 주고 있다. 이와 관련
하여 다음 사료에 주의를 기울이면 당시의 상황을 더욱 명백히 알 수 있다고
믿는다. 즉,

權幸[11] 本姓은 金이고 新羅大姓이다. 신라말 古昌郡을 지킬 때 甄萱이
신라에 들어가 왕을 죽이니 幸이 무리들에게 모의하여 말하기를 '萱과는
不共戴天이니 어찌 王公에게 돌아가 이 수치를 설욕하지 않겠는가' 하고
고려에 투항하였다. 太祖가 기뻐 말하기를 '幸은 炳幾達權할 수 있어 權
姓을 내리고 安南郡을 府로 승격하라' 하였다(『新增東國輿地勝覽』, 券24,

以厚禮 以萱十年之長 尊爲尙父授官以南官位在百官之上'이라 하였고,『高麗史
節要』권1, 태조13년에 '載岩城主善弼來投 …… (中略) …… 厚禮待之 以其年
老 稱爲尙父'라 하여 우대하고 있다. 중국의 예를 보면 시경·대아·대명편
에 '維師尙父 時維鷹揚'이라 하였는데 箋에 '尙父呂望也 尊稱焉'이라 보이며
당서 곽자의전에는 '德宗尊子儀 爲尙父'라 한 것이 보인다. 尙父란 이와 같이
아버지처럼 존경한다는 뜻에서 사용되었던 것이다. 따라서 견훤이나 선필도
그와 같은 존경의 대상으로 대우받았다는 것을 나타냄에 틀림없다.
11) 권행·장길은『椽曹龜鑑』所收 安東鄕孫錄과 安東權氏·安東張氏의 족보에
의하면 太師公 權行은 權幸으로, 張吉은 張貞弼로서 高麗史와는 달리 표기되
고 있으나 동일인물임에는 틀림없다. 그러므로 앞으로의 표기는『高麗史』의
표기에 따라 權行·張吉로 할 것이다.

라고 기록되어 있는 바 태조13년이라면 앞에서도 언급한 바와 같이 천하의 형세를 결정하는 중요한 시기였다. 이러한 때에 안동지방의 유력한 호족들이 차례로 來附·服屬하였다는 사실은 태조의 지배권 확장에 무엇보다도 중대한 의의를 부여하는 것이라 하겠다. 따라서 이들 전공자들에 대하여 대광·대상12) 등의 높은 관계를 준 것은 그들이 그 지방에 있어서 가장 유력한 세력자였다는 사실을 믿어 의심치 않게 하는 것이다. 이 밖에도 고려가 재통일하는 시기에 왕건에게 내부·복속해 오는 호족들이 많았는데 이 시기에 있어서 호족들의 상황을 좀더 구체적으로 알아보기 위하여 <표 1>을 작성해 보았다.

---

12) 대체로 내투한 이들 호족에게는 제2위인 대광으로부터 제6위인 원윤에 이르는 향직이 주어졌다.
한우근, 「고대국가 성장과정에 있어서의 대복속민시책(하)」, 『역사학보』 13, 1960
武田幸男, 「高麗時代の 鄕職」, 『東洋學報』 47 - 2, 1964 참조.

13) 한편 왕순식의 자제에 대해서는 다음과 같은 기록을 볼 수 있다.
順式遂遣長子守元歸款 賜姓王 仍賜田宅宇又遣子長命以率六百入宿衛 後與子第率其衆來朝 賜姓王 拜大匡 長命賜名廉 拜元甫(『高麗史』 권92, 열전5, 왕순식전). 이에 의하여 명주지방 호족에 대한 왕건의 대우가 어떠했는가를 파악할 수 있겠다.

14) 旗田巍씨는 「高麗王朝 成立期の‘府’と 豪族」, 『朝鮮中世社會史の研究』, 1972, 26~27쪽에서 경산부(벽진군의 옛이름)의 설립과 성주 이씨와의 관계를 설명하면서 벽진군의 장군 양문과 이총언은 그 대두시기와 지점이 비슷하고 고려태조와의 관계나 행동이 밀접했음을 들어 이 두사람은 동일인물일 것이라는 견해를 밝히고 있다. 필자도 이에 동감이다. 실제로 이 시기에 있어서는 성명표기가 같지 않았던 사실을 지적할 수 있다. 예컨대 태조의 건국에 공이 많았던 배현경·신숭겸·복지겸 등의 초명은 각각 백옥빈·능산·사괴 등이었다(『高麗史』 권92, 열전5).

15) 매조성의 능현과 매곡성의 이능선을 동일인물로 볼 수 있지 않을까 싶다. 그것은 다음과 같은 이유에서이다. 『高麗史』 태조8년에 의하면 매조성장군 능현이 내투하고 있는 것으로 되어 있는데 매조성은 지금의 어느곳에 해당하는지 정확히 알 수 없다. 그런데 『신증동국여지승람』 권25, 경상도 예안현조에 이르면 예안성주 이능선의 귀순을 알리는 기사를 찾을 수 있다. 예안현의 옛

표에서 보이는 바와 같이, 이들 호족이 태조에게 내부·복속해 오는 과정에서 통합된 지역은 경상도지방 전역과 황해·충청·강원의 일부 지역으로, 이는 구신라지역 대부분에 걸쳐 분포되어 있다. 이것은 무엇을 의미하는 것일까? 앞에서도 잠깐 언급한 바와 같이 당시 신라의 지배하에 있던 유능한 호족들이 점차 왕건세력하로 흡수되고 있음을 의미하는 것이다. 따라서 이것은 태조가 고려왕조의 기반을 굳히는 데 결정적인 역할을 했다고 할 만큼 중요한 위치를 점하게 되는 것이다. 그런 까닭으로 태조는 내부한 호족들에게 관직 등을 주어 포섭하는 한편, 전택 및 녹읍을 사여하였다.18) 이것은 태조가 종래 그들의 세력기반이 되어 오던 토지를 전적으로 말살하지 않고 국가에서 제도

지명이 매곡이고 매조의 曹와 谷은 음은 다르지만 '고을'이라는 뜻을 지니고 있는 것으로 보아 曹는 谷의 異記가 아닌가 생각되는 것이다. 만약 이러한 추측이 허락된다면 능현과 이능선은 동일시대 동일지짐에서 태조와 판린을 맺었던 동일인물이라 보아 좋을 것이다.

16) 능장과 황보능장이 동일인물일 것이라는 견해는 旗田巍씨의 앞의 글, 11쪽에서 자세히 밝혀지고 있다. 그리고 고울부의 능문의 文은 能丈이라고 표시되어 있어야 할 것이다. 그것은 文과 丈의 글씨가 비슷하여 혼동하기 쉽고 또 황보능장의 長과 丈의 음이 같다는 이유와 함께 그들이 동일인물일 것이라는 추측이 거의 확실할 것이라고 믿기 때문이다.

17) 王規, 廣州人으로 太祖를 섬겨 大匡이 되었다. 太祖에게 두 딸을 시집보내 제 15, 16왕비가 되었다(『高麗史』 권127, 열전40 반역1)고 하는 것을 보면 왕규는 일반적인 호족의 명칭인 성주 혹은 장군이라 기록되어 있지는 않다. 그렇지만 그가 대광의 품계를 받았다든가 두 딸을 태조에게 납비한 것을 보면 왕규는 광주지방의 호족 내지는 그 이상의 실력자였음이 분명하다.

18) 태조가 호족에게 녹읍 및 전택을 사여하였다는 사실은 다음 기록을 통해 찾아 볼 수 있다. 즉, 興達爲甄萱高思葛伊城主. 太祖徇康州行過其城興達遣其子歸款. 於是百濟所置軍吏皆降附太祖嘉之賜興達靑州祿子俊達珍州祿雄達寒水祿玉達長淺祿又賜田宅以賞之(『高麗史』 卷92 列傳5 王順式附興達) 이라든가 혹은 李恩言史失世系新羅季保碧珍郡時群盜充斥恩言堅城固守民賴以安. 太祖遣人諭以共戮力定禍亂恩言奉書甚喜遣其子永率兵從太祖征討. 永時年十八太祖以大匡思道貴女妻之拜恩言本邑將軍加賜傍邑丁戶二百二十九. 又與忠原廣竹堤州倉穀二千二百石(『高麗史』 卷92 列傳5 王順式附李恩言) 등이다. 이와 같은 현상은 물론 중앙집권적 권력구조가 이루어지지 않은 과정에서 나타난 것이다.

〈표 1〉太宗年間에 있어서 豪族의 歸附 動態

豪族	出身地 古地名	現地名	歸附 年.月 (太祖)	歸附前身分	賜恩	品階	典據	世宗實錄 地理志 土姓
尹瑄	鹽州	黃海延安	1.8	鶻巖城帥			『高麗史』 권92 열전5	
徐穆	(黃武)	京畿利川	2.	郡人	陞郡		『동국여지승람』	土姓
閏雄	康州	慶尙晋州	3.1	康州將軍	子에게 阿粲	新羅 京位	『三國史記』 권12	
元奉	下枝	慶尙安東	5.6	下枝縣將軍	元尹	6	『高麗史』 권1 세가	
王順式[13]	溟州	江原江陵	5.7	溟州將軍	大匡	2	『高麗史』 권92 열전5	土姓
官景	溟州	江原江陵	5.7	順式麾下將軍	大丞	3	『高麗史』 권92	열전5
洪術	眞寶	慶尙靑松	5.11	眞寶城主	子에게 元尹	6	『高麗史節要』 권1	土姓
城達	命旨	京畿抱川	6.3	命旨城將軍			『高麗史節要』 세가1	
良文[14]	碧珍	慶尙星州	6.8	碧珍郡將軍	甥에게 元尹	6	『高麗史』권1	세가1
李恩言	碧珍	慶尙星州	?	碧珍郡將軍	本邑 將軍		『高麗史』 권92 열전5	土姓
能玄[15]	買曹	(慶尙禮安)	8.9	買曹城將軍			『高麗史』 권1 세가1	
李能宣	買谷	慶尙禮安	?	禮安城主	陞郡		『동국여지승람』	土姓
能文(丈)[16]	高鬱府	慶尙永川	8.10	高鬱府將軍			『高麗史』 권1 세가1	
皇甫能丈	監皐	慶尙永川	?	金剛城將軍	在(佐)丞	3	『경상도지리지』	土姓
興達	高思葛伊	慶尙聞慶	10. 8	高思葛伊城主	田宅		『高麗史』 권92 열전5	
善弼	載岩	慶尙靑松	13. 1	載岩城將軍	尙父		『三國史記』 권12	
金宣弼	古昌	慶尙安東	13. 1	古昌城主	大匡	2	『高麗史』권1 세가1	土姓
權行	古昌	慶尙安東	13. 1	城主麾下將軍	大相	4	『高麗史』권1 세가1	土姓
張吉	古昌	慶尙安東	13. 1	城主麾下將軍	大相	4	『高麗史』권1 세가1	土姓
萱達	弥秩夫	慶尙興海	13. 2	弥秩夫城主			『高麗史』권1 세가1	
朴允雄	興麗	慶尙蔚山	13. 2	郡人	賜府名		『경상도지리지』	土姓

豪族	出身地 古地名	現地名	歸附 年.月 (太祖)	歸附前身分	賜恩	品階	典據	世宗實錄 地理志 土姓
金宣弓	嵩善	慶尙善山	13	州吏	大匡	2	『동국여지승람』	土姓
龔直	燕山	忠淸燕岐	15	甄萱麾下將軍	大相	4	『高麗史』 권92 열전5	
王規[17]	(蔚禮)	廣州	?	郡人	大匡	2	『高麗史』 권127 열전40	土姓

적으로 인정해 줌으로써 그들의 반발을 막고 회유·포섭하려는 정책에서 비롯된 것이라 할 수 있다. 이와 같은 현상은 물론 중앙집권화되지 못한 상태에서 나타나는 것이었다. 따라서 전택 및 녹읍의 賜給은 그들 來降者에게 새로운 혜택이 주어졌다기보다는 종래 그들이 보유했던 세력기반을 고려라는 신 왕조가 정식으로 시인해 준 것에 불과하다고 보아 좋을 것이다.

다시 표를 주목해 보면 긱 지방에 길처 세력을 다투던 호족들은 그 후손이 향리로 轉化되고 있는 사실을 찾을 수 있다. 이들은 고려왕조가 중앙집권적 지방제도를 실시함에 따라 향리, 혹은 향리로 보이는 그 지방의 유명토성으로 남아 있는 것을 알 수 있다.

한편 이들 호족들의 내투나 통합이 모두 순조롭게 진행된 것만은 아니었다. 고려조가 대혼란기를 극복하고 통일을 이룩한 뒤에도 고려에 불복하는 자가 많았다고 하는 사실은 이에 대한 명백한 증거가 될 것이다. 예컨대,

> 癸亥 熊·運 등 10여 주현이 배반하여 백제에 붙으니 전시중 金幸濤를 東南道招討使·知牙州諸軍事에 명하였다(『高麗史』 권1, 태조1년 8월).

라는 기록에 의하여 웅주(공주), 운주(홍성) 등 충청도의 10여 주현이 배반하여 후백제에 귀부한 사실을 알 수 있다. 이것은 물론 이 지방 호족의 배반을 의미한다. 또한,

堅金은 靑州人으로 본래 州의 領軍將軍으로 있었다. 태조가 즉위한 후 청주인들은 변심하는 일이 많으니 제 때에 방비하지 않으면 반드시 후회가 생길 것이다고 생각하고 드디어 주(州) 사람인 能達·文植·明吉 등을 보내어 엿보게 하였다. …… (中略) …… 洪儒·庾黔弼 등을 파견하여 병사 천 오백명을 인솔하고 진주를 지킴으로써 이를 방비하였다. 얼마 걸리지 않아 道安郡에서 아뢰기를 '청주가 비밀히 백제와 내통하니 장차 반란군을 일으킬 것이다'라고 하였다. 태조는 또 馬軍將軍 能植을 파견하여 군대를 거느리고 가서 집무하게 하였다. 이로 말미암아 반란을 일으키지 못하였다(『高麗史』 권92, 열전5, 왕순식부 견금).

이라든가 또

靑州 장수 波珍粲 陳瑄이 그 아우 宣長과 함께 반란을 도모하다가 잡혀 죽었다(『高麗史』 권1, 태조원년 10월).

등의 기록을 보면 태조가 청주지방의 동향에 얼마난 세심한 주의를 기울이고 있는가를 알 수 있다. 이러한 사실은 다만 웅주나 청주라는 특수한 지방에만 국한된 것은 아니었을 것이다. 뿐만 아니라 외읍에 흩어져 살고 있던 토호들이 복속하지 않은 자가 많았던 까닭에 이를 회유할 목적으로 향직을 베풀었던 사실도 아울러 상기하면 당시의 지방세력이 고려왕권 확립에 얼마나 많은 영향을 끼쳤던가를 짐작할 수 있겠다. 즉,

· 신라말 의관의 후예들은 競用豪武하고 覇於州縣하여 고려조 통합후에 처음에는 복종하지않은 사람이 있어 이를 진압하여 환란을 없애고자 하였다. 힘써 소재지의 호장이 되었다 (『掾曹龜鑑』 권1, 吏職名目解 興陽李氏譜).

고 한 것을 보면 당시의 지방세력이 강성함에 따라 중앙정부가 이의 무마를 위해 고민했던 흔적을 역력히 볼 수 있다.[19]

이와 같이 고려의 지배체제를 형성시키는 과정에서 호족집단은 중추적 역

할을 담당하였다. 그러나 그 후 고려왕조의 지배권이 확립됨에 따라 이들 호족집단에 대한 중앙정부의 통제는 필연적으로 불가피하게 되었다. 중앙정부의 이러한 통제의 방편으로 案出·制度化된 것이 바로 외관파견에 따른 성종 2년(983) 지방제도의 개편과 아울러 실시된 향리제도이다. 바꾸어 말하면 향리제도를 실시한 것은 고려왕조의 중앙집권체제가 확립된 결과에 의한 것이라고 볼 수 있다.

2) 鄕吏制度의 成立

고려왕조의 중앙집권적인 통치체제가 갖추어지면서 호족세력은 향리의 신분으로 변화되어 갔다. 즉, 태조왕건 당시의 투항자에 대한 구체적인 포섭 조치가 왕조의 확립과 더불어 제도화된 것이다. 고려왕조 성립시부터 중앙집권체제의 정비과정에서 이루어진 일련의 개혁 가운데 성종2년(983)의 지방관제 실시와 吏職의 개혁은 향리문제를 연구하는 데 있어서 매우 중요한 의의를 갖는다고 하겠다. 왜냐하면 이와 같은 개혁은 지금까지 인정되어 오던 지방세력의 독립성을 말살하고 이를 중앙집권적 체제 속에 포함시켜 그들의 사회적 지위를 격하시키는 직접적인 계기를 마련하는 것이 되기 때문이다.[20]

고려국가는 이러한 지방세력을 향리로 편성시켜 지방에 대한 행정에 참여하도록 하였다. 향리와 더불어 밀접한 관계를 갖는 지방제도의 실시에 대하여는 성종 원년(982) 최승로의 상서문에 다음과 같이 나타나고 있다.

---

19) 興陽李氏譜 이외에도 이러한 사료는 가끔 발견된다. 즉 『掾曹龜鑑』 권3 <安東鄕孫錄>에 의하면 "新羅之季 王室後裔 競用豪武 麗太祖患其難制 以大官職事者 爲戶長以鎭之" 라든가 또 『掾曹龜鑑』 권2 <관감록>에 "蒼石集曰 高麗時 以其豪俊英遇 爲戶長 以抑一州之强" 이라 한 것은 모두 지방세력의 확대 방지를 위해 중앙정부가 실시한 노력의 표시로 보아야 하겠다.
20) 그렇다고하여 지방사회에 있어 향리의 권한까지 말살되는 것은 아니었다. 이 점과 관련하여 다음 4장에서 자세히 언급하고자 한다.

임금이 백성을 다스리는 법은 집집마다 이르거나 날마다 볼 수는 없는
것입니다. 때문에 각 지방에 수령을 파견하고 백성들의 이해를 살피게 하
는 것인 바 우리 태조가 삼한을 통일하신 후에 지방에 외관을 두려고 하였
으나 대체로 초장기에 일이 번잡하여 미쳐 둘 겨를이 없었습니다(『高麗
史』 권93, 열전6 최승로전).

여기에 보이는 바와 같이 고려왕조는 신왕조 草創으로 말미암아 외관을 설
치하지 못하고 있다. 그러나 초창의 事煩未遑이 원인이라기보다는 그 당시 중
앙정부로서는 지방에까지 힘을 뻗칠 수 있는 여유가 없었다고 보는 것이 보
다 타당할 것이다.[21] 그러므로 중앙정부에서는 독립적 자치의 성격이 강한
지방세력을 통제하기 위하여 임시로 使者를 파견하는 것으로 그치고 있다. 이
러한 사실을 뒷받침하는 것으로,

今有·租藏은 둘 다 外邑에 파견되는 사신들의 칭호로서 건국 초기에
있었던 것들인데 성종2년에 폐지하였다(『高麗史』 권77, 백관지2 외직).

라는 것이 있다. 금유·조장은 지방상주관이라기보다는 재지세력자라고
봄이 타당하다.[22] 이들의 주된 임무는 조부의 징수였을 것이라 생각되는데,
이것은 국초 지방을 지배하는 향호를 통제하기 위한 필요에서 취한 조치였다
고 한다.[23] 이들은 성종2년 지방관의 설치와 더불어 혁파되고 있다. 즉,

처음 12목을 설치하면서 금유·조장을 파하였다.(『高麗史節要』 권2, 성
종2년 2월)

---

21) 김성준, 「기인의 성격에 대한 고찰(상)」, 『역사학보』 10, 1958, 212쪽 참조.
22) 이 문제에 대해서는 1장에서 구체적으로 언급한 바 있다.
23) 이기백, 「고려지방제도의 정비와 주현군의 성립」, 『고려병제사 연구』, 1968,
   183쪽 및 변태섭, 「고려초기의 외관제」, 『고려 정치제도사 연구』, 1971, 11
   9~122쪽, 그리고 하현강, 「고려초기의 지방통치」, 『고려 지방제도의 연구』,
   1977, 8~9쪽 참조.

라는 것이 그것이다. 그러므로 적어도 성종2년 이전까지의 지방통치는 지방세력자에 의해서 행해졌음이 틀림없다고 하겠다. 다시 최승로의 상서문을 보면,

> 금일 제가 보건대 시골 토호들이 매양 공무라는 이름을 빌어 백성들을 침해·폭압하므로 인민들이 생명을 유지하지 못합니다(『高麗史』 권93, 최승로전)

라는 것이 보이는데, 이에 의하면 당시 향호의 세력 정도를 짐작할 수 있겠다. 다시 말하면 고려초기에 있어서 그들의 지위는 정치적으로는 지방행정의 실권을 장악하고 사회적으로는 지방문벌로서 세력을 확장하였으며 경제적으로는 신라말의 동란으로부터 광대한 토지를 점유한 토호적인 존재로서 군림하였던 것이다. 그러나 이렇게 강대한 세력을 보유한 그들일지라도 일단 고려왕조에 편입된 이상 어떤 방법으로든지 중앙정부의 통제를 받았을 것이다. 이어서 위에 인용한 최승로의 상서문을 좀더 살펴보면,

> 청컨대 外官을 두길 바랍니다. 비록 일시에 모두 다 파견할 수 없어도 우선 10여주·현을 합하여 한 명의 외관을 배치하고 그 아래에 2~3명의 관원을 두어 백성을 무휼하는 사업을 위임하시기 바랍니다(최승로전)

라고 되어 있다. 이것은 팽창된 호족의 세력에 대해 중앙정부가 응분의 조처를 취하려 했음을 나타내는 것이라 보아 좋을 것이다. 이와 더불어 성종2년에 실시된 주·부·군·현의 吏職의 개혁과 지방관제의 실시는 이러한 지방세력에 대한 통제를 의미한다고 보아야 할 것이다. 비로소 고려시대 향리의 등장이 이루어진다고 하겠다.

그런데 이같이 강대한 세력의 보유자였던 호족이 어떠한 경로를 밟아 향리화해 갔을까? 이것이 우리가 해명해야 할 문제인 것이다. 호족이 향리의 전신이었을 것이라는 추측을 가능케 하는 논거로서 다음 사료를 들 수 있다. 즉

『掾曹龜鑑』에

- 신라말 의관의 후예들은 競用豪武하고 覇於州縣하여 고려조 통합후에 처음에는 복종하지 않은 사람이 있어 이를 진압하여 환란을 없애고자 하였다. 힘써 소재지의 호장이 되었다(『掾曹龜鑑』권1 吏職名目解 興陽李氏譜).

라는 것이 있고 또

신라말 諸邑의 土人이 능히 그 읍을 다스리고 호령하는 자가 있었는데 고려조 통합 이후에 직호를 내리고 그들로 하여금 그 지방의 일과 백성들을 다스렸으니 이를 일러 호장이라 하였다(『동상』, 安東金氏譜).

이라는 것이 있다. 여기의 호장은 곧 향리의 수장인 것인바 이것은 신라말 고려초기의 호족에게 호장이라는 직호를 주어 그 지방의 통치·운영에 힘썼던 사실을 전하여 준다.24) 또한 아래와 같은 기록은 호족이 향리의 전신이었다는 점을 더욱 구체적으로 설명해 준다고 하겠다. 즉,

신라말에 正室의 후예들이 서로 豪武를 다투었는데 고려 태조가 그들을 다스리기 어려울까 근심하였다. 그래서 大官識事者들을 호장으로 삼아 위무하였다. 마침내 세상에 나아가 벼슬을 하여 오늘날에 이르러 천여년이 지났는데 이들이 곧 안동의 권씨, 김씨 양성으로 두드러진 자이다(『동상』

---

24) 『興陽李氏譜』의 "勒爲所在戶長以抑之"에 보이는 호장에 대하여 이기백 교수는 「신라사병고」(『역사학보』9, 1957), 50쪽에서 "억지로 소재지의 호장을 삼았다는 기록은 성종2년의 향직개정을 말하는 것이 분명하다"고 주장한데 대하여 김성준 교수는 전게논문 216쪽에서 "여기 보이는 호장은 성종2년에 실시된 향직 개혁후의 호장이 아니고 태조시의 향직정비와 관련된 당대등이라고 보아야 할 것이다"라고하여 서로 다른 견해를 보이고 있다. 이 점에 대하여 필자는 태조가 통합한(936) 이후 성종2년(983)까지는 47년에 불과한 기간이므로 麗朝統合初라는 의미를 포괄적으로 해석하여 여기의 호장은 성종2년 개혁후의 吏職名일 것이라는 이기백 교수의 견해를 좇고자 한다.

권3, 安東鄕孫事蹟錄).

라는 것이 그것이다. 위와 같은 기록에 의해서 우리는 호족이 향리화해 갔다는 사실을 조금 더 명확히 알게 되었다고 생각한다. 여기 보이는 안동의 권씨와 김씨 양성은 특히 이 시기에 있어서 가장 두드러진 세력가였음은 이미 밝혀진 바와 같다.25) 이제 호족이 향리화해 갔다는 사실을 좀더 구체적으로 파악하기 위하여 아래 사료를 살펴보기로 하자.

1) 金南秀는 안동인이다. 太師 宣平의 후예로서 대대로 호장이 되었다.(『椽曹龜鑑』 권2, 관감록)

2) 權冊은 戶長正朝이다. 고려 성종초 12목을 두었다. …… (중략) …… 공은 스스로 호장이 되어 풍속을 糾正하니 대대로 그 직임을 맡았다. (『安東權氏世譜』 권1)

3) 신라말을 당하여 골화현 金剛城 將軍 皇甫能長이 高麗太祖가 발흥하는 것을 보고 天命과 人心의 놀아감을 알았다. 그래서 마침내 무리를 들어 태조에게 귀순하니 태조가 기뻐하고 상을 내렸으며 佐丞을 제수하였다. 이에 능장은 돌아가 골화 등 四縣을 합쳐 永川이라 하니 이가 곧 土姓 皇甫氏가 된 유래이다. (『慶尙道地理志』 安東道 永川郡條)

4) 李長庚, 星州戶長이다. 신라충신 戶長克臣의 후예이며 祖父는 敦文이고 아버지는 得禧로 모두 戶長이었다. 長庚은 恭儉有威하여 郡人들이 모두 두려워 하였으며 아들 다섯이 있었다.(『椽曹龜鑑』 권2 觀感錄)

5) 朴允雄, 太祖를 도와 공을 세웠다. 그래서 郡이 승격하여 興麗府가 되었는데 고려를 일으켰음을 일컫는다(『新增東國輿地勝覽』 권22 蔚山郡 人物條)

6) 金洪術, 태조때 吏로써 城主가 된 사람이다 (태조)12년 가을, 견훤이 甲卒五千으로 來侵했을 때 홍술은 전사했는데 태조가 통곡하며 말하기를 "내가 좌우의 팔을 잃었다"고 하였다.(『新增東國輿地勝覽』 권25 義城縣 人物條)

---

25) 한우근, 「고대국가 성장과정에 있어서의 대복속민시책(하)」, 『역사학보』13, 1960, 68쪽 및 旗田巍, 「高麗王朝成立期の'府'と豪族」, 『朝鮮中世社會史の研究』, 1972, 22~24쪽 참조.

위에 인용한 사료 1) 안동의 김남수는 태조의 세력 확장에 절대적인 힘이 되었던 고창성주 김선평의 후예로 향리의 수장인 호장을 세습하였다는 기록이고, 사료 2)의 권책 역시 고창성주 태사 권행의 3대손으로 스스로 호장을 택한 사실을 알려 주고 있다. 또, 사료 3)의 경상도 지리지의 기사를 살피면 이것은 당시 세력을 떨치고 있던 호족들이 고려에 내투·귀순해 가는 과정에서 여러 호족 가운데 가장 강대한 세력을 가졌던 호족의 발생과 영천군의 성립에 관해 설명한 것이다.26) 따라서 이 지방에 있어서 가장 강대한 세력자였던 황보씨는 이 지방의 名族으로서 대대로 세력을 펴나갔던 것을 알 수 있다. 그러므로 이를 향리의 전신이라 보아 마땅할 것이다.

또, 사료 4)에 보이는 성주의 호장인 이장경은 그의 조상이 대대로 호장직을 계승하고 있음을 볼 수 있다. 그의 어떤 조상이 호족으로 활약하였는가에 대해서는 명확한 사료를 찾아볼 수 없지만 아래의 사료를 통하여 다음과 같은 추측은 가능하다고 생각된다. 즉 성주이씨보에 이르면,

> 옛날 신라 재상 李純由가 이름을 고쳐 克臣이라 하였는데 寔公 12대조이다. 식공의 후손들은 신라말 京山府에 살았다. 공의 曾祖考는 孝參으로 그 후손이다. 孝參이 敦文을 낳고, 敦文이 得希(禧)를 낳고 得希가 공을 낳았다. 공의 휘는 장경이다27)(『성주이씨세보』 권1 隴西公世紀).

라는 것을 볼 수 있다. 여기 보이는 이극신은 이장강의 12대조이다. 극신의 후손 가운데 이름을 알 수는 없는 어느 한 사람이 신라말의 대혼란기에 경산부(지금의 성주)에 徙居하였다는 사실은 당시의 호족집단과의 연결을 가능케 한다고 생각된다. 이러한 생각과 관련하여 史失世系한 이총언을 상기할 수 있는 것은 매우 흥미 있는 일이라고 본다. 즉 이총언을 신라말 경산부로 사거한

---

26) 旗田巍, 「高麗王朝成立期の'府'と豪族」, 9～10쪽 참조.
27) 여기의 李純由는, 혹 경덕왕을 위해 지었다는 단속사와 관련이 있는 李純이 아닌가 한다. 이순에 관해서는
    그리고 이에 관한 논문은 이기백, 「慶德王과 斷俗寺怨歌」, 『신라정치사회사연구』.

극신의 후예라 생각해 볼 수 있는 것이다. 실제로 벽진장군 이총언은 신라말에 갑자기 등장한 무명의 호족이었음을 염두에 두면 이러한 추측은 더욱 가능하다. 그러므로 이들은 고려초기의 호족으로서 후에 고려의 중앙집권체제가 완성됨에 따라 향리로 전신했을 것이라 보아 좋다고 생각된다.

또한 사료 5)에 보이는 울산의 박윤웅 역시 이 지방의 중심인물로서 고려·조선을 통하여 명족을 이루어 갔을 것이라 짐작된다.

그리고 진보성주 홍술에 대해서는 이미 언급한 바 있지만, 이 또한 의성군의 명족으로 나타나고 있다.[28] 홍술의 일족 및 자손은 김씨성을 받았는데 이와 같이 고려초기에 賜姓한 예는 허다하다.[29] 의성지방의 토성 가운데 맨 먼저 기재되고 있는 김씨는 고려초기의 호족집단이었음은 물론이다. 이에 대한 보다 구체적인 설명은 본고 제2절 태조년간에 있어서의 호족의 동태를 파악하기 위하여 작성한 <표 1>에 의하여 가능하다고 생각된다. 즉 표에 나타난 각 지방의 토성은 그들 대부분이 호족의 후손들이다. 물론, 토성이라고 하여 모두 향리라고 단정지을 수는 없지만 이 시기에 있어서의 향호는 중앙귀족과 지방이족 어느 것에도 구애받음이 없이 자유로이 행동할 수 있었다[30]는 점에서 일단 토성을 가진 자는 그 지방의 세력가인 향리로 보아 좋을 것이다. 고려초의 향호는 두 길을 걸었다. 즉, 일찍부터 중앙관료화하여 귀족이 된 사람과

---

28) 진보성주 홍술에 대해서는『三國史記』및『高麗史』의 기록과『新增東國興地勝覽』의 기록에 각기 지명이 달리 쓰이고 있다. 즉,『三國史記』및『高麗史』에는 홍술이 靑松(眞寶城) 지방의 호족으로 나타나고 있음에 대하여『新增東國興地勝覽』에는 義城府의 성주 김홍술로 표기되고 있는 것이다. 그러나 이들 사료가 제시하는 기사내용이 같은 것으로 보아 동일인물을 나타내고 있음이 분명하다. 이 점에 대해 旗田巍씨는 앞의 논문「高麗王朝成立期の'府'と豪族」, 21쪽에서 태조 5, 6년경에 來投한 진보성이 그 후 어느 시기에 의성부로 옮겨가 태조12년에는 의성부 호족으로 등장된 것이라 보았다. 그리고 이를 당시의 견훤과의 연관성이나 태조와의 긴밀한 관계를 들어 동일인물이라 하였다. 그러므로 홍술에게 주어진 김씨성은 이 시기 어느땐가 사성되었다고 보아 좋을 것이다.
29) 旗田巍,「高麗王朝成立期の'府'と豪族」, 26～27쪽 참조.
30)『新增東國興地勝覽』권29, 선산도호부 인물조.

그대로 지방에 남아 향리로 전화한 부류로 나누어 생각할 수 있다. 그러나 이 시기에는 중앙귀족화한 사람과 재지향리와의 신분적 차이는 없었던 것 같다.

위와 같은 사실로 미루어 보면 각 지방에서 세력을 떨치던 호족들이 고려의 중앙집권적 강화정책과 때를 같이 하여 향리라는 명칭으로 불리워졌을 것이라는 추측은 이제 좀더 구체화되었다고 믿는다. 이러한 견해는 청주용두사 당간기의 기록을 살펴봄으로써 더욱 설득력이 있을 것으로 본다.

> • 堂大等 김예종이라는 사람이 있었는데 州里豪家로서 향리의 관족이다
> (『朝鮮金石總覽』 上, 龍頭寺幢竿記).

이에 의하여 당대등(후술하겠지만 이는 개정전의 호장명칭임) 김예종은 주리(州里)의 실력자였음이 명백히 드러난다고 본다. 용두사는 충북청주에 있던 사찰이다. 고려왕조 성립기에 이 지방에 우세한 호족들이 많아서 신왕조가 경계를 게을리하지 않았다는 사실은 이미 주지된 바이다.[31] 이상의 여러 사실을 종합해 볼 때 호족이 향리의 전신이었으리라는 점은 명백하라고 본다.

다음으로 향리제의 始原이 언제인가를 알아보고자 한다. 그것은 곧 호족세력이 향리로 전화되는 시기를 의미하기 때문이다. 이 문제를 해결하기 위하여 다음과 같은 기록에 주목하고자 한다.

> A) 신라말 諸邑 土人으로 능히 호령하고 읍을 다스리던 자를 고려 통합 후에는 직호를 내려 일과 백성을 다스리는 사람을 호장이라 하였다 B) 그 자제들을 서울에 인질로 두었다 C) 왕이 지방관을 파견하여 이를 감독케 하였는데 成宗때 지금의 지방관이 읍을 다스리던 자를 호장이라 하니 마침내 강등되어 향리가 되었다(『掾曹龜鑑』 권2, 『安東金氏譜』).

------

31) 이기백, 「신라사병고」, 48~49쪽.
　　하현강, 「고려왕조의 성립과 호족연합정권」, 『한국사』 4, 1977, 31쪽.
　　김광수, 「나말여초의 호족과 관반」, 『한국사연구』 23, 1979, 129쪽.
　　김갑동, 「고려건국기의 청주세력과 왕권」, 『한국사연구』 48, 1985, 33~56쪽.

A)의 내용은 고려초기의 호족에게 호장이라는 직호를 주어 지방민을 다스리게 하였다는 것이고 B)의 내용은 이른바 其人에[32) 관한 설명이다. C)의 내용을 좇으면 이것은 바로 성종2년의 지방관 파견의 사실과 호족의 지위가 떨어져 향리로 전화된 사실을 역사적으로 확인시켜 주는 것이라 생각된다. A)와 C)의 내용을 결부시켜 봄으로서 우리는 맨 처음 지방관이 파견되는 시기와 향리에의 성립이 동시에 일어나고 있음을 알게 된다. 다시 말하면, 향리제가 성립되는 시기는 고려가 지방세력의 독립성을 말살하고 이를 중앙집권적인 체계 속에 포함시키려는 강한 움직임을 보였던 성종2년이었다.[33) 때문에 호장이라는 직호는 각주에 따라 그 사용시기가 다르다고 하더라도 그것이 제도적으로 인정되는 것은 지방세력에 대한 중앙정부의 새로운 통제가 시작되

---

32) 기인에 관한 연구로는

이광린, 「기인제도의 변천에 대하여」, 『학림』 3, 1954.

김성준, 「기인의 성격에 대한 고찰(상, 하)」, 『역사학보』 10 · 11, 1958, 1959.

한우근, 「고대국가 성장과정에 있어서의 대복속민시책(상, 하)」, 『역사학보』 12 · 13, 1960.

한우근, 「여초의 기인선상규제」, 『역사학보』 14, 1961.

이우성, 「三國遺事소재 처용설화의 일분석 — 고려기인제도의 기원과의 관련에서 — 」, 『김재원박사회갑기념논총』, 1969.

33) 향리직이 개편된 것은 이상에서 밝힌 바와 같이 성종 2년이 그 시초였다. 그러나 이에 대해 약간의 의문을 제기하지 않을 수 없다. 즉 신라왕 김부에게 사심관이란 직호를 내릴때의 관계기사를 보면 '太祖十八年新羅王金傅來降除新羅國爲慶州使傅爲本州事審知副戶長以下官職等事於是諸功臣亦效之(『高麗史』 권75 選擧志3 事審官)'라 하였는데 이 기사의 내용 그대로라면 태조18년에 이미 부호장이란 향리직이 존재하고 있었던 것이 된다. 이와 같이 태조18년에 부호장이란 향리직이 존재하고 있었다면 향리의 수장인 호장의 존재도 무시할 수 없는 것이나. 그러나 성종2년에 吏職이 개편된 사실이 확인된 이상 이 기록은 대등의 오기이거나 혼용되어 왔던 것을 의미하는 것은 아닐까 한다. 이에 대해서 旗田巍씨도 「高麗의 事審官」 110쪽에서 '사심관이 설립된 태조18년 당시에 부호장이란 이직명이 있었던가는 의문이다'라고 전제하고 성종2년의 이직개편에서 종래의 대등이 부호장으로 개정되어 비로소 부호장이란 직명이 생긴 것이다' 라고 하였다. 그러나 호장의 사용시기는 각 지역에 따라 다르게 나타났다. 그것은 일정시기에 전체적인 지역에 획일적으로 실시된 것은 아니었음을 의미한다(이순근, 218쪽 참조).

는 성종2년이라고 보아야 할 것이다. 따라서 호장이 향리의 수장이라는 점을 고려한다면 고려시대의 지방행정리로서의 향리층의 성립도 그 기원을 성종2년에서 찾을 수 있을 것이다.[34] 즉

> 성종2년에 州·府·郡·縣의 吏職을 개정하여 兵部를 司兵으로 하고, 倉部를 司倉으로 하고, 堂大等을 戶長으로 하고, 大等을 副戶長으로 하고, 郎中을 戶正으로 하고, 員外郎을 副戶正으로 하고, 집사(執事)를 사(史)로 하고, 兵部卿을 兵正으로 하고, 筵上을 副兵正으로 하고, 維乃를 兵史로 하고, 倉部卿을 倉正으로 하였다(『高麗史』 권75, 선거지3 향직조).

가 바로 그것이다.[35] 그러므로 지금까지 강세를 보였던 지방세력은 성종2년의 이직개혁을 시점으로 하여 중앙기구에 편입되어 갔으며 이러한 사실의 집약으로서 향리의 제도적 성립이 이루어진다고 하겠다. 다시 말하면 고려태조 개국 당시의 다음 기사, 즉

> 고려 태조는 개국한 처음에 신라, 태봉의 제도를 참작하여 관청을 설치하고 직무를 분담하여 모든 사무를 처리하였다. 그러나 그 관직의 명칭에는 간혹 방언을 섞어 쓴 것도 있었다. 이것은 국가 창립의 바쁜 시기였기에 미쳐 고칠 겨를이 없었던 때문이다(『高麗史』 권76, 백관지1).

와 같은 혼란한 상태로부터 중앙집권 체제로의 변화 과정에서 정권의 필요상 향리직의 성립이 구축된 것이라 하겠다. 그리고 이와 같은 향리제의 성립은 이 시기에 실시된 外官의 파견과 불가분의 관계를 갖는 것이다. 즉, 12목에 설치된 지방관의 파견과 그에 따른 지방제도의 개편은 향리신분에 커다란 변

---

34) 이기백, 「고려경군고」, 『고려병제사연구』, 1968, 63쪽 에서도 향리의 기원은 이때로 보고 있다.

35) 이에 관하여 『掾曹龜鑑』에는 다음과 같이 기록되고 있다. '高麗成宗2年癸未 初置12牧 鄕吏職號 以堂大等爲戶長 以大等爲副戶長 以郎中爲戶長同正 以員外郎爲戶長副正'(『掾曹龜鑑』 권3). 이것에 의하여 우리는 지방관의 처음 파견과 향리의 제도적 성립이 동시에 일어나고 있음을 좀 더 명확히 알게 되었다고 생각한다.

동을 예고하는 것이라 보아 좋다. 다시 말하면, 이같은 사실은 왕조권력에 의한 직접적인 규제가 지방세력에 가해졌음을 의미함과 동시에 지방세력의 지배력이 본질적으로 변화했음을 의미한다고 할 수 있을 것이다. 그 변화가 어느 정도인지는 정확히 알 수 없지만 어쨌든 그들의 사회적 신분이 초기의 향호와 같은 위치로부터 지방이속으로 격하된 것만은 사실인 것 같다. 따라서 향리제도의 성립은 중앙집권체제가 확립되는 성종2년(983)에 이루어진 것이 분명하다고 하겠다. 이와 동시에 이제까지 막연하게 혼용되어 오던 신라·태봉의 관계(官階)로부터 향직이 질서있게 정비되었다.[36] 정비된 향직은 『高麗史』 선거지에 다음과 같이 나타나고 있다.

　　郷職 1품은 三重大匡과 重大匡이요, 2품은 大匡과 正匡이요, 3품은 (大丞과 佐丞이요, 4품은 大相과 元甫요, 5품은 正甫요, 6품은 元尹과 佐尹이요, 7품은 正朝와 正位요, 8품은 甫尹이요, 9품은 軍尹과 中尹이다(『高麗史』 권75, 선거지3 향지조).

　그러나 이러한 기록이 모두 향리와 관계되는 것인지, 관계된다면 호장 이하의 향리직과 어떠한 연결관계를 갖는 것인지에 대해서는 명확한 해답을 내릴 수 없다.[37] 다만 향리직과 향직 사이에 어떤 상관관계가 있지는 않을까 추측

------

36) 향직의 설정시기에 관해서 천관우, 「한인고―고려초기 지방통제에 관한 일고찰―」(『사회과학』 2, 1957), 43쪽에서 향직계는 성종14년에 중앙의 관계와는 전혀 별도로 설정되었다고 말하고 김성준, 「기인의 성격에 대한 고찰(상)」, 211쪽에서 백관지 서문의 기록을 들어 향직계는 태조때 정비되었다고 하였다. 한편, 김종국, 「高麗時代の郷吏について」(『朝鮮學報』 25, 1962), 105쪽에서 향직계는 성종14년에 문산계와 "향직계가 구분되는 깃으로부터 설정된다"고 하였다. 혹 성종2년의 이직개혁과 함께 향직계도 마련된 것이 아닐까 싶다.

37) 고려시대의 향직에 관한 武田幸男씨의 새로운 견해는 종래의 학설을 음미해 볼 기회를 마련해 주었다. 즉 향직은 군현이나 기인제도 등과 같은 권력을 드러내려는 지배기구로서가 아니고 권위에 부쳐진 질서체계라고하여 향직을 향리의 職이나 階로 해석하는 종래의 학설을 반박하고 있다 (武田幸男, 「高麗時代の郷職」(『東洋學報』 47의 2, 1964).

해 보았지만 이에 대한 적절한 해답을 찾지 못하였다. 여하간 이와 같이 제도로서 성립된 향리는 주·부·군·현을 비롯한 향·부곡·진·역 등 모든 행정구역에 걸쳐 존재하고 있었다.

성종2년에 일단 제도로서 성립된 향리는 현종·문종기를 거치는 동안 그 명칭이 더욱 세분되고 질서있게 정비되었다. 그것은 문종5년(1051)에 새로이 마련된 승진규정을 살펴봄으로써 명백해질 수 있다.

> 문종5년 10월에 判하기를, 모든 주·현의 아전들의 첫 벼슬은 後壇史이며, 두 번째 오르면 兵史·倉史가 되고, 세 번째 오르면 주·부·군·현의 史가 되며, 네 번째 오르면 副兵正으로 되며, 다섯 번째 오르면 副戶正이 되고, 여섯 번째 오르면 戶正이 되며, 일곱 번째 오르면 兵正·倉正으로 되며, 여덟 번째 오르면 副戶長이 되고, 아홉 번째 오르면 戶長이 된다. (『高麗史』 권75, 선거지3, 향직조)

위 사료에 의하여 우리는 향리의 직제가 성종2년의 성립 당시보다 확대 발전되었으며 그 들에게 九散階의 승진규정이 마련되고 있음을 알 수 있다. 그 初職은 後壇史(公須·食祿·客舍·藥店·司獄史가 이에 해당함)이고 최고의 직은 호장이다. 이것을 서열별로 표시해 보면 ①호장 ②부호장 ③兵倉正 ④호정 ⑤부호정 ⑥부병창정 ⑦州府郡縣史 ⑧兵倉史 ⑨후단사가 된다. 그러니까 이것은 직위서열별로 기록되어 있으며 최고직인 호장이 되기 위해서는 9단계의 관문을 거쳐야만 하는 것을 알 수 있다.38)

---

38) 이들이 한 계급 승진하는데 걸리는 기간에 대해서는 어떠한 곳에도 언급되지 않아 적절한 해답을 찾을 수 없다. 그렇더라도 다음 사료를 검토해 봄으로써 그 윤곽을 헤아릴 수는 있지 않을까 생각된다. '本國選官之制 京外官員三十個月 吏員九十個月 已滿許遷轉(『高麗史』 권75 선거지3) '이라 한 것을 좇으면 경외관의 일계급 승진에 필요한 기간은 2년 6개월, 吏職일 경우는 7년 6개월이었다고 한다. 이와 같이하여 향리의 승진기간도 헤아려 본다면 초직인 후단사에서 다음의 병창사가 되는데는 원칙적으로 7년 6개월이 소요되어야 했을 것이다. 그렇게 계산해 보면 향리로서 초직을 받아 최고직인 호장에 이르려면 67년 6개월의 오랜 기간을 기다려야 했다는 결론에 이르게 된다. 과연 이와 같이 오랜기간이 실제로 적용되었는지는 의문이다. 여기에서 우리는 향

다음으로 주목해야 할 것은 행정구역 전반에 걸쳐 존재하는 향리가 그 거
주지에 따라 어떻게 양상이 달라지느냐 하는 것을 규명하는 일이어야 할 것이
다. 향리에게는 그 출신지나 거주지에 따라서 종종의 제약 및 차별이 가해
지고 있었다. 이러한 사실은 다음 기록을 살펴봄으로써 그 윤곽이 드러나리라
믿는다.

> 성종2년 6월에 주·부·군·현·관·역(州府郡縣館驛)의 田을 다음
> 과 같이 제정하였다. 1000丁 이상의 주·현은 公須田 300결, 500정 이상은
> 공수전 150결·紙田 15결·長田 5결, 200정 이상은 기록이 누락되었고,
> 100정 이상은 공수전 70결·지전 10결, 100정 이하는 공수전 60결·장전
> 4결, 60정 이상은 공수전 40결, 30정 이상은 공수전 20결, 20정 이하는 공
> 수전 10결·지전 7결·장전 3결(『高麗史』 권78, 식화지1, 공해전시조).

이상에서 볼 수 있는 바와 같이 같은 천정 이상이라 할지라도 주현에서 公
須田이 300결씩이나 지급되는 데 반하여 향·부곡에는 겨우 20결에 불과한
토지가 지급되고 있다. 이것은 그들 향리의 거주지에 대한 전지지급의 실질적
인 차별이라 보아 좋을 것이다. 이들 주·부·군·현과 향·부곡 등의 사이
에는 항상 긴밀한 관계가 맺어지고 있었음에 주목해야 할 것이다. 고려초기의
주·부·군·현 및 향·부곡 등의 성립과 변동, 그리고 개편은 반드시 재지
호족의 대두·투쟁과 밀접한 관계를 갖는 것이었다.[39] 향이나 부곡이 승격하
여 군현이 되고 반대로 군현이 강등하여 향·부곡이 되는 경우 이것은 전정
이나 호구의 다과에 의한 것이라기 보다는 국가에의 은전이나 중벌에 의한
결과였음은 이미 지적된 사실이다.[40] 그러므로 그 거주지가 부곡이냐 아니냐
에 대한 사실은 당시의 고려향리들에게 있어서는 중요한 현실적 의미를 갖는

　리직이 세습되었다는 사실을 지나쳐서는 안될 것이다.
39) 旗田巍, 「高麗王朝成立期の'府'と豪族」, 38쪽 참조.
40) 김용덕, 「향·소·부곡고」, 『백낙준 환갑기념국학논총』, 1955, 213~225쪽
　　및 旗田巍, 「高麗時代の賤民制度 部曲について」 『朝鮮中世社會史の硏究』,
　　63~64쪽 참조.

것이었다. 왜냐하면 거주지가 부곡, 혹은 향·소라고 하는 것은 주·부·
군·현을 그 거주지로 갖는 향리와는 다른 특수한 사회에 속하고 있음을 표
시하는 것이 되기 때문이다. 다시 말하면 부곡이란 지금까지 연구된 바에 의
하면 죄인 혹은 죄인 취급을 받는 천민이 거주하는 곳이라 인정되어 왔기 때
문이다.41) 따라서 천민집단인 향·부곡에 거주하는 향리는 그 거주지에 따라
田柴의 차별만이 아닌 여러 가지 제약을 받았을 것이다. 실제로 다음 기록을
통하여서도 그 차별의 일각을 살펴볼 수 있다. 즉

> 崔士威가 제의하기를, '향리의 칭호가 너무 복잡하여 이제부터는 모든
> 주·부·군·현의 관리는 그대로 호장이라고 부르며, 향·부곡·진·
> 역의 관리는 다만 長이라고 불러야 할 것입니다' 하니 왕이 이를 따랐다
> (『高麗史』 권75, 선거지3, 향직조).

가 그것이다. 일반향리를 호장이라 부르고 그 이외의 특수지역에 거주하는
향리는 다만 長이라고만 부르기로 한 것이니 우선 여기에서 호칭상의 차별을
볼 수 있는 것이다. 이러한 종종의 차별과 제약 때문에 향리들은 그 거주지가
군·현으로 승격, 혹은 향·부곡으로 강등하는 데 대해서 매우 민감한 반응
을 보였던 것이라 생각된다. 이러한 사실은 다음 사료를 살펴봄으로써 명백해
지리라 믿는다.

> 전주에 가자 정지상은 영접과 인사를 각별히 하였으나 不花는 그에게
> 대단히 거만하게 대하였다. 또 接伴使 홍원철이 정지상에게 요구하는 것
> 이 있었는데 정지상이 듣지 않았으므로 홍원철이 몹시 노하였다. 불화가
> '정지상은 천자의 사절을 업신여긴다'라고 말하고 그를 구속하여 욕을 보
> 였다. 정지상은 분노하여 고함쳐 그 주의 관리들을 속이며 말하기를 '나라
> 에서 이미 奇氏 일족을 모두 처형하고 다시 원나라와는 국교를 단절하게
> 되어 재상 金敬直으로 원수를 삼고 압록강을 수비하게 하였다. 이 使者를

---

41) 김용덕, 앞의 글 187~188쪽 및 기전외, 앞의 글 58쪽 등에서 부곡은 천민집
   단이라고 규정되고 있다. 그러나 최근 새로운 견해가 대두되고 있음에 주목
   해야 할 것이다.

다루기는 아무 것도 아니다. 너희들은 무엇이 두려워 나를 구하지 않는가. 앞으로 너의 주를 조그마한 현으로 만들어 놓겠다'라고 하였다. 고을의 관리들이 왁작 떠들썩하며 들어가 결박을 풀고 데리고 나왔다. 정지상은 마침내 여러 사람을 데리고 불화·홍원철 등을 잡아 가두었다(『高麗史』 권114, 정지상전).

여기에 보이는 바와 같은 주와 현의 향리집단은 그 명칭이 호장이라 하여 동일한 것 같지만 양자 사이에는 분명 차이가 있었다. 그 향리가 소현으로의 강등을 두려워하였다는 사실로 미루어 알 수 있다. 주가 현으로 강등되는 데에 이같이 민감한 반응을 보이는 것으로 보아 기타 특수지역에로의 강등에 대해서는 더욱 더 심한 반응을 보였을 것으로 생각된다. 이들 사이의 본질적이고도 구체적인 차이가 무엇이었는지에 대해서는 자세히 밝힐 수가 없다. 그렇더라도 다음 기록을 통하여 부곡리에 가해지는 제약은 밝혀 볼 수 있으리라 믿는다.

유청신의 첫 이름은 庇이며 장흥부 고이부곡 사람이고 그의 선대도 모두 部曲吏였다. 우리나라 제도로는 부곡리는 비록 공로가 있어도 5품을 넘지 못하였다. …… (중략) …… '淸臣은 趙仁規를 따라서 진력하여 공을 세웠다. 비록 그 家世로 봐서는 5품으로 제한하여야 할 것이나 그 본인에게는 3품까지 허가한다'고 했으며 또 고이부곡을 고홍현으로 승격시켰다(『高麗史』 권125, 유청신전).

위의 내용을 따르면 國制에 부곡리는 비록 공이 있다 할지라도 5품을 넘을 수 없다고 하였다. 이것은 곧 부곡리의 품계의 상한선이 5품을 넘을 수 없다는 것을 의미한다. 위 기록이 충렬왕대의 것이기는 하지만 그렇더라도 고려조의 제반 금령과 제도가 거의 고려말기에 구체화되고 있는 점을 감안하면 그 이전부터 시행되어 오던 것이라 추정하여도 무리는 아닐 것 같다. 위 기록 중 하단부의 내용을 보면 가문 대대로 5품의 한계를 벗어날 수 없었던 품계가 규정된 상한선을 지나 3품에 허락되었고 高伊部曲은 高興郡으로 승격되고 있다. 국가가 이와 같이 은전을 베풀었다는 것은 부곡리로서의 유청신의 공로가 이러한 은급에 상당하는 것이기 때문이었을 것이다. 어떻든 유청신과 같은 특별한 경우를 제하고라도 부곡리는 5품까지 출세할 수 있었던 것이다. 따라서 부곡리의 신분은 종종의 제약을 받는다고 하더라도 良人農民보다는 상위에 속한 계층이라 보아야 하겠다.

이상에서 향리의 제도적 성립과 거주지에 따른 약간의 제약 등에 대하여 그 대강을 살펴보았다. 이제 이들 향리의 신분에 주목해 보기로 하자.

3) 鄕吏의 身分

고려초기에 있어서의 향호의 신분을 설명하기 위하여 우선 우리가 생각해야 할 것은 그들 대부분이 신라말·고려초기의 귀순호족으로서 당시의 지배층에 속하던 인물이었다는 점이다.[42] 그러나 일단 제도적인 성립을 본 향리의 신분은 강등되었다고 보아야 할 것이다. 향리는 그 직을 세습했다는 사실이 주목된다. 『新增東國輿地勝覽』에 보면

> 태조가 백제를 정벌하는데 숭선에 이르러 종군할 자를 모집하였다. 선궁이 吏로서 응모하니 태조가 기뻐하며 내린 御弓으로 인하여 이름을 받았다. 후에 공로가 있어 대광문하시중이 되었다. …… (中略) …… 長子 文奉은 三司右尹으로서 고향으로 돌아와 吏가 되고 次子 奉術은 아버지를 이어 시중이 되었다. 府의 사족과 이족이 모두 선궁의 후손이다.(『新增東國輿地勝覽』 권29 선산도호부 인물조)

라 하여 善山府吏인 선궁의 자손이 부의 士族과 吏族의 길을 두루 걸었다는 것을 밝혀 놓고 있다. 이를 통하여 알 수 있는 바와 같이 신라말·고려초기의 지방세력자 가운데에는 중앙의 사족과 지방의 이족 중 어느 것이든 임의로 선택할 수 있었던 것이다. 이것은 당시에 중앙과 지방 사이에 신분상의 특별

---

42) 有井智德, 「高麗の鄕吏について」, 『東洋史學論集』 3, 1955 및 김종국, 앞의 글 등 다수의 연구에 의해 지적된 바 있다.

한 차이가 없었음을 나타내는 것이 아닌가 한다. 말하자면 당시의 사족과 이족은 본래 동일한 조상에서 분화되었으므로 신분상의 제약을 받지 않았던 것으로 이해될 수 있다는 뜻이다. 만약 당시에 사족과 이족, 다시 말하면 중앙귀족과 지방세력자 사이에 신분상의 어떠한 차별이 가해졌다고 한다면 선궁의 두 아들은 모두 신분이 높은 어느 한 쪽에 머무르려 했을 것임은 지극히 당연하기 때문이다. 그리고 김선궁이 태조의 극진한 대우를 받는 이유는 그가 嵩善(지금의 선산)지방의 대실권자였기 때문이라는 점에는 이론의 여지가 없다.

그런데 선궁의 장자인 문봉이 환향하여 이족으로서의 부업을 계승하고 있는 것은 무엇을 의미하는 것일까? 이것은 아마도 이 시기에는 지방세력자로서의 신분이 우선적으로 세습되고 있음을 나타내 주는 것이다. 그의 자손이 대대로 숭선지방의 이족을 세습하여 벌족을 이루었다는 사실은 이에 대한 명백한 증거라 생각된다. 이제 이와 같이 향리가 세습되고 있는 구체적인 사례를 들어 그 이해를 돕고자 한다.

- 金南秀 안동인이다. 태사 선평의 후손으로 대를 이어 호장이 되었다 (『掾曹龜鑑』 권2, 관감록).
- 영가향리의 권·김 양성은 태사의 후예이다. 태사의 후손으로 호장이 된 이는 셀 수 없이 많았다(『안동향손사적통록서』).
- 李長庚 성주 호장이다. 신라조에 충신 호장 극신의 후손이다. 조부는 敦文이고 부는 得嬉로 모두 호장이었다(『掾曹龜鑑』 권2, 관감록).43)
- 鄭宗殷 신라 사람이다. 阿達王 때 일 때문에 仁同 若木縣으로 폄하되었다가 후에 監汀 호장이 되었다. 감정은 영일의 옛이름이다. 후손 玄卿이 호장이 되었다(『掾曹龜鑑』 권2, 관감록).
- 李永 자는 大年으로 安城 호장이다. 처음에 아버지가 돌아가시자 부업을 잇기 위하여 吏가 되었다.
- 李自成 井邑 監務이다. 증조부는 允卿이고 조부는 孝進으로 모두 韓山 호장이었다. 아버지 昌世도 역시 호장이었다.

---

43) 『朝鮮金石總覽』 상, 633쪽의 이조년 묘지에는 '公姓李氏 諱兆年 字元老 京山府龍山里人也 曾祖諱敦文 祖諱得禧 考諱長庚'이라하여 이들이 대대로 경산부 (지금의 성주)의 향리를 세습하고 있음을 나타내고 있다.

• 安永和 興州 호장이다. 문하시중이 그의 계부이다. 아들 得財 손자 希諝
는 대대로 호장이 되었다. 증손은 급제하였으나 은둔하고 벼슬하지 않
았다(同上, 관감록).[44]

위에서 인용한 사료에 의하여 우리는 향리가 세습되고 있는 일면을 볼 수
있었다. 이것을 좀더 알기 쉽게 설명하기 위하여 상하의 연결이 비교적 상세
하게 나타나 있는 안동지방 권씨의 가계를 도표화해 보기로 하자.

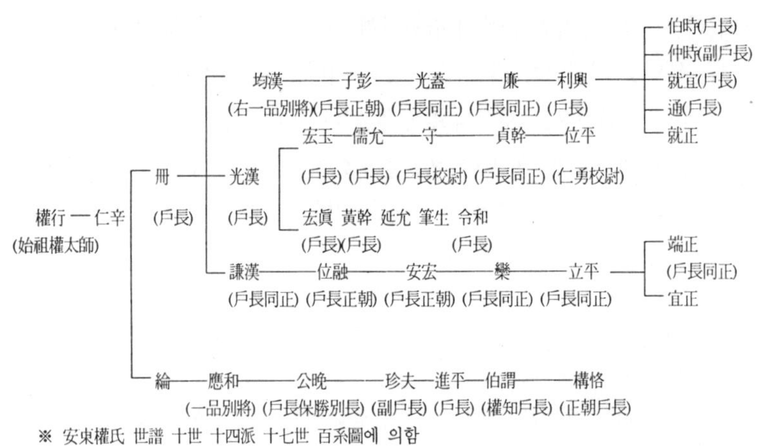

※ 安東權氏 世譜 十世 十四派 十七世 百系圖에 의함

도표에 나타난 안동권씨의 시조 권행은 성주 김선평과 더불어 안동지방의
대호족이었다는 것은 이미 밝혀진 바 있다.[45] 그리고 그 자손인 冊이 스스로
안동지방의 향리가 되었음도 앞에서 살펴본 바와 같다.

---

44)『朝鮮金石總覽』상, 647쪽의 안축묘지에는 安軸 字當之 福州興寧縣人 曾祖得
財 祖希諝俱爲本郡戶長 考碩及第 遂隱不仕 軸生而穎悟 力學工文中第 …… (中
略) …… 忠肅被留于元 軸謂同志曰 主憂臣辱 主辱臣死 乃上書訟王無他 王嘉之
…… (中略) …… 出牧尙州時 母在興寧 軸往來以盡孝 處心公正 持家勤儉 嘗
曰 吾平生 無可稱 四爲士師 凡民之屈抑爲奴者 必理而良之(『高麗史』권109, 安
軸傳) 라고 하였는데 복주와 흥녕은 각각 지금의 안동과 순흥으로서 순흥안
씨의 출신지였다.
45) 본장 제2절 참조.

책의 세 아들인 均漢·光漢·謙漢은 각각 右一品別將·호장·戶長同正으로서 향리직을 보유하고 있었다. 여기 보이는 우일품별장이란 고려의 州縣軍 가운데 일품군의 장교를 일컫는 것인데 이에 관해서는 『高麗史』의 병지에 다음과 같이 기록되고 있다.[46]

> 모든 주에서 1품 別將이면 副戶長이상으로, 校尉이면 兵倉正·戶正·食祿正·公須正으로, 隊正이면 副兵·倉正·副戶正·여러 壇正으로, 궁술과 시험을 쳐서 뽑아 보충하기로 결정하였다(『高麗史』 권81, 병지1).

이에 의하면 일품별장은 부호장 이상의 향리직을 보유한 자에 한하여 임명될 수 있는 것임을 알 수 있다. 그러므로 책의 장자인 균한이 우일품별장이었다는 것은 곧 그가 향리직의 한 부서인 부호장 이상의 직책을 가지고 있었음을 의미하는 것이다. 그런데 여기서 우리가 의문을 갖는 것은 그가 왜 우일품별장직을 가졌는가 하는 것이다. 이에 대해서는 명확한 해답을 내릴 수는 없지만 그렇더라도 균한의 부인 책이 호장으로서 생존하고 있는 동안 우일품별장직을 맡고 있던 균한이 사망하였기 때문에 次子인 광한이 부의 호장직을 그대로 세습한 것이 아닐까 하는 추측은 해볼 수 있다.[47]

그리고 광한에 대해서는 호장이 향리직의 수장이었던 만큼 그 신분에 대해서는 많은 말을 필요로 하지 않는다. 또 3자인 겸한도 호장동정으로서 향리직의 어떤 질서체계 속에 포함되고 있음을 알 수 있다. 이어서 책의 조카인 應和를 살펴보면 이 역시 일품별장으로서 부호장 이상의 향리직을 보유하고 있는 것으로 나타난다. 또한, 균한의 직계자손인 子彭·光蓋·廉·利輿 등이 모두 戶長正朝·호장동징 등과 같은 향리직을 갖고 있으며 광한·겸한의 자손들도 모두가 향리직과 관계를 맺고 있다. 이것은 향리가 그 직을 세습하고 있음

---

46) 一品軍에 관하여는 이기백, 「고려주현군 연구」, 『고려병제사 연구』, 1968, 220～226쪽 참조.
47) 혹 지방에서의 군사권에 대한 중요성이 호장으로서 右一品別將職을 兼帶하게 했던 것은 아닐까.

을 보여 주는 명백한 실례가 될 것이다. 그러므로 위에 인용한 사료에 나타난 사실을 통하여 고려의 향리가 그 직을 세습하고 있었음을 알 수 있게 되었다.

향리직이 세습되었다고 하는 것이 확인되었다고 하더라도 우리의 주목을 요하는 문제는 아직도 많다. 예컨대, 향리자손의 증대에 따른 향리직의 부족이라든가 향리직의 적장자상속의 문제 등이 그것이다. 여기에서 다음과 같은 추측을 해볼 수 있을 것이다. 즉 향리자손의 증대에 따른 향리직의 부족을 메우는 방법으로서 호장동정·호장정조 등의 직호를 사용하지는 않았을까 하는 것이다. 동정직은 이미 밝혀진 바와 같이 일종의 散職으로서 고려의 관제가 대폭 정비되던 성종대 이후, 그에 따라 관인층이 급격히 형성되는 상황 속에서 등장하는 관직이다.[48] 성종대는 앞에서도 언급한 바와 같이 고려시대의 제반제도가 정비되고 외관이 파견되는 등 적극적인 관료체제의 확립을 추진하던 시기였던 만큼 보다 많은 관직의 제수가 요청되었을 것임은 지극히 당연한 일이다. 이러한 시기와 상황하에서 이루어진 동정직의 제수는 이미 지적된 대로 정직 제수의 수적인 한계성을 극복하기 위하여 취해진 조치였을 것이라 생각된다.[49] 이러한 추측을 전제로 하면 향직의 제수에 있어서 '호장동정' 등의 명칭이 주어진 것도 향리직의 세습이란 원칙하에서 향리자손의 수적인 증가와 그 한계성을 극복하기 위해서 취해진 조치였다고 보아 좋을 것이다. 다음 '호장정조'란 무엇을 의미하는 것일까? 다음과 같은 기록에 의하면 향리와 관계되는 어떤 질서를 표시하고 있음을 알 수 있다.

> 향직 1품은 三重大匡과 重大匡이요, 2품은 大匡과 正匡이요, …… (中略) …… 7품은 正朝와 正位요, 8품은 甫尹이요, 9품은 軍尹과 中尹이다(『高麗史』 권75, 선거지3, 향직).

이러한 기록에 따르면 정조는 향직 7품에 해당하는 것임을 알 수 있다. 그

---

48) 김광수, 「고려시대의 동정직」 『역사교육』 11·12 합집, 『김성근박사환력기념논총』, 1969.
49) 김광수, 「고려시대의 동정직」, 118~120쪽 참조.

리고 또 다른 기사

> 지금 호장 별장 전지를 살펴보면 軍尹·大相·正祖는 모두 고려 糾吏
> 職의 명칭이다(『掾曹龜鑑』권2, 관감록).

에 의하면 그것이 향리의 직명임을 알 수 있다.[50] 그러므로 향직이 비록 향리에게만 국한된 어떤 권력구조가 아니고 고려라는 사회에서 하나의 특수한 신분적 질서체계를 의미할 것이라는 의견을[51] 그대로 받아들인다 할지라도 '정조' 앞에 호장이란 명칭이 붙는 이상 이것은 적어도 향리와 관계되는 어떤 질서체계를 의미한다고 보아 좋을 것이다. 따라서 호장동정이 향리자손의 수적인 증가와 이직의 한계성을 극복하기 위해 주어진 것이었다면 호장정조도 그와 비슷한 성격으로 이해될 수도 있지 않을까?

다음으로 주목을 요하는 것은 향리직의 세습에 있어 적장자상속법칙의 적용여부에 관한 문제이다. 앞에 인용한 선산지방의 호족 김선궁의 장자인 文奉의 경우를 보면 그가 향리의 신분을 우선적으로 세습하고 있어 향리직의 적장자상속의 가능성을 시사하여 주었던 것이다. 그러나 위에 인용한 안동권씨의 세보에 따른다면 이 법칙은 무너지게 되는 것이다. 전술한 바와 같이 안동권씨 가운데 처음으로 호장직을 맡은 책과 그의 장자 균한과의 관계를 보면 아버지 책은 호장이었는데 장자인 균한은 우일품별장직을 가졌던 것으로 나

---

50) 『高麗史』선거지 향직조의 기록을 보면 正朝란 향리의 품계(7품)로 이해되고 있으나 『掾曹龜鑑』에는 '糾吏職名'이라고 표기되어 혼돈을 일으키게 한다. 그렇더라도 이 양자 모두가 향리와 관계된다는 것이 분명한 이상 호장정조는 향리와 관계되는 어떤 질서임이 확실하다고 보아 좋을 것이다. 혹은 호장으로서 정조의 품계를 받는 것은 아닐까?
그런데 최근 이수건 교수는 호장정조는 매해 정월 초하루를 기해 해당읍을 대표하여 예궐숙배하는데서 부쳐진 칭호라고 하였다(이수건, 「조선향리의 일연구」, 『영남대 문리대학보』2권, 61쪽). 그러나 이것이 조선조 향리에 관한 것이고 또 그 쓰임이 세조이후부터라하니 이것을 고려초기까지 소급·적용해야 할런지는 의문이다.
51) 武田幸男, 「高麗時代の鄕職」, 『東洋學報』47～2, 1964, 192쪽 참조.

타났다. 일품별장이란 물론 부호장 이상의 향리직을 보유한 자가 임명될 수 있는 것이기는 하다. 그렇더라도 균한이 향리직을 그대로 세습하였다면 호장으로서 남아 있는 것이 더 자연스럽지 않았을까? 때문에 우리는 향리직에 있어 이직은 세습되더라도 적장자상속의 원칙은 적용되지 않았을지도 모른다는 추론을 해보는 것이다. 이와 같이 향리는 세습에 있어 문제를 남기고는 있지만 드러난 여러 개의 사료에 의하여 그 직이 대대로 세습되고 있었음이 확인되었다고 생각한다.

그러나 이들 향리의 신분이 세습되었다고 하여 전혀 유동성이 없는 것은 아니었다. 다시 말하면 향리는 신분체제 안에서는 이직으로서 세습의 범위를 벗어날 수 없는 것이었지만 그들은 과거라는 관문을 통하여 곧잘 관료기구에 편입될 수 있었던 것이다. 예컨대

> 각 주현의 副戶長이상의 손자와 副戶正이상의 아들로서 제술과 명경과 시험을 보려 하는 사람은 그 곳의 관에서 시험쳐 보고 서울에 천거하면 尙書省과 國子監에서 심사하되 그 지은 試賦가 격에 어긋나거나 명경에서 한 두 机도 읽지 못할 경우에는 그를 시험쳐 천거한 관원에게 죄를 줄 것이다. 의술과 같은 것은 광범하게 학습시킬 필요가 있으므로 戶正이상의 아들에게 한하지 말라(『高麗史』 권73, 선거지 과목1).

라는 사료에 의하여 향리가 일반 백성과는 달리 취급·대우되고 있음은 물론 그들에게 과거응시자격, 다시 말하면 관계진출의 기회가 마련되고 있음을 알 수 있게 되었다. 이것은 이들에게 있어서 무엇보다 중요한 의미를 주는 것이었다. 예컨대 성종6년의 敎에

> 가을 8월에 敎하기를, …… (中略) …… '이제 경전·의서들에 통달한 학자와 공부에 열성이 있는 자들을 선발하여 12목에 각각 경학박사 1명·의학박사 1명씩을 파견하였다. …… (中略) …… 마땅히 諸州, 郡, 縣의 長吏나 百姓으로 學問을 가르칠만한 아들이 있으면 잘 훈계하여 힘써 師資를 독실히 하게 할 것이다. 혹시 그 父母가 國風을 알지 못하고 家産만 經

營하니……'(『高麗史』 권3, 성종6년 8월).

이라 하여 12목에 경학·의학박사 각 1명을 파견한 것을 알 수 있다. 이는 지방의 長吏·백성, 즉 지방호족의 자제를 교육하게 하기 위한 성종의 배려라고 하여 좋을 것이다. 뿐만 아니라, 고려시대의 관료 가운데 많은 사람이 과거를 통해 중앙관계에 진출한 향리신분이라 함은 이미 밝혀진 사실이다.[52] 이것은 고려초기의 호족의 大官顯族的인 성격이 그대로 향리에게 이어져서 그들의 신분이 본질적으로 높은 것이었음을 의미한다. 이제 향리가 과거를 통하여 중앙관계에 진출하고 있는 사례를 들어 살펴보기로 하자.

- 崔亮은 경주사람이니 성품이 寬厚하고 글을 잘 지었다. 문종때에 과거에 급제하여 攻文博士로 임명되었다. 성종이 潛邸에 있을 때 그를 불러다가 師友로 삼았고 즉위하자 드디어 등용하였는데 그는 인망이 매우 높았으므로 누자 승신뇌어 左散騎常侍·參知政事 겸 司衛卿으로 되었다(『高麗史』 권93, 최량전).
- 徐熙의 어렸을 때의 이름은 廉允이니, 內議令 徐弼의 아들이다. 그는 성질이 엄정하고 성실하였다. 광종11년에 그의 나이 18세로서 甲科에 급제한 후 차례를 뛰어 廣平員外郞벼슬에 임명되었으며 그후 여러 번 승진하여 內議侍郞이 되었다(『高麗史』 권94, 서희전).
- 崔冲의 字는 浩然이니 해주 대영군 사람이다. 그는 풍채가 훌륭하고 지조가 견실하였다. 어릴때부터 공부하기를 좋아하였고 글도 잘지었다. 목종8년에 과거에 장원급제하였다.(『高麗史』 권95, 최충전)
- 李永의 字는 大年이니 안성군 사람이다. 그의 아버지 李仲宣은 그 군의 호장으로 있었다. …… (中略) …… 숙종때에 乙科에 급제하고 直史館으로 임명되었다(『高麗史』 권97, 이영전).
- 朴義臣(『掾曹龜鑑』 권2 관감록)
- 鄭襲明은 영일현 사람이니 지개가 탁월하고 외모가 훤칠하였다. 공부에 힘써 글을 잘하였으며 鄕貢으로서 과거에 급제하여 내시에 배속되었다.

---

52) 김종국, 「高麗時代の鄕吏について」, 133쪽 및 김성준, 「기인의 성격에 대한 고찰」 참조..

인종 때에 여러 번 벼슬에 올라 國子司業의 起居注知制誥로 임명되었다
(『高麗史』권98, 鄭襲明전).

• 崔陟卿은 완주의 관리였다가 과거에 급제하였다. 의종 초년에 경산부
판관으로 임명되었는데 성품이 청렴하고 깨끗하여 관리와 백성들이 그
를 사랑하고 두려워하였으나 관직의 임기가 만료되어 서울로 돌아왔다
(『高麗史』권99, 崔陟卿전)

• 韓安仁의 字는 子居요, 이전 이름은 皦如이니 단주 사람이다. 그의 아버
지 韓圭는 鄕貢으로서 과거에 급제하였으며 戶部侍郞 벼슬까지 지냈다
(『高麗史』권97, 韓安仁전).

위에 인용한 것들은 향리로서 과거에 급제하여 중앙관계에 진출하는 사례
이다. 이들을 일일히 열거하지 않고 표로 만들어 제시하면 <표 1>과 같다.

<표 1>은 향리제가 성립되는 成宗으로부터 무신의 난이 일어나기 전인 毅
宗까지를 중심으로, 과거를 통하여 중앙관계에 진출한 향리를 모아 도표화한
것이다.53) 이것을 통하여 우리는 향리의 신분이 무신난 이전까지 정치적, 혹
은 사회적으로 상위에 속하고 있었음을 알 수 있다. 이러한 생각은 향리의 신
분배경이 지방세력자의 후신이란 점에서 가능할 수 있다고 믿는다. 그러므로

---

53) 향리는 이와 같이 과거를 통하여 중앙에 진출하고 있었지만 반면 과거를 통
하지 않고도 중앙관계에 나아가고 있는 사례도 적지 않았다. 고려초기의 그
러한 사실을 모아 표로 만들어 보면 다음과 같다.

성종－의종년간 非登科로 중앙에 출사한 자

인명	연대	출신지	최고관직	전거
李周憲	成宗	祥原	尙書右僕射	『掾曹龜鑑』
郭 尙	宣宗	淸州	樞密院左丞宣	『高麗史』
金 珦	仁宗	安東	兵部尙書同知樞密院事	『掾曹龜鑑』
許 載	睿宗	孔岩	中軍鑑事	『高麗史』
梁元俊	仁宗	忠州	殿中侍御事	『高麗史』
金巨公	?	原州	知門下省事戶部尙書	『高麗史』

이와 같은 사실은 향리의 사회적 신분이 높았음을 의미하는 것이 아닐까 한
다.

<표 1> 成宗~毅宗年間의 鄕吏出身登科者

人名	年代	最高 官職	典 據
郭元	成宗	中樞直學士	高麗史 卷94 列傳7
崔沆	成宗	平章事	高麗史 卷94 列傳7
崔元信	成宗	小 卿	登科錄
姜民瞻	穆宗	知中樞事兵部尙書	高麗史 卷94 列傳7
崔冲	穆宗	門下侍中 中書令	高麗史 卷95 列傳8
徐訥	成宗	侍 中	登科錄
李永	肅宗	直史館	高麗史 卷97 列傳10
韓圭	睿宗	戶部侍郞	高麗史 권97 列傳10
韓冲	仁宗	樞密院副使	東國輿地勝覽
李俊陽	仁宗	中書侍郞平章事	東國輿地勝覽
拓俊京	仁宗	吏部尙書參知政事	高麗史 卷98 列傳11
崔濡	仁宗	中書門下 平章事	高麗史 卷98 列傳11
朴義信	仁宗	工部尙書	掾曹龜鑑
崔婁伯	毅宗	翰林學士	掾曹龜鑑

고려초부터 계속되어 온 지방세력의 우위성이 이직으로서 세습됨을 원칙으로 하고, 과거라는 관문을 통하여 아무런 제약도 받음 없이 중앙관계에 진출할 수 있게 하였다고 보아 좋을 것이다.

향리의 사회적 신분은 그들의 혼인관계를 살펴보므로서 더욱 잘 이해될 수 있을 것이라 생각한다. 즉 이에 대해서는

· 州吏 金祚의 딸은 萬宮이다. …… (中略) …… 호장 金諡에게 시집갔다 (『新增東國輿地勝覽』 권28 상주목 인물조)
· 상주 營吏 李三億의 처 권씨는 안동영리의 딸이다.(『掾曹龜鑑』 권1 관 감록)
· 최씨는 영암군 선비 仁祐의 딸로서 진주 호장 鄭滿에게 시집갔다(『高麗史』 권121, 열녀전).
· 공의 휘는 軸이고 비는 興寧郡 太夫人 안씨이다. 檢校軍器監 成器의 아들이다(『朝鮮金石總覽』 상, 647쪽, 안축묘지).

등이 구체적인 사례가 될 것이다. 이러한 기록에 의하면 향리는 향리상호간이나 혹은 학문과 덕망이 높은 그 지방의 士人族들과 더불어 혼인을 행하고

있었음을 알 수 있다. 그러므로 향리는 향리상호간의 통혼을 일반적인 것으로 하되 경우에 따라서는 그들보다 신분이 높은 사인들과의 통혼도 성립될 수 있었다고 보아 좋을 것이다. 이러한 것은 태조 왕건이 통합정책의 일환으로 취했던 對호족혼인 관계를 생각해 보면 쉽게 긍정할 수 있으리라 본다.54) 물론 성종2년 지방관이 파견된 이후의 향리신분과 고려초의 독립적인 성격이 강했던 향호신분과는 동일시할 수 없다 할지라도 그들이 고려초 향호의 후손임이 분명한 이상 그 신분적 속성을 전혀 배제할 수는 없을 것이다. 따라서 향리는 일반 백성과는 달리 지배신분층으로 취급되고 있었으며 이러한 사실은 다음 사료가 뒷받침되어 명백해질 수 있다고 본다.

> 電吏·杖首·所由·門僕·注善·幕士·驅史·大丈등의 자손은 군인 자손이 모든 과거에서 벼슬길을 택하는 예에 의하여 과거에 응하게 하되 제술·명경의 양 대과에 합격한 사람은 5품에 한하여, 의복·지리·율학·산학의 과거에 합격한 사람은 7품에 한하여, 만일 의지가 굳고 바르며 절도가 있기로 이름이 있으며 성적이 특수한 사람으로서 대과·갑과·을과에 뽑힌 사람이면 淸要 吏民職의 벼슬을 허락하며, 丙科·同進士는 3품직을 허락하며, 의복·지리·율학·산학의 과거는 4품직을 허락할 것이요, 과거에 오르지 못하고 벼슬에 임명된 사람은 7품직에 국한하되 현손에 이르러서 일반과 같이 벼슬할 것을 허락한다(『高麗史』 권75 선거지3 한직).

이 사료는 전리·장수·소유·문복 등 雜路人 자손과 군인자손으로서 과거에 합격한 자에게 일정한 한계가 가해지고 있는 것을 보여주고 있다. 이들 잡로인은 이미 밝혀진 바와 같이 관아의 말단이속이거나 혹은 관리에게 분급된 자들로서 잡다한 기능역의 직임을 맡고 있었던 것이라 풀이된다. 잡로인에게 그와 같은 제약이 가해지고 있는 반면 향리에게는 그러한 제약이 없다. 따라서 이들 향리가 성종2년의 이직개편을 시점으로 하여 중앙정부에 의해 적

---

54) 江原正昭,「高麗王族の成立—特に太祖の婚姻を中心として—」,『朝鮮史研究會論文集』2, 1966.

극적인 통제를 받았다고 해서 전반적으로 신분이 저하되었다고 할 수는 없다. 향리신분의 세습, 과거에의 자유로운 응시, 과거 합격자의 제한 없는 승진, 이러한 모든 것은 향리의 신분이 고려의 신분질서 내에서 우위에 속하고 있었음을 짐작케 해 주는 것이라 하겠다.

4) 鄕吏의 職任

이제 향리의 직임이 무엇이었던가를 살펴보아야 할 것이다. 그들은 각기 거주하는 장소에 따라서 주리·부리·읍리·군리·역리·부곡리 등으로 표기 하고 있다. 예컨대

- 崔冲의 字는 浩然으로 海州인이며 아버지 溫은 본주의 吏였다(『掾曹龜鑑』 권2, 관감록)
- 李兆年의 字는 元老이니 경산부 사람으로 아버지 李長庚은 본래 경산부 관리였다(『高麗史』 권109, 열전22 및 『朝鮮金石總覽』 상, 633쪽, 李兆年墓誌).
- 李穀의 字는 中父이며 처음 이름은 藝白이니 한산군 관리인 自成의 아들이다(『高麗史』 권109, 열전22).
- 鄭芝衍은 하동현리 國龍의 아들이다. 비로소 起家하여 첨의찬성이 되었고, 五世孫은 麟趾이다(『掾曹龜鑑』 권2 관감록).
- 柳淸臣의 첫 이름은 庇이며 장흥부 고이부곡 사람이고 그의 선대도 모두 部曲吏였다(『高麗史』 권125, 열전38).

가 그것이다. 이를 통하여 보면 향리는 주·부·군·현은 물론 향·부곡 등의 특수 행정단위에 거주하면서 각기 거주하는 구역의 신분명칭을 사용하였음을 알 수 있다. 이와 같이 모든 행정구역에 걸쳐 존재한 향리는 대체로 어떠한 직임을 맡고 있었을까? 이 문제의 해결을 위하여 다시 앞에 인용한 성종2년의 이직개정 사실을 상기할 필요가 있을 것이다. 즉 병부를 사병으로, 창부를 사창으로, 당대등을 호장으로, 대등을 부호장 등으로 개정한 것이다.

이것을 통하여 우리는 마치 중앙의 6부를 압축해 놓은 것 같은 司戶[55] 司兵 司倉의 3사와 실무를 분장하여 그 기능의 원활을 꾀하는 호장 이하 창정이 존재하고 있음을 살필 수 있었다. 이것들을 중앙의 6부와 연결시켜 본다면 사호는 그 표시하는 바 명칭에서처럼 吏部의 역할을 사병은 병부의 역할을 했을 것이라고 쉽게 연상할 수 있다. 그리고 사창은 아마도 징수된 조세를 보관하는 구실을 했을 것이므로 사창은 창부에 해당하는 것이라고 할 만하다. 그리고 향리의 직임으로서 구체적인 것은 향리의 수장인 호장을 통하여 밝혀질 수 있으리라 믿는다. 호장은 주·부·군·현·리의 장으로서 향리사회의 상층부를 구성하는 우두머리였다.[56] 호장의 직임과 관련하여 가장 먼저 생각할 수 있는 것은 매년 정월 초하루를 기해 각 읍의 우두머리 호장이 그 주현을 대표해서 詣闕肅拜하는 것이다. 이에 관해서는

매년 새해 아침에 각 관의 守令은 호장을 보내어 문안인사를 하는데 이

---

55) 金種國, 「高麗時代の鄕吏について」, 『朝鮮學報』 25, 1962에서 司戶라는 용어를 사용하고 있어 도움을 받았다. 그런데 『新增東國輿地勝覽』 권21 경주부 名宦 權呾 항에 '權呾爲留守 舊有一庫 賊民綾羅貯之 名甲坊 充貢獻 贏餘甚多 皆爲留守所私呾撤甲坊 以一年所收支三年貢 司戶有盜民租者 碎其腦千庭 觀者股慄'라는 기록이 있다. 이로 미루어 보면 사호라는 용어가 『高麗史』에는 보이지 않지만 실제로 존재했을 가능성은 크다고 하겠다. 이기백 교수에 의해 도해된 다음 표는 참고된다.

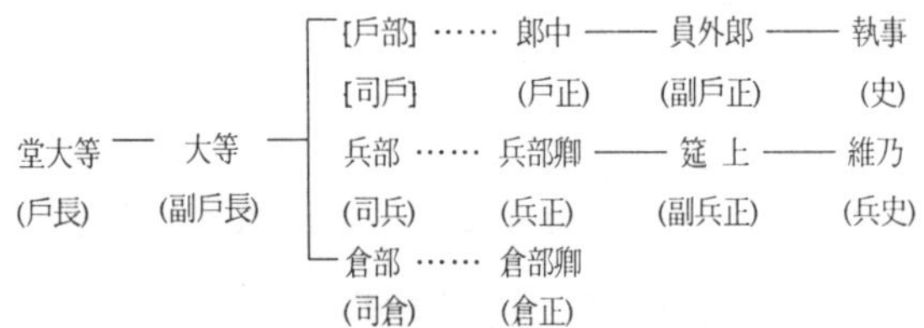

[ ]는 추정명칭, ( )는 改編後名稱

(「新羅私兵考」, 『新羅政治社會史研究』, 一潮閣, 1974, 266쪽).

56) 호장의 종류에 따라서는 一般戶長·戶長正朝·安逸戶長·攝戶長·上戶長·權知戶長 등이 있어 그 명칭에 따라 권한과 지위가 달리 나타나고 있는 바 일반적인 승급경로는 부호장→섭호장(권지호장)→상호장의 순이다.

는 聖節使·冬至使와 같다(『掾曹龜鑑』 권1 戶長疏).

든지 또는

> 지방의 관리들이 매해 정월 초하룻날 물건을 올리는 것은 바로 온 나라
> 가 설날을 축하하는 의식인 것입니다(『太宗實錄』 권32, 16년).

라고 하였다. 여기서 예궐숙배가 뜻하는 바는 마치 제후가 천자에게 聖節使 혹은 冬至使를 파견하는 것과 같다고 하였다. 위와 같은 기록은 아마도 지방관 파견 이후의 것으로서 호장이 각읍 수령을 대신해서 파견되고 있는 것에 관한 기록일 것이다. 그렇다면 지방관이 파견되기 이전에는 호장이 주체적 입장에서 예궐숙배하는 절차가 있었을 것이다. 다음 기록은 이를 뒷받침한다고 생각된다.

> 매년 정월 초하루가 되면 諸邑의 首吏가 ……(中略)…… 궐문 밖에 와
> 서 肅拜한다(『經國大典』 禮典 朝儀)

여기에서 말하는 여러 읍의 首吏는 물론 주읍을 비롯한 속현들을 망라한 지역의 호장을 의미할 것이다. 그러니까 고려시대 이래로 계속되어 온 호장의 예궐숙배의 풍습은 시대를 따라 약간의 변천은 있었을 것이나 대체로 고려를 지나 조선조까지도 계속되어 온 것으로 보인다.57)

---

57) 다음 기록을 통해 호장의 예궐숙배때 모습을 구체적으로 살펴 볼 수 있을 것이다. 즉 영조25년의 다음 기록은 참고되리라 믿는다. 正月朔質明 自邸留具章服 往闕門外 列邑戶長齊會 有頃 承旨司謁趨出 使閽者洞開門 遂四拜 司謁傳旨曰 皆無事上來耶 因曰 有欲言邑瘼者言之 皆府首對曰無有 司謁遂趨入 已而 又出曰 某某邑戶長入侍事 傳旨 臣慶番邑亦厠此中 遂與諸戶長 隨司謁閱重門到陛下 ……(中略)…… 命自外宣醞 有官奉命趨出諸戶長亦問對有差 因命退 臣與諸戶長 行曲拜之禮 趨出至門 司謁設席具酒盤 招尙州戶長 以御命賜之(『掾曹龜鑑』 권1 感恩詩幷序).
왕이 이처럼 각읍 호장의 하례를 직접 받고 또 그들의 노고를 위로하였다는

　그러나 향리의 신분이 많은 변질을 가져 왔다고 하는 조선시대에도 저와
같은 호장의 예궐숙배가 있었다면 고려시대까지 소급해 볼 수도 있지 않을까
생각된다.58) 그것은 고려 호장의 전신이 대호족이었고 또 그대로 재지세력을
형성하고 있었다는 사실로 해서 고려시대의 호장은 국왕과 面待할 수 있는
기회가 더 많았을 것이라 짐작되기 때문이다. 이에 관해서 다음 기록을 주목
할 필요가 있다.

> 　매해 정월 초하루면 모든 고을의 首大가 경사가 있을 때면 임금의 집안
> 과 관련한 모든 고을들의 수리가 각각 한사람씩 대궐문 바깥에 와서 절하
> 는 의식을 진행한다.(『經國大典』 禮典 朝儀)

　이것은 호장의 상경숙배의 범위를 법제화한 經國大典의 규정이다. 이처럼
호장의 상경숙배의 범위가 규정되었다는 것은 무엇을 의미할까. 이것은 적어
도 국가의 경조사에 거의 빠짐없이 호장이 상경숙배했을 가능성을 의미한
다.59) 실제로 국가의 경조사가 있을 때마다. 列邑戶長이 다투어 와서 축하함
이 번잡하였다는 사실60)이 이를 말해 준다. 이러한 것을 종합해 볼 때 고려시
대의 호장은 정월 초하루의 예궐숙배 이외에도 경조에 상경숙배 하였으리라
짐작하여 좋다고 생각한다.
　또한, 향리의 직임으로서 주목되는 것은 조세 징수의 과정에 나타난 호장
－향리－의 역할이다. 고려시대의 경제적 기본은 토지였고 또 이 시대의 주

것은 물론 정치적 의도를 다분히 지니고 있기도 하겠지만 그보다는 지방에
있어서의 호장의 존재를 간과할 수 없기 때문이었다고 생각된다. 위의 자료
는 영조25년때의 것으로 고려와는 시간적으로 먼 거리를 두고 있지만 고려시
대까지 소급해도 무리는 없다고 본다.

58) 이수건, 「조선조 향리의 일연구－호장에 대하여」, 『영남대 문리대학보』 2의
　　2, 1974, 73쪽 참조.
59) 慶州戶長案에 의하면 正朝肅拜 이외에 왕 또는 왕비의 喪故 등 慶弔事에도 上京
　　肅拜한 것으로 나타난다. 이것은 비단 경주호장의 경우에만 국한된 것은 아니었
　　을 것이다. 당시 각지방의 호장에게는 똑같이 적용되었을 것이라 생각된다.
60) (禮曹啓) 闕內有慶事 則疏遠御 鄕人吏 爭先來賀(『세종실록』 권59, 15년 3월)

산업은 농업이었던 만큼 조세의 징수는 향리의 기본적인 임무였다고 할 수
있다. 실제로 향리가 조세징수에 참여한 것으로 보이는 기록을 들어 보면 다
음과 같은 것들이 있다.

> …… 巡訪使가 결정한 땅세는 해마다 州郡들에게서 그 정액대로 거두
> 게 되는데 권세 있는 집에서는 바치기를 거절하므로 시골 백성들이 꾸어
> 서 그 숫자를 채우게 되는 것이 한정없이 많은 양으로 되어 자기 생업을
> 잃고 정처없이 떠나가게 되었으니 세를 바치지 않는 자는 권세와 지위가
> 있는 자라 할지라도 그냥 두지 말고 살펴 따져서 나에게 보고하도록 할
> 것이다(『高麗史』 권78, 식화지 전제).

이에 의하면 향리는 조세의 징수는 물론 그 감면의 직임도 갖고 있었던 것으
로 보인다. 즉 위에 인용한 사료에 보이는 三司 혹은 有司의 주장은 그들이 직
접 水害를 당한 지역을 답사하고 그 결과에 의해서 비롯된 깃이라기보다는 그
지방의 조세징수의 책임을 맡고 있는 향리의 역할에서 비롯되었을 것이라는
점이다. 물론 전조징수의 최종 책임자는 중앙에서 파견된 지방관일 것이지만
실제로 전조를 수령하는 역할은 향리에 의해서 가능했을 것이다. 따라서 향리
는 전조징수의 책임을 이행함에 있어 누구보다 지방민의 사정을 잘 이해하고
그에 대비함에 소홀하지 않았을 것이라 생각된다. 그것이 지방관을 통하여 중
앙에 전달되어 삼사나 유사가 그러한 조치를 취하게 된 것이라 보면 어떨까?
그렇다면 향리는 전조의 수탈만을 자행하는 수탈자의 역할보다는 일반 백성의
편에서 그들의 조세를 합리적으로 감면해 주는 등과 같은 역할을 하였다고 보
아 좋을 것이다. 이러한 조세감면의 조치는 주·군 뿐만 아니라 향·부곡에도
미치고 있었다. 이와 아울러 향리는 貢賦徵收의 책임도 지고 있었다.

> • 知密直司事 韓康을 충청도 교주도에 파견하여 군마의 사료를 장만하게
> 하였다. 당시에 경상도 轉輸別監은 기한을 정해 놓고 빨리 운반하라고
> 심히 급하게 독촉하였으므로 백성들이 모두 도망가고 숨어버려서 고구
> 현의 관리(高丘縣吏)는 기한이 늦어져서 죄를 짓게 될 것을 두려워 한

나머지 스스로 목을 매어 죽었다(『高麗史』 권29, 충렬왕7년).
- 각 도에서 지난해 공부의 남은 부분을 추가하여 징수하였더니 縣吏 가
  운데에는 그 고통을 견디지 못하여 제 스스로 목을 찔러 죽은 자가 있
  었다(『高麗史』 권78, 식화지 전제).

貢賦란 말할 것도 없이 각 지방의 토산물을 중앙에 바치는 것인데 이의 징
수책임을 향리가 맡고 있었다. 때문에 납기를 지키지 않거나 혹은 징수가 여
의치 않을 때는 그 책임을 맡고 있는 향리가 심한 고통을 받았던 것으로 보인
다. 이와 같은 조세징수나 공부의 징수는 물론 사창의 기능에 속한다고 하겠
다. 이 밖에 力役動員에 있어서도 향리의 역할은 주목된다. 즉

세속에서는 선을 펴는 것으로 명예로 삼아 각기 원하는 바를 좇아서 절
을 짓는 수가 매우 많습니다. 또 그 중에는 중들이 개인적인 거주지로 삼
기 위하여 다투어 짓기도 합니다. 주군장리에게 권하여 백성을 노역시키
고 公役보다 재촉하여 백성이 고통받으므로 엄격히 금하여 백성의 노역을
제하여 주기를 원합니다(『高麗史』 권93, 최승로전).

라는 것이 그것이다. 이는 최승로의 상서문의 일부이다. 이에 의하면 주군
의 長吏가 승려들의 부탁을 받아 佛祠營造에 백성들을 동원하여 혹심한 노역
을 시키므로 이를 엄단하여야 한다는 것을 드러내고 있다. 이것은 곧 이 당시
의 향리에게 역역동원의 책임이 있었음을 나타내 주는 것이다. 開心寺의 석탑
이나 용두사의 당간건립 등에 이들 향리가 중심이 되었다 함은 이미 지적된
바 있다.[61] 뿐만 아니라 향리에게는 군대동원의 역할도 주어졌다.

上元甲子四十七統和二十七庚戌年二月一日 正骨開心寺到 石析 三月三日

---

61) 이태진, 「예천개심사석탑기의 분석」, 『역사학보』 53・54, 1972.
   이기백, 「고려광군고」, 『고려병제사연구』, 1968.
   김광수, 「나말여초의 지방학교문제」, 『한국사연구』 7, 1972 및 『朝鮮金石總
   覽』 상 참조.

光軍等六隊 車一八 牛一千以十間入矣 僧俗娘合一萬人了入 …… 棟梁戶長
陪戎校尉林長富母主崔祐 副棟梁△△邦祐 四弘爲身心 上報之佛恩爲國正功
德 普及於一切 辛亥四月八日立(『朝鮮金石總覽』 상, 234쪽, 醴泉開心寺石塔
記)

이에 의하면 개심사 석탑을 건립한 주동인물이 예천지방의 향리였음을 알
수 있다. 이 점은 석탑을 건립한 진량이 호장이요 배융교위인 임장부의 모주
라는 점에서 가능하다.[62] 즉, 호장은 향리의 최고직이요 배융교위는 종9품 상
에 해당하는 무산계로서 호장과 같은 상층부의 향리가 겸직할 수 있었던 것
이라 한다.[63] 따라서 예천 개심사 석탑건립은 향리의 지휘를 받은 광군의[64]
役事에 의해 이루어 졌음을 알 수 있다. 개심사 석탑을 조성하던 시기가 현종
2년(1011)이고 또 호장이 광군지휘권을 가지고 있었다는 것을 감안하면 지방
에 있어서 이들 향리의 세력은 아직도 막강하였다고 보여진다. 따라서 일품군
과 같은 군대의 지휘관이 될 수 있었던 호장은 향리를 대표하여 지방군을 통
솔했다고 보아 좋을 것이다. 이 밖에 향리는 각 지방의 戶口調査, 刑律 등 일
반행정에 관계되는 것은 모두 관장하였으리라 짐작된다. 현종9년 이후 公
須·食祿史 등 후단사로 세분된 향직체계는 각기 그 명칭에 부합된 임무를
그 직임으로 했다고 생각된다.

끝으로 향리의 가장 중요한 직임 중의 하나인 掌印行公에 대하여 살펴보아
야 할 것이다. 이것은 향리를 대표하는 호장의 직임이지만 한편 권위를 상징
하는 것이기도 하다.[65] 장인행공이란 호장이 印信을 가지고 공무를 집행하는

---

62) 이기백, 「고려광군고」, 『고려병제사연구』, 1968, 166~167쪽.
63) 旗田巍, 「高麗의 武散階」, 『朝鮮中世社會의 硏究』, 1972, 382쪽 참조.
64) 이기백, 「고려광군고」, 167쪽에서 광군은 지방호족의 지휘아래 놓인 농민예
    비군일 것이라 하였다. 그리고 광군, 주현군에 대하여는 이기백 교수의 「고
    려광군고」 및 「고려지방제도의 정비와 주현군의 성립」이 있다.
65) 경주호장 선생안은 조선시대 마련되었고 또 경주에 국한된 것이기는 하지만
    호장의 신분이 많이 변질되었다고 하는 이 시대에도 掌印行公과 같은 임무를
    수행하고 있었다는 것은 고려조 호장의 직임에 소급적용하여도 무리가 없을
    것이라 본다.

것을 말한다. 이 경우 인신을 갖는 호장은 물론 수호장에 국한되었다. 慶州戶長先生案에 의하면 수호장에 임명되었다 할지라도 '정처를 돌보지 아니하고 천한 첩과 마주 앉는 것(正妻不顧 賤妾對座)' 등과 같은 부정행위가 있을 때는 호장인을 받을 수가 없다고 하였다.[66] 이것은 향리사회도 사족 못지 않게 위계질서가 정연하고 내부규율이 엄격히 지켜져야 하는 것을 원칙으로 하고 있었음을 의미한다. 따라서 권위의 상징인 장인행공을 맡는 수호장에 있어서는 그 가풍과 이력에서 조그마한 하자도 있어서는 아니 되었던 것이다. 엄격한 심사를 거쳐 갖게 된 호장인은 호장이 관장하는 모든 문서에 찍혀야만[67] 그 효력이 발생됨은 물론이다.

이상의 고찰을 통하여 고려초기 향리제도의 성립과정을 살펴보았다. 이에 의하여 우리는 호족과 향리의 관계, 향리집단이 제도로서 성립되는 과정, 그리고 이의 신분 및 직임에 대한 윤곽을 파악해 보았다. 이의 특징적 성격을 요약해 보면 고려초기의 호족은 이 시기에 지방에서의 행정을 오로지하고 있었다는 것이다. 그러나 고려왕조의 지배권이 확립됨에 따라 지방세력은 점차 중앙의 행정기구 내에 편입될 수밖에 없었다. 그것이 지방제도의 개편과 함께 성립된 향리제도였다. 성종2년에 제도로서 성립된 향리는 주·부·군·현 및 향·부곡 등과 같은 행정구역에 고루 존재하면서 지방행정을 담당한 것으로 본다.

한편, 고려초기의 향리는 원칙적으로 그 직을 세습하고 있었다. 이것은 안동권씨나 성주이씨 등과 같은 그 지방 벌족들의 관계에서 드러났다고 생각한다. 그러나 이들 향리의 신분이 대대로 세습되었다고 하여 전혀 유동성이 없는 것은 아니었다. 말하자면 향리는 신분체제 안에서는 이직으로서 세습의 범위를 벗어날 수 없는 것이었지만 한편 과거라는 관문을 통하여 자유로이 중

---

66) 경주호장안 소재 李秀民과 鄭自良은 賤妾對座, 혹은 正妻不顧 賤妾對座한 까닭으로 호장인을 갖지 못하였던 것으로 나타난다.
67) 戶長印信은 외관이 설치된 주현에서는 官印과 함께 사용되지만 외관파견 이전이나 혹은 외관이 없는 속현에는 호장인신이 곧 관인의 행세를 하였다고 한다(이수건, 「조선조 향리의 일연구」, 69쪽 참조).

앙관료기구에 편입될 수 있었던 것이다. 향리가 중앙정부에 의해 끊임없는 통제를 받으면서도 이와 같이 지배층의 신분배경을 유지할 수 있었던 것은 그들이 지닌 전통성 때문이었을 것이다. 그리고 향리 스스로가 행한 신분향상의 노력은 그들의 통혼대상이 같은 향리층이거나 士人族이었다는 데서 찾을 수 있다. 이러한 사실은 향리의 신분이 중앙귀족에 비하여 낮다 할지라도 전체의 신분질서에서는 지배층에 속하고 있음을 의미하는 것이라 생각된다. 이것은 또 향리신분의 우위성 내지는 전통성에 대한 그들의 자부심의 결과라 보아 좋을 것이다. 그들의 직임에서 나타나는 바와 같이 지방의 각종 행정 및 재정권, 그리고 병력동원권을 지닌 향리는 분명 지방사회에서 지배층을 형성하고 있었던 것이다. 성종2년(983) 지방관의 파견으로 향리의 호족적 기반이 손상되었다고 할지라도 그들은 여전히 지방의 실력자였음을 부인할 수 없겠다.

2. 鄕吏의 經濟的 基盤

　　고려사회 구성에 있어서 중요한 위치를 점할 뿐만 아니라, 지방사회의 중핵을 이루고 있는 향리문제에 대한 정확한 이해는 고려사회를 바르게 파악하는 중요한 열쇠가 될 것이다. 지금까지의 향리연구는 대부분 향리제도 성립과 중요한 지방제도의 실시에 따라 향리의 전신이었던 호족들이 중앙의 통제하에 들어가면서 지방의 行政吏로 전락함으로써 향리의 성장이 억제되는 것으로 이해되어 왔다.[1] 이는 대체로 고려초기의 상황을 왕권과 호족권의 상관관계

---

1) 有井智德, 「高麗の鄕吏について」(『東洋學論集』 3, 1955).

　金成俊, 「其人의 性格에 대한 考察」(『歷史學報』 10・11, 1958・1959).

　韓沽劤, 「古代國家形成過程에 있어서의 對服屬民施策」(『歷史學報』 12・13, 1960).

　金鍾國, 「高麗時代の鄕吏について」(『朝鮮學報』 25, 1962).

　深谷敏鐵, 「高麗初期の鄕吏について」(『鈴木俊敎授還曆記念史學論叢』, 1964).

　閔丙河, 「高麗時代의 地方制度와 豪族勢力」(『成均館大論文集』 8, 1963).

　武田幸男, 「高麗時代の鄕職」(『東洋學報』 47－2, 1964).

　拙　稿, 「高麗 鄕吏制度의 成立」(『歷史學報』 63, 1974).

　金光洙, 「羅末麗初의 豪族과 官班」(『韓國史硏究』 23, 1979).

　趙榮濟, 「高麗初期 鄕吏職에 대한 小考」(『釜山史學』 4, 1980).

　＿＿＿, 「高麗前期 鄕吏制度에 대한 一考察」(『釜山史學』 6, 1982).

　李勛相, 「高麗中期 鄕吏制度의 변화에 대한 一考察」(『東亞硏究』 6, 1985).

　李惠玉, 「高麗時代의 鄕役」(『이화사학연구』 17・18, 1988).

　羅烙淳, 『高麗鄕吏의 身分變化에 관한 硏究』, 성대박사학위논문, 1988.

로 파악하려는 시각에서 얻어진 결과이다. 이러한 연구는 자연히 지방호족의
향리화라는 측면만으로 이해되어 그들의 사회경제적 신분이 강등되는 것으
로 이해될 수밖에 없었다. 이에 본고에서는 이들의 사회경제적인 입장을 밝힘
으로써 이들이 지방사에서 어떠한 위치에 놓여 있었으며 고려초 이래 이들이
가졌던 호족적 속성이 고려중기를 지나는 동안에 어떻게 변질되었는가도 살
펴 볼 예정이다.

 고려시대 향리는 그 지방의 토착세력을 대표하는 계층이었으므로 그들이
갖는 사회·경제적 비중도 상당히 높았을 것임에 착안하였다. 따라서 이들에
대한 경제적인 대우가 어떠하였는지 구체적으로 살펴봄으로써 향리의 실제
적인 위치와 실태를 밝혀낼 수 있으리라 생각한다. 이들의 경제적 실태를 밝
히는 열쇠는 이들에게 주어진 給田을 통하여 가능할 것이다. 이에 대한 분명
한 기록은 보이지 않지만, 향리에 대한 급전기준은 고려초기의 호족과 깊은
연관을 가졌으리라 믿어진다. 왜냐하면 그들은 호족이라는 강한 세력을 배경
으로 성장한 계층이기 때문이다. 따라서 이 문제의 해명을 위해 고려초기 호
족이 차지한 경제적 비중을 밝히는 작업이 우선되어야 할 것이다. 이러한 점
에 착안하여 본고에서는 먼저 고려 향리의 경제적 배경으로서 호족들의 토지
소유 정도를 살피고, 이어서 景宗 원년 田柴科가 제정된 이후 文宗 30년의 소
위 更定田柴科에 이르기까지 향리에 대한 급전 여부와 향리의 토지소유 등에
대해 살펴보고자 한다. 이러한 작업은 지방사회에 있어서 향리들의 사회 경제
적인 위치와 역할을 밝히는 계기가 될 것이라 믿기 때문이다.

洪承基, 「高麗後期 事審官制度의 運用과 鄕吏의 중앙진출, 『동아연구』 17,
1989.
拙　稿, 「高麗 鄕吏의 經濟的 基盤」, 『국사관논총』 39, 1992.
_____, 「高麗後期 鄕吏出身 及第者의 成長課程」, 『大眞大 論叢』 3집, 1995.
姜恩景, 『高麗後期 戶長層의 變動研究』, 연세대 박사학위논문, 1997.
尹京鎭, 「高麗前期 鄕吏制의 構造와 戶長의 職制, 『한국문화』 20, 1997.
李樹健, 「高麗時代 支配勢力과 鄕吏」, 『계명사학』 8, 1997.

1) 鄕吏의 經濟的 實態

고려가 개국한 직후 지급되는 토지의 형태는 食邑[2], 祿邑[3] 및 賜田 등이 있었는데 이들 급전의 支給對象者는 대개 개국 초기의 공신 및 호족이었다. 이를 확인하기 위하여 다음 사료를 주목해 보자.

> 태조 23년에 처음으로 役分田을 정하였는데 이는 통합시 朝臣, 軍士에게
> 지급한 것으로 官階를 論하지 않고 사람의 性行의 善惡과 功勞의 大小를
> 보고서 差等있게 지급하였다(『高麗史』 권78, 食貨志 田制 田柴科).

이것은 太祖 23(940)년에 마련된 役分田의 지급규정이다. 여기 나타난 功勞의 大小나 性行의 善惡에 대한 기준이 무엇인지 분명히 밝힐 수는 없지만 아마도 태조의 통일사업에 얼마나 적극적이고 협조적이었는가를 기준으로 삼았던 것이 아닌가 한다. 태조 23년은 태조가 대립되는 정권을 소멸한지 겨우 4년째 되는 해이다. 이때 그러한 토지의 지급규정을 마련했다는 것은 그의 통일사업에 기여한 공로도를 참작하였을 것이라는 것을 짐작하기 어렵지 않다. 그렇다면 태조의 통일사업에 기여한 인물들은 대개 어떤 사람이었을까? 그것은 말할 것도 없이 호족세력이었다. 따라서 이들 호족세력에 대한 위무의 뜻으로 토지를 지급하였다는 것은 지극히 자연스러운 것이라고 하겠다. 여기서 태조의 통일과정에서 많은 전토나 식읍을 賜與받은 호족들에 대한 보다 구체적인 검토를 해 볼 필요가 있다. 이를 위하여 다음 사료들을 검토해 보기로 하자.

> a−1) 太祖 18년 여름 6월에 甄萱이 막내아들 能乂와 딸 哀福과 애첩 姑比
> 등과 함께 羅州로 달아났다가 入朝하기를 청함에 將軍 庚黔弼 등으로

---

2) 河炫綱, 「高麗食邑考」(『歷史學報』 26, 1965).
3) 姜晋哲, 「新羅의 祿邑에 대하여」(『李弘稙博士 回甲紀念 韓國史學論叢』, 1969).

하여금 그를 맞이하게 하였다. …… (中略) …… 楊州를 賜하여 食邑
으로 삼게 하고 겸하여 金帛과 노비 각 40口와 말 10필을 賜하였다(『高
麗史』권2, 太祖 18년).

a-2) 太祖 18년 12월에 羅王이 뜰에서 알현하는 예를 받으니, …… (中
略) …… 이에 金溥를 제배하여 政丞을 삼고 太子의 上位에 두어 歲祿
千石을 給與하고 …… (中略) …… 新羅國을 除하여 慶州라 하고, 이
어 食邑으로 삼아 주었다(『高麗史』권2, 太祖 18년).

위 사료에 의하면 楊州를 견훤의 식읍으로 봉하고 경주를 金溥의 식읍으로
봉하여 그 지역에 대한 일정한 지배의 특권을 부여한 것으로 나타난다. 이것
은 그 지역의 인민에 대한 지배뿐만 아니라 경제적 지배도 아울렀음은 밝혀
진 바와 같다.4) 위의 예는 후삼국 통일 이후 왕건이 후백제의 국왕(a-1)과
신라의 국왕(a-2)에게 준 것이었다. 한편 고려가 신왕조를 건국하는 과정에
서 충성을 약속하는 호족들에게 어떠한 처우를 했는지 알아보기 위하여 다음
사료에 주목할 필요가 있다.

b-1) 王順式은 溟洲사람이니 本州 장군이 되어 오랫동안 不服하는지라
太祖가 근심하거늘 侍郎 權說이 奏하였다. …… (中略) …… 順式이
드디어 長子 守元을 보내어 歸附하거늘 王姓을 賜하고 인하여 田宅도
賜하니 또 아들 長命을 卒 600人으로 들어와 宿衛케 하였다. 뒤에 子弟
들과 같이 그 무리를 이끌고 來朝하거늘 王姓을 賜하고 大匡을 제배하
였으며 長命에게는 이름을 廉이라 賜하고 元甫를 제수하였으며 小將
官景에게도 또한 王姓을 賜하고 大丞을 제수하였다. 太祖가 神劍을 토
벌할 새 順式이 溟洲로부터 군사를 거느리고 와서 會戰하여 이를 破하
였나(『高麗史』권92, 王順式傳).

b-2) 興達은 견훤을 위하여 高思葛伊城主가 되었다가 太祖가 康州에 순
행차 그 城을 통과할 때 그 아들을 보내어 歸附하니 이에 백제가 설치
한 바 軍吏들이 모두 항복하였다. 太祖가 이를 가상히 여겨 興達에게는
靑州의 祿을 賜하고 아들 俊達에게는 珍州 의 祿을 賜하고 雄達에게는

---

4) 姜晋哲, 위의 논문 및 河炫綱, 앞의 논문 참조.

寒水의 祿을 賜하고 玉達에게는 長淺의 祿을 賜하고 또 田宅을 賜하여 이를 賞하였다(『高麗史』 권92, 王順式附).

b-3) 李恩言은 史書에 그 世系를 亡失하였으나 신라말에 碧珍郡을 보유하고 있었다. 때에 群盜가 사방에서 일어날 새 총언이 城을 굳게 지키고 있으니 백성들이 힘입어 편안할 수 있었다. 태조가 사람을 보내어 달래기를 함께 힘을 다하여 화란을 진정하고자 하니 총언이 글을 받들고 심히 기뻐하여 그 아들 永을 보내어 군사를 거느리고 태조를 따라 征討케 하니 영의 그 때 나이 18세였다. 태조가 大匡 思道貴의 딸로 영의 아내를 삼고 총언을 本邑將軍으로 제배하여 이웃 고을 丁戶 229를 더 賜하고 또 忠州·原州·廣州·竹州·堤州의 창고 곡식 2200석과 소금 1785석을 주었다(『高麗史』 권92, 王順式附).

b-4) 龔直은 연산 매곡사람이니 어려서부터 勇略이 있어서 신라말에 本邑將軍이 되었다. 때에 바야흐로 난리가 일어남에 마침내 백제를 섬겨 甄萱의 腹心이 되고 長子 直達 과 次子 金舒와 一女를 백제에 볼모로 잡혔다. 龔直이 일찍이 백제에 조공하여 그 無道함을 보고 直達에게 말하기를, '…… (中略) …… 들으니 高麗 王公은 文은 족히 백성을 안정시키고 武는 족히 폭압을 금하므로 사방이 위엄을 두려워하고 德을 생각하지 않음 이 없다하니, 나는 歸附코자 하는데 너의 뜻은 어떠하냐'고 하였다. …… (中略) …… 龔直은 마침내 뜻을 결정하고 來附하였다. 太祖 15년에 龔直은 그 아들 英舒와 함께 來朝하니 …… (中略) …… 太祖는 기뻐하여 大相을 除拜하고 白城郡의 祿과 廐馬 三匹과 彩帛을 賜하였다(『高麗史』 권92, 龔直).

위 사료는 이른바 在地勢力으로서 활약한 인물을 간추려 본 것이다.5) 이들 중 王順式은 溟州(江陵)人으로 本州將軍이었다(b-1). 그가 태조에게 歸附하여 賜姓하고 官階를 수여받던 시기는 태조가 아직 통일전쟁의 와중에서 헤어나지 못하던 때이다. 태조가 神劍을 토벌하기 위하여 一利川戰鬪를 벌일 때

---

5) 이들과 같이 在地勢力으로 남아 정치적·경제적 기반을 존속·유지한 세력들은 堅金, 尹瑄, 善弼, 宣平(『高麗史』 권92 列傳) 등 수없이 많다고 생각된다. 이른바 三韓功臣系列 중 많은 수가 그대로 在地勢力化했다고 보아 좋을 것이다.

順式은 溟州에서 군사를 몰아와서 태조의 군대, 즉 中央軍과 합세한 것으로 나타난다. 이것은 아직 그가 在地勢力으로서 그대로 지방에 남아 있었다는 것을 의미한다. 왜냐하면 王順式이 태조에게 귀부한 해는 太祖 5년(922)이고 一利川戰鬪는 태조 19(936)년인 바 왕순식은 上京從仕하지 않고 재지세력을 형성했다고 보아 무리가 없기 때문이다. 그렇다면 통일을 위한 마지막 결전이었던 태조 19년의 전투에도 왕순식을 비롯한 많은 豪族軍의 참여가 있었다는 것을 짐작하기 어렵지 않다. 그러므로 이 때 참여한 많은 호족들은 이미 재지세력을 형성하고 중앙과 적당하게 타협하면서 본래의 기반을 그대로 유지하고 있었다고 생각된다.

다음으로 興達은 甄萱에게 복속되어 있던 高思葛伊(문경) 城主였다가[6] 후에 태조에게 귀부하였다(b-2). 위의 사료는 홍달을 비롯한 그 자손들에게 淸州·珍州·寒水·長淺 등을 祿으로 賜與한 것을 나타내고 있다. 태조의 이와 같은 태도는 지방 호족들에게 해당 지역은 물론이고 한 개의 州 및 邑의 통솔과 아울러 경제적 기반을 제도적으로 허용해 준 결과라 생각된다. 이것은 물론 태조의 對호족정책의 일환으로서 지방세력을 위무하기 위한 방법이었다. 따라서 이들 호족들은 주어진 전토를 경제적 기반으로 하여 재지세력을 형성해 갔던 것이라 보아 좋다.[7]

---

6) 興達은 太祖 10년 7월에 귀부하였는데 이때 백제의 여러 城主가 降附하였다고 한다(『高麗史』 권1, 太祖). 이것은 興達의 세력규모를 말해주는 것이라 보아 좋다. 高思葛伊城을 중심으로 한 주위의 城들이 홍달의 영향하에 있었다고 보이기 때문이다.

7) 旗田巍씨는 京山府(碧珍郡의 옛 이름, 수 星州)의 설립과 星州 李氏와의 관계를 설명하면서 벽진군의 상군 良父와 이총언은 그 대두 시기와 지섬이 비슷하고 고려 태조와의 관계나 행동이 밀접했음을 들어 이 두 사람은 동일 인물일 것이라는 견해를 밝힌 바 있다(「高麗王朝成立期の'府'と豪族」, 『朝鮮中世社會史の研究』, 1972, 26~27쪽 참조). 필자도 이에 전적으로 동감이며 실제로 이 시기에 있어서는 성명표기가 같지 않았던 사실이 여러 곳에서 발견되고 있음을 지적할 수 있다. 예컨대 비슷한 시기에 태조의 건국에 功이 많았던 裵玄慶, 申崇謙, 卜智謙 등의 初名이 각각 白玉衫, 能山, 砂瑰 등이었다는 것은 (『高麗史』 권92, 열전 5) 이를 뒷받침한다고 하겠다.

이총언의 경우도 예외는 아니다(b-3). 그가 역사에서 그 世系를 잃고는 있지만 그가 신라말 碧珍郡(星州)을 보유하고 그 지방의 本邑將軍이 되었다는 것은 이 지역의 상당한 실력자였음을 짐작케 한다

그가 태조로부터 본읍장군을 제수받고 傍邑丁戶 229와 忠州·原州·廣州·竹州·堤州의 倉穀 2,200石을 賜與받았다는 것은 이총언의 그러한 입장을 잘 드러내 주는 것이라 보아 좋다.8) 따라서 그가 본읍장군이 되었다는 것은 앞의 왕순식의 경우와 마찬가지로 그대로 재지세력을 형성해 갔다는 것을 의미한다고 하겠다.

공직은 燕山昧谷人(懷仁)으로서(b-4) 일찌기 견훤의 腹心이 되었다가 후에 태조에게 歸附하였으되 중앙귀족화하지 않은 대표적인 인물이다. 그가 태조 왕건에게 귀부한 후에 그 읍이 백제의 一郡과 접경하여 있기 때문에 백성이 안심하고 생업에 종사할 수 없다는 이유를 들어 本鄕으로 돌아가고자 하였음은 史料에 나타난 바와 같다. 이것은 그의 그 지방에 있어서의 위치를 짐작케 해 준다고 생각된다. 그가 이후 상경종사했다는 흔적을 찾을 수 없으므로, 이역시 그대로 출신지에 남아서 그 본래의 사회 경제적인 기반을 중심으로 그 세력이 존속 유지되었던 것이라 보아 좋을 것 같다. 왜냐하면 b-2)에 나타난 바와 같이 홍달에게 청주를 祿邑으로, 그의 아들에게 진주, 한수, 장천을 녹으로 주었다는 것과 b-4)에 나타난 공직에게 백성군을 녹읍으로 주었다는 것은 이들 수급자에 대한 일정한 경제적 기반을 마련해 주었다는 뜻이 될 것이기 때문이다.9)

이와 같이 많은 호족들, 특히 대호족들은 상경하여 귀족화하지 않고 재지세력으로 남아 있는 것으로 나타났다.10) 그들이 상경귀족화할 수 있는 충분한

---

8) 姜晉哲, 『高麗土地制度史硏究』(1991) 23쪽.

9) 이들에게 준 녹읍은 실제로는 그들의 본거지와는 상당한 거리에 있었음을 밝혀둔다. 興達의 본거지는 高思葛伊城이었고 녹읍은 위에 든 바와 같으며 龔直 역시 마찬가지이다.

10) "太祖十三年 與後百濟王甄萱 戰於郡地 敗之 郡人金宣平 權行 張吉 佐太祖有功 拜宣平爲 大匡行吉 各爲大相 陞郡爲安東府"(『高麗史』 권57, 地理志 安東府). 이 경우도 역시 중앙귀족화하지 않은 채 재지세력의 기반을 그대로 유지하고

요건을 갖추고 있으면서도 상경종사하지 않은 이유는 무엇일까. 그것은 아마도 상경종사하여 중앙귀족이 되는 것 이상의 재지적 기반이 마련되어 있었기 때문일 것이다. 고려가 그들의 본거지를 그대로 인정한 위에 田宅 및 녹읍을 賜與했다는 것은 이들의 재지적 성격을 드러내 주는 것이라 보아 좋다. 말하자면 이들은 중앙귀족화 하는 대신 독립성을 가지고 在地實力者로 남아 있을 만한 조건을 충분히 갖추고 있었던 것이다. 게다가 그들은 오히려 재지세력으로 남아 있는 것에 대한 긍지를 가지고 있었는지도 모른다.

이렇게 보면 태조 23년의 役分田이 어떠한 현실 바탕 위에서 제정되었는지를 이해할 수 있으리라 믿는다. 즉 역분전에서 말하는 性行善惡과 功勞大小를 표방한 지급대상은 앞에서 열거한 왕순식 등을 비롯한 유공호족이었다. 말하자면 이들 유공호족에 대한 경제적인 포상이 그들 본거지를 인정해 주는 역분전의 제정이었다고 하겠다.

> 뒤에 역분전을 정하되 사람의 性行의 善惡과 功勞의 大小를 보아 차등 있게 급여하니 守卿에게는 田二百結을 特賜하였다(『高麗史』 권92, 朴守卿 傳).

이것은 역분전에 관계된 거의 유일한 기록이지만[11] 이 밖에도『高麗史』列傳의 기록에 의하면 개국 초기의 공신들에게는 일반적으로 賜田이 널리 행해졌던 것으로 보인다.[12] 여기서 우리는 역분전 지급의 범위가 어떠했는가를 살펴보아야 할 것이다. 이와 관련하여 태조 때에 일단락되었다고 보이는 三韓功臣은 주목받아 좋다고 본다. 널리 알려진 바와 같이 삼한공신은 태조에게 협력하였넌 幕僚나 歸順호족들에게 주어진 칭호이다.[13] 이들이 고려 왕실을

있음을 나타낸 것이다.

11) 朴守卿은 알려진 바와 같이 太祖妃父로서 平山을 중심으로 한 호족이었다. 그의 父 遲胤과 弟 守文 역시 太祖妃父였으니 그들 박씨의 평산에서의 호족적 기반은 능히 짐작할 만하다. 거기에 또 田二百結을 주었으니 역분전의 성격을 짐작할 만하다고 하겠다.

12) 金光洙,「高麗 太祖의 三韓功臣」(『史學志』7, 1973) 43~49쪽.

구심점으로 하여 지배세력을 형성하였다면 그러한 질서 위에 새로운 지배세력이 탄생하였다고 보아 좋다. 따라서 고려의 통일사업에 협력한 지방 호족들에게는 역사적으로 三韓功臣號를 주어 중앙과 지방 사이에 신분적인 차이를 두지 않았다고 보아도 무리가 없을 것이다.[14] 곧 유공호족 대부분이 삼한공신이 된 것이다. 따라서 삼한공신의 선정범위는 태조에게 협력한 호족들 대부분으로 그 숫자는 상당히 많았던 것 같다.

> 또 詔하시길 …… (中略) …… 그 포악한 임금을 폐하던 때에 당하여 충신의 절개를 다한 자에게는 마땅히 포상을 시행하여서 훈도를 권장할 것이다. 洪儒·裵玄慶·申崇謙·卜智謙으로 제 1등을 삼아 金銀器나 錦繡綺被褥·綾羅·布帛을 차등있게 주고 堅權·能寔·權愼·廉湘·金樂·連珠·麻煖을 제 2등으로 하여 金銀器와 錦繡綺被褥·綾羅·布帛을 차등있게 주며 제 3등인 2천여 인에게는 綾帛과 穀米를 차등있게 주라 (『高麗史』 권1, 太祖 1).

이에 의하면 洪儒 등 일등 공신은 太祖推戴功臣으로서 그 창업에 가장 큰 공로자였고, 堅權 등 이등 공신은 추대공신은 아니지만 그의 통일전쟁에 적극 참여한 그의 막료로 보아 무방하다.[15] 그렇다면 제 3등에 해당하는 2千餘人은

---

13) 이들 귀순호족이 받은 官階는 대체로 6품인 元尹 이상의 높은 관계였다. 그리고 광종11년의 公服제정에 의하면 元尹 이상 紫衫, 中壇卿 이상 丹衫, 都航卿 이상 緋衫, 小主簿 이상 綠衫(『高麗史』 권72, 輿服志)이라 되어 있는 바 원윤 이상에게는 紫衫이 주어진 것으로 나타난다.

14) "有司請 追贈太祖功臣 大匡千明等 三千二百人 次第職 從之"(『高麗史』 권7, 文宗 8년). 이것은 文宗 8년 12월의 기사인데 太祖功臣이 3,200명에 달했다는 것이다. 그 숫자의 정확성은 접어 두고라도 많은 인원에게 功臣號가 내려졌음은 분명한 사실이라 하겠다.

15) 태조의 막료로서 광평랑 능식은 태조즉위년 7월에 순군랑중이 되었다(태조 원년 추 7월). 또 원보 김락은 태조 10년 7월에 대야성(협천)을 공파하였고, 그 해에 견훤과의 公山桐藪(달성)전투에서 태조를 도와 싸우다가 전사한 것으로 나타나고 있으니(『高麗史』 권1, 태조), 확인되는 두 사람의 경우로 보아 태조 2등 공신은 대체로 그의 막료로 보아 무리가 없을 것이다.

태조의 통일사업에 협력한 歸順豪族이 아니었을까? 그 구체적인 例는 앞서 인
용한 王順式 등을 비롯한 대호족이었으며 태조 13년 古昌(安東)전투의 결과
金宣平·權行 등의 귀순 이후 차례로 來投한 永安·河曲·直明·松生 등 경
상도 지역의 30여 군현의 귀순 토호들이[16] 이에 속할 것이다. 또한 이때 溟州
(江陵)으로부터 興禮府(蔚山)에 이르는 신라 동쪽 지역의 100여 성이 모두 항
복해 왔다고 하니[17] 이 때를 전후해 내투한 대소 호족들은 모두 三韓功臣號를
받고 제 3등에 속하게 된 귀순호족들이었다고 짐작된다. 이들 귀순호족들은
앞에서 보아 왔듯이 그들 기존의 본거지를 그대로 유지한 채 그 위에 더 많은
전지를 가급받는 것으로 나타났다.[18] 이것은 고려 태조가 그들 본거지에 있
어서의 治者的 입장을 인정함은 물론 기존의 경제력을 보장하는 선에서 그들
과 타협했음을 의미한다. 이는 고려왕조의 통일이 상대세력의 정복보다는 타
협에 의존한 면이 더 컸다는 것을 생각하면 납득되리라 믿는다. 이와 관련하
여 事審官制는 주목을 요한다.

> 태조 18년에 신라왕 金傅가 내항하였으므로 신라국을 없애고 경주로 삼
> 아 傅로 하여금 本州의 事審을 삼아 副戶長 이하 관직 등의 일을 주관하게
> 하였다. 이에 諸功臣에게도 또한 이를 본받아 각각 그 본주의 사심으로 삼
> 으니 사심관은 이에서 비롯되었다(『高麗史』 권75, 선거3).

위 기록은 아는 바와 같이 事審官의 기원에 관한 것이다. 즉 신라왕 김부를
본주사심으로 삼음으로써 본거지에 있어서의 치자적 입장을 인정해 주었음
을 나타낸 것이다. 이를 계기로 하여 여러 공신들도 이를 본받아 본주의 사심
이 되었다고 하는데 이 때의 諸功臣이란 말할 것도 없이 태조의 통일사업에
협력한 귀순호족, 즉 삼한공신을 의미하는 것이라 본다.
　대체로 귀순성주(호족)로서의 삼한공신은 상경종사할 수 있는 여건이 마련

---

16)『高麗史』 권1, 태조 13년.
17) 위와 같음.
18) 강진철, 앞의 책, 23～25쪽.

되었지만 그들 대부분은 在地勢力으로 남아 있다.[19] 따라서 그들에게 주어진
경제적 기반은 그들 각자의 해당지역에 뿌리를 내리고 있었다고 보인다. 그러
므로 재지세력자에게 주어진 토지의 향방을 짐작하기는 어렵지 않다. 즉 그들
은 그들 원래의 경제적 기반인 토지를 보상받았으며 그 대상은 앞서 말한 원
윤 이상 官階의 호족이 이에 포함되었다.[20]

그러므로 태조 23년에 제정된 役分田의 지급기준이나 범위는 줄곧 지방사
회를 주도해 온 호족과 밀접한 관계에 있었음을 알 수 있겠다. 고려 왕조의
성립이 지방세력을 완전히 장악하지 못한 채 이루어졌다는 것은 이후 이들
세력을 통솔하는 데 하나의 큰 걸림돌이 되었다. 다시 말하면 고려 왕조가 이
들 지방세력들에게 기존의 정치적 및 경제적 세력을 인정해주고 종래의 사회
질서를 크게 변경하지 않은 채 지배·복속 관계를 맺음으로써 이들 지방세력
은 상당히 오랜 기간동안 지방의 실질적인 지배자로 사회경제적 위치를 차지
하고 있었다고 할 수 있다. 이러한 사실로 미루어 볼 때 경종 원년에 새롭게
전시과가 마련될 때에도 이들의 경제적 기반은 그대로 탄탄하였다고 여겨진
다.

그리고 이들 호족이 향리의 전신이었다는 사실은 초기의 향리가 일정기간
동안은 호족적 존재였음을 의미한다고 하겠다. 따라서 호족적 지위를 그대로
유지한 채 재지한 세력에 대한 문제는 통일된 고려로서는 여간 중요한 일이
아니었을 것이다. 더욱이 이들은 조세·공부의 수취·군역·역역의 징발 등
과 같은 국가적 업무를 장악함으로써 지방 통치에 있어 절대적인 존재로 군
림하였다. 그러므로 전시과 제정 이전에 있어 이들의 경제적 입장은 그들의
정치적 기반과 함께 지방사회를 주도했다고 보아도 무리가 없을 것이다. 태조

---

19) 이들 중 상당수의 대호족은 상경종사하여 태조로부터 많은 특혜를 받기도 하
   였지만 아직도 재지세력으로 남아 있던 대호족들이 많았음은 앞에서 살핀 바
   와 같다.
20) 귀순한 호족들에게는 大匡 이하 元尹 이상의 官階가 주어졌는데, 이것은 고려
   초기에 있어서는 京鄉을 막론하고 주어졌던 것이므로 (武田幸男,「高麗初期
   の官階」참조) 재지세력자에게 있어 특별한 의미가 있는 것은 아니었다.

에게 귀순하였으되 끝까지 중앙귀족화하지 않고 재지세력자로 남아 있었다
는 것은 재지세력에 대한 중앙정부의 이와 같은 보상이 작용한 때문이다.

2) 田柴科 制定과 鄕吏에 대한 給田

앞에서 고려초의 호족들은 고려왕조 성립시 정치적으로 사회적으로 큰 역
할을 담당하였으므로 그 세력은 막대한 것이었다고 이해하였다. 그리고 그들
의 경제적 힘도 그들의 정치적 기반과 함께 오래도록 그 세력을 유지해 왔을
것으로 보았다. 그러나 이들 지방세력에 대한 경제적인 처우가 전시과 제정에
즈음하여 어떻게 변하였으며, 또 전시과 체제 내에 어떻게 흡수되었는지 알
수 없다. 이에 대해 詳考할 만한 자료가 없기 때문이다. 이 문제를 풀기 위해
전시과가 제정되는 경종대로부터 更定田柴科가 마련되는 문종대까지 나타나
는 향리전 지급 시실을 살펴보는 것이 좋을 것 같다.
　먼저 始定田柴科가 마련되는 경종 원년(976)의 상황을 알려 주는 다음 기록
을 살펴보며 문제의 해명에 접근하기로 하자.

> 경종 원년 11월에 비로소 職散官 각 품의 전시과를 정하니 官品의 高低
> 를 논하지 않고 다만 人品으로서 이를 정하였다(『高麗史』 권78, 食貨志 田
> 制 田柴科).

이것은 이른바 시정전시과에 대한 기록이다. 이에 의하면 지급대상은 직·
산관 모두이고 지급기준은 관품의 고저가 아니라 인품에 두었다고 한다. 이것
은 앞의 태소 때의 역분전 지급 규성에서 크게 벗어나지 않는다. 이와 같이
전시의 지급규정을 성행의 선악이나 공로의 대소, 혹은 인품에 의존하였다는
것은 아직까지 고려 왕조의 중앙집권화가 원활하게 이루어지지 못했음을 의
미한다. 이를 뒷받침하는 것으로 다음의 기록을 참고할 수 있다.

> 紫衫이상을 18품으로 하고 文班은 丹衫이상을 10품으로 하고 緋衫을 8

<표 1> 景宗 元年 始定田柴科

紫衫 品位	田	柴	文班 丹衫 品位	田	柴	文班 緋衫 品位	田	柴	文班 綠衫 品位	田	柴	雜班 丹衫 品位	田	柴	雜班 緋衫 品位	田	柴	雜班 綠衫 品位	田	柴	武班 丹衫 品位	田	柴
1	110	110																					
2	105	105																					
3	100	100																					
4	95	95																					
5	90	90																					
6	85	85																					
7	80	80																					
8	75	75																					
9	70	70																					
10	65	65	1	65	55							1	60	55							1	65	55
11	60	60	2	60	50							2	(	)							2	60	50
12	55	55	3	55	45							3	55	45							3	55	45
13	50	50	4	50	42	1	50	40				4	50	42	1	(	)				4	50	42
14	45	45	5	45	39	2	45	35	1	45	35	5	45	39	2	45	35	1	(	)	5	45	39
15	42	40	6	42	30	3	42	30	2	42	33	6	42	30	3	42	30	2	42	32			
16	39	35	7	39	27	4	39	27	3	39	31	7	39	27	4	39	27	3	39	31			
17	36	30	8	36	24	5	36	20	4	36	28	8	36	24	5	36	20	4	36	28			
18	32	25	9	33	21	6	33	18	5	32	25	9	33	21	6	33	18	5	33	25			
			10	30	18	7	30	15	6	30	22	10	30	18	7	30	15	6	30	22			
						8	27	14	7	27	19				8	27	14	7	27	19			
									8	25	16							8	25	16			
									9	23	13							9	22	13			
									10	21	10							10	21	10			

* 『高麗史』 권78, 食貨志 田制 田柴科에 의함

품으로, 綠衫이상 을 10품으로 하였다. 殿中・司天・延壽・尙膳院 등 雜
業은 丹衫이상을 10품으로 하고 緋衫 이상은 8품으로 하고 綠衫이상을 10
품으로 하였으며, 武班은 丹衫이상을 15품으로 하고 이 하 雜吏는 각각 8
품으로서 지급함이 같지 아니하였으며 이 해의 科等에 미치지 못한 자에
게는 일체 15결을 給田하였다(『高麗史』 권78, 식화지 전제 전시과).

이에 의하면 전시의 지급대상자가 광종11년의 공복제와 관련하여 四色 公
服에 의해 紫衫 이상 4계층으로 구분되었고, 그것이 다시 文・武・雜으로 나
뉘어 있음을 알 수 있다.[21] 이 시정전시과의 지급내용을 알기 쉽게 표시하면

다음의 <표 1>과 같다.

시정전시과의 지급대상은 <표 1>에 나타난 바와 같이 자삼 이상의 色服者는 문·무·잡의 구별이 없었으며 元尹 이상의 官階受與者에 국한되었다.22) 그리고 호족은 대부분 원윤 이상의 관계를 받은 것으로 나타났다. 그러므로 시정전시과가 고려초 전국 호족의 질서체계였던 초기관계23)에 기준하였다는 것은 전국의 호족세력을 동일한 경제체제 안에 일률적으로 편성하려는 중앙 정부의 노력이었다고 할 수 있다. 이것은 곧 전시과가 마련되는 경종 원년까지도 지방세력은 막강하였고 왕조권력은 이를 묵인한 채 전시과를 마련했다는 이야기가 된다. 전시과 지급기준이 '인품으로서 정한다'라는 모호한 표현을 하고 있는 것도 이와 같은 맥락에서 이해되어야 할 것이다. 따라서 이러한 토대위에서의 지방세력의 경제적 입장은 분명 탄탄했을 것임에 틀림없다. 경종의 시정전시과 안에서 향리에 대한 지급규정을 뚜렷이 기록하지 않은 까닭이 여기에 있다고 생각한다. 이와 아울러 다음 기록은 참고될 수 있다고 믿는다.

> 경종 2년 3월에 개국공신 및 의리를 좇아 귀순한 성주 등에게 훈전을 50결에서부터 20결에 이르기까지 차등있게 주었다(『高麗史』 권78, 식화지 전제 전시과).

이것은 개국공신 및 向義歸順城主에게 훈전이 지급되었다는 기록이다. 여기서 말하는 향의귀순 및 개국공신들은 이른바 삼한공신으로서 태조의 통일 정책에 적극적인 협조자들이었다.24) 이들에게 똑같이 훈전이 지급되었다는

---

21) 문반과 대등해야 할 무반이 잡업보다 나중에 기록되고, 복색 또한 단삼의 단일색으로 표시되어 있음이 주목된다. 이에 대해 강진철은 "『高麗史』 찬자의 착오로 기록순서가 바뀐 것이 아닌가"라고 하였다(『고려토지제도사연구』 33쪽).

22) 김광수, 앞의 글, 「高麗 太祖의 三韓功臣」, 62쪽.

23) 武田幸男, 「高麗初期の官階」(『朝鮮學報』 41, 1966).

24) 金光洙, 「高麗 太祖의 三韓功臣」, 44쪽.

사실은[25] 호족의 지위와 세력을 상당히 인정해 준 처사라 볼 수 있다. 즉 이
것은 호족의 사회·경제적 배경을 고려한 나머지 취한 조처로서 시정전시과
가 마련되는 경종대의 호족세력을 가늠케 하는 척도라고 생각한다. 이미 지적
된 바 있는[26] 성종 2년의 鄕職改編이 호족적 기반 위에서 그것을 토대로 하여
이루어졌다는 이유는 바로 여기에서 찾아 질 수 있으리라 믿는다. 그러므로
시정전시과가 마련되는 경종년간의 호족세력은 정치·사회·경제적으로 여
전히 건재하였다고 할 수 있다. 다음과 같은 기록은 경종대의 그러한 분위기
를 전하여 줄 것이라 믿는다.

> 집정 왕선을 외방에 추방하였다. 왕이 일찍이 先朝때 참소를 당한 사람
> 의 자손에게 복수하는 것을 허락함에 드디어 서로 함부로 죽여 다시 원호
> 를 초래하게 되었다. 이에 이르러 왕선이 복수를 핑계삼아 태조의 아들 天
> 安府院君을 교살함에 이어 왕선을 귀양보내고 인하여 함부로 죽이고 복수
> 하는 것을 금하였다(『高麗史』 권2, 世家 경종 원년).

이에 의하면 광종대 전제왕권화를 주도한 소위 後生이[27] 도태되고 다시 공
신계열이 정치의 주도권을 장악하게 되는 복고적인 경향을 엿볼 수 있다.
여기서 말하는 복고적이란 광종대 전제정치로 인해 움츠러들었던 호족세
력의 재등장을 의미한다고 보아도 무방하다. 이러한 경향 속에서 景宗 시정전
시과가 마련되었다는 것은 호족과 관련하여 중요한 의미를 갖는다고 하겠
다.[28] 즉 경종대의 왕권은 이들 호족세력을 완전히 제압하지 못한 상태에 있

---

25) 姜晉哲, 「韓國土地制度史」 上(『韓國文化史大系』 Ⅱ, 고대민족문화연구소,
　　1965) 1251쪽에서 "勳田의 수여는 새로 어떤 토지를 떼어 준 것이 아니고 그
　　들이 옛부터 가지고 있던 토지의 소유권을 법제적으로 追認해 준 것에 불과
　　하다"고 하였다. 즉 향의귀순성주가 받는 대우는 개국공신의 그것과 같은 것
　　으로 그 지위와 세력을 인정해 준 결과에서 비롯된 것이라 할 수 있다.
26) 拙稿, 「고려 향리제도의 성립」, 179쪽.
27) 金塘澤, 「崔承老의 上書文에 보이는 光宗代의 '後生'과 景宗 元年 田柴科」(『高
　　麗光宗研究』, 1981) 70쪽.
28) 金鍾國, 앞의 글, 108~112쪽 및 武田幸男, 「高麗·李朝の邑吏田」(『朝鮮學

있다. 경종전시과에서는 호족의 在地的 성격이 그대로 반영되었다고 할 수 있기 때문이다.

그렇다면 향리에게 토지가 지급되는 시기는 언제쯤일까. 이를 알아보기 위하여 穆宗 원년의 改定田柴科를 주목해 보자. 경종 때의 시정전시과는 목종 원년 12월에 이르러 일대 개편을 보게 되니 이를 통칭 개정전시과라 한다. 이것은 성종대의 제도적 정비에 상응하여 마련된 것으로 새로운 질서체제에 따랐다. 이에 의하면 지급대상의 科等을 모두 18과로 나누어 과에 따라 각기 차등있게 田柴를 지급한 것으로 나타난다. 개정전시과는 시정전시과에 비하여 한결 官人 중심으로 체계화되었음을 알 수 있다. 이것의 이해를 돕기 위해 개정전시과의 내용을 도표화하면 다음의 <표 2>와 같다.

<표 2>는 조금 장황한 감이 있으나, 이는 향리에게 지급되는 전시과의 여부를 일목요연하게 확인할 수 있는 자료로, 개정전시과의 내용을 정리하는데 필요하다고 생각되어 전재하기로 하였다.

이에 의하면 전체 官人을 동일체계 내에 망라하여 오직 관직과 位階만을 중심으로 하여 田柴의 지급이 이루어지고 있었음을 알 수 있다. 이것은 人品을 중심으로 하여 마련된 시정전시과와는 좋은 대조를 이룬다. 그만큼 고려사회가 관인 중심사회로 변모되었음을 의미하기 때문이다. 향리에 대한 田柴支給 상황을 알아보기 위해 다시 목종 대의 개정전시과의 내용을 주목해 보자. 즉 食貨志에는,

> 穆宗 원년 12월에 文武 양반 및 군인 전시과를 改定하였다.(『高麗史』 권 78, 食貨志 田制 田柴科)

라 전제한 후 <표 2>에 나타난 바와 같이 기록되어 있다. 여기에는 전시과 수급자의 科等을 모두 18과로 나누고 제1과로부터 18과에 이르기까지 차등을

報』 39・40, 1966) 37~38쪽 참조. 전시과란 국가적인 토지제도이지만 읍리 전과는 별개로서 각각의 토지제도를 갖고 존재했다고 보았다. 즉 전시과와 邑吏와는 무관한 것이라 하였다.

〈표 2〉 穆宗 元年 改定田柴科

科	支給結數		支給對象
	田	柴	
1	100	70	內史令, 侍中
2	95	65	內史門下侍郎平章事, 致仕侍中
3	90	60	參知政事, 左右僕射, 檢校太師
4	85	55	六尙書, 御史大夫, 左右散騎常侍, 大上卿, 致仕左右僕射, 太子太保
5	80	50	秘書監, 殿中監, 小府監, 將作監, 開城尹, 上將軍, 散左右僕射
6	75	45	左・右丞, 諸侍郎, 諫議大夫, 大將軍, 散六尙書
7	70	40	軍器監, 大常少卿, 給舍中丞, 太子賓客, 太子詹事, 散卿・監・侍郎
8	65	35	諸少卿. 少監. 國子司業. 諸衛將軍. 太卜監. 散軍器監. 上將軍, 太子庶子
9	60	33	諸郎中. 軍器少監. 秘書丞. 殿中丞. 內常侍. 國子博士. 中郎將, 折衝都尉, 大醫監, 閣門使, 宣徽諸使, 判事, 散少卿, 少監
10	55	30	諸員外郎, 侍御史, 起居郎舍, 諸局奉御, 內給事, 諸陵令, 郎將, 果毅太, 卜小監太史令, 閣門副使, 散郎中, 大將軍, 閣門使, 大醫監, 太子諭德家令率更令僕
11	50	25	殿中侍御史, 左右補闕, 寺監丞, 秘書郎, 國子助教, 大學博士, 大醫少監, 尙藥奉御, 通事舍人, 宣徽諸使使, 太子中允, 中舍人, 散員外郎, 太卜太監, 太史令, 諸奉御, 閣門副使
12	45	22	太常博士, 左右拾遺, 監察御史, 內謁者監, 六衛長史, 六局直長, 軍器丞, 太子洗馬, 四官正, 散諸衛將軍, 寺監, 丞, 大醫少監, 尙藥奉御, 宣徽諸使使
13	40	20	主書, 錄事, 都事, 內侍伯, 寺監, 注簿, 四門博士, 大學助教及中尙京市武庫, 大官, 大倉, 典廐, 供御, 典客, 大藥令, 諸陵丞, 別將, 太卜, 太史丞, 侍御醫, 尙藥, 直長, 內殿崇班, 大理評事, 閣門祇侯, 宣徽諸使, 副使, 散直長, 中郎將, 折衝都尉, 四官正, 藥藏郎, 典膳內直, 宮門郎, 典設郎
14	35	15	六衛錄事, 正八品丞, 令, 內謁者, 東西頭洪奉官, 散員指揮使, 協律郎, 太子監丞, 散寺監, 主簿, 郎將, 果毅, 內殿崇班, 閣門祇侯, 太卜太史丞, 侍御醫, 尙藥直長, 宣徽諸使, 副使,
15	30	10	八品丞, 令, 秘書校書郎, 四門助教, 諸衛校尉, 靈臺郎, 保章正, 挈壺正, 大醫丞, 博士, 律學博士, 左右侍禁, 左右班殿直, 散正八品, 及散別將, 指揮, 洪奉
16	27		官大祝, 司廩, 司敎, 九品丞, 主事, 錄事, 秘書正字, 製人明經登科將仕郎, 書算學博士, 司辰, 司歷, 卜博士述正, 監候, 食醫, 醫正, 醫佐, 律學助教, 蒙書博士, 宣徽諸使, 判官, 諸尉, 隊正, 殿前丞旨, 中樞宣徽, 銀臺別駕, 散校尉, 左右班殿直, 保禁
17	23		諸業將仕郎, 令史, 書史, 監事, 醫作, 書令史, 楷書承旨, 客省, 閣門承旨, 借殿前承旨, 親事內給事, 馬軍散殿前承旨, 隊正
18	20		散殿前副承旨, 大常司儀, 齊郎, 國子典學, 知班, 注藥, 藥童, 軍將官, 通引, 廳頭, 直省殿, 驅官, 堂引, 追仗, 監膳, 引謁等, 流外雜織, 諸步軍
科外	17		不及此限者 皆級田一七結 以爲常式

* 『高麗史』 권78, 食貨志 田制 田柴科에 의함.

두어 각 科等에 대해서 응분의 전시지급액을 규정하고 그 밑에 지급 대상자의
관직명을 적어 놓았다. 목종대 전시과의 개정내용은 문무 양반 및 군인전시과

에 한하고 있으며 色服에 관한 조항은 없어졌다. 그리고 그 주된 대상은 문무 양반이고 군인은 제17, 18과에 편성되어 田地 만을 지급받는 것으로 나타나 있다. 따라서 우리의 관심인 향리에 대한 지급규정은 찾아볼 수 없었다. 다만 개정전시과에 대한 기록 말미에,

> 이 한계에 미치지 못한 자에게는 모두 田 17結을 주어 이를 常式으로 삼
> 았다.(『高麗史』 권78, 食貨志 田制 田柴科)

라 하여 정체불명의 不及此限者에 대한 給田規定이 있으나 이것이 향리와 관계된 기록이라고는 생각되지 않는다. 왜냐하면 호족적 속성을 지닌 향리가 이 不及此限者에 포함되지 않았으리라는 생각에서이다. 이렇게 보면 결국 穆宗 改定田柴科에도 향리에 대한 뚜렷한 경제적 보수가 따르지 않은 것으로 나타났다. 다만 다음 기록을 통해 향리에게 職田이 지급되었다는 사실을 알 수는 있다. 즉,

> 목종 원년 3월에 군현의 安逸戶長에게 職田의 반을 주었다(『高麗史』 권
> 78, 食貨志 田制 田柴科)

라는 대목이다. 여기 安逸戶長이란 나이 70이 되어 퇴역한 호장을 의미함은 알려진 사실이다.29) 이들에게 職田의 반이 주어졌다는 것인데 퇴역한 호장에게 직전이 주어졌다는 것은 현역 향리에게도 직전이 주어졌다는 것을 의미한다.30) 이때의 직전이 무엇에 대한 것인지 또는 얼마나 되는지 잘 알 수 없지만 향리 각자가 갖는 職에 대한 수당이 아니었을까 생각된다. 그러므로 이때의 직전은 직전 그 자체가 곧 향리의 경제적 기반이 되었다고 할 수 없다.31)

---

29) 목종 원년 3월에 判하기를 여러 주현 호장으로 나이 70이 되면 안일에 속하게
   하였다(『高麗史』 권75, 選擧志3 銓注 鄕職).
30) 이것은 致仕한 관료에게 직전의 절반을 주었다는 것과 성질이 같은 것이므로
   ("人臣年至七十而致仕者給半祿 所以養國老也"『高麗史節要』 권6, 宣宗 7년)
   향리도 중앙관료와 같은 대우를 받았음을 시사한다고 하겠다.

그것은 다만 그들이 갖는 직에 대한 대가일 뿐인 것이다. 향리란 본래 지방세
력자로서 광대한 토지를 소유한 세력집단의 후신이란 점을 상기할 때 직전으
로서 향리의 경제적 기반을 모두 설명할 수는 없다고 보기 때문이다. 그렇다
면 향리의 경제적 기반은 어디에서 찾아야 할까. 다음 기록은 혹 참고되지 않
을까 생각된다.

> 　　顯宗 19년 5월에 判하기를 鄕職으로 大丞 이상과 正職으로 別將 이상의
> 사람은 그 사람의 死後에 田丁을 갈아세우고 鄕職으로 大丞 이하 元尹 이
> 상과 正職으로 散員 이하는 그 사람의 나이가 70에 차면 그 자손으로 갈아
> 서게 하고 後嗣가 없는 사람은 죽은 다음에 갈아 세우게 하였다(『高麗史』
> 권78, 食貨志 田制 田柴科).

　　이에 의하면 元尹 이상의 향직 소유자가 田丁을 체립한 것으로 나타났다.
고려시대의 永業田은 그 傳承에 있어 '傳'하는 것과 '遞'하는 것으로 구분되는
데 '傳'하는 것은 양반의 자손에게 토지가 상속되는 경우이고 '遞'하는 것은 향
리나 군인의 자손에게 토지가 상속되는 것을 의미한다고 한다.[32] 따라서 원
윤 이상의 관계를 소유한 향리들은 관계를 매개로 하여 동등한 자격으로 전
시과의 지급을 받았다고 할 수 있다.[33] 향리에 대한 이러한 기록은 향리사회
에 어떠한 변화가 일어나지 않았나 추측케 한다. 실제로 현종 9년을 전후하여
이루어진 지방제도의 개편과, 향리의 정원수 규정에 이어 나타난 향직 소유자
에 대한 급전 규정은 위의 사실들과 관련하여 전혀 무관하지는 않을 것이다.
말하자면 이것은 호족적 성격의 향리에게 중앙의 제약이 가해졌다는 것을 의

---

31) 姜晋哲, 「韓國土地制度史」上, 1255쪽에서 "직전 이외에 향리는 勳田, 武散階
　　田柴科 등을 받았으나 그 범위는 넓지 않았을 것이므로 향리의 경제적 토대
　　는 주로 직전에 두어야 했을 것이다"라고 하였다.
32) 李佑成, 「高麗의 土地所有와 兩班·鄕吏·軍人層」(『高麗社會의 諸階層의 硏
　　究』) 57쪽 참조.
33) 앞에서 각 지방의 귀순호족들에게는 주로 원윤 이상, 대광 이하의 관계가 주
　　어졌다고 밝힌바 있다. 그리고 이들이 그들의 호족적 성격을 바탕으로 하여
　　그들이 소유한 전토가 묵인된 채 편성되었으리라고 추측하였다.

<표 3> 文宗 30年 更定田柴科

科	支給結數		支給對象者
	田	柴	
1	100	50	中書令, 尙書令, 門下侍中
2	90	45	門下侍郎, 中書侍郎
3	85	40	參知政事, 左右僕射, 上將軍
4	80	35	六尙書, 御史大夫, 左右常侍, 太子詹事, 太子賓客, 大將軍
5	75	30	七寺卿, 秘書, 殿中監, 國子祭酒, 尙書左右丞, 司天監, 太子小詹事, 諸衛將軍, 右少詹事
6	70	27	吏部諸曹侍郎將作, 少府, 軍器, 大醫監, 左右庶子, 左右諭德, 諸中郎將
7	65	24	七寺少卿, 秘書,殿中, 將作, 少府, 司天少監, 給事中, 中書舍人, 御史中丞, 國子司業, 太子僕, 太子率更令, 太子家令,
8	60	21	諸郎中, 大醫 軍器少監, 內常侍, 閣門引進使, 太子左右贊善大夫, 太子中允, 太子中舍人, 閣門使, 國子博士, 諸郎將
9	55	18	秘書殿中丞,閣門副使
10	50	15	諸員外郎, 起居郎, 起居舍人, 侍御史, 六局奉御殿中內給事, 太史令, 諸陵大廟令, 內謁者監, 大學博士, 中尙令, 四官正, 太子藥藏郎, 典膳郎, 太子洗馬,
11	45	12	通事舍人, 左右補闕, 殿中侍御史, 七寺三監丞, 司天丞, 秘書郎, 六衛長史, 國子助敎, 京市令, 內直典設郎, 宮門監, 侍御醫, 諸別將,
12	40	10	監察御史, 左右拾遺, 閣門祗候, 門下錄事, 中書注書, 軍器丞, 六局直長, 四門博士, 詹事府司直, 內侍伯, 內殿崇班, 諸散員, 大相, 左丞
13	35	8	尙書都事, 七寺三監主簿, 大學助敎, 太官, 大樂, 大盈, 典廐令, 內園供驛, 掌冶令, 太史丞, 諸陵大廟丞, 司天主簿, 東西頭供奉官, 諸校尉, 元甫, 正朝
14	30	5	六衛錄事, 軍器主簿, 四門助敎, 京市, 中尙, 武庫, 大樂, 大盈, 大倉, 大官, 典廐丞, 內園, 供驛, 掌冶丞秘書校書郎, 良醞令, 司儀, 守宮, 典獄, 都梁, 雜織, 都校, 掌牲令, 大醫博士, 大醫丞, 挈壺, 保章正, 律學博士, 左右侍禁, 左右班殿直, 諸隊正, 元尹
15	25		都梁, 雜織, 都校, 掌牲, 守宮, 司儀 典獄, 良醞丞, 司廩, 司庫太史, 司辰, 司曆, 監候, 尙食, 食醫, 律學助敎, 書學, 算學, 司天博士, 大醫醫正, 司天卜正, 秘書正字, 諸主事, 御史臺錄事, 中樞院別駕, 門下侍詔, 文林郎, 將仕郎, 殿前承旨, 都知, 船頭, 典丘官, 司引, 馬軍
16	22		諸令史, 書史, 主事, 中書, 秘書, 史館, 太史書藝, 醫計師, 司天卜師, 卜助敎, 副殿前承旨, 禮賓閣門承旨, 獸醫博士, 當印, 堂直, 監膳, 典食, 典設, 役步軍,
17	20		諸書令史, 諸史尙乘, 內承旨, 副內承旨, 太史典史, 注藥, 藥童, 通引, 直省, 知班, 呪噤師, 供膳酒食, 供設掌設, 堂從追仗, 引謁, 計史, 試計史, 試書藝, 監門軍

* 『高麗史』 권78, 食貨志 田制 田柴科에 의함.

미한다.34)

---

34) 武田幸男, 「高麗李朝時代の 邑吏田」, 28쪽에서 "읍리전의 존재시기는 성종2년으로 향리가 중앙의 강력한 통제를 받기 시작하면서 대토지 소유자로부터 얼마되지 않는 읍리전에 만족하지 않으면 안 될 처지로 전락하게 되었다"고

이와 아울러 문종 30년의 更定田柴科는 우리의 주목을 요한다. 다 아는 바와 같이 문종30년의 경정전시과는 고려 전기의 토지제도가 일단 완성된 것을 의미하며 또한 전시과로서는 최종적인 것이다. 이것은 목종 개정전시과의 체제를 따라 18과로 등급을 나누고 있으나 田柴의 지급 액수, 또는 科等에 연결된 관직에도 출입이 심한 것으로 나타났다. 이것을 알아보기 쉽게 표로 작성하면 <표 3>과 같다.

<표 3>에 의하면 穆宗 改定田柴科에 보이지 않던 향직이 文宗 更定田柴科에서 그 모습을 드러내는 것을 알 수 있다. 즉 향직의 佐丞·大相이 제12과에, 元甫·正甫[35]가 그 제13과에, 그리고 원윤이 제14과에 각각 포함되어 있는 것이다.[36] 그러니까 문종 경정 전시과는 향직 품계 6품인 원윤 이상으로부터 품계 3품인 좌승을 給田 대상으로 포함하고 있는 셈이다. 이것은 좌승 이하 원윤 이상의 향리가 문종 경정전시과에서는 급전 대상에 포함되었음을 의미한다. 그렇다면 大丞 이상의 鄕職除授者는 어떻게 되었을까? 여기서 우리는 현종 19년 5월 判의 기록을 음미해 볼 필요가 있다. 그것은 향직 대승 이상 正職 別將 이상의 관계를 가진 인물이 죽었을 때 전정이 遞立된다고 하였다.[37] 전정은 주지하는 바와 같이 농민적 지배의 한 표현으로서 관료적 신분

하였지만 실제로는 성종 2년보다 훨씬 이후일 것이라 짐작된다.

35) 原文에는 正朝라고 기록되어 있지만 이것은 正甫의 착오일 것이다. 왜냐하면 같은 액수의 田柴를 지급받는 元甫가 4품이고 元尹이 6품으로서 14과에 속해 있는 것을 보면 7품인 正朝가 元甫와 같이 취급될 수는 없었을 것이기 때문이다. 따라서 正朝는 5품 正甫의 착오로 보는 것이 옳을 것 같다 (姜晉哲,「韓國 土地制度史」상, 1251쪽 참조).

36) 알아보기 쉽게 도표화하면 다음과 같다.

科	品 階	順 位	官 階	田 (結)	柴 (結)
12	3	⑥	佐 丞	40	10
	4	⑦	大 相	40	10
13	4	⑧	元 甫	35	8
	5	⑨	正 甫	35	8
14	6	⑩	元 尹	30	5

37)『高麗史』권78, 食貨志 田制 田柴科.

에 지급된 토지를 말한다. 그리고 大丞이란 佐丞 바로 위의 향직 품계임은 다 아는 사실이다. 그러므로 현종19년의 전정 체립 사실은 결국 향직 대승 이상의 제수자에게는 기존의 토지를 그대로 인정해 주었다는 것을 의미하는 것으로 이해하여도 좋을 것 같다. 그리고 이것은 원윤 이상의 향직 소유자가 文宗 更定田柴科에 그 모습을 드러내는 것과도 연결된다고 하겠다. 다시 말하면 경정전시과에 나타나는 향직 소유자들도[38] 이 전시과가 마련되기 전까지는 기존의 토지를 그대로 세습하며 그들의 경제적 터전을 마련해 왔다고 할 수 있다. 그것이 문종 때의 전시과에 비로소 모습을 나타낸 것은 그들이 본래부터 가지고 있었던 호족적 속성을 그 때까지는 유지해 왔기 때문이라 하겠다. 고려초 상당수의 호족들이 태조로부터 기존의 토지를 인정받거나 혹은 가급받았다는 사실과[39] 결부할 때 이 점은 더욱 분명해 진다고 믿는다.

그리고 向義歸順城主나 개국공신—삼한공신이라고 일컬어지는—에게 주어진 전지는 대체로 그 자손들에게 전해져 영업전으로 발전했으리라는 견해에[40]접하고 보면 더욱 설득력을 갖게 된다. 그러므로 대승 이상의 향직을 제수받은 지방세력은 기존의 경제적 기반을 보유하고 있었다고 믿어도 좋다. 실제로 향리가 이와 같은 성격의 토지를 지급받은 사례를 살펴봄으로써 더욱 확신을 갖도록 하자.

> c—1) 李永의 字는 大年이며 안성군 사람이니, 그 아버지 仲宣은 本郡의 호장으로서 뽑혀 京軍이 되었다. 永이 어려서 스승을 좇아 배우다가 아버지가 죽으매 영업전을 이어 받고자 胥吏가 되었다.(『高麗史』권 97, 李永傳).
> c—2) 2월 甲午에 有司가 주하기를 '蕃人에게 잡혀간 廉可偁은 軍器丞 位의 아들이며 삼한공신 司徒邢明의 손자이온데 庚戌년중에 環衛公子의

군역에 충당되었다가 때마침 거란병이 경성에 난입하였으므로 놀라서
양친을 받들고 고향인 峯城縣(경기도 파주)으로 피난가다가 도중에서
적을 만나 잡혀갔던 것입니다. 淸寧 원년 정월에 아들 하나를 데리고
도망하여 왔사오니 청컨대 가용에게 부조의 永業田舍를 다 환급하도
록 하옵소서' 하니 制하기를 가용은 '공신의 후예로서 丁年에 포로되어
蕃土에 처자를 버리고 한 아들만 데리고 백발이 되어 돌아오니 참으로
애처로운 일이다. 舊業田廬를 돌려주도록 하라'고 하였다(『高麗史』 권
97, 문종10년).

   c-1) 史料에서 李永은 安城郡人으로서 戶長이었던 부친의 영업전을 계승
하기 위해 서리가 되었다고 한다. 이때 받은 永業田의 규모가 어떠하였는지,
또는 영의 아버지가 대승 이상의 관계를 받았는지 안 받았는지에 대해서는
정확히 알 수 없다. 그렇지만 그 부친이 소유한 토지는 안성 지방의 유력 豪族
에게 주어졌던 것으로서 그 호족적 성격 때문에 永業田化한 것이라 보아 좋을
것이다.[41] 따라서 李永이 영업전으로 받은 토지도 그러한 기반 위에 마련된
것이므로 상당량에 달했을 것임에 틀림없다. 그렇다면 이영의 부친은 일찍이
향직 大丞 이상의 官階를 제수받은 안성 지방의 대호족이었을 것이라는 결론
에 이른다.

   한편 c-2사료에서 삼한공신이라 명시된 염형명의 孫 염가용의 경우에 주
목해 보자. 이에 의하면 유사는 한때 거란의 포로가 되었다가 도망쳐 온 염가
용에게 조부의 영업전을 환급해 줄 것을 청하고 있다. 이것은 그의 조부 염형
명이 삼한공신이었으므로 해서 받을 수 있는 혜택이었다. 그러므로 그의 조부
에게 주어졌던 토지는 본래부터 형명이 소유했던 토지였을 것이라 짐작된다.
그것이 전시과가 마련될 때 그대로 묵인되어 그들의 경제적 기반이 되었을

---

41) 李佑成, 「高麗의 永業田」(『歷史學報』 28, 1965), 10~18쪽에서 三韓功臣에게
    주어진 전시과는 그 경제적 기반이 자손에게 전승됨에 이르러서는 私田的인
    의미를 지니면서도 일면 국가에 대한 공로나 職役의 의무를 전제로 하는 국
    가적인 통제하에 들어가면서 無期永代的인 토지, 즉 영업전으로 발전한다고
    보았다.

것이다. 따라서 지방세력은 향리제도의 성립 등으로 종종 제약을 받았다고는 하지만 이들의 경제적 기반은 그대로 존속되면서 영업전이라는[42] 명목으로 자손들에게 전승되었다고 할 수 있다.[43] 그리고 그것은 시대가 내려옴에 따라 民田이라는 형태로 남아 있었던 것 같다.

3) 鄕吏田 支給의 諸形態

고려 전시과 체제 하의 私田에는 여러 유형이 있었다. 지금까지 확인된 바로는 현종년간의 常平義倉條에 나타난 다음 기록에 의존하는 것이 일반적인 경향이다.

> 여러 州縣의 義倉의 법은 모두 田丁의 수에 준하여 수렴하되 一科는 公田 一結에 租 三斗로 하고 二科와 宮院·寺院 및 兩班田은 租 二斗로 하고 三科와 軍人 其人戶丁은 租 一斗로 하는 것은 이미 成規가 되어 있으니 혹 흉년이 되어 백성이 굶주리면 이것으로서 구급하고 가을에 이르러 환납하도록 하되 濫費하지 말라(『高麗史』 권80, 食貨 3, 常平義倉).

이 기록에는 1科 공전이 있고 2科 및 3科가 뒤이어 나오는데 2과는 2과 공전, 3과는 3과 공전을 의미한다는 것은 잘 알려진 사실이다.[44] 그리고 2과 공전에 준하는 것으로 궁원전·사원전·양반전이 있고, 3과 공전에 준하는 것

---

42) 忠烈王 11년 3월에 늡를 내리기를 外方의 人吏 등이 농경하는 밭으로서 여러 권세가들에게 뇌물을 바치고 別常에게 간청하여 그 역을 謀避하는 자가 있으니 금후로는 추궁하여 돌려 바꾸라(『高麗史』 권85, 刑法志 2 禁令)라고 한 것은 향리들이 원래 소유한 (所耕田) 토지가 있어 이것이 향리의 경제적 기반이 되었음을 나타낸 것이라 할 수 있다.

43) 이우성, 「高麗의 土地所有와 兩班·鄕吏·軍人層」, 67쪽에서 "鄕吏는 州縣에 있어서 지방 토착세력을 대표하는 계층이며 지방행정의 실무자로서 準官人的 위치에 있었던 만큼 그들의 영업전의 경영, 수취 관계는 양반의 영업전과 비슷했을 것이다"라고 하였다.

44) 旗田巍, 「高麗의 公田」(『朝鮮中世社會史의 研究』, 1972), 210쪽.

으로 軍人戶丁과 其人戶丁이 있다. 군인호정과 기인호정은 각기 軍人田·其人田과 동일한 것이었다. 따라서 1, 2, 3과 公田과 구별되면서 이에 준하는 조를 바친 궁원전·사원전·양반전 및 군인전은 私田이었다고 보아 틀림없을 것이다.[45] 그러므로 여기에서는 사전의 여러 유형 가운데 기인전을 포함하여 향리에게 지급된 여러 종류의 급전형태만을 중심으로 살펴보기로 한다.

고려시대에 있어 국가로부터 토지를 지급받는 것은 여러 종류의 역의 부담에 대한 반대급부로서 중대한 의미를 갖는다. 따라서 鄕役 수행을 통해 왕조의 지배를 받게 된 향리들에게도 토지가 지급되었음은 당연한 일이다. 우리는 앞에서 향리들에게 그들이 본래 소유했던 토지가 永業田이라는 이름으로 전승되었음을 보아 왔다. 이것은 향리가 호족적 속성에 바탕해서 갖는, 고려사회에서의 사회·경제적 입장과 깊은 관련이 있다고 하였다.

그러나 고려의 중앙집권화가 이루어지면서 이들 호족들은 점차 향리라는 세력으로 재편되어 갔고[46] 지방행정을 담당하는 실권자로서의 직역을 가지고 있었다. 이들의 역은 주로 租稅·貢賦를 수취하고 力役을 징발하는 등 지방통치상 중요한 몫을 담당하는 것이었다.

따라서 국가는 이들에게 향역 수행을 뒷받침할 만한 경제적 혜택을 부여했던 것이니 예컨대 職田·勳田·武散階 등이 그것이다. 여기서는 우선 향리들이 직역에 대한 대가로서 지급받았던 직전에 대해서 살펴보기로 한다. 다 아는 바와 같이 고려시대의 토지제도는 경종원년(976)에 전시과가 마련됨으로써 정비되었다. 따라서 향역에 대한 직전 지급 사실도 이 전시과를 통해서 살펴 보아야 할 것이다. 그러나 전시과 체제 안에서 향리에 대한 직전지급사실을 뒷받침할 만한 구체적인 기록을 찾아 볼 수는 없다. 다만 다음 기록을 통해서 향리에게 職田－소위 鄕吏外役田－이 지급되었음을 확인할 수 있을 뿐이다.

---

45) 강진철, 「사전지배의 제유형」(고려토지제도사연구).

46) "成宗二年 改州府郡縣吏職 以兵部爲司兵 倉部爲司倉 堂大等爲戶長 郎中爲戶正 員外郎爲副戶正 執事爲史 兵部卿爲兵正 維乃爲兵史 倉部卿爲倉正"(『高麗史』 권75, 選擧3 鄕職).

라는 명령이 내려진다. 안일호장은 앞장에서 살펴 본 바와 같이 나이가 70
이 되어 퇴역한 호장을 의미하는 것인데[47] 이들 퇴역한 호장에게 직전의 반
을 주었다는 것이다. 이것은 현직 호장에게도 일정한 양의 직전이 지급되었으
리라는 추측을 가능하게 한다. 이를 뒷받침해 주는 것으로서는 다음 기록이
참고가 된다.

리는 판문이 그것이다. 고려왕조에시는 관리가 병이 들어 100일이 님도록
出仕하지 못하는 경우에는 그 직을 파하고 전토를 회수하였는데 향리도 또한
이러한 예에 준하여 그들에게 주어진 직전을 회수하도록 했다는 것이다. 이것
은 향리에 대한 직전의 지급 규정이 성립되어 실제로 운영되고 있었음을 확
인할 수 있게 한다. 그것이 바로 鄕吏外役田으로서 이 제도가 처음 만들어진
것은 아마도 향리직제가 마련되는 成宗初가 아닌가 생각된다.[48] 이와 같이 고
려시대의 향리에 대해서 직전 즉 외역전이 지급된 사실은 확인되지만 이것에
대한 지급규정은『高麗史』혹은 기타의 어떤 기록에도 전혀 보이지 않으므로
그 구체적 내용은 알 수가 없다. 다만『高麗史』食貨志 公廨田柴條의 성종 2년
6월의 기사 가운데 보이는 주·부·군·현의 '長田'을 戶長職田, 즉 外役田이
라고 파악하는 견해가 있는데[49] 이와 같이 보기에는 그 규모가 너무나 적다
는 의미에서 상당한 의문도 없지 않다. 즉 공해전시의 기록에 의하면 長田은

---

47)『高麗史節要』권6, 宣宗 7년 및 앞의 글 참조.
48) 武田幸男,「高麗李朝の 邑吏田」, 25〜28쪽.
49) 武田幸男, 위의 논문, 25〜27쪽.

公須田·紙田 등과 더불어 지방 公廨의 일환으로 지급되고 있었는데 당시 주·부·군·현에 분정된 장전의 규모는 주·부·군·현의 '丁'에 따라 3~5結로 제정되어 있었다. 이 당시 주현에는 각각 2~8명 정도의 호장이 임명되어 있었으므로50)이를 감안한다면 결국 당시 호장 1인에게 주어지는 전토의 규모는 대략 1결에도 미치지 않는다는 결론에 이른다. 따라서 이를 鄕吏外役田(戶長職田)으로 볼 때 호장의 사회적 지위에 비하여 그 지급액이 너무 적다는 결론에서 쉽게 납득이 되지 않는다. 잘 아는 바와 같이 고려는 그 초기에 향리들에 대하여 특별한 관심을 갖고 있었는데 이것은 결코 우연한 일이 아니었다. 신라말에서 고려 건국 직후까지 중앙정부는 지방을 집중적으로 파악할 능력이 없었고 지방세력이 성장하여 이들의 정치적 군사적 역할을 무시할 수 없는 상황이었다.51) 이때 활약한 지방 세력이 바로 고려 향리의 전신이었음은 다 아는 사실이다. 그리고 호장은 그들의 우두머리였으니 그런 입장에

---

50) 참고로 현종 9년에 개정된 주부군현의 향직 및 그에 따른 정원을 도표화하면 다음와 같다.

鄕吏職號＼州縣	州·府·郡·縣				兩界州鎭		
	1000丁 以上	500丁 以上	300丁 以上	100丁 以下	1000丁 以上	100丁 以上	100丁 以下
戶長	8	7	5	4	6	4	2
副戶長	4	2	2	1	2	2	1
兵正	2	2	2	1	2	2	1
副兵正	2	2	2	1	2	2	1
倉正	2	2	2	1	2	2	1
副倉正	2	2	2	1	2	2	1
史	20	14	10	6	10	10	6
兵史	10	8	6	4	6	6	4
倉史	10	8	6	4	6	6	4
公須史	6	4	4	3	4	4	2
食祿史	6	4	4	3	4	4	0
客舍史	4	2	2	1	2	2	2
藥店史	4	2	2	1	2	2	2
司獄史	4	2	2	(0)	2	2	2
合計	84	61	51	31	52	50	29

＊『高麗史』 권75, 選擧志 銓注 鄕職條에 의거하여 작성함.

51) 『高麗史』 권75, 選擧志3 성종 원년 6월 崔承老의 上書文 참조.

<표 4> 文宗 30年 更定田柴科 향직에 대한 給田規定

科	品 · 階		田柴 額	
第 12 科	大 相 (4品)	佐 尹 (3品)	田 40 結	柴 10 結
第 13 科	元 甫 (4品)	正 甫 (5品)	田 35 結	柴 8 結
第 14 科	元 尹 (6品)		田 30 結	柴 5 結

* 『高麗史』 권78, 食貨志 田制 田柴科.

있는 호장에게 주어진 給田額이 위와 같다면 더욱 설득력을 잃게 되는 것이다. 특히 일반 전시과에서 流外雜織(胥吏)이 20결 정도의 토지를 받고 있음에 비교하면 더욱 그렇다. 때문에 혹자는 이를 호장의 직전이 아니라 그의 직무수당을 마련하기 위하여 할당된 토지가 아닐까 하는 견해를 비치기도 하지만 확실하지는 않다.52)

오히려 戶長에 대한 給田과 관련하여 검토되어야 할 것은 戶長들에게 제수되던 鄕職 또는 武散階에 따른 給田과의 관계라고 생각된다. 戶長에게 제수된 鄕職은53) 高麗初 王朝에 來投한 지방세력자에게 수여하여 신왕조에 附化시키기 위한 品職으로 고려의 독자적인 질서체제를 나타내는 것이었다. 이에 고려시대의 호장들은 大相(4품), 佐尹(6품), 正朝(7품), 中尹·軍尹(각 9품) 등의 향직을 받고 있는 것으로 나타났다.54) 이러한 향직에 대하여 文宗 30년에 제정된 更定田柴科는 다음과 같은 給田規定을 제시하고 있는데 이를 알기 쉽게 도표화하면 <표 4>와 같다.

이것은 文宗 更定田柴科 가운데서 향직에 대한 급전규정만을 골라서 도표화한 것인데 이에 의하면 당시 향직자에 대한 給田은 제12과에서 제14과에

---

52) 姜晋哲, 『高麗土地制度史硏究』(1980), 107쪽.

53) 이에 대해 姜晋哲교수는 "鄕職에 대한 田柴의 支給은 향리에 대한 職田으로 理解할 수 없다고 하고 향직이 高麗의 公的 조직이기는 하지만 實職이 아니며 爵과 같이 국가적 신분질서체계를 의미하는 것으로 여기서의 鄕은 中國風에 대한 高麗風을 의미하는 것이고, 향직을 보유하는 계층에 향리가 중요한 몫을 차지하기는 하나 이것은 향리들만이 가지는 직계도 아니다(「田柴科體制下의 土地制度」, 『한국사』 권5, 151~152쪽)"라고 하여 武田幸男의 견해에 이의를 제기하였다(武田幸男, 「高麗時代의 鄕職」).

54) 『掾曹龜鑑』 권1, 吏職名目解.

규정되어 있었으며, 그 대상은 향직 3품에서 6품까지로 나타나 있다. 이 기록
만으로는 3품 佐丞 이상 6품 元尹 이하에 대해서는 확실한 것을 알 수 없다.
그러나 그들 향직자에 대해서도 어떠한 형태로든 급전이 이루어졌으리라는
것은 다음 기록으로 추측이 가능하다. 즉,

> 현종 19년에 判하기를 향직으로 大丞 이상과 正職으로 別將 이상은 그
> 사람의 死後에 田丁을 갈아세우고 향직으로 左丞 이하 元尹 이상과 정직
> 으로 散員 이하는 그 사람의 나이가 70이 차면 그 자손으로 하여금 갈아
> 세우고 後嗣가 없는 사람은 죽은 후에 갈아세우게 하였다.(『高麗史』권78,
> 食貨志 田制 田柴科)

라는 것이다. 이 기록에서 鄕職 大丞 이상 正職 別將 이상의 官階를 가진
인물이 죽었을 때 田丁이 체립된다는 사실이 大丞 이상의 향직자들에게도 給
田이 이루어졌음을 추측케 한다는 것은 앞에서 살펴본 바와 같다.

이와 같이 향직에 대한 토지지급은 戶長을 중심으로 한 향리가 큰 비중을
차지하고 있었다.[55] 그러므로 향직에 대한 토지지급은 향리의 경제적 기반의
일부를 이루고 있었다고 할 수 있다.

한편 고려시대 향리들에게는 鄕職 뿐만 아니라, 武散階가 수여되는 경우도
있어 경제적 혜택을 더욱 확대하기도 하였다. 즉 州縣軍 가운데 一品軍의 지
휘자로서의 직임을 맡을 수 있었던 호장 등 상층부의 향리들에게 武散階가
주어질 기회가 있었으며[56] 武散階의 受惠는 곧 토지의 지급을 연상케 한다.
다음 기록은 戶長에게 武散階가 주어진 것을 모아 본 것으로 이와 관련하여
참고되리라 믿는다.

d-1) 菩薩戒弟子 高麗國興麗府 棟梁 僧彦修 名保 戶長 陪戎校尉 金○○

---

55) 鄕職은 無官의 老人, 軍人, 兩班, 胥吏 및 女眞의 長 그리고 長吏의 상층에게
주어진 爵位라는 武田幸男의 견해에 따른 것이다(武田幸男, 「高麗時代의 鄕
職」).
56) 旗田巍, 「高麗의 武散階」(『朝鮮中世社會史의 研究』, 392~393쪽).

(『朝鮮金石總覽』上, <正祐寺 朝鮮鐘記>).

d-2) 公은 安東府 사람인데 曾祖父는 戶長陪戎校尉이며 諱가 均漢이었다
(『朝鮮金石總覽』上, <權適墓誌>).

위의 두 기록은 『朝鮮金石總覽』에 남아 있는 것으로 여기 보이는 陪戎校尉란 武散階 從9品 上에 해당하는 것이며 등급별로는 武散階 29등급 가운데 28등급에 해당한다. 또한

d-3) 德宗 원년 2월에 通州의 振威副尉 戶長 金巨와 別將守堅은 庚戌年,
거란병의 來侵에 당하여 堅壁固守하였고 또 그 大夫馬首를 사로잡았으므로 金巨에게는 郞將을 加하고 守堅에게는 郞將을 贈하였다(『高麗史』
권5, 德宗 원년).

d-4) 睿宗 3년 3월 신묘에 神鳳樓에 거동하여 肆赦하고 …… (中略)
…… 州縣의 進奉長吏에게는 一等을 加하여 同正職으로 하고 職이 만기된 사람에게는 武散階를 加하고 承天府의 進奉戶長 이상에게는 武散階를 加하고 副戶長 이하에게는 一等職을 加하고 無職者에게는 初職을 許하고 同府(承天府)의 長吏에게는 服色을 許한다(『高麗史』 권12, 睿宗
3년).

위의 d-3) 덕종 원년의 기록은 거란병의 침입을 맞아 성을 굳게 지킨 공로를 인정받은 金巨가 振威副尉를 제수받았다는 것이다. 이 振威副尉는 從 6品 下로 제17등급에 해당하여 戶長들에게 제수된 武散階도 그 등급에 각각 차이가 있었음을 알 수 있다.

그리고 d-4) 예종 3년의 기록은 正職에 준하여 설정된 散職으로 同正職이[57] 있었음을 나타낸 것이다. 이것을 통해 대체로 戶長, 副戶長 등의 상급 향리에게 붙여진 同正職은 그 직에 따라 일정량의 토지를 지급받고 있음을 알 수 있다. 다시 『高麗史』百官志에 나타난 武散階 가운데[58] 鄕吏와 관계된

---

57) 金光洙, 「高麗時代의 同正職」(『歷史敎育』11·12, 1969) 118～120쪽.
58) 『高麗史』 권77, 百官2 武散階.

<표 5> 高麗時代의 武散階

等 級	品	武 散 階	等 級	品	武 散 階
1	從 一 品	驃騎 大 將 軍	16	從六品上	振威 校 尉
2	正 二 品	輔國 大 將 軍	17	從六品下	振威 副 尉
3	從 二 品	鎭國 大 將 軍	18	政七品上	致果 校 尉
4	正 三 品	冠軍 大 將 軍	19	正七品下	致果 副 尉
5	從 三 品	雲麾 大 將 軍	20	從七品上	翊威 校 尉
6	正四品上	中武 將 軍	21	從七品下	翊麾 副 尉
7	正四品下	將武 將 軍	22	正八品上	宣折 校 尉
8	從四品上	宣威 將 軍	23	正八品下	宣折 副 尉
9	從四品下	明威 將 軍	24	從八品上	禦侮 校 尉
10	正五品上	定遠 將 軍	25	從八品下	禦侮 副 尉
11	正五品下	寧遠 將 軍	26	正九品上	仁勇 校 尉
12	從五品上	遊騎 將 軍	27	正九品下	仁勇 副 尉
13	從五品下	遊擊 將 軍	28	從九品上	陪戎 校 尉
14	正六品上	耀武 校 尉	29	從九品下	陪戎 副 尉
15	正六品下	耀武 副 尉			

* 『高麗史』권77, 百官 2, 武散階

품계를 살펴 보기 위해 <표 5>를 주목해 보도록 하자.

이에 의하면 17등급인 振威副尉, 25등급인 御侮副尉, 28등급인 陪戎校尉가 향리와 관계된 武散階 品階임을 알 수 있다. 이들은 文宗 30년의 更定田柴科에서 각기 다음과 같이 토지지급이 이루어지고 있다. 이에 따른 향리의 토지지급은 17등급인 振威副尉가 22結, 25등급인 御侮副尉와 28등급인 陪戎校尉가 각각 20結씩을 받고 있는 것으로 나타났다. 이를 알기 쉽게 도표화하면 <표 6>과 같다.

이렇게 보면 고려시대의 향리는 戸長을 중심으로 하여 職田 및 鄕職, 武散階

<표 6> 武散階로 본 鄕吏對象土地支給

等級	支 給 土 地	武 散 階
1	田30結, 柴 8結	冠軍大將軍, 雲麾大將軍
2	田 30 結	將武將軍, 宣威將軍, 明威將軍
3	田 25 結	寧遠將軍, 定遠將軍, 遊騎將軍, 遊擊將軍
4	田 22 結	耀武校尉, 同副尉, 振威校尉, 同副尉, 致果校尉, 同副尉, 翊威校尉, 同副尉
5	田 20 結	宣折校尉, 同副尉, 禦侮校尉, 同副尉, 仁勇校尉, 同副尉, 陪戎校尉, 同副尉
6	田 17 結	大丘, 副丘, 雜丘人, 御前部藥伴藥人, 地理業, 僧人

의 수여에 따른 給田이 이루어지고 있었음을 알 수 있다.

다만 여기서 주의할 것은 戶長職田과 鄕職, 武散階와의 관계이다. 다시 말하면 戶長들이 지급받는 토지가 職田과 더불어 향직, 혹은 무산계에 따른 급전이 중복되지는 않았을까 하는 의문을 갖게 된다는 것이다. 이에 대해서는 戶長職田의 경우 安逸戶長에게 職田의 牛을 지급토록 한 규정이 있고[59] 호장의 질병 등으로 그 직임을 수행하기 어려울 경우, 다시 국가가 환수하도록 되어 있는 기록이 있다.[60] 한편 鄕職의 경우 70이 되면 그 자손에게 체립된다고 한[61] 것으로 보아 職田과 鄕職에 의한 給田은 별도의 것으로 보아 좋을 것이다.[62]

武散階에 따른 給田 또한 職田과는 계통이 다른 토지였던 것 같다. 그러므로 결국 戶長에게는 호장이라는 職役에 따른 職田과 계통을 달리하는 향직, 혹은 무산계에 따른 給田이 별도로 지급되어 향리의 경제적 기반의 일부를 담당했다는 것이 타당할 듯하다.

한편 향리들에게는 勳田이 지급되었다.

景宗 2년에 開國功臣 및 向義歸順城主들에게 훈전을 주었는데 그 액수는 50結에서 20結에 이른다(『高麗史』 권78, 食貨志 田制 功蔭田柴).

라는 기록이 있다. 이것은 향리의 전신이 호족이었다는 사회적 배경과 관련하여 설명할 때 설득력을 갖는다. 본래 향리는 지방의 세력자로서 많은 재산

---

59) "穆宗 三年 以諸郡縣戶長 年七十者 爲安逸戶長 仍賜職田之牛"(『高麗史』 권78, 食貨志 田制 田柴科).

60) "顯宗 十六年 諸州縣長吏 病滿百日 依京官例 罷職收田"(위의 책 권75, 選擧志 銓注).

61) "顯宗 十九年 五月判 鄕職大丞以上 正職別將以上 人身死後 田丁遞立……年滿七十人 令其子孫遞立 無後者 身沒後遞立"(위의 책 권78, 食貨志 田制 田柴科).

62) 武田幸男, 「高麗時代の鄕職」에서 밝혀진 바와 같이 鄕吏의 職田과 鄕職에 대한 토지지급을 직접 연결시키는 것은 잘못이며, 鄕職은 鄕吏에게만 국한된 것이 아니라는 점에서 설득력을 갖는다.

을 축적하여 광대한 토지를 소유하고 있었음은 잘 알려진 사실이다. 그리고,

라고 한 것과 실제로

과 같이 고려는 상당 기간 향리세력이 본래의 호족적 특성과 경제적 기반
을 보유하고 있었다. 따라서 이들의 이러한 기반이 고려국가의 체제 정비과정
에서 상당 부분 勳田으로 賜給되는 형식을 밟아 종전의 지배권을 인정받은 것
이라 생각할 수 있다. 다시 말하면 고려 토지제도의 일반적 성격에 따라 이들
향리에게 어떠한 새로운 토지를 지급한 것이 아니고 신라말부터 지속되어온
지방세력의 경제적 기반인 토지에 대한 국가적 차원에서의 추인 정도에 불과
한 것이 아닐까 하는 것이다.65) 이와 같이 훈전의 시행과정에서 호족들이 소
유한 토지는 국가로부터 인정받는 한편 일단의 통제를 받기도 하였다. 그러나
이미 관료화한 호족은 훈전과 전시과에 따른 토지지급 등의 방법으로 상당한
면적의 토지를 소유할 수 있었다. 이 점은 전통적 在地勢力으로 남은 향리에
있어서도 마찬가지였다고 하겠다.66)

앞에서 살펴본 바와 같이 戶長層에는 職田 및 鄕職, 武散階에 따른 급전, 혹
은 훈전 등이 지급된 것이 확실하지만 鄕役 수행에 큰 비중을 차지하였던 일
반 향리들에 대한 급전사실은 확인할 수 없었다. 그렇지만 그들에게도 어떠한
형태로든 급전이 이루어지지 않았을까 생각된다. 즉

---

63) 『世宗實錄』 권81, 세종 20년.
64) 『掾曹龜鑑』 권1, 吏職名目解.
65) 姜晋哲, 「韓國土地制度史」 上, 1252쪽.
66) 李佑成, 「高麗의 土地所有와 兩班・鄕吏・軍人層」, 67쪽.

州・郡・津・驛의 吏가 각각 그 전토의 所出을 먹고 (『高麗史』 권78,
食貨志 田制 祿科田 趙浚上書)

라는 기록이라든가 혹은

州・府・郡・縣・郷・所・部曲・津・驛의 吏에서 모든 國役을 제공
하는 자에 이르기까지 受田하지 않음이 없다(『高麗史』 권78, 食貨志 田制
祿科田 趙仁沃上書).

라고 한 기록은 이를 의미한다고 보아 좋을 것이다.67) 그러나 기인으로68)
선상되는 일부 記官層에게 其人戶丁이라 불리는 토지가 주어진 사실은 다음
기록에서 확인할 수 있다.

顯宗 14년 閏 9월에 判하기를 무릇 여러 州縣의 義倉의 법은 모든 전정
의 수에 준히여 수렴하되 一科는 公田 一結에 租 三斗로 하고, 二科와 宮院
田・寺院田・兩班田은 租 二斗로 하고, 三科와 軍人・其人戶丁은 租 一斗
로 하는 것은 이미 成規가 있으니 혹 흉년이 되어 백성이 굶주리면 이것으
로 구급하고 가을에 환납하도록 하되 濫費하지 말라고 하였다(『高麗史』
권80, 食貨志 常平義倉).

이에 의하면 三科 公田 및 軍人・其人戶丁은 각기 租 一斗로 한다고 하였는
데 이것은 곧 軍人田・其人田을 지칭한 것으로 기인에게 토지가 지급된 사실
을 뒷받침하는 것이다. 그리고 그 지급대상과 지급액수는 문종대의 其人選上
규정을 통하여 확인할 수 있다.

---

67) 다만 이런 사료가 고려말의 기록이고 보다 구체적인 田柴支給 사실이 밝혀지
　　지 않는다는 점에서 일반 향리들의 향리전의 존재 가능성에 회의를 품는 견
　　해도 있다(李惠玉, 「高麗時代의 郷役」, 315쪽).
68) 其人이란 國初에 향리의 자제를 뽑아 서울에서 인질을 삼고 그 郷事의 顧問에
　　대비케 한 사람을 말하나 당시는 인질적 성격 뿐만 아니라 互惠的 성격이 더
　　짙었던 것으로 보인다.

文宗 31년에 判하기를 무릇 其人은 千丁 이상의 州는 足丁으로 하여 나이 40 이하, 30 이상의 자를 選上함을 허락하고 (千丁) 이하의 州는 半足丁으로 하여 兵倉正 이하 副兵倉正 이상을 물론하고 富强·正直한 자를 선상하게 한다. 그 족정은 15년을 한정하고, 반정은 10년을 한정하여 立役케 하며 반정이 7년에 이르고 족정이 10년에 이르면 同正職을 許하고, 役이 차면 職을 더하게 하였다(『高麗史』 권75, 選擧志 銓注).

이에 의하면 其人選上의 대상은 9단계의 향리직 가운데 兵正·倉正 이하 副兵正·副倉正 이상의 記官層이며 이들은 각각 그 등급에 따라 足丁·半丁으로 편제되고 있음을 알 수 있다. 이를 알아보기 쉽게 표로 작성하면 다음 <표 7>과 같다.[69]

<표 7>에서 알 수 있는 바와 같이 향리직 중에서 其人選上의 대상이 된 사람은 향리직의 중간 계층이며 대략 문종 30년 更定田柴科의 지급대상자였다.

〈표 7〉 其人選上對象

	鄕吏職	其人選上 對象者	文宗 30 年 更定田柴科 支給對象者	鄕職	品階
1	戶長			三重大匡 重 大 匡	1 品
2	副戶長			大 匡 正 匡	2 品
3	兵·倉正			大 丞 佐 丞	3 品
4	戶正			大 相 元 甫	4 品
5	副戶正			正 甫	5 品
6	副兵·倉正			元 尹 佐 尹	6 品
7	州·府·郡·縣史			正 朝 正 位	7 品
8	兵·倉史			甫 尹	8 品
9	後檀史			軍 尹 中 尹	9 品

---

69) 姜晋哲, 『高麗土地制度史硏究』, 102쪽.

이 경정전시과의 규정에 보이는 향직에 대한 田柴 지급은 향리직 전반을 대상으로 한 것이 아니라 기인에 관련된 것이며 지급된 토지는 其人田일 것이라는[70] 연구 결과가 나와 있기도 하다.

그리고 기인선상의 대상이 족정·반정으로 편제되는 것과 관련하여『高麗史』兵志의 다음 기록은 참고되리라 믿는다.

> 국가에서 田 17結을 一足丁으로 삼아 군인에게 一丁을 지급하는 것은
> 옛날 田賦制度의 遺法이다(『高麗史』권81, 兵志 恭愍王).

그러므로 족정·반정이란 대체로 田稅收取의 단위, 職役地分給의 단위, 職役差定의 요건 등을 주요기능으로 가지는 田制上의 한 구성요소로 보아 좋다.[71]

따라서 기인선상의 대상인 병정·창정 이하 부병정·부창정 이상에 해당되는 향리는 족정·반정으로 묘사되는 일정량의 토지를 분급받았다고 할 수 있다.

현종 14년의 常平義倉條에 나타난 바와 같이 기인에게 지급된 토지를 其人戶丁이라 하였고 이것은 軍人戶丁과 동등하게 一斗를 義倉租로 내고 있었다. 收租의 량에서 군인호정과 동등하게 취급되었다는 것은 두 계층의 급전액이 비슷하였다는 것을 의미한다. 그러므로 其人役은 본질적으로 軍役과 더불어 役義務를 진 것이 분명하다. 따라서 국가는 이에 따른 보상으로서 기인에게 토지를 지급한 것이라 보아 좋다.

기인 뿐만 아니라 同正職에 대해서도 토지가 주어졌던 것 같다. 고려시대는 正職에 준하여 散職인 동정직을 실정하고 그들에게 17결에서 25결의 도지를 지급하고 있었다.[72] 따라서 동정직을 가진 향리들, 예컨대 戶長同正, 副戶長同

---

70) 姜晋哲,『高麗土地制度史研究』, 103쪽.
71) 尹漢宅,「足丁制의 성격과 성립 — 신라·고려사회 농가 파악 방식의 새로운 전개 —」(서울대학교 석사학위 논문, 1983), 4~7쪽.
72) 註 58과 같음.

正 등에게도 그 직에 따라 토지가 주어져 향리의 경제적 기반의 일부를 이룬 것이 아닌가 생각된다.

그리고 副兵正·副倉正 이하의 향리들은 일반 농민과는 구별되는 신분상의 지위나 지방사무를 관장하는 말단리로서 기존의 토지를 인정받아 그들의 경제적 기반으로 삼았던 것 같다. 실제로 고려초기의 향리들은 그 지방 향호들에게서 유래되었으며 당시 그들의 지위는 중앙관료에 비견될 만 하였다. 그러므로 그들이 고려의 중앙집권화 과정에서 그 세력이 다소 위축되었다 할지라도 지방관이 제대로 파견되지 못했던 고려전기까지의 세력은 호족적 속성을 그대로 유지했다고 보아 좋을 것이다. 따라서 중앙 정부는 그들에 대해 새롭게 급전해야 할 필요도 없었던 것은 아닐까? 이것이 경종 시정전시과 이후 문종 경정전시과에 극히 일부의 향직자를 제외한 다른 향리에 대해 급전규정이 설치되지 않은 까닭이라 생각된다.

한편 고려후기의 향리들은 구분전 위전이라는 형태의 외역전을 지급받고 있는 것으로 나타난다. 『高麗史』食貨志에

여러 州·府·郡·縣의 吏 및 津·鄕·所·部曲·庄·處의 吏와 院·館의 直에게는 모두 口分田을 前例에 따라 折給하되 종신토록 한다 (『高麗史』권78, 食貨志 田制 趙浚上書)

라는 것이 있다든지

御分田·宮司田·鄕吏·津尺·驛子 및 모든 口分田·位田은 元籍에 따라 考覈하여 量給토록 한다.(『高麗史』권78, 食貨志 田制 田柴科)

라고 한 것 등은 모두 이를 의미한다고 보아 좋다. 특히 고려후기의 향리 외역전은 후에 科田法으로 이어져 더욱 구체적인 실태에 접하게 된다. 즉 조선초기의 과전법에는 각각 3결의 구분전과 2결의 稅位田으로 구성된 5결씩의 읍리전이 지급되고 있는 것을 확인 할 수 있다.73) 과전법 하에서의 읍리전 지

급사실은 고려후기 향리에게 口分田·位田이 지급되었다는 사실과 관련하여
아마도 이 시기 향리층 내부에 변동이 일어났음을 의미하는 것이 아닐까 한
다.74) 다시 말하면 전시과 체제가 붕괴되는 고려중엽 이후에는 향리층 자체
내에도 커다란 동요가 일어났다고 생각된다. 즉 무신란에 따른 광범한 사회변
동, 그리고 긴 기간 동안의 몽고의 간섭 등으로 고려전기의 지배체제가 무너
지게 됨은 다 아는 사실이다. 이에 따라 향리 상층부는 과거 등을 통해 士大夫
로 중앙관계에 진출하게 되고 향리 하층부는 苦役化된 향역을 피해 遊離하게
됨으로써 향리수의 급격한 감소를 가져온다. 이를 확인시켜 주는 것으로는 다
음과 같은 것들이 있다.

> e-1) 충렬왕 3년 각도 州·郡의 吏民들이 경성에 와서 숨었는데 권세가
> 에 의지하고 役을 피하니 宰樞에서는 추쇄하여 귀환케 하소서(『高麗
> 史』 권28, 世家28).

> e-2) 충렬왕 22년 州·郡 및 鄕·所·部曲의 人吏로 1戶도 없는 자가 많
> 습니다. 外吏가 勢家에 의지하여 역을 피하는 자는 모두 귀향시키고 丁
> 吏도 또한 수를 감하여 귀향케 하소서(『高麗史』 권84, 刑法志 職制).

> e-3) 충숙왕 후 6년 충청도의 馬山 碧池 靑坡등의 驛吏들이 북계의 靜州
> 등에 도망하여 숨으니 그 도의 存問使 李玶로 하여금 추쇄하여 본처로
> 돌려보내게 하였다.(『高麗史』 권82, 兵志2 站驛).

위 사료들은 모두 고려 후기 이래 향리들의 避役 현상을 나타내는 기록들이
다. 이에 의하면 고려후기 향리들의 피역현상이 매우 심각하였음을 알 수 있
다.75) 고려후기 향리외역전의 설정은 아마도 이러한 배경에서 이루어진 것

---

73) 武田幸男, 「高麗·李朝の邑吏田」, 19~24쪽.
74) 고려전기와 고려후기에 향리에게 전지를 지급하는 방법이 달라진 것은 이러
   한 배경에서 이해되어야 할 것이다. (李淑京, 「高麗時代 地方官廳附屬地에 대
   한 一考察－公須田·紙田·長田을 중심으로－」, 『東亞研究』 17, 1989, 13
   6~138쪽).

같다. 즉 피역 등으로 인해 감소된 향리의 수를 보충하기 위하여 지금까지 급전 대상에서 제외되었던 말단 향리층에게도 급전의 혜택을 주게 된 것은 아닐까 하는 생각이다. 그리고 이렇게 시행된 鄕吏外役田은 과전법 제정시 人吏位田 등으로 이어졌을 것이다.[76]

한편 고려후기의 향리들은 그들의 경제적 기반을 확충하기 위하여 권세가들과 결탁하여 토지를 겸병하거나 점탈하는 방법을 취하였다.

> 명종 18년 3월에 下制하여 무릇 주현에는 각각 京外의 양반·군인의 家田과 永業田이 있는네 간힐한 吏民이 있어 權要에 의탁하고자 하여 망녕되게 閑地라 칭하고 권요가의 이름으로 등기하여 두며 …… (中略) ……, 1전의 징수가 2, 3차에까지 이르므로 백성은 고통을 견디지 못하나 나아가 호소할 곳이 없는지라 冤念이 충천하고 재앙이 자주 일어나게 되니 화의 근원이 이에 있음이라. 이 사환을 잡아 칼을 씌워 서울에 신고하고 등기한 吏民은 끝까지 죄를 다스리도록 하라(『高麗史』 권78, 食貨志 田制 田柴科)

라는 기록은 향리들의 토지 겸병 사실을 확인시켜 주는 것이다. 이러한 것은 앞에서 지적한 피역 사실과 함께 무신란 이후의 사회적인 변동을 통해 향리 내부에도 변화가 있었음을 나타내는 것이라 하겠다. 향리 상층부의 상당수가 활발하게 중앙정계로의 진출을 꾀하고 있었던 반면 재지한 향리들은 지방 말단 행정리로서 수탈 내지는 겸병의 방법으로 부를 축적하게 되었던 것이라 보인다. 이러한 현상이 나타나게 된 것은 그만큼 향리의 사회·경제적인 입장이 고려전기에 비해 낙후된 때문이 아닐까 생각된다. 다시 말하면 이 시기의 향리는 그들에게 주어진 조세 징수의 역할을 통하여 토지겸병의 방법 등

---

75) 향리의 避役은 이처럼 권세가에 의지하는 경우가 대부분이나 향리 피역의 수단으로 승려가 되거나 官職 冒受의 방법을 취하는 경우도 있었다(李惠玉, 「高麗時代의 鄕役」, 『梨花史學研究』 17·18, 1988, 323~325쪽).

76) 武田幸男, 「高麗時代の口分田と永業田」(『社會經濟史學』 33-5, 1967) 70~72쪽.

으로 경제적 기반을 축적해 갈 수 밖에 없었다고 하겠다.

지금까지 우리는 고려 향리의 경제적 기반에 대하여 살펴보았다. 그 결과 다음과 같은 사실을 알 수 있었다.

원래 향리는 그 지방의 토착세력을 대표하는 계층이었으므로 그들이 갖는 사회경제적인 비중은 상당히 높은 것으로 나타났다. 즉 田柴科 制定 이전의 호족—鄕豪—은 고려 초의 특수한 상황과 함께 在地勢力을 형성한 호족이 많았으므로 국가는 그들을 회유·위무할 목적으로 많은 田地를 賜給하거나 그 본거지를 묵인해 주었다. 태조에게 귀순한 많은 호족들이 上京從仕할 기회가 주어졌음에도 그대로 在地勢力者로 남아 있었던 것은 그들에 대한 정치·사회·경제적인 보상이 충분하였기 때문이다. 그리고 그들은 오히려 在地勢力者로서의 긍지를 가지고 있었던 것은 아닐까 생각된다. 따라서 田柴科가 제정되기 이전의 지방세력은 중앙에 의해 기존의 세력을 인정받은 채 종래의 사회질서를 그대로 유지하고 있었으며 상당히 오랜 기간 동안 지방의 실질적인 지배자로 사회·경제적 위치를 점하였던 것이다. 이런 상황하에서 성립된 향리제도나 지방제도의 개편은 실효를 거두지 못하고 다만 제도적인 개혁을 가져왔을 뿐이었다.

田柴科 제정 이후의 그들에 대한 급전 상황은 경종대에 전시과가 마련된 이후 여러 차례 지급기준이 바뀌고 있지만 文宗 때의 更定田柴科에 나타나는 향직의 일부를 제외하고는 구체적인 史料를 찾을 수 없었다. 다만 戶長의 경우 職田—鄕吏外役田—이나 鄕職 혹은 武散階 등으로 토지가 지급된 사실이 확인되고 記官層이었던 其人에게 其人戶丁이라 불리는 토지가 지급된 사실은 밝혀볼 수 있었다. 특히 향리의 상층부를 이루고 있는 戶長들은 職田 이외에도 鄕職 혹은 武散階에 따른 給田의 혜택을 받고 있어 향리층 내부에도 그 지위에 따른 사회경제적 처우에 차이가 있음을 발견할 수 있었다. 그러나 향역 수행에 큰 비중을 차지하였던 일반 향리들에 대한 給田 사실은 확인할 수 없었다. 이와 같은 현상은 향리가 본래부터 가지고 있었던 호족적 성격 때문이

아닌가 생각된다. 즉 향리는 지방유력자들로서 주현에 토착세력을 갖고 있었으며 그들의 경제적 기반 또한 그대로 유지되었기 때문이라 하겠다. 그들에 대한 給田 규정이 文宗 때에 가서야 일부나마 그 모습을 드러낸 것도 향리의 그와 같은 속성에서 비롯된 것이라 보아 좋다.

고려후기의 향리들은 무신정권기와 몽고간섭기를 거치면서 그들 내부에도 변화가 일어난 것으로 보인다. 계속해서 나타나는 避役 현상과 불법적인 토지 겸병의 사실은 향리의 위상과 관련하여 경제적인 입장과도 무관하지 않으리라 생각된다.

결국 고려의 향리는 그들의 호족적 전통에 기인하여 갖는 기본적인 토지소유 위에 職田의 성격을 띤 토지와 鄕職에 따른 給田, 그리고 武散階 등이 주어짐으로써 향리의 경제적 기반을 이루었다고 할 수 있다. 그러나 향직 일부를 제외하고는 그 지급의 액수나 지급대상자의 범위 등을 구체적으로 밝혀 내지 못하였다. 이러한 문제에 대한 해명이 더욱 구체적으로 이루어질 때 고려사회에서 향리가 지니는 비중은 올바르게 자리매김 할 수 있게 될 것이다.

제4장

鄕吏身分의 變化

研究史 整理

高麗初의 鄕吏身分

高麗末 鄕吏身分의 分化

鄕吏의 職役

1. 硏究史 整理

　이 글은 고려시대에 중요한 몫을 담당했던 향리연구에 관한 그 동안의 연구성과를 검토하고 앞으로의 연구방향을 전망해 보려는 목적에서 작성되었다. 향리에 대한 연구는 1960년대 이후 줄곧 관심의 대상이 되어 왔고 그 결과 괄목할만한 연구성과를 이루어 왔다고 할 수 있다. 그 연구물을 토대로 그동안의 연구성과를 간단히 살펴보고 본론에 들어가고자 한다.

　고려사회가 전개되는 과정에서 나타나는 많은 변화 가운데 우리의 관심을 요하는 것은 향리신분에 관한 것이다. 고려시대에 일어난 변화의 대부분이 후기로 오면서 그 성격이 뚜렷이 드러나듯이 향리 또한 고려초의 그것과 비교하여 고려말에 오면 여러 가지 측면에서 많은 변화가 나타난다. 국초에는 지방사회에서 독자적인 지배력을 행사하였던 향리층도 고려의 중앙집권화, 무인정권의 성립, 몽고의 침략을 경험하면서 그 영향을 받을 수밖에 없었던 것이다. 고려시대의 향리에 대한 연구는 일찍이 有井智德, 金鍾國씨에 의해[1] 시작되었고 특히 김종국씨는 향리에게 존재할 수 있는 대부분의 문제를 지적하기도 하였다. 그럼에도 불구하고 아직도 이와 관련하여 궁금한 문제들은 많이 남아 있다. 그 가운데 향리 신분의 변화가 구체적으로 어떻게 나타나는가 하는 것은 관심을 요한다. 이 문제와 관련하여 종래에는 향리 신분의 하락이라

---

1) 有井智德,「高麗の鄕吏について」,『東洋史學論集』3, 1955. 金鍾國,「高麗時代の鄕吏について」,『朝鮮學報』25, 1962.

는 면에만 초점을 맞추어 연구가 진행되어 온 듯하다. 그러나 단지 하락했다는 결과에 앞서, 고려초 지배세력으로 군림하던 향리신분이 고려후기를 거쳐 조선시대에 오면서 어떤 과정을 거쳐, 어떻게 중간계층인 중인신분으로 변화되었는가에 대한 구체적 해명이 선행되어야 하지 않을까 한다.

따라서 본고에서는 고려초 지방 세력자로서의 향리의 모습을 간단히 살펴보고 그들의 변화가 뚜렷이 나타나기 시작한 고려후기 향리층의 변화를 향리신분의 분화에 초점을 맞춰 살펴보고자 한다. 그들 가운데 호장 등 향리 상층부에 대한 고찰을 통해서는 그들이 어떻게 중앙사족이 되는가를 검토하고, 향촌사회에 남아 이족화의 길을 걷는 향리 하층부에 관해서도 관심을 갖고자 한다. 아울러 향리의 직역도 살펴볼 필요성을 느낀다. 왜냐하면 고려초 행정, 사회, 군사적인 면에서 지배력을 행사한 호장을 비롯한 향리층의 역할과 고려후기에 급격하게 천역화된 향리의 역할사이에서 향리 신분의 변화를 발견할 수 있으리라 기대되기 때문이다. 그렇게 함으로써 종래 신분의 하락이라는 측면에서만 다루어진 향리 신분의 본질적 해명에 접근할 수 있다고 믿는다.

고려시대 향리에 관한 연구는 크게 60년대 이전과 그 이후로 나누어 살펴볼 수 있다. 그리고 70년대 이후 다시, 향리제도에 주목하였던 1985년 이전과 다각도에서 향리 연구가 이루어지는 그 이후로 나누어진다.

60년대 이전에는 우리 나라 학자들의 경우 주로 기인을 통한 지방 지배의 실현이라는 측면에서 향리 연구가 진행되었다.2) 그러나 이 시기 향리에 대한 연구는 우리 나라 학자들보다는 일본 학자들에 의해 주도되있었다. 이들 일본 학자들의 논문들은 향리에 대한 기본적인 사료들을 정리함으로써 이후 연구의 기본틀을 제공했다는 점을 평가받을 수 있을 것이다.

향리 연구는 고려의 중앙정부가 나말여초 전국적으로 할거하고 있던 지방세력을 어떻게 중앙에 편제해 나갔는가 하는 점, 즉 지방제도 정비과정이라는

---

2) 金成俊,「其人의 性格에 대한 考察」 상·하,『歷史學報』 10, 11, 1958.
韓㳓劤,「古代國家成長過程에 있어서의 對服屬民施策」,『歷史學報』 12·13, 1960.
韓㳓劤,「麗初의 其人選上規制」,『歷史學報』 14, 1961.

관점에서 출발했다고 할 수 있다. 향리를 주제로 한 최초의 논문으로 보이는 有井智德의 글에서는 고려초기 향리의 신분적 특질과 중앙권력 강화에 따라 그들이 지배기구의 말단에 위치하게 되는 과정 해명을 대상으로 했다. 향리는 신라말기부터 광범하게 대두해온 지방호족을 고려왕조가 그 통일과정에서 해당지방의 자치권을 인정하는 형태로 지방편성을 행할 때 임명한 자였고, 이 와 같은 역사적 배경에서 당시까지 그들은 지위가 높고 세력도 있었으나 왕 조권력의 확대 확립은 점차 이들의 지방세력을 배제하는 방향으로 진행되었 다고 보았다. 즉 중앙권력과 지방권력 사이의 갈등을 지방호족인 향리의 신분 형태의 변천을 통하여 고찰함으로써 지배구조가 어떻게 강화되어 가는가 하 는 점을 분명히 하려 했던 것이다. 여기서 그는 향리가 호족출신이라는 점, 고려초기에서 말기로 가면서 향리의 지위가 하락한다는 점 등 향리에 대한 기본구도를 설정해 놓았다.

김성준은 향리가 수행한 일종의 役의 하나로 보여지는 기인제를 연구함으 로써 향리의 본질 파악에 일조했다. 기인은 원래 향리의 자제로서 인질로 서 울에 온 자를 가리키는 것으로 기인의 존재형태의 변천을 그대로 지방세력으 로서의 향리세력의 消長으로 보고 결론적으로는 기인의 사회적 지위가 초기 와는 전혀 다른 상태로 변질해 가는 과정을 논술함으로써 향리가 초기 토호 적 존재에서 향리의 역=苦役을 담당하는 존재로 전락해 갔던 점을 분명히 하 였던 것이다.

이상 두 논문은 모두 고려의 향리가 초기에는 지방의 호족적 존재였으나 중앙집권적 지배체제의 확립과정에서 차차 지위에 제한이 가해져 말기에는 결국 苦役을 담당하는 계층으로 전락했던 과정에 대하여 주목하였으며, 향리 의 사회신분 변천의 해명이라는 측면에서 일면 성공하였다고 보인다.

그 후 김종국은 향리에게 존재할 수 있는 거의 대부분의 문제를 지적하였 다. 그 내용에 대한 평가는 별개로 하더라도 향리의 존재형태, 조직, 職掌, 경 제적 기반, 신분 등 향리에 대해 원론적인 문제는 대개 정리하고 있는 셈이다.

향리가 고려시대 모든 행정단위―주·부·군·현으로부터 향·소·부곡에 이르기까지—에 존재했으며, 외관파견 유무와 상관없이 고려초기부터 있어 왔고, 호족적 존재라는 점 등을 지적하고 있다. 또한 향리의 호칭에 대해 간단하게나마 정리하고 있다. 향리가 정확하게는 '長吏'라 칭해졌고, 향리라는 용어는 조선시대에 일반화된 호칭이었다는 점, 한편 外吏로도 칭해졌는데, 거주장소에 따라 州吏, 府吏, 郡吏, 縣吏, 邑吏, 驛吏, 部曲吏 등으로 불렸다는 점, 職掌에 따른 호칭으로 戶長, 副戶長, 戶正 등이 있다는 점을 설명하고 있다.

하지만 향리의 호칭문제와 아울러 '향리'란 어떤 존재를 가리키는 것인지에 대한 해명은 향리연구에 있어서 가장 선결되어야 할 문제임에도 불구하고 김종국의 이에 대한 관심은 명확하게 드러나지 않고 있다. 아마도 향리신분의 애매한 위치 때문일 것이다.

70년대 들어서 향리연구는 제도적인 측면에 초점을 맞추고 있다. 이러한 경향은 필자를 비롯하여 조영제, 이순근, 나각순, 이훈상의 연구로 이어졌다. 60년대의 연구성과를 바탕으로 필자는 본격적인 향리연구를 시도하였다. 이 논문에서는 향리제도의 성립과정을 논하고 있다. 당시 향리연구가 고려국가의 지방지배, 특히 고려초기 중앙정부가 어떻게 각지에서 나름대로의 세력기반을 가지고 독자적으로 활동하던 지방세력들을 국가체제 내로 흡수하는가의 관점에서 향리를 바라보았다고 할 때, 호족이 향리의 전신임을 논증한 것은 꼭 필요한 과정이었다고 할 수 있다. 또한 향리제의 성립시기를 분명히 하려한 점 등도 중요한 성과라 할 수 있을 것이다.

이후 김광수는 나말여초 시기 비교적 많이 남아 있는 금석문의 분석을 통해, 촌주의 직제에서 호족관반으로, 그리고 호족관반을 다시 성종대 향직개편 기사와 연결시킴으로써, 자연스럽게 촌주→호족→향리의 구도를 증명하였다. 막연하게 연결시켜온 나말여초의 호족과 향리 관계를 필자가 사례 검토를 통해 논증하였다면, 김광수는 이들 지방세력의 지배력 관철기구인 관반연구를 통해 위의 구도를 더욱 보강한 셈이다. 그리하여 이 구도는 이후 연구자들에게 일반화되어 확고한 자리를 갖게 되었다.

70년대까지 다소 부진했다고 여겨지는 향리연구는 80년대 들어서 이전 시기보다 더욱 활기를 띠고 진행되었다. 논문의 편수가 증가한 것도 분명한 변화이거니와 향리를 주제로 한 박사학위 논문이 나온 것이 이 시기 중요한 성과라 할 수 있겠다. 향리 제도에 대한 관심은 1986년 필자의 박사학위논문이 나오기까지 계속되는 경향이었다.

이순근은 향리연구의 기존 시각 조정을 요구하였다. 즉 기존 향리연구가 중앙중심의 연구시각에서 다루어진 점을 반성하고, 중앙과 호족의 양측을 전체적으로 파악하고자 하였다. 그래서 성종 14년 지방관 파견지역이 대체로 親고려성향의 호족 출신지역과 일치한다고 하여 지방제도의 성립을 지방세력 억압의 차원에서만 볼 것이 아니라 호족 연관지역에 대한 시혜의 의미가 포함되어 있었음을 주장하였다. 이러한 시각의 전환은 참신하다고 느껴진다. 그러나 한편 당시 고려가 국가 건국 초기에 어떻게 지방에서 할거하는 諸세력들을 국가 조직내로 포섭시킬 수 있을까 부심했을 것이 당연하다고 볼 때, 反고려 호족지역보다 親고려 호족지역에 우선적으로 지방관을 파견했다는 것은 -그것이 사실이라면- 호족에 대한 시혜의 의미라기 보다는 오히려 그렇게 할 수밖에 없었던 중앙통치력의 미비 등의 이유를 생각해 보아야 할 것이다. 그렇지 않고 지방을 적극적으로 중앙에서 통제하고자 하는 의도도 있고, 그럴 능력도 있었다고 한다면, 이에 대한 위의 분석은 재고의 여지가 있다고 생각된다.

또한 이순근은 재지호족들의 세력편제가 꼭 향리제에 의해서만 행해진 것은 아니라고 하였다. 즉 동일지역이라 하더라도 여러 가지 방향이 있을 수 있다는 것이다. 이 지적에 관심을 보인 연구논문은 아직 나오지 않았지만 염두에 두어야 할 내용이라 생각된다. 또한 나말여초의 모든 호족이 향리로만 편제된 것이 아니라는 점과 아울러 향리는 모두 호족 출신인가 하는 점도 생각해 보아야 할 문제로 남게 된다.

이훈상이 고려중기의 향리제도 변화에 관심을 가지면서 향리연구는 '고려초기'를 떠나게 되었다. 이는 고려초기 향리제도의 성립에 관한 것은 어느정도 정리되었다는 것을 의미하는 것이기도 하다. 이훈상의 논문은 이후 다각도에서 이루어지는 향리연구의 과도기적인 논문으로 여겨진다.

또한 나각순은 고려 향리에 대한 신분변화를 중심으로 하여 박사학위를 받기도 하였다. 그는 향리전반에 대한 연구를 통해 지방 세력자로서의 향리집단의 사회적 정착과 국가적 정비에 따른 향리층의 편제 과정을 살펴보면서 고려초 향리신분의 존재위치를 파악하고자 하였고 변화하는 시대상황에 따른 향리의 신분유동과 존재형태를 살펴보려 하였다. 특히 향리가 승직을 통해 달관했다고 보는 것이나 고려말에 조선에 불복한 소위 '불복신'들이 향리화하여 조선으로 연결된다고 보는 것은 향리 연구에 새로운 시각을 제공했다고 여겨진다.

이후 향리 연구는 고려중기와 고려후기에도 눈을 돌려, 시기적으로 고려시대 전체를 아우를 뿐만 아니라, 향리의 직역, 신분, 사심관과 향리의 관계, 향리의 경제적 기반 등, 보다 구체화된 문제를 다루는 경향을 보인다. 이와 같은 연구들은 이전의 향리연구가 시기적으로 고려초기에 한정되어 있었던 점, 따라서 향리제의 성립시기라든가 성립과정에 관심이 집중되어 있었고, 향리제의 내용도 신분변화상까지는 주목하지 못하였던 점과 비교해 볼 때 커다란 진전이 있었음을 알 수 있다.

박은경은『세종실록지리지』성씨조에 나타나는 續姓을 분석하여 고려후기 향리층의 성격변화를 고찰하였다. 이제 향리연구가 고려 全 시기를 통하게 되었고, 따라서 이후 조선시기의 향리와의 연결도 가능하게 되었다.

이혜옥은 鄕役에 관하여 주목하고, 가능성이 있는 향리의 모든 직장에 대해 지적하고 있다. 홍승기는 기존에 흔히 언급되고 있었던 고려후기 향리의 신분분화양상, 그 가운데에서도 향리가 어떻게 자신의 신분을 상승시켜 갈 수 있었는지를 향리가 사심관과 연결됨으로써 가능하였다고 논증하고 있다. 고려후기 향리가 다양한 방법으로 향리신분에서 벗어나 중앙으로 진출하고 있음이 이미 정설화 되어 있다시피 하지만 어떻게 그 과정이 이루어졌는지에 대해서 구체적으로는 알 수 없었는데, 이 논문은 그러한 사실에 관심을 가진 데 의미가 있다고 생각된다. 1992년 필자는 향리의 경제적 기반에 대해 정리하였다. 이와 더불어 이혜옥이 향역에, 홍승기가 고려후기 향리의 신분상승에 주목하여 향리연구는 보다 구체적이고 세부적으로 정리되는 발전상을 보여 주었다.

이러한 경향은 윤경진의 논문에서도 나타난다. 윤경진은 향리의 대표격인 호장에 주목하고 있다. 강은경도 고려후기 호장층의 변동을 주제로 한 박사학위 논문을 통하여 고려의 군현제가 재편되는 과정을 정리하면서 이를 조선의 군현제로 연결됨을 논증하려 하였다.

이상에서 60년대, 1980년대 중반, 1987년 이후로 나누어 향리에 관한 연구사의 대강을 정리해 보았다.

2. 高麗初의 鄕吏身分

고려초기 향리의 신분을 설명하기 위하여 우선 생각해야 할 것은 그들 대부분이 신라말·고려초의 귀순호족으로서 당시의 지배층에 속하던 인물이었다는 점이다.[1] 그러나 일단 제도적인 성립을 거친 향리의 신분에는 많은 변화가 있었다고 보아야 할 것이다. 향리는 그 직을 세습했다는 사실이 주목된다. 『新增東國輿地勝覽』에 보면,

> 태조가 후백제를 칠 때 숭선에 이르러 종군할 사람을 모집하였는데, 선궁이 吏로써 응모하였으므로 태조가 기뻐서, 자기가 쓰던 활을 내려주면서 선궁이라는 이름도 함께 하사하였다. 뒤에 功으로써 大匡門下侍中이 되었고, …… (中略) …… 맏아들 文奉은 三司右尹으로 고향에 돌아와 吏가 되었으며, 둘째아들 奉術은 시중이 되었다. 府의 士族과 吏族이 모두 선궁의 후손들이다(『新增東國輿地勝覽』 권29, 선산도호부 인물조).

라 하여 善山府吏인 선궁의 자손이 府의 士族과 吏族의 길을 두루 걸었다는 것을 밝혀 놓고 있다. 이를 통하여 알 수 있는 바와 같이 신라말·고려초의

---

1) 李基白, 「신라사병고」(『역사학보』 9, 1955 ; 1974, 『신라정치사회사연구』) 有井智德, 「高麗の鄕吏について」(『東洋史學論集』 3, 1955) 金鍾國, 「高麗時代の鄕吏について」(『朝鮮學報』 25, 1962) 拙稿, 「高麗 鄕吏制度의 成立」(『역사학보』 63, 1974).

지방세력자 가운데에는 중앙의 사족과 지방의 이족 중 어느 것이든 임의로 선택할 수 있었다는 것이다. 이것은 당시 중앙과 지방 사이에 신분상의 특별한 차이가 없었음을 나타내는 것이 아닌가 한다. 말하자면 당시의 사족과 이족은 본래 동일한 조상에서 분화되었으므로 신분상의 제약을 받지 않았던 것으로 이해될 수 있다는 뜻이다. 만약 당시에 사족과 이족, 다시 말하면 중앙귀족과 지방 세력자 사이에 신분상의 어떠한 차별이 가해졌다고 한다면 선궁의 두 아들은 모두 신분이 높은 어느 한 쪽에 머무르려 했을 것임은 지극히 당연하기 때문이다. 그리고 김선궁이 태조의 극진한 대우를 받는 이유는 그가 嵩善(지금의 선산) 지방의 대실권자였기 때문이다.

그런데 선궁의 장자인 문봉이 환향하여 이족으로서의 父業을 계승하고 있음은 무엇을 의미하는 것일까? 이것은 아마도 이 시기에 지방세력자로서의 신분이 우선적으로 세습되고 있음을 나타내는 것이라 하겠다. 그의 자손이 대대로 숭선지방의 이족을 세습하여 벌족을 이루었다는 사실은 이에 대한 명백한 증거라 생각된다.[2] 이를 좀더 알기 쉽게 설명하기 위하여 안동권씨의 시조 권행과 성주 김선평을 중심으로 살펴 보기로 하자. 이들은 안동지방의 대호족이었고[3], 그 자손인 册 또한 스스로 안동지방의 향리가 되었다.

책의 세 아들인 均漢・光漢・謙漢은 각각 右一品別將・戶長・戶長同正으로서 향리직을 보유하고 있었다. 여기 보이는 우일품별장이란 고려의 州縣軍 가운데 일품군의 장교를 일컫는 것인데 이에 관해서는 『高麗史』의 병지에 다음과 같이 기록되고 있다.[4]

> 諸州 一品別長이면 부호장이상으로, 校尉면 병창정・호정・식록정・공수정으로, 隊正이면 부병창정・부호정・諸壇正으로 궁과시험을 쳐서

---

2) 『掾曹龜鑑』 卷2 觀感錄 및 安東鄕孫事蹟通錄序 등 참조.
3) 앞장 향리의 신분 122쪽 도표 및 拙 稿, 「高麗 鄕吏制度의 成立」(『歷史學報』 63).
4) 일품군에 관하여는 이기백, 「고려주현군 연구」(『고려병제사 연구』, 1968) 220~226쪽 참조.

뽑아 보충하기로 하였다.(『高麗史』 권81, 兵志1 문종23년 3월 判)

이에 의하면 일품별장은 부호장 이상의 향리직을 보유한 자에 한하여 임명될 수 있는 것임을 알 수 있다. 그러므로 책의 장자인 균한이 우일품별장이었다는 것은 곧 그가 향리직의 일부서인 부호장 이상의 직책을 가지고 있었음을 의미하는 것이다. 그런데 여기서 우리가 의문을 갖는 것은 그가 왜 우일품별장직을 가졌는가 하는 것이다. 이에 대해서는 명확한 해답을 내릴 수는 없지만 향리에게 군사지휘권이 있었다는 점을 고려할 때 이러한 세습은 가능하다고 이해된다.5) 한편으로는 균한의 아버지인 책이 호장으로서 생존하고 있는 동안 우일품별장직을 맡고 있던 균한이 사망하였기 때문에 次子인 광한이 父의 호장직을 그대로 세습한 것이 아닐까 하는 추측도 해볼 수 있다.

그리고 광한에 대해서는 호장이 향리직의 수장이었던 만큼 그 신분에 대해서는 많은 말을 필요로 하지 않는다. 또 3자인 겸한도 호장동정으로서 향리직의 특정한 질서체계 속에 포함되고 있음을 알 수 있다. 이어서 책의 조카인 應和를 살펴보면 이 역시 일품별장으로서 부호장 이상의 향리직을 보유하고 있는 것으로 나타난다. 또한, 균한의 직계자손인 子彭·光蓋·廉·利興 등이 모두 戶長正朝·戶長同正 등과 같은 향리직을 갖고 있으며 광한·겸한의 자손들도 모두가 향리직과 관계를 맺고 있다. 그러므로 위에 인용한 사료에 나타난 사실을 통하여 우리는 고려의 향리가 그 직을 세습하고 있었음을 알 수 있게 되었다.

향리직이 세습되었다고 하는 것이 확인되었다고 하더라도 우리의 주목을 요하는 문제는 아직도 많다. 예컨대, 향리 자손의 증대에 따른 향리직의 부족이라든가 향리직의 적장자상속의 문제 등이 그것이다. 여기에서 우리는 다음과 같은 추측을 해 볼 수 있을 것이다. 즉 향리 자손의 증대에 따른 향리직의 부족을 메꾸는 방법으로서 호장동정·호장정조 등의 직호를 사용하지는 않

---

5) 혹 지방에 있어서의 군사지휘권에 대한 중요성이 호장으로서 右一品別將職을
   겸대하게 되었던 것은 아닐까.

았을까 하는 것이다. 동정직은 이미 밝혀진 바와 같이 일종의 散職으로서 고려의 관제가 대폭 정비되던 성종대 이후, 그에 따라 관인층이 급격히 형성되는 상황 속에서 등장되는 관직이다.6) 성종대는 고려시대의 제반제도가 정비되고 외관이 파견되는 등 적극적인 관료체제의 확립을 추진하던 시기였던 만큼 더 많은 관직의 제수가 요청되었을 것임은 지극히 당연한 일이다. 이러한 시기와 상황 하에서 이루어진 동정직의 제수는 이미 지적된 대로 정직 제수의 수적인 한계성을 극복하기 위하여 취해진 조치였을 것이라 생각된다.7) 이러한 추측을 전제로 하면 향직의 제수에 있어서 '호장동정' 등의 명칭이 주어진 것도 향리직의 세습이란 원칙 하에서 향리자손의 수적인 증가와 그 한계성을 극복하기 위해서 취해진 조치였다고 보아도 좋을 것이다.

다음 '호장정조'란 무엇을 의미하는 것일까? 이와 관련하여, 다음의 기록은 향리와 관계되는 어떤 질서를 표시하고 있다.

향직1품은 삼중대광·중대광이고, 2품은 대광·정광이고, …… (中略) …… 7품은 정조·정위이고, 8품은 보윤이고, 9품은 군윤·중윤이다. (『高麗史』 권75, 선거지3, 향직)

기록에서 보이는 바와 같이 정조는 향직7품에 해당하는 것이다.8) 그러므로

---

6) 金光洙, 「高麗時代의 同正職」(『歷史教育』 11·12합집, 『金聲近博士還曆紀念論叢』, 1969).

7) 金光洙, 앞의 「高麗時代의 同正職」, 118~120쪽 참조.

8) 『高麗史』 選擧志 鄕職條의 기록을 좇으면 正朝란 향리의 품계(7품)로 이해되고 있으나 『掾曹龜鑑』에는 '糾吏職名'이라고 표기되어 혼돈을 일으키게 한다. 그렇더라도 이 양자가 모두 향리와 관계된다는 것이 분명한 이상 호장정조는 향리와 관계되는 어떤 질서임이 확실하다고 보아 좋을 것이다. 혹은 호장으로서 정조의 품계를 받는 것은 아닐까? 그런데 이수건 교수는 호장정조는 매해 정월 초하루를 기해 해당읍을 대표하여 詣闕肅拜하는데서 부쳐진 칭호라고 하였다(이수건, 「조선향리의 일연구」, 『영남대 문리대학보』 2, 61쪽). 그러나 이것이 조선조 향리에 관한 것이고, 또 그 쓰임이 세조이후부터라 하니 이것을 고려초기까지 소급·적용해야 할런지는 의문이다.

향직이 비록 향리에게만 국한된 어떤 권력구조가 아니고 고려라는 특수사회에서 하나의 신분적 질서체계를 의미할 것이라는 견해[9]를 그대로 받아들인다 할지라도 '정조' 앞에 호장이란 명칭이 붙는 이상 이것은 적어도 향리와 관계되는 어떤 질서체계를 의미한다고 보아야 할 것이다. 따라서 호장동정이 향리자손의 수적인 증가와 吏職의 한계성을 극복하기 위해 주어진 것이었다면 호장정조도 그와 비슷한 성격으로 이해될 수 있지 않을까?

다음으로 우리의 주목을 요하는 것은 향리직의 세습에 있어 적장자상속의 법칙이 적용되는지에 관한 문제이다. 앞에 인용한 선산지방의 호족 김선궁의 장자인 文奉의 경우를 보면 그기 향리의 신분을 우선적으로 세습하고 있어 향리직의 적장자상속의 가능성을 시사하여 주었던 것이다. 그러나 위에 인용한 안동 권씨의 世譜에 따른다면 이 법칙은 무너지게 된다. 전술한 바와 같이 안동 권씨 가운데 처음으로 호장직을 맡은 책과 그의 장자 균한과의 관계를 보면 父인 책은 호장이었는데 장자인 균한은 우일품별장직을 가졌던 것으로 나타났다. 물론 일품별장이란 부호장 이상의 향리직을 보유한 자가 임명될 수 있는 것이기는 하다. 그렇더라도 균한이 향리직을 그대로 세습하였다면 호장으로 남아 있는 것이 더 자연스럽지 않을까? 때문에 우리는 향리직에 있어 이직은 세습되더라도 적장자상속의 원칙은 적용되지 않았을지도 모른다는 추측을 해보는 것이다. 이와 같이 향리는 장자 세습에 있어 문제를 남기고는 있지만 제시된 여러 개의 사료에 의하여 그 직이 대대로 세습되고 있었음이 확인되었다고 생각한다.

그러나 이들 향리의 신분이 세습되었다고 하여 전혀 유동성이 없는 것은 아니었다. 다시 말하면 향리는 신분체제 안에서는 이직으로서 세습의 범위를 벗어날 수는 없었지만 대신 과거라는 관문을 통하여 관료기구에 편입될 수도 있었던 것이다. 예컨대

각 주현의 부호장 이상의 손자와 부호정 이상의 아들로서 제술과와 명

---

9) 武田幸男, 「高麗時代の鄕職」(『東洋學報』 47 - 2, 1964), 192쪽 참조.

경과 시험을 보려 하는 사람은 그 곳 수령이 시험 쳐 보고 서울에 천거하
면 상서성과 국자감에서 심사하되 그 지은 詩賦가 격에 어긋나거나 명경
에서 한두줄도 읽지 못할 경우에는 그를 시험 쳐 천거한 시험관에게 죄를
줄 것이다. 의술과 같은 것은 광범하게 학습시킬 필요가 있으므로 호정 이
상의 아들에게 한하지 않고 비록 서인이라 할지라도 악공 잡류에 속하지
않는 사람은 다 시험보게 하였다.(『高麗史』 권73, 선거지 과목1, 문종2년
10월)

라는 사료에 의하여 향리가 일반 백성과는 달리 취급·대우되고 있음은 물
론 그들에게 과거 응시자격, 다시 말하면 관계진출의 기회가 마련되고 있음을
알 수 있게 되었다.

위에 인용한 사료는 향리로서 과거에 급제하여 중앙관계에 진출하는 사례
이다. 이들을 일일히 열거하지 않고 표로 만들어 제시하면 <표 1>과 같다.

<표 1>은 향리제가 성립되는 성종으로부터 무신의 난이 일어나기 전인 毅
宗까지를 중심으로, 과거를 통하여 중앙관계에 진출한 향리의 사례를 모아 도
표화한 것이다.10) 이것을 통하여 우리는 향리의 신분이 무신난 이전까지 정
치적, 혹은 사회적으로 상위에 속하고 있었음을 알 수 있다. 이러한 생각은

---

10) 향리는 이와 같이 과거를 통하여 중앙에 진출하고 있었지만 반면 과거를 통
하지 않고 중앙관계에 나아가고 있는 사례도 적지 않았다. 고려초기의 그러
한 사실을 모아 표로 만들어 보면 다음과 같다.

성종－의종년간 非登科로 중앙에 출사한 자

인명	연대	출신지	최고관직	출전
李周憲	성종	祥原	尙書右僕射	掾曹龜鑑
郭尙	선종	淸州	樞密院左丞宣	高麗史
金珦	인종	安東	兵部尙書同知樞密院事	掾曹龜鑑
許載	예종	孔岩	中軍鑑事	高麗史
梁元俊	인종	忠州	殿中侍御史	高麗史
金巨公	?	原州	知門下省事戶部尙書	高麗史

이와 같은 사실은 향리의 사회적 신분이 높았음을 의미하는 것은 아닐까 한
다.

<표 1> 성종-의종년간의 향리출신등과자

인명	연대	출신지	최고관직	전거
郭元	성종	청주	中樞直學士	高麗史94 열전7
崔沆	성종	경주	平章事	高麗史94 열전7
崔元信	성종	경주	少卿	登科錄
姜民瞻	목종	진주	知中樞事兵部尚書	高麗史94 열전7
崔冲	목종	해주	門下侍中中書令	高麗史95 열전8
徐訥	성종	이천	侍中	登科錄
李永	숙종	안성	直史館	高麗史97 열전10
韓圭	예종	단주	戶部侍郎	高麗史97 열전10
韓冲	인종	단주	樞密院副使	新增東國輿地勝覽
李俊陽	인종	완산	中書侍郎平章事	新增東國輿地勝覽
拓俊京	인종	곡주	吏部尚書參知政事	高麗史98 열전11
崔濡	인종	명주	中書門下平章事	高麗史98 열전11
朴義信	인종	밀양	工部尚書	掾曹龜鑑
崔婁伯	의종	부평	翰林學士	掾曹龜鑑

향리의 신분배경이 지방 세력자의 후신이란 점에서 가능할 수 있다고 믿는다. 그러므로 고려초부터 계속되어 온 지방세력의 우위성이 이직으로서 세습됨을 원칙으로 하고, 과거라는 관문을 통하여 아무런 제약도 받음 없이 중앙관계에 진출할 수 있게 하였다고 보아 좋을 것이다.

향리의 사회적 신분은 그들의 혼인관계를 살펴봄으로써 더욱 잘 이해될 수 있을 것이라 생각한다. 즉 이에 대해서는

가-1) 州吏 金祚의 딸은 萬宮이다. …… (中略) …… 호장 金諲과 결혼하였다.(『新增東國輿地勝覽』 권28, 상주목 인물조)

가-2) 상주 營吏 李三億의 처는 권씨로 안동 營吏의 딸이다.(『掾曹龜鑑』 권1, 觀感錄)

가-3) 영암군 士人 崔仁祐의 딸은 진주호장 鄭滿과 결혼하였다.(『高麗史』 권121, 열녀전)

가-4) 公의 諱는 軸으로, 부인은 흥녕군태부인 안씨이고, 同郡人 檢校軍器監 成器의 아들이다.(『朝鮮金石總覽』 상, 安軸墓誌)

등이 구체적인 사례가 될 것이다. 이 기록에 따르면 향리는 향리 상호간이

나 혹은 학문과 덕망이 높은 그 지방의 士人族과 더불어 혼인을 행하고 있었다. 그러므로 향리는 향리 상호간의 통혼을 일반적인 것으로 하되 경우에 따라서는 그들보다 신분이 높은 사인들과의 통혼도 성립될 수 있었다고 볼 수 있다. 이러한 것은 태조 왕건이 통합정책의 일환으로 취했던 대호족 혼인 관계를 생각해 보면 쉽게 긍정할 수 있으리라 본다.[11] 물론 성종2년 지방관이 파견된 이후의 향리신분을 고려초의 독립적인 성격이 강했던 향호신분과 동일시할 수 없다 할지라도, 그들이 고려초 향호의 후손임이 분명한 이상 그 신분적 속성을 전혀 배제할 수는 없을 것이다. 따라서 향리는 일반 백성과는 달리 지배신분층으로 취급되고 있었으며 이러한 사실은 다음 사료가 뒷받침되어 명백해질 수 있다고 믿는다.

電吏・杖首・所由・門僕・注膳・幕士・驅史・大丈 등의 자손은 군인 자손이 모든 과거에서 벼슬길을 택하는 예에 의하여 과거에 응하게 하되 제술, 명경의 兩 大業에 합격한 사람은 5품에 한하여, 醫卜, 地理, 律, 算業의 과거에 합격한 사람은 7품에 한하여, 만일 의지가 굳고 바르며 절조가 있기로 이름이 있으며 성적이 특수한 사람으로서 大業의 甲, 乙科에 뽑힌 사람이면 淸要理民職의 벼슬을 허락하며, 丙科, 同進士科는 3품직을 허락하며, 醫卜, 地理, 律, 算業의 과거는 4품직을 허락할 것이요, 과거에 오르지 못하고 벼슬에 임명된 사람은 7품직에 국한하되 玄孫에 이르러서 일반과 같이 벼슬할 것을 허락한다.(『高麗史』 권75, 선거지3, 限職 인종3년 정월조)

이 사료는 전리・장수・소유・문복 등 雜路人 자손과 군인자손으로서 과거에 합격한 자에게 일정한 한계가 가해지고 있는 것을 보여주고 있다. 이들 잡로인은 이미 밝혀진 바와 같이 관아의 말단 이속이거나 혹은 관리에게 분급된 자들로서 잡다한 기능역의 직임을 맡고 있었던 것이라 풀이된다. 잡로인에게 그와 같은 제약이 가해지고 있는 반면 향리에게는 그러한 제약이 없다.

---

11) 江原正昭, 「高麗王族の成立ー特に太祖の婚姻を中心として」, 『朝鮮史研究會論文集』 2, 1966)

따라서 이들 향리가 성종2년의 이직개편을 시점으로 하여 중앙정부에 의해
적극적인 통제를 받았다고 해서 전반적으로 신분이 저하되었다고 할 수는 없
다. 향리신분의 세습, 과거에의 자유로운 응시, 과거합격자의 제한 없는 승진,
이러한 모든 것은 향리의 신분이 고려의 신분질서 내에서 우위에 속하고 있
었음을 짐작케 해 주는 것이라 하겠다. 따라서 麗初 鄕吏의 신분은 지배적 속
성을 그대로 유지한 채 중앙의 士族과 지방의 吏族 사이를 자유로이 넘나들
수 있는 신분을 형성하고 있었다고 하겠다.

3. 高麗末 鄕吏身分의 分化

1) 鄕吏上層部의 中央士族化

이제 고려후기 향리출신 급제자의 성장과정을 통하여 향리층의 신분변화의 일단을 살펴보고자 한다. 이들이 출사하는 방법은 다양하겠지만 여기서는 무신란 이후 광범하게 등장한 향리출신 급제자를 통해 문제의 해명에 접근하려 한다. 그리고 중앙에 출사하지 않고 지방에 남아 있는 향리들의 역할에 대해서도 살펴봄으로써 여말선초 향리의 실체적 모습에 접근할 수 있으리라 생각한다.[1] 중앙에 진출하는 향리층이 대개 호장·부호장인 점을 감안해[2] 이들을 향리 상층부라 하고 在地吏族化하는 다른 향리층을 향리 하층부로 설정하였다.

향리의 중앙진출이 활발할 수 있었던 이유로는 무신란 이후 계속된 정변과 빈번한 정권교체로 인한 행정적 공백을 지적할 수 있겠다. 무신정권은 그 성립 직후부터 무인집단 내부의 권력쟁탈전으로 인하여 세력의 교체가 빈번하였음은 잘 알려진 사실이나.[3] 우선 鄭仲夫·李義方 등에 의해 학살된 문신의

---

1) 고려 중기 이후에 토성에서 사족으로의 신분상승이 급격히 이루어지면서 사족과 이족으로의 분화가 이루어졌다고 보는 견해도 있다.(朴恩卿, 「高麗後期 鄕吏層의 變動:『世宗實錄』지리지 속성분석을 중심으로」, 『진단학보』 64, 1987)
2) 姜恩景, 「高麗後期 戶長層의 變動研究」(연세대학교 대학원 박사학위논문, 1998).
3) 邊太燮, 「高麗武班 研究」(『高麗政治制度史 研究』, 一潮閣, 1971).

수가 100여명에 달하였고, 金甫當의 毅宗復位 運動의 실패로 인해 또 내외문신이 죽음을 당하였으며[4], 또한 잇단 정권 쟁탈에 따른 落職者가 많이 발생하였다. 이에 따라 행정직의 공백은 불가피했던 것으로 보이며, 이러한 행정직의 공백이 실무행정에 능한 향리층의 중앙진출을 용이하게 하였으리라는 점은 짐작하기 어렵지 않다.

이와 같은 사실은 무신집권기 동안에 실시된 과거의 횟수와 합격자 수가 급격히 증가되었던 사실에서도 알 수 있다.[5] 그들은 자기들의 세력을 확보하기 위하여 과거의 실시횟수와 합격자의 수를 크게 증가시켰던 것이다. 이것은 舊文臣에 대한 새로운 문신의 등장을 의미한다. 이러한 필요와 함께 이 시대를 담당할 새로운 관인형의 출현은 당연한 것이었다. 그리고 이 시대를 담당할 새로운 관인형으로 등장한 것이 바로 향리 출신 급제자들이었다.[6] 이 시기에 활약한 향리출신 급제자의 성격을 검토하기 위하여 『高麗史』 열전의 기록을 살펴보고자 한다. 먼저 이 시기에 비교적 활동이 뚜렷하다고 생각되는 金敞의 경우를 주목해 보자.

　　金敞의 初名은 孝恭이요 安東人이니 신라 경순왕의 후예라, 성품이 온화하고 거슬림이 없었다. 熙宗朝에 등제하여 直史館이 되고 累遷하여 尙書右丞이 되었다. 崔怡가 불러 政房에 두고 銓選을 맡게 하다. …… (中略) …… 銓注를 다 怡에게 묻고 可・否를 말하지 않는지라 어떤 사람이 그

---

4) 『高麗史』 권128, 鄭仲夫傳. 및 邊太燮, 「武臣政權期의 反武臣亂의 性格—金甫當의 亂과 趙位寵의 亂을 중심으로」(『韓國史研究』 19, 1978), 黃秉晟, 「金甫當亂의 一性格」(『韓國史研究』 49, 1985), 참조.

5) 고려시대 실시된 과거의 총 횟수가 252회, 합격자 수가 6718명이었던데 비하여 명종에서 고종대까지 90년간 실시된 과거의 횟수가 51회, 합격자 수가 1975명에 이르러 이 시기의 과거 합격자 수가 전체의 3분의 1에 해당되는 것으로 나타난다. (『高麗史』 권73, 選擧志 1, 科目)참조.

6) 고려의 향리는 과거를 통한 出仕뿐만 아니라 雜科를 통한 진출, 三丁一子에게 허용된 中央胥吏職 진출 등으로 인한 출사등 여러방법이 있었지만 본고에서는 향리출신 급제자만을 대상으로 검토하여 이들이 사대부로서 성장하는 과정에 초점을 맞추었음을 밝혀둔다.

연고를 물으니 답하기를 '하늘이 손을 우리 晉陽公에게 빌렸으니 내 어찌
관여하리오' 라고 하니 그 아첨함이 이와 같았다.[7]

이에 의하면 金敞은 안동김씨로 안동지방의 향리출신으로 짐작된다. 안동
은 나말여초에 이미 세력을 형성한 김씨·권씨·장씨로 대표되는 호족가문
이 위세를 떨쳤던 지방이고 고려조 성립 이후 이들이 在地勢力으로 남아 있었
다 함은 지적된 바와 같다.[8] 그는 熙宗朝에 과거에 급제하여 政房에 참여하면
서 銓注를 맡아 할 때에 매양 崔怡에게 아첨하여 그 可否를 물어서 행하였다.
이것은 그가 최씨 門客으로서 어떠한 역할을 하였는지를 보여주는 기록이라
보아 좋다. 다시 그의 家系를 살펴보면

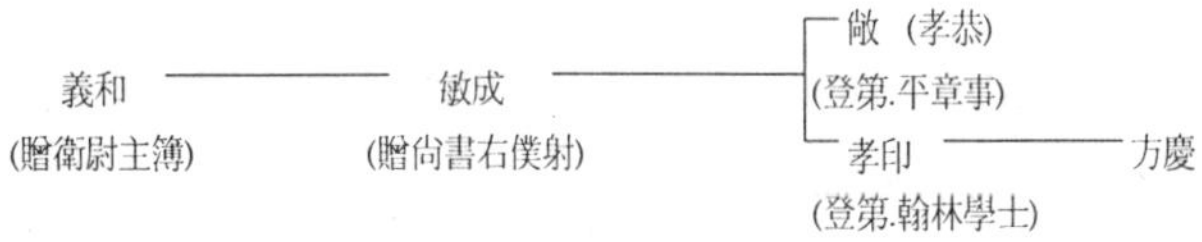

으로 나타난다. 이에 의하면 金敞의 아우이며 金方慶의 아버지인 金孝印이
등제하여 兵部尙書와 翰林學士를 역임한 것으로 보인다. 비록 이들이 향리출
신이라는 기록은 찾을 수 없으나 안동지방의 鄕吏라는 지적은 타당하다고 생
각된다.[9] 즉 金敞·金孝印은 안동의 향리자제로 상경, 등과하면서 출세하였
고, 金方慶은 그들의 후광을 입어 門蔭으로 出仕하였다는 것이다.[10] 그들이
고려 후기를 대표하는 권문세족으로 발전하였지만 그 본관지인 안동에 先代

---

7) 金敞 初名孝恭 安東人 新羅敬順王之後 性溫和 無忤於人 熙宗朝 登第 直史館 累
　　遷尙書右丞 崔怡召置政房 掌銓選 …… (中略) …… 然銓注 一聽於怡不可否
　　或問其故 答曰 天假手我晉陽公 吾何問焉 其阿諂如此(『高麗史』 권102, 金敞傳)
8) 拙稿, 「高麗鄕吏制度의 成立」(『歷史學報』 63, 1974) 따라서 金敞이 안동의 향리
　　출신으로 登科하였으리라는 점은 의심할 여지가 없다고 하겠다.
9) 許興植, 「高麗戶口單子의 新例(光山 金璉 金璹)와 國寶戶籍과의 比較 分析」(『史
　　叢』 21·22합집, 1977), 263~282쪽 및 李樹健, 「嶺南 士林派 형성의 사회적
　　基盤」(『嶺南 士林派의 形成』, 1979), 56~57쪽 참조
10)『高麗史』 권104. 金方慶傳

의 墳墓와 친척, 친구 및 田園이 있었다는 것은 그들이 오랫동안 안동의 지배 세력으로 꾸준히 성장해왔음을 의미한다.

朴暄의 경우를 살펴보기로 하자. 朴暄도 金敞과 함께 政房에 참여한 사람이다. 그의 列傳에,

> 朴暄의 처음 이름은 文秀이며 公州人이다. 과거에 합격하여 崔怡의 家臣이 되었는데 기민하고 변론을 잘하여 여러번 怡의 뜻에 따랐으므로 마침내 신임을 얻어 수년이 못되어 華要의 직을 역임하였으며 정방에 들어가서는 金敞·宋國瞻과 더불어 명성이 같아서 자못 威福을 누려 권세가 朝野에 기울었다. 일찍이 史官修撰이 되어 헛되이 怡의 공적을 과장하여 5·6권에 이르는 책을 편집하여 怡에게 바치었다.11)

라고 한 것처럼 朴暄은 公州人으로 과거에 급제한 후 최씨의 家臣으로 활약하고 있는 것을 볼 수 있다. 그는 崔怡의 뜻을 잘 맞춰 要職을 역임하였으며 政房에 참여하여 史館修撰으로 있으면서 崔怡의 공적을 과장되게 작성하는 등 집권 무인에 아첨하여 일신의 영달을 꾀한 대표적인 인물로 꼽힌다. 그 또한 공주지방 세력가의 자손일 것이라 짐작된다.

또한 驪州의 호장직을 세습해 오다가 고려 후기에 출사하여 士族化한 가문으로 驪州 李氏 李奎報系를 들 수 있다. 그의 家系를 살펴보면,

<pre>
李殷白――和―――允綏―――奎報―――涵――益培
(中尹)(檢校校尉)(戶部郞中)(登第, 平章事)(知州事)(平章事)
</pre>

와 같이 나타난다.12) 그리고 그의 열전을 보면

---

11) 朴暄 初名文秀 公州人也 中第爲崔怡家臣 機警善辭辨 屢中怡意 遂見寵任 不數年 歷揚華要 入政房 與金敞宋國瞻 齊名 頗作威福 勢傾朝野 嘗爲史館修撰 虛誇怡功業 編至五六卷獻於怡(『高麗史』 권125, 朴暄傳).

12) 李奎報墓誌(『東國李相國集後集』 및 李樹健, 「高麗後期 支配勢力과 土姓」(『韓國中世社會史研究』, 1984), 267쪽 참조.

李奎報는 字가 春卿이고 어릴 적 이름은 仁氐로 黃驪縣 사람이다. 그 아
버지 允綏는 戶部郎中이었다. 규보는 어렸을 때 총명하여 9세에 능히 글을
지으니 때에 奇童이라 일컬었다. …… (中略) ……명종 20년에 同進士第
에 올랐다. …… (中略) ……아들로는 灌, 涵, 澄, 濟가 있으니 涵은 등제
하여 벼슬이 司宰少監에 이르렀고 아들은 益培이니 字는 自天으로 高宗때
登第하였다.13)

라고 하였다. 이에 의하면 李奎報는 黃驪(驪州) 鄕吏 출신 李允綏의 아들로
과거에 급제하여 중앙관계에 진출한 것을 알 수 있다. 神宗 2년에 최씨의 저
택에 초대받아 祝壽의 詩 '千葉榴花'를 지어 바친 데서부터14) 비롯되어 이후
최씨 문객이 되었다 함은 잘 알려진 사실이다.15) 그는 마침내 재상에까지 올
랐고 그의 자손은 이후 크게 영달하였다. 한편 집권한 무인세력에 기생해 권
세를 누린 이들과는 달리 청렴, 결백한 士大夫的 속성을 지닌 사람들도 이 시
기에 활약하고 있었다. 이들을 살펴보면 宋國瞻을 위시하여 蔡靖·朱悅 등이
이에 속한다. 먼저 宋國瞻을 살펴 보도록 하자.

宋國瞻은 鎭州사람으로 성품이 강직하여 악을 미워하기를 원수와 같이
하고 글짓기를 잘 하였으며, 등제하여 直史館이 되었다. …… (中略) …… 政
房에 들어감에 굳이 절의를 지키며 아부하지 않으니 怡가 자못 이를 꺼리었
다. 朴暄이 권력을 천단함에 國瞻이 그로 더불어 班列됨을 부끄러이 여겨
足疾을 핑계하고 政房을 辭하니 怡가 이로부터 (國瞻과) 疎遠하였다.16)

---

13) 李奎報 字春卿 初名仁氐 黃驪縣人 父允綏戶部郎中 奎報 幼聰敏 九歲能屬文 時
　　號奇童 …… (中略) …… 明宗二十年 登同進士第 …… (中略) …… 子灌涵澄
　　濟 涵登第 仕至司宰少監 子益培 益培 字自天 高宗時登第(『高麗史』 권102, 李
　　奎報傳)
14) 謝知奏事相公見 喚命賦千葉榴花 幷序(『東國李相國集』 권9)
15) 朴菖熙, 「武人政權時代의 文人」(『韓國史』 권7) 281쪽
16) 宋國瞻 鎭州人 性剛直疾惡如讐 善屬文 登第 直史館 …… (中略) …… 入政房
　　耿介不阿 怡頗憚之 朴暄擅權 國瞻恥與爲列 托以足疾 辭政房 怡自此疏之(『高麗
　　史』 권102, 宋國瞻傳)

고 하였다. 鎭州는 鎭川이며 진천 송씨는 高麗末에 士族으로 성장한 대표적
가문이었으니 이 또한 강성한 在地勢力을 배경으로 한 향리출신이라 보아 무
리가 없을 것이다. 왜냐하면 鎭州는 후삼국시대 이래로 재지세력이 강하였고
그 중 진주 송씨는 鎭州土姓으로서 후기에 이르러 많은 고급관인을 배출시킨
가문이기 때문이다.17) 그러한 가문에서 성장한 宋國瞻은 성품이 강직하여 같
은 시기에 활약한 朴暄 등과 같은 아첨의 무리와 더불어 함께 있는 것조차
부끄럽게 여겼다고 한다. 宋國瞻의 강직한 성품은 자연 崔怡로 하여금 그를
꺼리게 만든 요인으로 작용하기도 하였다.

또한 高宗때 출사하여 樞密院副使를 역임한 蔡靖의 경우도 마찬가지이다.
그의 列傳에 의하면

> 蔡靖은 본래 음성현리로 학문에 힘써 經에 통하고 등제하여 東都書記를
> 맡으매 淸德이 있었다. …… (中略) …… 神宗朝에 東都(경주)가 永州와
> 더불어 난을 일으킴에 安撫使를 보내고자 하였으나 그 적임자를 얻기 어
> 려웠는데 東都人이 靖을 생각하여 마지 않는다는 말을 듣고 이에 留守副
> 使를 제배하여 靖이 單騎로서 任所에 이르렀다. 東都人이 그가 온다는 말
> 을 듣고 反側하여 모두 안정하였다.18)

고 하였다. 음성현리는 곧 음성향리일터이므로 그는 과거를 통해 出仕했음
을 알 수 있다. 東都人들은 그의 在任時의 淸德을 기려 오래도록 그를 잊지
못하였다고 했는데 그러한 것은 오로지 그의 성품이 청렴·결백하고 강직하
였기 때문이었다고 하겠다.

또한 다음 기록은 그 성격이 명확히 드러나지 않았지만 당시 吏族子弟의 관
인화를 이해하는데 도움이 된다고 생각되어 옮겨 놓는다.

---

17) 李樹健, 앞의 글, 「高麗後期支配勢力과 土姓」, 290쪽 참조.
18) 蔡靖 本陰城縣吏 力學通經登第 掌東都書記 有淸德 …… (中略) …… 神宗朝
　　東都與永州作亂 議遣安撫使而難其人 聞東都人思靖不已 乃拜留守副使 靖單騎
　　之仕 東都人聞其至 反側悉安(『高麗史』 권103, 蔡靖傳)

姜彰瑞는 어릴 적에 본주 향교에 속해 있으면서 학문에 힘쓰고 문장을
잘 지었으니 강남쪽 학자로서는 그보다 나은 이가 없었다. 熙王 8년 봄에
省試에 가려는데 아버지 司戶가19) 마침 죄에 걸려 옥에 갇혔다. 고을에 나
아가서 방면하기를 청했으나 관원이 허락하지 아니하고 "네가 만약 장원
급제하면 방면할 수 있을 것이다." 하고 옥사를 연기하고 기다렸더니 과연
장원이 되었다. 금의환향하니 牧伯이 막료와 州吏들을 모아 거느리고 성
밖에 나와서 맞이하고 그의 집에 가서 크게 연회를 베풀고 부모에게 술을
권해서 경축하니 온 경내가 영화롭게 되었다. 벼슬이 여러번 옮겨져서 直
翰林院이 되었다.20)

  晋州의 土姓吏族에서 분화하여 고려말에 그 족세가 번창한 것으로 나타나
는 진주 姜氏는 姜彰瑞를 배출시키며 명문으로 등장하였다. 진주 강씨 가운데
최고의 문벌을 자랑하는 姜著는 바로 강창서의 후손이다.21) 지방향리의 자손
으로서 지방교육기관인 향교에서 수학하여 出仕한 강창서가 장원급제함으로
서 그 아버지를 방면케 했다는 위 기록은 그의 官路 또한 청렴하였음을 짐작
할 수 있게 함과 동시에 당시 吏族子弟의 관인화 과정을 이해하는데 도움이
된다고 하겠다.

  앞에서 살펴 본 바와 같이 과거실시 횟수가 증가하고 새로운 官人型이 설정
됨에 따라, 재지적 기반에서 쌓은 실무행정의 능력과 문학적 교양이22) 향리
층으로 하여금 중앙관계에 대거 등장하게 되는 배경으로 작용하였음을 알 수

---

19) 司戶는 앞의 성종 2년 향직개편 속에 나타나는 司兵, 司倉과 더불어 향리직의
    하나일 것이라고 지적한 바 있다.(拙稿,「高麗鄕吏制度의 成立」,『역사학보』
    63, 1974. 73쪽 참조).
20) 姜彰瑞 幼屬本州鄕校 力學善屬文 江南學者 無出其右者 熙王八年春 將赴省試
    父司戶適坐繫獄 詣州請免放 官不肯許 乃曰爾若登壯元及第可免 緩其獄以待 果
    爲壯元 泊錦還 牧伯率幕僚州吏 出迎于城外 仍詣其家 大聞宴席 觴父母以慶之一
    境榮之 累遷直翰林院(『東國輿地勝覽』 권30, 晋州牧 人物條)
21) 李樹健, 앞의 글,『高麗後期의 支配勢力과 土姓』, 310쪽 참조.
22) 崔怡 嘗品第朝士 以能文能吏 爲第一 文而不能吏 次之 吏而不能文 又次之 文吏
    俱不能 下 皆千疏屛風 每當銓注 輒孝聞而敍之(『高麗史』 권18, 元宗元年)이라
    하여 能文能吏의 관인형을 우선으로 삼았던 것을 알 수 있다.

〈표 2〉武臣執權期 鄕吏出身及第者의 性向

	姓名	出身地	及第時期	最高官職	政房參與如否
崔氏門客	金敞	安東	熙宗	兵部尙書	참여
	朴暄	公州	?	刑部尙書	〃
	琴儀	奉化	明宗	平章事	〃
	兪千遇	長沙	高宗	〃	〃
	李奎報	黃驪	明宗	〃	〃
靑白吏	宋國瞻	鎭州		刑部尙書	참여
	兪升旦	仁同	明宗	參知政事	불참
	孫抃	樹州		守司空尙書左僕射	불참
	朱悅	綾城	高宗	知都僉議府事	불참
	蔡靖	陰城	高宗	樞權密副使	불참

* 표는 『高麗史』列傳을 典據로 하여 자성하였음.

있다.

이 시기에 등과하여 중앙에 진출한 것으로 보이는 향리 출신자를 알기 쉽게 정리하면 <표 2>와 같다.

<표 2>에 나타난 인물 외에도 향리 출신 급제자들은 많지만 이 시기에 비교적 활동이 뚜렷하다고 생각되는 인물만을 대상으로 표를 작성하였다. 이를 통하여 이 시기에 출사한 향리출신 급제자들의 사고와 행위가 모두 동일하지는 않았던 것을 확인할 수 있었다. 이들은 모두 향리출신이지만 出仕이후의 행적에 따라 그 성격을 달리 했기 때문이다. 그렇다고 이들이 정치집단을 형성하여 권문세족에 대항한 것 같지는 않다. 따라서 이 시기의 향리출신 급제자들은 아직 공동의 정치적 이념을 가지는 데까지는 성장하지 못하였다고 생각된다. 그러나 이러한 기반 위에서 이들은 성리학을 수용하고 이를 정치이념화하여 다음 시기에 대비하는 새로운 세력으로 성장할 수 있었다고 하겠다.

다음으로 元의 간섭기를 통하여 나타나는 이들의 성격에 주목해 보기로 하자. 원의 간섭기에는 이들 향리출신의 급제자들이 한 걸음 나아가서 정치경제적 이해를 같이 하는 공동체적 官僚群을 형성하여 성장해 가는 것으로 나타난다. 이 시기에 신진관료의 성장은 忠烈王 이후 元 간섭하에서의 왕권강화 및 권문세족의 억압을 위한 일련의 개혁운동과 그 軌를 같이 한다. 附元세력을 이루는 권문세족의 방해가 심하고 신진세력의 힘이 미약하여 그 개혁이 실패

로 끝나기는 했지만 이들은 정치적으로 그리고 사상적으로 자기 성장을 계속
해 나갔던 것으로 파악된다. 이제 원의 간섭기에 활동한 향리출신 급제자들을
통하여 이 시기 관료들의 성격을 살펴보기로 하자. 이를 위하여 忠宣王의 개
혁에 주목할 필요가 있다. 충선왕은 能文能吏의 소양을 갖춘 향리출신 급제자
와 더불어 개혁에 착수한 것으로 나타난다. 즉 충선왕은 충렬왕 24년 정월의
즉위교서를 통해 여러 폐단을 지적하고 개혁의 방법에 대해서 언급하였다.23)
그 뒤 4월에는

> 충선왕은 정방을 파하고 한림원으로 하여금 選法을 주관하게 하였다.24)

라 하여 무신집권기의 권력의 상징인 정방을 폐지하고 한림원으로 하여금
새로이 銓注를 맡게 하였다. 정방은 무신집권기 崔怡에 의해서 설치된 것으로
한 때 能文能吏의 새로운 관인층을 등장시키는 역할을 하였으며 최씨정권이
몰락한 후에도 여전히 잔존되어 정방에서 起身했던 권력층이 그들의 세력과
경제적 富를 축적하였다.25) 이제 그들의 실체에 접근하기 위하여 충렬왕 때
정방에 참여하고 있었던 文士를 살펴보고자 한다. 그 기록은 다음과 같다.

> 金周鼎은 光州人이니 어려서 학문을 좋아하였으며 침착하고 말이 적어
> 망녕되이 교유하지 않았다. …… (中略) …… 周鼎, 參文學事 朴暄, 密直副
> 使 薛公儉, 左承旨 李尊庇, 判禮賓事 廉承益. 大將軍 印公秀 趙仁規, 秘書尹
> 鄭興, 內侍將軍 李之氐, 寶文署待制 郭預, 太府少尹 安戩, 千牛衛錄事 李子
> 芬, 詹事府錄事 尹文玉, 太常府錄事 鄭玄繼는 必闍赤을 삼았다.(『高麗史』
> 권104 金周鼎傳)26)

이에 의하면 이때 모두 14人이 정방에 참여한 것으로 나타난다. 그 가운데

---

23) 李起男, 「忠宣王의 改革과 詞林院의 設置」(『역사학보』 52, 1971), 56~62쪽에
    서 즉위교서의 내용에 대해서 자세히 소개하고 있다.
24) 忠宣罷政房 以翰林院主選法(『高麗史』 권75, 選擧志 3, 銓注).
25) 金潤坤, 「麗末鮮初의 尙瑞司」(『歷史學報』 25, 1964) 23쪽 참조.

<표 3> 元干涉期 政房參與 鄕吏出身及第者

姓名	出身地	及第時期	最高官職	備考
金周鼎	光州	元宗	知都僉議事	政房參與
朴 暄	春川	高宗	贊成事	〃
薛公儉	淳昌	高宗	僉議中贊	〃
李尊庇	固城	元宗	大提學	〃
鄭可臣	羅州	高宗	三韓三重大匡守司空	〃
郭 預	淸州	高宗	知密直司事監察大夫	〃
安 戩	竹州		知密直司事	〃
李 混	全義	元宗	僉議政丞	〃
尹珤(文玉)	坡平		僉議政丞	〃
鄭 瑎	淸州	元宗	贊成事	〃

廉承益·李之氐·趙仁規는 未登第者이고 印公秀는 그 출신을 잘 알 수 없으
며 나머지 10인은 모두 과거를 통해 출사하였다. 그들의 출신지와 급제시기를
표로 나타내면 <표 3>과 같다.

<표 3>의 급제자 10人 가운데 그 급제시기를 알 수 없는 安戩과 尹珤(文
玉)를 제외한 나머지 8人이 모두 고종·원종대에 급제하였음을 보여준다.
그리고 安戩과 尹文玉 또한 확실한 시기를 알 수는 없지만 대체로 이들과
마찬가지로 高宗 혹은 元宗代에 급제하였을 것이라 보아 무리가 없을 것이
라 생각된다.

위 <표 3>에서 파평 윤씨인 尹文玉은 尹瓘의 후손이므로[27] 굳이 향리출신
으로 보지 않아도 될 것이나 나머지 9인은 모두 향리출신 급제자임이 명백하
다. 여기에서 그 행적이 뚜렷한 몇몇 사람을 살펴보면 그 성격의 일단이 드러
나리라 믿는다. 먼저 薛公儉에 주목해 보기로 하자.

薛公儉은 순창군 사람이니 아버지 愼은 등제하고 吏才가 있으므로 칭송
하였으며 官이 樞密院副使에 이르렀다. …… (中略) …… 公儉은 高宗末
에 등제하였는데 累遷하였고 …… (中略) …… 충렬왕 초에는 密直副使

---

26) 李起男, 앞의 글, 「忠宣王의 改革과 詞林院의 設置」, 78~79쪽 참조. 必闍赤은
元 간섭기 承宣의 改稱으로 정방에 속하는 文士를 일컫는 것이다.

27) 『高麗史』 권96, 尹瓘傳.

에 나아가 必闍赤이 되었다.[28]

라고 하였다. 薛公儉은 淳昌人으로 樞密院副使 薛愼의 아들로 나타나 있다. 그의 출신을 명확히 밝혀내기 위해 다시 公儉의 父 薛愼의 墓誌를 살펴보면

> 公의 이름은 愼이고 字는 愼之이며 전주 순창군 사람이다. 曾祖의 諱는 子△로 郡의 司戶를 지냈으며 祖父의 諱는 挺叔으로 四門博士를 지냈고 아버지인 宣弼은 △校軍器監을 지냈다. 어머니 趙氏는 역시 순창군 司戶인 諱 崇△의 딸이다. 나이 20에 賦로서 시험을 보아 司馬試△ 第二人으로 나아갔고 31세에 擢第하였다.[29]

라고 되어 있다. 위 기록에 나타나는 司戶란 成宗 2년(983)의 향리직 개편시 명문화되지는 않았지만 戶部에 해당하는 吏職이었던 듯하다 함은 이미 지적한 바 있다.[30] 그러므로 설공검의 친가와 외가 兩가문은 순창지방의 향리가문이었음이 명백하고 공검의 아버지 신이 등제함으로써 중앙관계에 진출하게 되었음을 알 수 있다.

또한 鄕貢進士의 아들로 高宗朝에 급제하여 出仕한 鄭興이 주목된다. 그는 이 때 출사하여 최고의 관직에 오르고 忠宣廟廷에 배향되었는데 鄭興은 바로 鄭可臣의 初名이다. 그의 출신과 성격을 파악하기 위하여 『高麗史』 열전을 살펴보기로 한다.

> 鄭可臣의 字는 獻之이며 어릴적 이름은 興이다. 羅州人으로 아버지는 松壽이며 鄕貢進士다. …… (中略) …… 고종조에 등제하여 여러번 華要職

---

28) 薛公儉 淳昌郡人 父愼登第以吏幹稱 官至樞密院副使 …… (中略) …… 公儉高宗末登第累遷 …… (中略) …… 忠烈初進密直副使爲必闍赤(『高麗史』 권105, 薛公儉傳).

29) 公諱愼 字愼之 全州淳昌郡人也 曾祖諱子△爲郡司戶 祖諱挺叔 皇四門博士 考諱宣弼 皇△校軍器監 母趙氏亦淳昌郡司戶諱崇△之女也 年二十以試賦赴司馬試 △第二人 三十一擢第(李蘭暎 編, 『韓國金石文追補』, 205쪽, 薛愼墓誌)

30) 拙稿, 「高麗鄕吏制度의 成立」(『歷史學報』 63, 1974), 73쪽 참조.

을 지냈다. …… (中略) …… 성품이 정직하고 단엄하며 일을 처리함에
精審하여 政房에 있어서는 典故에 숙련하니 題品과 銓注함에 다 物議에 합
당하였다. …… (中略) …… 비록 大官에 이르러서도 行止가 書生과 같았
다. 冢宰가 됨에 미쳐 사람들이 모두 태평세월을 생각하고 지내기를 바랐
으나 마침내 죽자 나라사람들이 놀라고 슬퍼하였다.[31]

라 하였다. 여기에서 鄭可臣은 羅州출신으로서 鄕貢進士 松壽의 아들임을
알 수 있다. 그가 고종조에 등제하여 華要職을 두루 거치게 된 것은 그의 그러
한 성장배경과 성품이 정직하고 단엄하며 銓注에 공정함으로서 가능하였다고
생각된다. 그의 관직이 최고에 이르렀을 때에도 그 初志에 조금도 변함이 없
었다는 것이 이를 말해 준다고 하겠다.

앞의 <표 3>에 보이는 향리출신 급제자들은 비록 정방에 참여는 하였지만
모두가 권문세족과 그 성격을 같이 하지는 않았다고 할 수 있다. 따라서 새로
이 출사한 신진관료들은 권문세족과의 갈등 속에서 상호의 利害를 같이 할
공동체의 필요를 느끼게 되었을지도 모른다. 그들이 인사행정을 문란케 하고
경제적 부를 독점한 권문세족과 대립한 것은 이와 같은 상황하에서 불가피한
것이었다고 보인다.[32] 따라서 이들은 새롭게 개혁정치를 펼치고자 한 충선왕
의 의지에 편승하여 권문세족의 횡포에 대항할 수 있었던 것이다.[33]

충선왕은 정방을 폐지하고 사림원을 설치하였는데, 이 때의 사림원의 구성
원은 朴全之, 吳漢卿, 李瑛, 崔旵, 李承休, 權永 등이었다. 이 가운데 崔旵은 열
전이 없어 그 출신과 행적을 알 수 없으나 崔旵을 제외한 이들의 출신과 행적

---

31) 鄭可臣 字獻之 初名興 羅州人 父松壽 鄕貢進士 …… (中略) …… 高宗朝登第
   累歷華要 …… (中略) …… 性正直端嚴處事精審 在政房 諳練典故 題品銓注
   背嘗物議 …… (中略) …… 雖至大官 行止與書生 及第家宰 人相望大平 及卒
   國人警悼(『高麗史』 권105, 鄭可臣傳).
32) 김윤곤, 앞의 글, 「麗末鮮初의 尙書司」, 24쪽 참조.
33) 앞에서도 지적한 바와 같이 정방에 참여한 향리출신 급제자들은 권문세족과
   는 달리 본래의 강직함을 그대로 존속, 유지시켰던 것으로 보인다. 그러나 정
   방내에는 이들 이외에 다른 권문세족이 있었을 것이므로 이들의 횡포를 막고
   자 정방을 폐지한 것이라 짐작된다.

은 더듬어 볼 수 있다.[34)]

먼저 權永을 살펴보기로 하자. 권영은 安東權氏 權行(幸)의 후손으로 樞密副
使 權守平의 曾孫이며 贊成事를 지낸 權㫰의 아들이다. 그의 가계를 살펴보
면[35)] <표 4>와 같이 나타난다.

〈표 4〉 權永의 家系

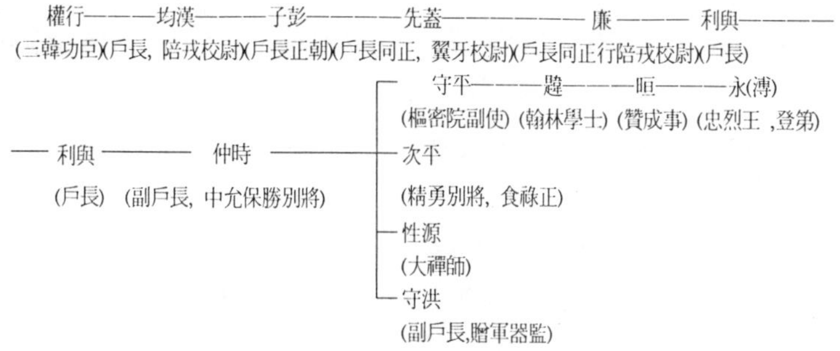

권영은 權溥의 초명인데 표에 보이는 바와 같이 그의 증조, 조, 부가 모두
중앙관계에 출사하고 있는 것으로 파악된다. 그러나 그의 선대는 대대로 안동
에서 호장직 등 향리직을 세습하다가 권수평 대에 이르러서야 비로소 중앙관
계에 나아가게 되었다. 이로 보아 權永은 향리가문을 그의 출신배경으로 하여
官界에 진출하게 되었음을 알 수 있다. 權永은 그의 아버지 權㫰의 열전에 다
음과 같이 기록되어 있다.

---

34) 충렬왕대 이후에 중잉으로 진출한 향리들은 원래 거주지의 도성 혹은 그 지
   역에 뿌리를 내리고 다른 지역으로 이주할 정도로 성장하여 다른 지역의 속
   성이 되는 경우가 많았는데 이들은 각기 鄕吏註記, 今有鄕吏, 혹은 累代鄕役
   의 註記를 달아 그 출신이 향리임을 밝히고 있다. 이것은 그들이 갖는 향리에
   대한 우월성에 기인한다고 보아 좋을 것이다.(박은경, 「고려후기 향리층의
   변동」, 『진단학보』 64, 97~100쪽 참조)
35) 李樹健, 「嶺南士林派의 在地的 基盤」(『新羅伽倻文化』 12집, 1981) 19~22쪽
   참조.

權溥의 字는 滿이고 어릴 적 이름은 永이었다. 충렬왕 5년에 나이 18세로 등제하였다. …… (中略) …… 溥의 성품은 忠孝하고 친족과 인척에게 자애롭고 僚友에게 화목하였으며 독서를 즐겨 늙어서도 쉬지 않았다. 일찍이 朱子의 四書集註를 건의하여 간행하니 동방의 성리학이 溥로부터 시작되었다.[36]

라고 하였다. 權永은 충렬왕 5년에 18세의 나이로 등제한 후 출사하였으며 이후 朱子의 四書集註를 간행하는 등 고려말 성리학의 전파에 공이 컸음을 알 수 있다.

다음으로 吳漢卿(調)을 살펴 보면

吳調은 어릴 적 이름이 漢卿이고 字는 月叟로 海州사람이다. 원종 초에 監試 제일에 합격하여 동궁시학이 되었다. …… (中略) …… 충렬왕 때 僉議舍人으로서 나가 金寧府를 지켰는데 임기가 차서 軍簿總郎으로 제배되었는데 임명장이 아직 도착하지 않았을 때 調은 임기가 이미 찼으니 더 머무를 수 없다고 하고 드디어 떠났다. …… (中略) …… 累官하여 左司議大夫 詞林院學士가 되고 華要職을 역임하였다. …… (中略) …… 학문이 精博하였으며 조정에 있어 비록 현저한 공적은 없었으나 마음이 넓고 대범하여 꾸밈이 없고 大體를 알았으며 장자의 기풍이 있었다.[37]

라고 하였다. 海州는 황해도 제일의 雄府로서 고려 일대를 통하여 土姓勢가 강하여 유력한 인물이 많이 배출되었음은 밝혀진 바와 같다.[38] 해주 吳氏는

---

36) 溥 字齊滿 初名永 忠烈五年 年十八登第 …… (中略) …… 溥性忠孝 惠姻族 睦僚友 嗜讀書 老不輟 嘗以朱子四書集註建白刊 東方性理之學 自溥倡(『高麗史』 권107, 權㫜傳 附權溥)

37) 吳調 初名漢卿 字月叟 海州人 元宗初中監試第一選爲東宮侍學 …… (中略) …… 忠烈朝 由僉議舍人 出守金寧府 考滿 拜軍簿總郎 除書未到 調以爲秩已滿 不可留 遂行 …… (中略) …… 官累左司議大夫詞林院學士 踐歷華要 …… (中略) …… 學問精博 在朝雖無著績 然實簡無華 知大體 有長者風(『高麗史』 권 109, 吳調傳).

38) 李樹健, 앞의 글,「高麗後期 支配勢力과 土姓」, 278쪽 참조.

고려초부터 太祖功臣, 上京從仕者, 在地吏族을 고루 갖춰 배출하였던 것이다. 위의 吳詷도 바로 해주 호장의 曾孫으로 등제하여 출사한 향리출신 인물로서 그의 성품은 청렴결백하였던 것 같다. 예컨대 軍簿總郎에 임하여 임기가 다하자 임명장이 아직 도착되지 않았는데도 더 이상 머물러 지체하지 않고 떠나는 것을 보면 그의 성품이 어떠하였는지를 미루어 짐작할 수 있겠다. 강직하고 책임감이 강했던 일면을 엿볼 수 있는 것이다.

이들과 함께 整治都監에 참여하고 있는 安軸은 대대로 호장직을 세습해 오던 향리출신임이 분명하다. 그의 家系를 보면39) 다음과 같이 대대로 본읍의 호장직을 세습한 것으로 나타난다.40)

〈표 5〉 安軸의 家系

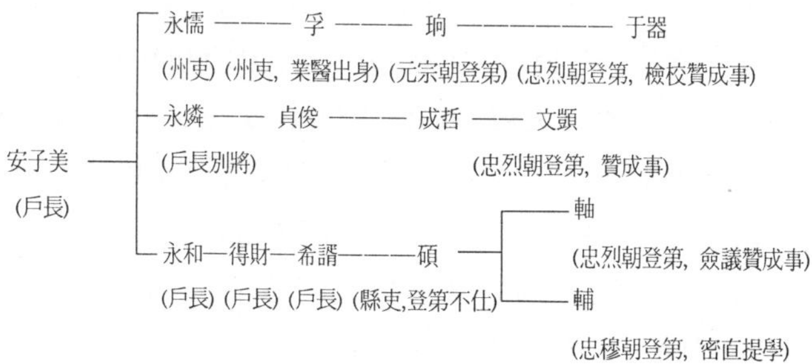

그의 열전에 따르면

安軸의 字는 當之이고 福州興寧縣 사람이다. 아버지 碩은 縣吏로 과거에 급제하였으나 은거하고 벼슬하지 않았다. 軸은 태어나면서 영리하고 학문에 힘써 문장을 공고히 하여 과거에 급제하였다. …… (中略) …… 충숙

---

39) 『高麗史』 권105, 安珦傳 및 같은 책 권109, 安軸傳 그리고 安軸墓誌(『東文選』 권124 참조).

40) 이수건, 앞의 글, 「高麗後期 支配勢力과 土姓」, 308쪽에서 순흥안씨의 상경종 사시기는 家系에 따라 다르며 고려말의 신흥사대부로서 두각을 나타내면서 크게 성장하였다고 하였다.

왕이 원에 억류되어 있는데 축이 동지에게 이르기를 "임금이 걱정하면 신
하가 욕을 보고 임금이 욕을 보면 신하가 죽는 것이라"하고 이에 글을 올
려 왕의 他意없음을 호소하니 왕이 가상히 여겼다. …… (中略) …… 나
아가 尙州牧이 되었는데 때에 母가 홍녕에 있는지라 축은 왕래하며 효성
을 다하였다. 마음가짐이 공정하고 집을 다스림에 근검하였다. 일찍이 말
하기를 "내 평생에 가히 이렇다 할 것이 없으나 네 번 士師가 되어 무릇
백성이 억울하게 노예가 된 것은 반드시 다스려 良民을 삼았다"고 하였
다.41)

라 하였으니 그의 家系와 列傳에서 알 수 있듯이 安軸은 향리출신의 신진세
력으로서 忠·孝·公正·勤儉을 실천하는 대표적 인물이었던 것 같다.

이상에서 살펴 본 바와 같이 忠宣·忠穆 양대의 개혁에 참여하고 있는 향
리출신 급제자들의 성격은 대부분 청렴강직하고 개혁의지가 강한 것으로 드
러났다. 그들이 충선·충목왕의 개혁에 주도적으로 참여하게 된 것은 바로
이들이 갖는 청렴강직한 士大夫的 屬性때문이었다고 할 수 있다. 武臣執權期
의 향리 출신 급제자들이 단순히 자기수양에 그쳤다고 한다면 元의 간섭기에
활약한 이들은 개혁 등과 같은 현실정치에 적극적으로 참여함으로써 정치·
경제적 이해를 같이 하는 정치적 공동체를 이루었다고 할 수 있다. 권문세족
에 대항하여 개혁을 주도한 충선왕의 사림원이나 정치도감에 참여하는 것 등
은 그들의 그러한 일면을 살필 수 있는 것이라 보아 좋을 것이다. 비록 그들이
주도한 개혁이 원의 간섭과 권문세족의 방해를 받아 실패했다 할지라도 그들
의 정치적 성장은 괄목할 만 하였다. 이와 더불어 수용된 性理學은 그들의 정
치사상적 배경이 되기에 충분하였다. 그러나 아직까지는 그들 스스로 여러 개
혁을 주도할 만큼 근본적이고 적극적인 모습은 보이지 않는다. 그러한 모습은

---

41) 安軸 字當之 福州興寧縣人 父碩以縣吏登第隱不仕 軸生而穎悟 力學工文中第
…… (中略) …… 忠肅被留于元 軸謂同志曰 主憂臣辱 主辱臣死 乃上書訟王無
他 王嘉之 …… (中略) …… 出牧尙州時 母在興寧 軸往來以盡孝 處心公正 持
家勤儉 嘗曰 吾平生 無可稱 四爲士師 凡民之屈抑爲奴者 必理而良之(『高麗史』
권109, 安軸傳)

恭愍王대 이후에 가서야 가능할 것이었다.

공민왕 이후의 신진관료들은 지금까지의 성장을 발판으로 뚜렷한 정치적 이념 속에 근본적이고 적극적인 개혁을 시도·추진한 것으로 나타난다. 대외적으로는 원의 세력이 크게 약화되고 대내적으로는 신진세력이 크게 성장한 상황에서 공민왕은 신진세력에 주목하였다. 때문지 않은 신진관료는 물론 기존의 사원세력과 연관이 없는 辛旽과 같은 인물을 등용하여 과감한 개혁정치를 단행하려 했던 것이다.42)

공민왕대에 신돈과 함께 개혁의 추진세력으로 등장한 관료층을 보면 林樸·鄭夢周·金九容·李崇仁·尹紹宗·鄭道傳 등을 들 수 있다. 이들은 모두 공민왕대의 급제자들이다. 공민왕대에는 국내외의 정세 변화에 따라 자주의식이 심화되어 反元의 분위기가 고조되었고 또 과거제도가 강화되었다. 따라서 공민왕대의 과거급제자들 역시 자주의식이 강하고 그에 대한 이해가 깊었을 것이라는 점을 쉽게 짐작할 수 있다. 이와 같이 이 때의 향리출신 급제자들은 정치적·사회적으로 이해를 같이 하는 공동의 기반에서 출발하였으므로 한 목소리를 가진 정치세력으로 성장할 수 있었다고 보인다.43)

이제 공민왕대에 활약한 향리출신 급제자들 가운데 대표적인 인물을 중심으로 살펴보면서 그들의 성격 규명에 접근해 보고자 한다.

鄭夢周의 성향을 알아보기 위해 그의 열전을 살펴 보면

> 鄭夢周의 字는 達可이며 知奏事 襲明의 後孫이다. …… (中略) …… 공민왕 9년에 과거에 응시하였는데 연달아 三場에서 우두머리를 차지했으며 마침내 첫째로 발탁되었다.44)

고 하였다. 이에 의하면 정몽주는 공민왕 9년에 登第하였고 3장에서 연달아

---

42) 辛旽의 개혁에 대해서는 閔賢九, 「辛旽의 執權과 그 政治的 性格(上, 下)」(『歷史學報』 38·40, 1968)에 자세히 나타나 있다.

43) 韓永愚, 「朝鮮王朝의 政治的 基盤」(『韓國史』 9) 23~24쪽 참조.

44) 鄭夢周 字達可 知奏事襲明之後 …… (中略) …… 恭愍九年應擧連魁三場 遂擢第一人 (『高麗史』 권117, 鄭夢周傳)

우두머리를 할 만큼 뛰어난 학문적 소양을 갖춘 것으로 나타난다. 이러한 그의 출신배경을 알아보기 위해 그의 家系를 살펴 보면 <표 6>과 같이 圖示할수 있다.45)

<표 6> 鄭夢周의 家系

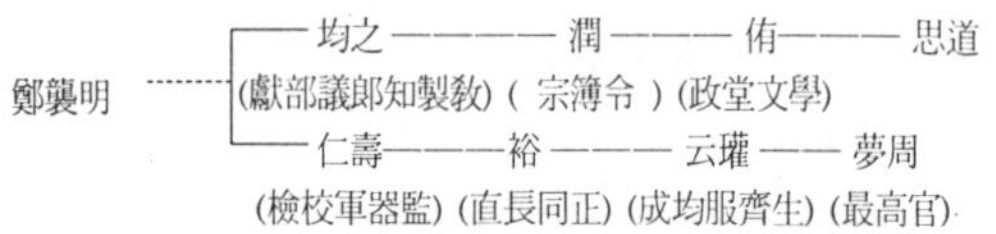

위의 표에 鄭夢周의 先代로 나타나는 鄭襲明은 영일 지방의 鄕貢進士로서 高麗中期에 중앙에 出仕한 鄕吏出身이었다. 정습명의 출자를 확인하기 위해 高麗史를 보면

> 鄭襲明은 迎日縣의 사람으로 卓越하고 奇偉하여 학업에 힘써 글을 잘 하였으며 鄕貢에 登第함으로써 內侍에 속하였다. 인종조에 累轉하여 國子司業 起居注 知制誥가 되었으며 郎舍 崔梓 宰相 金富軾 任元敳 李仲 崔奏 등과 더불어 時弊 10조를 말하였다. …… (中略) …… 습명이 오래 諫職에 居하여 諍臣의 풍도가 있으므로 인종이 깊이 才器를 무겁게 여기어 동궁에게 使傅케 하였다.46)

고 하였다. 따라서 정몽주도 그러한 鄕吏가문을 배경으로 하여 성장하였다고 할 수 있다. 아는 바와 같이 정몽주는 經書에 해박하여 東方理學의 원조라 칭해졌으며 親明을 주장하고 胡服을 혁파, 華制를 따를 것을 건의하는 등 당대를 풍미하던 인물이었다. 고려말에 恭讓王이 불교에 현혹되어 있을 때 堯舜

---

45) 李樹健, 앞의 글 「嶺南士林派形成의 社會的 基盤」, 36쪽 참조.
46) 鄭襲明 迎日縣人 倜儻奇偉 力學能文 以鄕貢登第 屬內侍 仁宗朝 累轉國子司業 起居注知制誥 與郎舍崔梓 宰相金富軾 任元敳 李仲 崔奏等 上書言時弊十條 …… (中略) …… 襲明久居諫職 有諍臣風 仁宗深加器重 使傅東宮(『高麗史』 권 98, 鄭襲明傳)

의 道를 따를 것과 아울러 正常의 道를 벗어난 불교를 배척할 것을 진언하여 신하로서의 본분을 지키려 노력했다.[47] 그는 개혁에 적극적이었으며 또한 해박한 성리학적 지식을 통하여 王道를 살펴 고쳐 나갈 것에 능동적이었다. 이와 같이 향리가문을 배경으로 출사한 정몽주의 경우처럼, 고려후기 향리들의 중앙진출이 활발하게 이루어졌으며 또한 그들이 개혁에 적극적이었음을 확인할 수 있을 것이다.

李崇仁을 살펴보면 그의 가문 역시 대대로 호장직을 역임한 향리가문이었음을 알게 된다. 그의 가계를 보면[48]

〈표 7〉 李崇仁의 家系

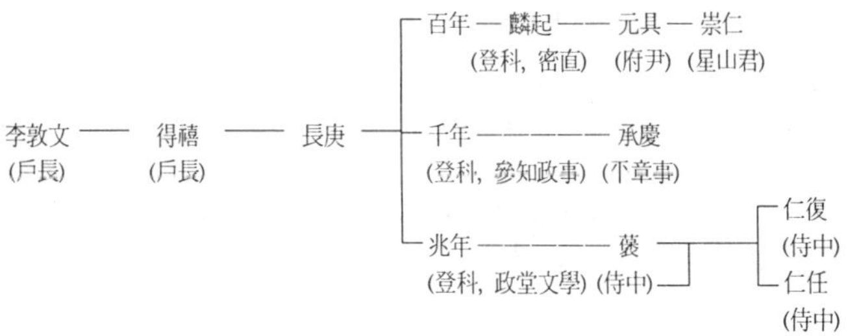

위와 같다. 위에 보이는 바와 같이 李崇仁, 李仁任은 星州의 향리였던 戶長 李敦文을 선조로 한 동일한 가문의 출신이다. 그의 先代는 대대로 京山府(星州)에서 호장직을 세습해 오다가 長庚의 다섯아들이 모두 登科함으로써 중앙관계에 진출하게 되었다. 李崇仁은 賜牌로 인한 토지점유가 극심함을 지적하고 공이 없는 자에게 내려진 토지와 그 定數를 초과한 토지는 회수할 것을 주장하였다.[49] 이러한 것은 그의 강직한 정치사상의 일면을 드러내는 것이라 볼 수 있다.

또한 고려말과 조선초에 걸쳐 정치사상계를 풍미한 鄭道傳도 향리가문을

---

47)『高麗史』권117, 鄭夢周傳.
48) 李樹健, 앞의 글,「高麗後期 支配勢力과 土姓」, 308쪽 참조
49)『高麗史』권 115, 李崇仁傳

그의 성장배경으로 하였음은 다 아는 사실이다.50) 그의 家系를 보면

鄭公美 —— 英桀 ——— 均 ————— 云敬 ———— 道傳
(奉化戶長) (秘書郎同正) (檢校軍器監) (等第, 檢校密直提學) (開國功臣)

으로 이어진다. 여기에서 알 수 있듯이 정도전은 奉化戶長 鄭公美의 후손으로 그의 父 云敬代에 와서 등제함으로써 중앙에 출사한 향리출신의 신진세력이었다. 그의 열전에

> 鄭道傳의 字는 宗之이며 檢校密直提學 云敬의 아들로 공민왕 때 급제하였다. …… (中略) …… 道傳이 말하기를 伊金과 釋迦는 그 말이 다름없으나 다만 석가는 멀리 타생의 일을 말하니 사람이 그 허망함을 알지 못하고 伊金은 가까이 삼월의 일을 말하니 허망함이 곧 나타날 뿐이라 하였다. …… (中略) …… 엎드려 바라건데 전하께서는 有司에게 거듭 밝히사 祀典에 기재한 바를 제외하고는 모든 음란하고 괴이하며 아첨하고 번잡한 일은 일체 모두 禁斷하면 재용이 절약되고 함부로 허비하는 바가 없을 것입니다.51)

라 한 바와 같이 그는 봉화현의 향리출신 云敬의 아들로서 공민왕때 등제하여 그 정치적 역량을 발휘하였음을 알 수 있다. 그가 고려말에 정치·경제·사회사상면에 끼친 영향은 이미 밝혀진 것처럼 일세를 풍미함에 부족함이 없었다. 그는 특히 열전에 나타나듯이 불교의 허망됨을 지적하고 이것의 시정을 강력히 주장함으로써 고려말 유학의 진흥에 힘쓴 면모를 보여주고 있다.

---

50) 鄭云敬 奉化縣人 忠肅朝 登第 補尙州司祿 …… (中略) …… 未幾 拜刑部尙書 後以檢校密直提學 謝病歸榮州卒 子道傳·道尊·道復 道傳自有傳 (『高麗史』 권 121, 鄭云敬傳) 및 韓永遇, 『鄭道傳 思想의 硏究』(韓國文化硏究所, 1973)참조

51) 鄭道傳 字宗之 檢校密直提學云敬之子 恭愍朝登第 …… (中略) …… 道傳曰 伊金釋迦其言無異 但釋迦 遠言他生事 人不知其妄 伊金 近言三月事 虛妄立見耳 …… (中略) …… 伏望殿下 申明有司 除祀典所載外 凡遙怪諂瀆之擧 一皆禁斷 則財用節而無所妄費矣(『高麗史』 권119, 鄭道傳傳)

이상에서 살핀 바와 같이 공민왕대에 이르면 향리출신의 급제자들은 그들의 정치적·경제적 이해를 함께 하는 정치적인 관료군을 형성하게 된다. 그들은 前代에 활약한 신진사류들보다 훨씬 성리학적 이해에 깊은 바탕을 둔 것으로 나타나 이 때부터 이들의 정치사상이 한결 선명해짐을 알 수 있다. 말하자면 이들은 이제 누구의 부림이나 간섭에 의해서가 아니라 그들 스스로의 능력에 의해 중앙사족화의 길을 걸으며 개혁의 주도적 역할을 담당한 세력으로 성장하게 된 것이다. 고려말에 이르러 정치적으로 사상적으로 크게 성장한 신흥 사대부층은 그 자양을 각 지방 상층부의 향리출신—호장층들에게서 받으며 급기야 조선조의 건국을 주도할 만큼 큰 세력으로 발전할 수 있었던 것이다.

2) 鄕村支配勢力의 吏族化

고려의 향리는 戶長層·記官層·色吏層의 3계층으로 구성되어 있었다. 세종실록에 보면

> 高麗 舊制에 외방의 향리는 朝官 文·武班에 비할만 하여 戶長은 大相·中尹·左尹과 같은 명호를 썼다. 記官은 兵正·獄正과 같은 명호를 썼으며 都軍은 都令·別正·校尉 등의 명호를 썼다. 그러므로 都軍은 지금 장교를 칭하는 말이다.

라고 기록되어 있다. 여기서 말하는 都令은 女眞人 酋長에게 주는 칭호이고 別正은 戶長層이, 校尉는 記官層이 담당했으므로 장교층은 하나의 독립된 계층이라 볼 수 없고 지방의 각색 잡무를 담당하는 <史>층을 色吏層으로 추정한다면 고려향리의 내부구조는 앞에서 지적한 바와 같이 戶長·記官·色吏 등 3계층으로 구분되었다고 할 수 있다.[52] 그러므로 고려말 새로운 관료층으로 등장

---

52) 향리의 승진단계는 초직인 후단사로부터 시작해서 호장이 되기까지는 8단계의 과정을 거쳐야 하나 실제로 이 규정이 적용되었는지는 의문이다. 왜냐하

한 士大夫 계층은 향리의 상부구조 즉 戶長, 副戶長 층의 과거응시로 인해 형성될 수 있었다고 하겠다. 향리에서 사족이 되는 길은 登第, 軍功, 三丁一子免役 등의 방법이 있었는데 이중 登第가 가장 일반적인 방법이었음은 알려진 바와 같다. 따라서 士族化하지 못한 향리의 하부구조를 이루는 諸壇史 등은 고려말 이후 확실한 在地세력으로 남아 邑吏·郡吏 등의 명칭으로 향촌사회를 이끌어 갔던 것 같다. 즉 본관을 중심으로 형성된 중앙 문벌귀족의 몰락은 향리의 상부계층으로 하여금 새로운 권력집단으로서의 사대부의 형성을 가능케 했던 것이다. 따라서 이 새로운 관료층의 형성에 참여할 수 없는 향리의 하부구조는 在地세력으로 남아 고려말의 鄕役을 담당한 담당자가 되었을 것이라는 점은 짐작하기 어렵지 않다. 고려말 대토지 소유의 증대 및 경제적 모순으로 심화된 농민에 대한 수탈 등의 책임을 강요받은 계층이 바로 이들 향리의 하부구조이었을 것이기 때문이다. 그러므로 이로 인한 모순을 극복하기 위해 갖가지 형태의 避役방법이 동원되었고 이의 담당자들이 바로 이 향리의 하부구조이었을 것이라는 짐작은 무리가 아닐 것이다.[53] 그것은 조선초기 군현제 정비의 결과, 군현의 하부조직인 面·里에서도 향리는 통치자가 될 수 없이 다만 지방관부의 使役人으로 전락되고 말았다는 데서도 알 수 있다.[54]

이와 같은 향리의 하부구조에 대한 검토가 사료의 부족으로 인해 진전될 수 없음은 안타까운 일이다. 따라서 조선초기의 향리의 존재나 그 성격을 통해 고려말 향리의 성격을 유추해 볼 수 있을 뿐이다. 고려말 이후 향리의 상층부는 과거를 통해 출사하였지만 향리의 하층부를 이루는 諸壇史등은 在地세력으로 남아 중간계층으로 이족화 하면서 향촌사회를 이끌어 간 것이 아닌가 생각된다.

한편 在地勢力化한 향리층 일부는 자기가 살고 있는 지방에 농장을 소유한 대토지 소유자로서도 존재했던 것 같다. 조선초기에 在地地主로서의 토호적

면 호장은 호장으로 기관층은 기관층으로 세습되고 있으며 8단계의 과정을 거쳐 호장에 이르는 기간이 너무 오랜 때문이다.

53) 이혜옥, 「高麗時代의 鄕役」(『이화사학연구』 17·18, 1998), 318쪽
54) 李成茂, 「朝鮮初期의 鄕吏」(『韓國史研究』 5, 1970), 67~73쪽

향리가 광범하게 존재했다는 것은 아마도 이에 대한 반증일 것이다. 고려말 조선초의 토호적 향리의 실태와 관련하여 태종조 河崙은

> 또 품관 향리가 토지를 廣占하였으므로 流亡民을 끌어 들여 竝作半收를 행하니 그 폐해가 私田보다 심하다. 私田一結은 풍년에도 단지 二石이나 竝作一結은 대개 10여석을 취하니 流移者가 많고 또 부역이 고르지 못한 것이 오로지 이에 있다. (『太宗實錄』 권12, 太宗6年 11月)[55]

라고 하여 在地地主인 품관 향리들이 농장을 소유하고 隱丁을 끌어 들여 竝作半收를 행하므로 국가의 租稅·力役·收取에 심각한 차질을 가져온다는 것을 지적하고 있다. 실제로 황해도의 鳳山記官인 李峻은 이러한 土豪的 향리의 대표적 존재였던 것 같다. 李峻은 토지와 인정을 광점하고 三妻를 거느리며 避役, 脫稅 착취를 일삼았다. 뿐만 아니라 사치한 의복을 입고 스스로 李判院事리 칭하면서 횡행을 저지른 인물이었다고 한다.[56] 따라서 麗末鮮初의 향리는 토호적 성격의 在地地主로 남아 하급지배신분으로서의 역할을 하였다고 보아 무방할 듯 하다. 이러한 추측을 뒷받침하는 것으로 다음 기록은 참고되리라 믿는다.

> 경기 각관아의 人吏位田은 매 1결에 稅 2말을 廣興倉에 납부하고 충청·전라·경상, 강원, 황해도의 人吏位田은 매 5결내에서 2결은 광홍창에, 3결은 口分田으로 삼았으나 …… (中略) …… 지금 모두 혁파하며 兵正 倉正 獄正 客舍正 國庫直及紙匠位田 또한 모두 혁파한다.[57]

---

55) 右品官 鄕吏 廣占土田 招納流亡 竝作半收 其弊甚於私田 私田一結 豊年只收二石 竝作一結 多取十餘石 流移者 托此避役 …… (中略) …… 賦役不均 專在於此(『太宗實錄』 권12, 太宗 6년 11월).

56) 『世宗實錄』 권116, 세종29년 5월.

57) 京畿各官人吏位田 每一結 稅二斗 納廣興倉 忠淸·全羅·慶尙·江原·黃海道 各官人吏位田 每五結內二結屬廣興倉 三結爲口分 …… (中略) …… 今悉革之 兵正·倉正·獄正·客舍正 國庫直及紙匠位田 亦竝革之(『世宗實錄』 권109, 世宗 27년 7월).

위의 기록은 世宗 27년에 이르러 고려초기 이래 향리에게 지급되어 오던 外役田을 전면적으로 혁파한다는 것을 나타내는 것이다. 이것은 고려시대 향리의 생활근거는 각자가 소유한 토지에 있었다는 것을 확인시켜주는 것으로 볼 수 있다. 즉 향리에게 지급해 왔던 토지를 지급하지 않아도 될 만큼 지방사회에서의 향리의 경제적 지위는 탄탄하였던 것이다.58) 뿐만 아니라 조선초기의 향리가 고려시대의 향리보다 사회적 지위가 떨어졌다고는 하지만 科擧·軍功 三丁一子免役, 北界自願入居 등을 통하여 免役從仕할 수 있는 기회가 보장되어 있었다. 이것은 재지향리층이 士族進出者만은 못하지만 하급지배신분으로서 지방사회의 행정실무를 맡았다는 점에서 다른 피지배계층과 구별되는 것을 의미하는 것이다. 조선초기의 향리신분이 이러했다는 것은 고려말 在地勢力化한 향리신분도 대동소이했다는 것을 의미한다고 하겠다.

한편 고려말 향리는 몽고의 침입 등 여러 차례의 전란으로 인하여 대규모적인 주거이동을 할 수밖에 없었다. 주지하듯이 몽고의 침입은 고려의 사회질서를 근본으로부터 흔들어 놓았으므로 국토는 피폐하고 농토는 황폐하여 많은 流亡民이 생기게 되었는데 이 유망민 중에 향리도 많이 포함되어 있었던 것이다. 이러한 향리의 유망은 鄕役의 賤役化로 더욱 촉진되었던 듯하다. 즉

충숙왕 5년 5월에 下敎하기를 …… (中略) …… 其人을 역사함이 노예보다 심하여 그 괴로움을 감당하지 못하고 도망하는 자가 서로 잇달으니…….

라는 기록이 보인다.59) 이것은 당시 촌락업무를 맡았던 其人이 노예보다 심한 고통을 당하고 있었던 사실을 확인시켜 주는 것이라 하겠다. 其人이 촌락의 행정업무를 맡은 것은 고려말 고종때 부터였던 것 같다. 향리층의 일원인 其人에게도 村分職－촌락행정에 관련되는 職任－을 맡김으로써 가능했던 것이

---

58) 拙稿,「高麗鄕吏의 經濟的 基盤」,『國史館論叢』39, 1992.
59) 忠肅王五年五月下敎 …… (中略) …… 其人役使甚於奴隷 不敢其苦 逋亡相繼 (『高麗史』 권84, 刑法志 1, 職制).

다.60) 이와 같은 其人의 賤役化는 기인신분의 변화와 함께 향리층의 분화를 촉진시켰다고 보인다. 즉 기인의 役이 苦役化된 것은 향리의 사회적 지위가 격하된데서 그 원인을 찾을 수 있다. 고려전기 향리세력의 대소를 기준으로 하던 其人選上 방법이 고려후기에는 국가의 정액에 따라 잡역에 종사시키는 것으로 변모되고 있는 것은 이를 말하는 것이라 하겠다.61)

이와 같이 在地한 향리의 하부구조는 일선의 행정담당자였기 때문에 대토지 소유의 증대와 같은 사회·경제적 모순으로 인하여 심화된 농민에 대한 수탈을 비롯한 향촌사회의 모든 책임을 감수해야 했던 것이다. 이 과정에서 유망·피역 등 자구책이 모색되었지만 고려말의 정치 사회의 변동으로 인해 향리의 사회적 지위 저하현상은 피할 수 없었던 것으로 보인다. 麗末鮮初의 향리지위의 격하는 이런 맥락에서 설명되어져야 할 것이다. 다시 말하면 무신란 이후의 정치적 변동 속에서 호장 등 이른바 향리의 상부구조는 중앙에 출사하여 신흥사대부로서 사족화의 길을 걸었고 하부구조는 지방에 머물며 行政使役人으로 변모한데서 향리지위 격하의 원인을 찾아야 한다는 것이다. 즉 羅末麗初 각 지방의 실력자로 군림하던 豪族들이 戶長 등으로 국가의 통제하에 들어갔으나 그들은 여전히 지배적인 위치에 있었으며 戶長層 이외의 하부구조를 이루는 향리가 지방사회에 정착한 것으로 보아 좋을 것이다. 그러한 立論이 전제됨으로써 신라말 이래로 지방의 세력자로 군림하던 향리의 신분이 고려말에 이르러 격하되는 변화를 가져오게 된데 대한 설명이 가능하리라 믿는다.

---

60) 高宗四十年 六月詔 其人加村分職(『高麗史』 권75, 選擧 3, 其人).
61) 『高麗史節要』 권35, 恭讓王 3년 3월.

4. 鄕吏의 職役

이제 향리의 직역이[1] 무엇이었던가를 살펴보아야 할 것이다. 그들은 각기 거주하는 장소에 따라서 州吏·府吏·邑吏·郡吏·驛吏·部曲吏 등으로 표현되고 있다.[2] 예컨대

    나−1) 최충의 자는 浩然으로 해주인인데, 아버지 溫은 本州吏이다.(『揆曹龜鑑』 권2, 觀感錄)

    나−2) 이조년의 자는 元老이고, 京山府人인데, 아버지 庚은 本府吏이다. (『高麗史』 권109, 열전22 및 『朝鮮金石總覽』상, 633쪽, 李兆年墓誌)

    나−3) 이곡의 자는 中父이고, 初名은 藝白으로, 韓山郡吏 自成의 아들이다.(『高麗史』 권109, 열전22)

    나−4) 정지연은 河東縣吏 國龍의 아들이다. 처음 起家하여 僉議贊成이 되었고, 5대손이 麟趾이다.(『揆曹龜鑑』 권2, 觀感錄)

    나−5) 유청신의 초명은 庇이고, 長興府 高伊部曲人으로, 그 선조가 모두 部曲吏였다.(『高麗史』 권125, 열전38)

등이 그것이다. 이를 통하여 보면 향리는 주·부·군·현은 물론 향·부곡

---

1) 이 부분은 제3장 4절의 '향리의 직임'과 중복되는 점이 없지 않으나 엄밀한 의미에서 직임과 직역과는 구별되는 것이므로 이를 좀 더 보충하여 다시 언급한다.

2) 金鍾國,「高麗時代の鄕吏について」(『朝鮮學報』 25, 1962) 74～77쪽 참조.

등의 특수 행정단위에도 거주하면서 각기 거주하는 구역의 신분명칭을 사용하였음을 알 수 있다. 이와 같이 모든 행정구역에 걸쳐 존재한 향리는 대체로 어떠한 직임을 맡고 있었을까? 이 문제의 해결을 위하여 우리는 다시 앞에 인용한 성종2년의 吏職改定 사실을 상기할 필요가 있다. 즉 병부를 사병으로, 창부를 사창으로, 당대등을 호장으로, 대등을 부호장 등으로 개정한 것이다. 이것을 통하여 우리는 마치 중앙의 6부를 압축해 놓은 것 같은 司戶, 司兵, 司倉의 3사와 실무를 분장하여 그 기능의 원활을 꾀하는 호장 이하 창정이 존재하고 있음을 살필 수 있었다. 이것들을 중앙의 6부와 연결시켜 본다면 사호는 그 표시하는 바 명칭에서처럼 吏部의 역할을, 사병은 병부의 역할을 했을 것이라고 쉽게 연상할 수 있다. 그리고 사창은 아마도 조세징수와 力役을 담당하는 구실을 했을 것이므로 창부에 해당하는 것이라고 할 만하다. 그리고 향리의 직임으로서 구체적인 것은 향리의 수장인 호장을 통하여 밝혀질 수 있으리라 믿는다. 호장은 주·부·군·현·리의 長으로서 향리사회의 상층부를 구성하는 우두머리였고3), 향촌내의 모든 향리들이 수행하던 지방사무를 관장하고 있었다고 볼 수 있기 때문이다.

　호장의 직임과 관련하여 맨 먼저 생각할 수 있는 것은 매년 정월 초하루를 기해 각읍의 우두머리 호장이 그 주현을 대표해서 詣闕肅拜하는 것이다. 이에 관해서는

　　매년 정월 초하루에 각관 수령들이 호장들을 보내 대신 문안 여쭙게 하
　는 것은 聖節使·冬至使의 뜻과 같다.(『掾曹龜鑑』 권1, 戶長疏)

라든지 또는

　　지방의 人吏들이 매해 정월 초하루날 물건을 올리는 것은 바로 온 나라

---

3) 호장의 종류에는 一般戶長·戶長正朝·安逸戶長·攝戶長·上戶長·權知戶
　長 등이 있어 그 명칭에 따라 권한과 지위가 달리 나타나고 있는 바, 일반적
　인 승급경로는 副戶長→攝戶長(權知戶長)→上戶長의 순이다.

가 설날을 축하하는 의식인 것입니다.(『太宗實錄』 권32 16년 7월 辛丑 司憲府啓)

라고 한 것 등은 호장의 역할이 무엇이었던가를 드러내 주는 것이다.[4] 여기서 예궐숙배가 뜻하는 바는 마치 제후가 천자에게 聖節使 혹은 冬至使를 파견하는 것과 같다고 하였다. 위와 같은 기록은 아마도 지방관 파견 이후의 것으로서 호장이 각읍 수령을 대신해서 파견되고 있는 것에 관한 기록일 것이다. 그렇다면 지방관이 파견되기 이전에는 호장이 주체적 입장에서 예궐숙배하는 절차가 있지 않았을까? 다음 기록은 이를 뒷받침한다고 생각된다.

　　매해 정월 초하루면 모든 고을의 首吏가 경사가 있을 때면 임금의 집안
　　과 관련을 가지는 모든 고을(御鄕)[5]들의 수리가 각각 한 사람씩 대궐문 바
　　깥에 와서 절하는 의식을 진행한다.(『經國大典』 禮典 朝儀)

여기에서 말하는 여러 읍의 首吏는 물론 주읍을 비롯한 속현들을 망라한 지역의 호장을 의미할 것이다. 그러니까 고려시대 이래로 계속되어 온 호장의 예궐숙배의 풍습은 시대를 따라 약간의 변화는 있었을 것이나 대체로 고려를 지나 조선조까지도 계속되어 온 것으로 보인다.[6]

---

4) 『太宗實錄』에 나타나는 이것은 조선초의 기록이기는 하나 고려말의 유습이 크게 변하지 않고 아직도 그대로 행해지던 모습을 옮겨 놓은 것이라 해도 무방할 듯하다.
5) 임금의 본으로 되어 있는 고을, 임금의 외가나 외외가의 본으로 된 고을이나 또는 조모·증조모·고조모의 본으로 된 고을, 왕비의 본집 및 외가의 본으로 된 고을을 말한다.
6) 다음 기록을 통해 호장의 詣闕肅拜 때의 모습을 구체적으로 살펴 볼 수 있을 것이다. 즉 영조25년의 다음 기록은 참고되리라 믿는다.(正月朔質明 自邸留具章服 往闕門外 列邑戶長齊會 有頃 承旨司闕趍出 使閽者洞開門 遂四拜 司闕傳旨曰 皆無事上來耶 因曰 有欲言邑瘼者言之 皆府首對曰無有 司闕遂趨入 已而又出曰 某某邑戶長 入侍事 傳旨 臣慶番邑亦厠此中 遂與諸戶長 隨司闕閱重門到階下 …… (中略) …… 命自外宣醞 有官奉命趍出諸戶長亦問對有差 因命退臣與諸戶長 行曲拜之禮 趨出至門 司闕設席具酒盤 招尙州戶長 以御命賜之(『掾曹龜鑑』 권1 感恩詩倂序) 왕이 이처럼 각읍 호장의 하례를 직접 받고 또 그들

향리의 신분이 많은 변질을 가져 왔다고 하는 조선시대에도 이러한 호장의 예궐숙배가 있었다면 이를 고려시대까지 소급하는 것은 무리가 아닐 것이다.7) 그것은 고려 호장의 전신이 대호족이었고 또 그대로 재지세력을 형성하고 있었다는 사실로 해서 고려시대의 호장은 국왕과 面待할 수 있는 기회가 더 많았을 것이라 짐작되기 때문이다.

이에 관해서 우리는 다시 한번 호장의 상경숙배의 범위를 법제화한 위의 『經國大典』禮典 朝儀 기록을 주목할 필요가 있다. 이처럼 호장의 상경숙배의 범위가 규정되었다는 것은 무엇을 의미할까. 이것은 적어도 국가의 경조사에 거의 빠짐없이 호장이 상경숙배했을 가능성을 의미하는 것이기도 할 것이다.8) 실제로 국가의 경조사가 있을 때마다 列邑戶長이 다투어 와서 축하함이 번잡하였다는 사실이 이를 말해 준다.9) 이러한 것을 종합해 볼 때 고려시대의 호장은 정월 초하루의 예궐숙배 이외에 경조사에도 상경숙배하였으리라 짐작하여 좋다고 생각한다.

또한, 향리의 직임으로서 주목되는 것은 조세 징수의 과정에 나타난 호장 － 향리의 역할이다. 고려시대의 경제적 기본은 토지였고 또 이 시대의 주산업은 농업이었던 만큼 조세의 징수는 향리의 기본적인 임무였다고 할 수 있다. 실제로 향리가 조세징수에 참여하였다고 보이는 기록을 들어보면 다음과 같은 것들이 있다.

의 노고를 위로하였다는 것은 물론 정치적 의도를 다분히 지니고 있기도 하겠지만 그보다는 지방에 있어서의 호장의 존재를 간과할 수 없기 때문이었다고 생각된다. 위의 인용사료는 영조25년 때의 것으로 고려와는 시간적으로 상당한 거리를 두고 있지만 고려시대까지 소급해도 무리가 없다고 본다.

7) 이수건, 「조선조 향리의 일연구－ 호장에 대하여－」(『영남대 문리대학보』 2 － 2, 1974), 73쪽 참조.

8) 경주호장안에 의하면 正朝肅拜 이외에 왕 또는 왕비의 喪故 등 慶弔事에도 上京肅拜한 것으로 나타난다. 이것은 비단 경주호장의 경우에만 국한된 것은 아니었을 것이다. 당시 각 지방의 호장에게는 똑같이 적용되었을 것이라 생각된다.

9) (禮曹啓) 闕內有慶事 則疏遠御鄕人吏 爭先來賀(『世宗實錄』 권59, 15년 3월).

다—1) 三司에서 아뢰기를 '지난해 密城 관내 牢山 부곡 등 세 곳에서 큰
물이 나서 논의 벼를 쓸어갔으니 1년간 조세를 면제해주소서' 하니 허
락하였다.(『高麗史節要』 권4, 정종2년 6월)

다—2) 유사가 아뢰기를 '金州 관내 주현에 별안간 수해가 나서 제방이 무
너지고 넘쳐서 집을 파괴시키고 곡식을 손실시켰으니 금년 조세는 의
례 면제해 주어야 하겠으며, 사신을 보내 위로해 주소서' 하니 이에 따
랐다.(『高麗史節要』 권4, 정종2년 12월)

다—3) 三司가 아뢰기를 '동경 관내 주군향부곡 19개소가 지난해 오랜 가
뭄으로 백성이 굶주리고 곤란이 많은바 令文에 의거하여 손해가 4분
이상이면 조세를 면제하고 6분 이상이면 租와 調를 면제하고, 7분 이
상이면 요역도 함께 면제하며, 조세를 이미 바친 자는 바친 수량을 내
년 조세에서 감하도록 하시기를 청합니다' 하니 좇았다.(『高麗史節要』
권6, 숙종7년 2월)

다—4) 순방사가 결정한 전세는 해마다 주군들에서 그 정액대로 거두게
되는데 권세있는 집에서는 바치기를 거절하므로 시골 백성들이 꾸어
서 그 수를 채우게 되는 것이 한정없이 많게 되어 자기 생업을 잃고
정처없이 떠나가게 되었으니 세를 바치지 않는 자는 권세와 지위가 있
는 자라 할지라도 그냥 두지 말고 살펴 따져서 보고하도록 하라.(『高麗
史』 권78, 식화지 전제 조세 충숙왕5년)

다—5) 도평의사사가 아뢰기를 요즈음 안렴사와 수령들의 기강이 해이해
져서, 여러 고을의 향리들이 자기 욕심대로 하여, 點兵하는데 부잣집에
는 미치지 않고, 조세를 거두는 데는 사사로이 큰 말(大斗)로 거두고,
(병정에 나가야 할) 장정을 숨겨 데려다가 제 농사를 짓게 하고, 양민
들을 모아서 제집 종을 삼는 등 백성들을 토색하는 짓이 한이 없습니
다.(『高麗史節要』 권27, 공민왕7년 4월)

이에 의하면 향리는 조세의 징수는 물론 그 감면의 직임도 갖고 있었던 것
으로 보인다. 즉 위에 인용한 사료에 보이는 三司 혹은 有司의 주장은 그들이
직접 水害를 당한 지역을 답사하고 그 결과에 의해서 비롯된 것이라기보다는
그 지방의 조세징수의 책임을 맡고 있는 향리의 역할에서 비롯되었을 것이라
는 점이다. 물론 전조징수의 최종 책임자는 중앙에서 파견된 지방관일 것이지

만 실제로 전조를 수령하는 역할은 향리에 의해서 가능했을 것이기 때문이다. 따라서 향리는 전조징수의 책임을 이행함에 있어 누구보다 지방민의 사정을 잘 이해하고 그에 대비함에 소홀하지 않았을 것이라 생각된다. 그것이 지방관을 통하여 중앙에 전달되어 三司나 有司가 그러한 조치를 취하게 된 것이라 보면 어떨까? 그렇다면 향리는 전조의 수탈만을 자행하는 수탈자의 역할보다는 일반 백성의 편에서 그들의 조세를 합리적으로 감면해 주는 등과 같은 역할을 주도적으로 하였다고 보아도 좋을 것이다. 이러한 조세감면의 조치는 州·郡뿐만 아니라 향·부곡에도 미치고 있었다.

이와 아울러 향리는 貢賦徵收의 책임도 지고 있었다.

> 라-1) 知密直司事 한강을 충청도 교주도에 보내 군마의 사료를 준비하도록 하였는데 그 때 경상도 轉輸別監은 기한을 정해놓고 매우 급하게 독촉하므로 백성들이 모두 도망가고 숨어버렸다. 高丘縣吏는 기한이 늦어져 죄를 짓게 될 것을 두려워하여 스스로 목메어 죽었다.(『高麗史』 권29, 세가, 충렬왕7년)
> 라-2) 각도에서 지난해 공부의 남은 부분을 추가 징수하였더니 현리 가운데 그 고통을 견디지 못하여 스스로 목을 찔러 죽은 자가 있었다.(『高麗史』 권78, 식화지 전제)

貢賦란 말할 것도 없이 각 지방의 토산물을 중앙에 바치는 것인데 이의 징수책임을 향리가 맡고 있었다. 때문에 납기를 지키지 않거나 혹은 징수가 여의치 않을 때는 그 책임을 맡고 있는 향리가 심한 고통을 받았던 것으로 보인다. 이와 같은 조세징수나 공부의 징수는 물론 사창의 기능에 속한다고 하겠다.

이 밖에 力役動員에도 향리의 역할은 주목된다. 즉

> 세속에서는 선을 펴는 것으로 명예로 삼아 각기 원하는 바를 좇아서 절을 짓는 수가 매우 많습니다. 또 그 중에는 중들이 개인적인 거주지로 삼기 위하여 다투어 짓기도 합니다. 주군장리에게 권하여 백성을 노역시키

고 공역(公役)보다 재촉하여 백성이 고통받으므로 엄격히 금하여 백성의
노역을 제하여 주기를 원합니다(『高麗史』 권93, 최승로전).

라는 것이 그것이다. 이는 최승로의 상서문의 일부이다. 이는 주군의 長吏
가 승려들의 부탁을 받아 佛祠營造에 백성들을 동원하여 혹심한 노역을 시키
므로 이를 엄단하여야 한다는 것을 지적한 내용이다. 이것은 곧 이 당시의 향
리에게 역역동원의 책임이 있었음을 나타내 주는 것이다. 開心寺의 석탑이나
용두사의 당간건립 등에 이들 향리가 중심이 되었다 함은 이미 지적된 바 있
다.[10] 뿐만 아니라 향리에게는 군대동원의 역할도 주어졌던 것 같다. 개심사
석탑을 건립한 주동인물 또한 예천지방의 향리였던 것이다. 이 점은 잘 알려
진 바와 같이 석탑을 건립한 동량이 호장이요 배융교위인 임장부의 모주라는
점에서 가능하다.[11] 즉, 호장은 향리의 최고직이요 배융교위는 종9품 상에 해
당하는 武散階로서 호장과 같은 상층부의 향리가 겸직할 수 있었던 것이라
한다.[12] 따라서 예천개심사석탑건립은 향리의 지휘를 받은 光軍의[13] 役事에
의해 이루어졌음을 알 수 있다. 따라서 호장의 직임 중 간과할 수 없는 것은
統兵者로서 주현군을 통솔하는 역할까지도 했음을 확인할 수 있게 되는 것이
다.『高麗史』권81 병지1 병제의 문종23년 3월판을 보면 부호장 이상으로서
武才를 갖춘 사람은 弓科로 試選하여 別將職을 제수받고 있었다는 기록이 보
이는데, 이로서 주현내 統兵의 임무는 民治와 더불어 호장층의 중요기능의 하
나였음을 알 수 있다.

---

10) 李泰鎭, 「醴泉開心寺石塔期의 分析」(『歷史學報』 53·54, 1972), 李基白, 「高麗
    光軍考」(『高麗兵制史研究』, 1968), 金光洙, 「羅末麗初의 地方學校問題」(『韓國
    史研究』 7), 『朝鮮金石總攬』 상권 및 拙稿 「淸州豪族의 吏族化」 등 참조.
11) 李基白, 「高麗光軍考」(『高麗兵制史研究』, 1968), 166~167쪽 참조.
12) 旗田巍, 「高麗의 武散階」(『朝鮮中世社會의 研究』, 1972) 382쪽 참조.
13) 李基白, 앞의 글, 「高麗光軍考」, 167쪽에서 광군은 지방호족의 지휘아래에 놓
    인 농민예비군일 것이라 하였다. 그리고 광군, 주현군에 대하여는 이기백 교
    수의 「고려광군고」 및 「고려지방제도의 정비와 주현군의 성립」 등이 참고
    가 된다.

개심사석탑을 조성하던 시기가 현종2년(1011)이고 또 호장이 광군 지휘권을 가지고 있었다는 것을 감안하면 지방에 있어서 이들 향리의 세력은 아직도 막강하였다고 보여진다. 따라서 일품군과 같은 군대의 지휘관이 될 수 있었던 호장은 향리를 대표하여 지방군을 통솔한 것으로 보인다. 이 밖에 향리는 각 지방의 戶口調査, 刑律 등 일반행정에 관계되는 것은 모두 관장하였으리라 짐작된다. 현종9년 이후 公須·食祿史 등 후단사로 세분된 향직체계는 각기 그 명칭에 부합된 임무를 그 직임으로 했다고 생각된다. 이를 좀 더 구체적으로 살펴보면 다음과 같다.

고려시대 향리의 대다수를 차지하는 諸史들은 향리들 가운데에서 가장 말단계층으로 그 임무는 주로 각 기관에 분장된 행정잡무를 담당하는 것이었다. 公須(司)의 기능에 대해서는 기록의 부족으로 그 직임을 잘 알 수는 없지만, 명칭으로 미루어 볼 때 대체로 公須田의 운영과 관련이 있을 것이라 여겨진다. 食祿(司) 역시 사료 부족으로 그 구체직인 기능을 알기 매우 어렵다. 이미 食祿(司)이란 이와 같이 公須田租로부터 충당되는 外官吏邑祿을 주로 관장하던 부서가 아니었을까. 客舍(司)의 기능은 지방에 파견되던 관원의 영송이나 빈객접대 등이 주가 되었을 것으로 생각된다. 한편『高麗史』7 百官2 外職條에 보면 서경에 약점이 설치되어 있었음을 알 수 있다. 향리직제에 나타나는 藥店(司)은 각 주현에 설치되어 있었던 약점의 치료 내지는 시약사무를 관장하던 기구였으리라 생각된다. 司獄(司)의 기능은 명칭상 지방에서의 訟事, 爭訟 등에 관련된 직임을 담당했던 기구였을 것으로 보인다. 원칙적으로 지방 주부군현에서 모든 獄訟의 처결은 수령, 按廉의 주요 임무로 되어 있었으나, 향리들도 부분적으로 지방 송사의 처결에 관여하고 있었다. 당시 향리들은 부분적으로 獄訟을 처결할 뿐만 아니라 죄인을 체포하여 감옥에 가두고 이를 관장하는 일을 맡고 있었다.[14)

끝으로 향리의 가장 중요한 직임 중의 하나인 掌印行公에 대하여 살펴보아야 할 것이다. 이것은 향리를 대표하는 호장의 직임인 동시에 한편 호장의 권

---

14) 李惠玉,「高麗時代의 鄕役」(『이화사학연구』17, 1988), 299~304쪽 참조.

위를 상징하는 것이기도 하다.15) 장인행공이란 호장이 印信을 가지고 공무를 집행하는 것을 말한다. 이 경우 인신을 갖는 호장은 물론 수호장에 국한되었다. 慶州戶長先生案에 의하면 수호장에 임명되었다 할지라도 '정처를 돌보지 아니하고 천한 첩과 마주 앉는 것(正妻不顧 賤妾對座)' 등과 같은 부정행위가 있을 때는 호장인을 받을 수가 없다고 하였다.16) 이것은 향리사회도 사족 못지 않게 위계질서가 정연하고 내부규율이 엄격히 지켜져야 하는 것을 원칙으로 하고 있었음을 의미한다. 따라서 권위의 상징인 장인행공을 맡는 수호장은 그 가풍과 이력에서 어떠한 하자도 있어서는 아니되었던 것이다. 이와 같이 엄격한 심사를 거쳐 갖게 된 호장인은 호장이 관장하는 모든 문서에 찍혀야만17) 그 효력이 발생됨은 물론이다. 따라서 호장이 인신을 가지고 집무하던 읍사는 고려시대 향리들의 최고권력기구로서 중요한 역할을 담당했던 곳이다.18)

한편 고려말기에 나타나는 향리에 대한 금령이나 피역의 내용을 간과할 수 없겠다. 이 문제의 해명이 고려말 급속히 저하되는 향리신분에 대한 설명이 될 수 있기 때문이다.

고려시대의 향리 계층은 그 자체 내의 신분상승의 욕구나 또는 기타 사회적인 여러 要因 등에 의해서 끊임없이 신분적인 유동현상을 보이고 있었으며, 그러한 신분동요의 요인으로 꼽을 수 있는 가장 중요한 현상으로는 免役과 避役 현상을 들 수 있다. 고려시대의 향리들은 면역종사를 통해, 그 역을 면할

---

15) 경주호장선생안은 조선시대 마련되었고 또 경주에 국한된 것이기는 하지만 호장의 신분이 많이 변질되었다고 하는 이 시대에도 掌印行公과 같은 임무를 수행하고 있었다는 것은 고려조 호장의 직임에 소급적용하여도 무리가 없을 것이라 본다.

16) 경주호장안 所載 李秀民과 鄭自良은 賤妾對座, 혹은 正妻不顧 賤妾對座한 까닭으로 호장인을 갖지 못했던 것으로 나타난다.

17) 戶長印信은 외관이 설치된 주현에서는 官印과 함께 사용되지만 외관파견 이전이나 혹은 외관이 없는 속현에는 戶長印信이 곧 官印의 행세를 하였다고 한다.(이수건, 앞의 글, 「조선조 향리의 일연구」, 69쪽 참조).

18) 武田幸男, 「淨兜寺五層石塔造成形止記の硏究」(『朝鮮學報』 25, 1962), 52~58쪽

수 있는 길이 열려져 있었으며, 대체로 향리 상층부에서는 끊임없이 赴擧를
통해 신분을 상승시켜 나가고 있었다함은 이미 지적한바 있다. 그러나 이와는
반대로 고려후기에 오면 향리들이 불법적으로 향역을 피하는 사례들이 많이
나타나고 있다. 피역의 방법으로는 권세가에 의지하여 역을 피하거나, 散員,
金印檢校 등 관직을 冒受하는 방법이 있었으며, 또 승려가 되어도 역을 피할
수 있었다. 향리들의 피역현상은 주로 고려후기에 집중적으로 나타나며, 호장
등 상층부 향리들이 국가로부터 합법적으로 역을 면제받아 신분상승을 꾀했
던 免役從仕와는 달리 주로 말단 향리들이 고려후기 이래 苦役化된 향역을 피
하기 위한 방법으로 취했던 현상이었다고 볼 수 있다.[19] 고려후기 이와 같이
향리의 동요현상이 집중적으로 나타나는 것은 향리층의 성격변화가 확실하
게 이루어진 때문이라 생각된다. 고려초 향리는 지방통치를 담당하는 직으로
파악되었고 그러한 향리에게 기본적인 것은 그의 토착적 성격이었다. 고려후
기로 가면서 시방통치에 있어서 향리의 역할은 축소되었고 신분질서가 혼란
된 상황하에서 중앙에서는 향리를 직으로보다는 신분으로 파악하게 되었다
고 보인다.[20] 이제 향리에게 있어서 토착지역과의 밀착은 필수적인 것이 아
니었고 그러한 변화가 향리의 이동에 영향을 주었으리라 생각된다. 즉 고려초
토성이 고려사회의 진행에 따라 성장 확산하게 되는데, 그 위에 고려후기 향
리의 성격변화가 작용하면서 고려후기 향촌사회의 토착적 성격의 변화, 지역
적 폐쇄성의 약화가 이루어지고 향리의 이주에 따른 속성이 나타나게 된 것
으로 보인다.[21]

19) 李惠玉, 「高麗時代의 鄕役」(『이화사학연구』 17, 1988).
20) 이혜옥은 고려시대에 향리에게 주어지던 외역전이 조선시대에 들어가 혁파
    되는 것도 역시 국가에서의 향리에 대한 파악이 향리직에서 향리신분으로 변
    함에 따른 결과였다고 생각된다고 하였다.(앞의 글, 「高麗時代의 鄕役」, 105
    쪽) 그러니까 향리외역전이 혁파되는 시기가 조선초이기는 하지만 고려말 이
    미 향리신분에 큰 변화가 이루어지고 있었다는 의미로 이해되어 좋다고 본
    다.
21) 李惠玉, 앞의 글, 「高麗時代의 鄕役」, 99~105쪽 참조.

이상으로 고려의 향리신분에 대한 변화와 직역을 중심으로 하여 향리들의 성격변화를 살펴보았다. 그 결과 다음과 같은 결론을 얻을 수 있었다.

향리라고 하면 고려초 호족의 후예로서 토착적 기반이 강한 세력으로 인식되었다. 고려시대에 향리가 지방사회에서 영향력을 가질 수 있었던 것은 지방행정 실무자로서의 그의 행정력 때문이라기보다 지방 토착세력으로서의 그의 토착성에 기인한 것으로 여겨졌다. 고려왕조의 지배권이 확립됨에 따라 성종 2년에 제도로서 성립된 향리는 주·부·군·현 및 향·부곡 등과 같은 행정구역에 고루 존재하면서 지방행정을 담당하였다고 보여진다. 그들은 원칙적으로 그 직을 세습하고 있었으며 중앙의 사족에 비해 신분적 차이를 느끼지 않았던 것으로 이해되었다. 그러나 이들 향리의 신분이 대대로 세습되었다고 하여 전혀 유동성이 없는 것은 아니어서 그들은 과거를 통한 중앙관료화의 방법을 모색할 수 있었다. 성종 2년(983), 향리제도 성립 이후 향리가 중앙정부에 의해 끊임없는 통제를 받으면서도 이와 같이 지배층의 신분배경을 유지할 수 있었던 것은 그들이 지닌 전통성 때문이라고 보았다. 그리고 향리 스스로가 행한 신분향상의 노력은 그들의 통혼대상이 같은 향리층이거나 士人族이었다는 데서도 찾을 수 있다. 이러한 사실은 향리신분이 중앙의 귀족에 비하여 낮다 할지라도 그 자체가 지배층에 속하고 있음을 의미하는 것이라 생각된다. 이것은 또 향리신분의 우위성 내지는 전통성에 대한 그들의 자부심의 결과라 보아 좋을 것이다. 그들의 職役에서 나타나는 바와 같이 지방의 각종 행정 및 재정권, 그리고 병력동원권을 지닌 향리는 분명 지방사회에서 정치·경제·군사적인 면에서 지배층을 형성하고 있었던 것이다. 성종 2년 지방관의 파견으로 그들의 호족적 기반이 손상되었다고 할지라도 향리는 여전히 지방의 실력자였음을 부인할 수 없다고 하겠다.

그러나 시간이 흐르면서 사회변화, 특히 무인정권 성립과 농민전쟁은 고려사회에 커다란 지각변동을 예고하였다. 다시 몽고의 침략을 경험하면서 지방의 상태도 크게 변화하여 향리신분에도 변화가 온 것으로 이해된다. 말하자면 향리신분의 분화가 이루어진 것이다. 즉 경제적 기반과 문학적 소양을 바탕으로 하여 과거를 통해 중앙에 진출한 상부구조는 能文能吏의 새로운 관인층으로서의 사대부를 형성하였고 하부구조가 지방에 남아 향촌사회를 이끌어 갔던 것으로 이해되었다. 이 가운데 상층부는 무신란 이후 줄곧 성숙되어 온 정치사상을 바탕으로 하여 권문세족에 대립하면서 꾸준히 정치세력화 함으로써 마침내 지배세력으로까지 성장할 수 있었다. 향리는 음서로 출사할 수는 없었으나 과거·군공 등을 통하여 얼마든지 출사할 수 있었고 급기야는 조선왕조의 건국을 주도한 주역으로 성장할 수 있었던 것이다.

　한편 사족화 하지 못한 향리의 하층부는 읍리·군리 등으로 남아 향촌사회를 지배하고 있었으나 고려후기의 사회경제적 변동 속에서 향리 본래의 지배적 모습을 상실한 채 지방의 행정 사역인으로 전락되어 갖가지 천역화된 향역에 종사한 것으로 짐작된다. 향리에 대한 여러 가지 금령이나 향리의 피역으로 인한 주현의 피폐정도가 심각하다고 지적되는 시기가 대부분 고려말기였다는 것은 이에 대한 명백한 증거라고 하겠다. 향리의 피역현상이 급격히 증가되는 상황은 고려말 향리층의 분화로 인한 在地吏族들의 신분저하에 대한 저항으로 이해될 수도 있을 것이다.

　향리는 신분상 완전한 지배층도 아니고 피지배층도 아니다. 그렇다고 고려시대의 여러 신분 중 하나의 신분으로 독립되어 있지도 못하였다. 향리연구의 어려움은 이와 같이 향리가 애매한 위치에 있다는 점이 가장 크게 작용하였다. 하지만 역으로 생각해보면 이같이 특수한 형태의 존재인 향리를 올바르게 파악할 수 있을 때 고려 국가구조의 진면목에 보다 가까이 갈 수 있는 것이 아닐까 생각한다. 그러므로 성종 2년의 吏職改編에 따른 향리지위의 격하라는 일반적인 주장은 무신란 이후 끊임없이 사대부 계층의 공급원이 된 향리의 상부구조를 몰각한 채 다만 麗末鮮初에 재지한 향리의 하부구조의 존재형태만을 가지고 설명되어진 데서 빚어진 결과가 아닌가 한다. 따라서 고려 말의 향리문제는 무신란 이후 꾸준히 중앙에 출사한 향리출신 급제자와 사족화하지 못한 재지 향리들의 실태를 동시에 조명함으로써 향리본질에 대한 설명에 보다 접근할 수 있으리라 믿는다.

附 論

甄萱의 勢力과 對 王建政策

高麗時代 漣川遷都說에 대하여

I. 甄萱의 勢力과 對王建政策

　신라는 하대가 시작되면서 왕위쟁탈전을 비롯한 각종 사회의 모순이 드러나기 시작하였고, 지배 계급 사이의 대립이 격화되어 정치적으로 불안한 상태가 거듭되고 있었다. 따라서 중앙의 지방에 대한 통제력이 약화되는 한편, 지방에서는 낙향한 중앙귀족이나 혹은 지방의 토착세력이 豪族으로 등장하여 半獨立的인 상태를 유지하고 있었다. 이러한 현상은 신라로 하여금 중앙집권적인 통치체제의 붕괴를 재촉하게 하였다. 그것은 眞聖女王 때에 이르러 더욱 구체적이고 본격적으로 나타났다. 즉 진성여왕 당시의 정치적인 혼란에다 극심한 흉년으로 饑饉까지 겹치게 되자 도처에서 流民으로 화한 농민들이 도적이 되어 질서를 교란시키고 있었으므로 전국은 내란의 도가니에 휩싸이게 될지경이었다.[1] 그 중에서 가장 두드러진 반란세력이 尙州의 元宗과 哀奴, 竹州의 箕萱, 北原의 梁吉, 完山州의 甄萱, 그리고 鐵圓의 弓裔이었음은 알려진 바와 같다.[2]

---

1) 是新羅眞聖王在位六年 嬖豎在側 竊弄政柄 綱紀紊弛 加之以饑饉 百姓流移 群盜蜂起(『三國史記』 卷50, 列傳 甄萱).

2) 後三國時代와 관련하여 다음과 같은 논문들이 있다.
　金哲埈, 「後三國時代의 支配勢力의 性格」,(『韓國古代社會研究』, 知識産業社, 1975).
　李基白, 「新羅私兵考」,(『新羅政治社會史研究』, 1974).
　金庠基, 「古代의 貿易形態와 羅末의 海上發展에 대하여」,(『震檀學報』 1, 2집).

이러한 新羅末期의 어수선한 상황과 관련하여 아직도 석연찮은 문제들이 우리의 눈길을 모으고 있다. 예컨대 가장 두드러진 반란세력이었던 甄萱의 출신지에 관한 명확한 규명이라든가, 甄萱의 勢力基盤이 되는 지역이 구체적으로 어디쯤이며, 또는 그 시기에 견훤과 가장 격렬하게 대립하였던 王建과의 관계 등과 같은 것들이다. 이러한 것들에 대한 해명을 해보려는 것이 본고의 목적이다. 그러므로 본고에서는 견훤의 세력기반이 되는 지역에 대한 이해를 돕고자 기왕에 논급된 바 있는 견훤의 출신지에 대해 언급하지 않을 수 없다.3) 따라서 본고에서는 견훤의 세력기반의 성립배경으로서 견훤의 출신지를 먼저 살피고, 이어서 견훤의 세력기반이 되는 지역이 구체적으로 어디쯤이며, 또 甄萱과 王建과의 관계는 어떠하였고 또 어떻게 바뀌어 갔는지를 살펴보고자 한다. 아울러 이 문제와 관련하여 後三國이란 시대의 設定에 대한 몇 가지 의문을 제기하고자 한다.

그렇지만 이 시대 전반에 관하여 명확한 이해를 갖고 있지 못한 필자로서는 이와 같은 작업이 어떠한 결과를 가져올는지 저으기 조심스럽다. 특히 견훤이 서남해를 배경으로 하여 성장했을 것이라는 점과 後三國時代의 鼎立이라는 문제와 관련하여 더욱 그렇다. 너무도 당연하게 받아 들여져 온 定說에

崔柄憲, 「新羅下代社會의 動搖」,(『韓國史』 3, 1978).

朴漢卨, 「王建世系의 貿易活動에 대하여」,(『史叢』 10, 1976).

＿＿＿, 「後三國의 成立」,(『韓國史』 3, 1978).

＿＿＿, 「高麗太祖의 後三國統一政策」,(『史學志』 4, 1980).

河炫綱, 「高麗王朝의 成立과 豪族聯合政權」,(『韓國史』 4, 1978).

李康來, 「後三國의 成立과 그 形勢」(『光州市史』 1, 光州市史編纂委員會, 1992).

申虎澈, 『後百濟 甄萱政權 研究』(一潮閣, 1996).

金壽泰, 「後百濟 甄萱政權의 成立과 農民」,(『百濟研究』 29, 1999).

邊東明, 「甄萱의 出身地再論」(『震檀學報』 90, 2000. 12).

旗田巍, 「高麗王朝成立期の‘府’と豪族」,(『朝鮮中世社會史研究』, 1972).

日野開三郎,「羅末三國の鼎立と對大陸海上交通貿易」,(『朝鮮學報』 16, 17, 19, 20).

金鍾國,「高麗王朝成立過程の研究」,(『立政史學』 25, 1961).

3) 金庠基,「甄萱의 家鄉에 대하여」,(『東方史學論叢』, 1974).

대한 의문의 제기로 지나친 비약이 따르지나 않을까 하는 염려 때문이다.

1) 甄萱勢力의 成立背景

甄萱은 대체로 尙州 加恩縣 지방의 농민출신으로 나타나고 있다.4) 이러한
사실을 뒷받침하는 기록으로서는 다음과 같은 사료들이 있다.

    ⓐ 견훤은 尙州 加恩縣 사람으로, 본성은 李인데 후에 甄으로 성씨를 삼았
      다. 아버지는 阿玆介인데 농사로 생활하다가 후에 집안을 일으켜 장군
      이 되었다.5)

    ⓑ 三國史 本傳에 보면 이러하다. 견훤은 상주 가은현 사람으로, 咸通 8년
      丁亥年에 낳았다. 원래의 姓은 李씨였는데 뒤에 甄으로 姓을 삼았다.
      아버지 阿玆介는 농사지어 생활했었는데 光啓 년간에 沙弗城에 웅거하
      여 스스로 장군이라 했다. 아들이 넷이 있어 모두 세상에 이름이 알려
      졌다.6)

위 사료 ⓐ에 따르면 견훤은 尙州加恩縣 사람으로 본성은 李氏이며, 아버지
인 阿玆介 때에 가세를 일으켜 신라말기의 어수선한 시기에 호족화한 인물로
이해된다. 사료 ⓑ 역시 三國史 本傳을 그대로 인용하면서도 사료 ⓐ보다는

---

4) 李丙燾의 國史大觀을 비롯하여 최근의 國史編纂委員會刊 韓國史에 이르기까
  지 甄萱의 출신지는 尙州지방인 것이 정설로 되어 있다. 그리고 최근에 申虎
  澈『後百濟 甄萱 硏究』(일조각, 1996) 및 李道學,『진훤이라 불러다오』(푸른
  역사, 1998)에서 甄萱의 尙州出身說을 상기시키고 있다. 한편 邊東明은 「甄萱
  의 出身地再論」(『震檀學報』 90, 2000. 12)을 통해 이 문제에 대한 상세한 검증
  을 시도하였다.

5) 甄萱 尙州加恩縣人也 本姓李 後以甄爲氏 父阿玆介 以農自活 後起家爲將軍(『三
  國史記』 권50, 列傳, 甄萱).

6) 三國史 本傳云 甄萱尙州加恩縣人也 咸通八年丁亥生 本姓李 後以甄爲氏 父阿玆
  介 以農自活 光啓中據沙弗城 自稱將軍 有四子 皆知名於世(『三國遺事』 紀異,
  第二, 後百濟, 甄萱).

구체적인 것을 밝혀 놓고 있다. 즉 사료 ⓑ에 의하면 견훤은 咸通 8년(867)에[7] 태어나서 그의 나이 18~9세 되는 光啓中에[8] 아버지인 阿慈介가 沙弗城(尙州)을 중심으로 자칭 장군이 된 이른바 호족가문의 자제임을 밝혀 놓았다.

위의 사료 ⓐⓑ에만 의존한다면 견훤의 출신지가 尙州이고 그 아버지는 阿慈介라는 일반적인 견해에 무리가 따르지 않는다고 보겠다.

그러나 다음 사료에 유의해 보자.

ⓒ 尙州 반란군의 두령 阿字盖가 사절을 시켜 귀순하여 왔다.[9]

이에 의하면 太祖元年인 918년에 尙州賊帥[10] 阿字盖가 尙州地方의 유력한 세력자로서 王建太祖에게 귀부한 것으로 나타난다. 만일 사료 ⓒ에 보이는 阿字盖[11]가 史料 ⓐⓑ에 보이는 阿慈介와 同一人으로 견훤의 親父였다면, 太祖元年인 918년에 왕건에게 항복할 수 있었을 것인가 하는 의문이 생긴다. 왜냐하면 918년은 견훤의 세력과 궁예—왕건 세력이 세력확장을 위해 심한 각축전을 벌리고 있었던 바로 그 시기이다. 그런데 이러한 상황에서 阿字盖가 아들의 최대의 敵手인 왕건세력에게 항복할 수 있었겠는가 라는 의문이 생기기 때문이다.[12] 뿐만 아니라 다음 사료는 甄萱과 尙州가 어떠한 관련도 맺지

---

7) 咸通은 唐懿宗(860~873)의 年號로 咸通八年은 867년이고, 新羅의 景文王 7년에 해당하는 해이다.
8) 光啓는 唐僖宗(874~888) 연호로 光啓中이라 함은 885~887년의 사이이다.
9) 尙州賊帥阿字盖 遣使來附(『高麗史』 世家1, 太祖元年).
10) 羅末麗初와 같이 혼란한 시기에 강력한 지방세력자들이 자칭 城主·將軍이라 칭한 것은 豪族의 명칭으로 당연하게 받아들여졌지만 여기에 나타난 賊帥도 역시 지방세력자였음은 분명하다. 다만 城主 혹은 將軍이라 칭하는 것과 賊帥라고 칭하는 것과의 사이에 어떤 신분적인 差異點이 있는지에 대해서는 아직 明確한 理解를 얻지 못하였다.
11) 지명이나 인명등에 있어서 阿慈介—阿字盖의 경우와 같이 同音異寫의 현상은 많이 발견된다. 이점에 대해『東史綱目』을 저술한 순암 안정복도 同名異人일 것이라는 견해를 밝힌 바 있다.
12) 이 점에 대해서는 이미 金庠基 앞의 글, 「甄萱의 家鄕에 대하여」, 199쪽에서 論及된 바 있다. 918년은 궁예가 축출되고 王建이 고려를 건국한 해로서 王

않았을 것이라는 추측을 더욱 가능케 해준다고 보인다.

天成 2년 가을 9월에 萱이 근품성[13]을 공격하여 불태우고, 나아가 신라
의 고울부를 습격하였다.[14]

이 기록은 견훤이 近品城을 공취하여 불태워 버렸다는 것인데, 근품성은 바
로 상주의 속현이다. 天成二年은 927년으로서 견훤의 세력이 절정에 이르렀을
때이다. 만일 견훤의 출신지가 상주였다면 고향지방에 대한 처리로서는 납득
할 수 없는 강경한 태도를 취하고 있는 것을 발견하게 된다. 이것은 견훤의
출신지가 상주가 아니라는 것을 입증하는 것은 아닐까? 더욱이 견훤의 출신
지로 되어 있는 가은현은 고려 현종조에 상주로 편입되었으므로 견훤이 출현
했던 그 시기의 가은현은 尙州의 속현이 아니라 聞慶의 속현이었다.[15] 이러한
여러 가지 기록들은 견훤의 출신지가 상주가 아닐 것이라는 說을 뒷받침하기
에 충분하다고 생각된다. 뿐만 아니라 阿玆介－甄萱 父子說은 마땅히 부인되
어야 할 것이다.[16]

建・甄萱과의 사이의 세력균형에 커다란 변화가 있었던 것은 아니고, 오히
려 甄萱에게 유리하게 작용되었던 것이 아닌가 생각된다.

13) 近品城은『新增東國輿地勝覽』卷28, 尙州牧 屬縣條에 다음과 같이 기록되어
있다.「山陽縣, 本新羅近品縣 一作近巖」이라고 되어 있어 尙州地方인 것을 알
수 있다.

14) 天成二年秋九月 萱攻取 近品城燒之 進襲新羅高鬱府(『三國史記』卷50, 列傳, 甄
萱).

15) 『新增東國輿地勝覽』卷29, 聞慶縣條에 "加恩縣 在縣南四十一里 本新羅家害
縣～高麗改今名 顯宗屬尙州"라고 記錄되어 있다. 그러니까 加恩縣이 尙州의
속현이 되는 것은 高麗 顯宗 때 지방제도의 개편이 완료되는 時期를 기다려
서였다고 하겠다.

16) 阿玆介―甄萱의 關係에 대하여 金庠基선생은 前揭『甄萱의 家鄕에 對하여』,
199쪽에서 項羽와 劉邦의 故事를 例로 들고, 만일 甄萱이 阿玆介와 관련이 있
다면 甄萱에 대하여 王建이 政治的 흥정을 하였을 터인데 그러한 記錄이『高
麗史』등 다른 史料에 나타나지 않는 것으로 보아 阿玆介―甄萱의 父子說 은
전혀 믿을 바가 못된다고 하였다. 따라서 필자도 앞에서 인용한 사료의 문제
점과 함께 김상기선생의 견해에 동감이다.

그렇다면 견훤의 출신지는 어디일까? 이 문제의 해명을 위해 다음 사료를
유의해 보자.

古記에 말하길 옛날에 광주 북촌에 부자가 하나 살고 있었는데 용모가
단정한 딸이 하나 있었다. 딸이 아버지에게 말하길 "밤마다 자줏빛 옷을
입은 남자가 침실에 와서 관계합니다."함에 아버지는 "너는 긴 실을 바늘
에 꿰어 그 남자의 옷에 꽂아 두어라" 하여 그 말대로 하였다. 날이 밝아
그 실이 간 곳을 찾아보니 북쪽 담 밑에 있는 큰 지렁이 허리에 꽂혀 있었
다. 이로부터 태기가 있어 사내아이를 낳았다. 나이 15세가 되자 스스로
견훤이라 일컬었다.[17)

이것은 유명한 蚯蚓說話이다.[18) 여기에서 우리는 光州 北村에 姿容端正한
부자집 딸이 살았고, 紫衣를 입은 한 남자와의 사이에서 견훤을 낳았으며, 자

---

17) 古記云 昔一富人居光州北村 有一女子姿容端正 謂父曰 每有一紫衣男到寢交婚
　　父謂曰 汝以長絲貫針刺其衣 從之 至明尋絲於北牆下 針刺於大蚯蚓之腰 後因姙
　　生一男 年十五 自稱甄萱(『三國遺事』, 紀異, 甄萱). 흔히 夜未者說話라고 불려
　　지는 이 이야기의 줄거리는 '대체로 한마을에 처녀가 살았는데 정체불명의
　　남자와 동침하였고 그 남자의 정체를 알아보기 위해 도포자락에 바늘을 꽂아
　　서 따라가 보았더니 그 남자는 동굴에 있는 지렁이었다. 그래서 낳은 이가
　　아무개이다.'라는 구성을 가지고 있다. 위의 인용문도 이와 같은 구성을 가지
　　고 있는 夜來者說話 중의 하나이다.
18) 金庠基, 앞의 글, 「甄萱의 家鄕에 대해서」, 199쪽에서 "甄은 氏가 아니고 이름
　　이며, 蚯蚓說話의 '蚯萱'이 라는 發音의 餘韻에서 造作된 것이지도 모른다."고
　　하였는데, 甄은 역시 氏인 것 같다.『三國史記』12, 新羅本紀의 敬順王 5년의
　　기록에 "都人仕女 相慶曰 昔甄氏之來也 如逢豹虎"라고 하였다. 이 기록에서도
　　분명히 甄을 氏라 하였고 또 全羅北道 全州市 德律이란 마을에 甄을 씨라 하
　　되 <진>씨라고 하는 甄氏集團이 한마을을 이루고 산다고 한다. 그러나 그들
　　의 始祖가 누구인지, 어떠한 연유에서 <진>씨라 고집하는지 그 理由는 아직
　　밝혀 진바 없다. 혹 고려멸망 후 '王'氏들이 '全'字 혹은 '田'字를 써서 정치적
　　인 禍를 피하려 했다는 사실과 결부해 甄氏들도 후백제 멸망후 '甄'을 '진'으
　　로 발음해 당시의 상황을 극복하려 했던 것은 아닐까?
　　또한 최근 李道學 교수는 그의 저서『진훤이라 불러다오』에서 '甄'字는『增
　　補文獻備考』에 의거 '진'으로 발음하는 것이 옳다고 하였다.

용단정한 그 여자가 견훤의 親母가 된다는 사실을 알 수 있다. 이러한 사실로 미루어 보아 견훤은 광주지방의 부호, 즉 광주를 근거로 한 지방세력과 관련이 있음을 추측하기는 어렵지 않다고 생각한다. 그리고 紫衣를 입은 남자와 더불어 交婚하였다는 것은 귀인과 혼인하였다는 뜻으로 해석할 수 있겠다. 왜냐하면 고대국가에 있어서 귀족의 관복은 대체로 紫·緋·靑·黃의 順으로 신분을 나타내었으니, 여기에서의 紫衣男은 곧 紫衣를 입은 귀인을 상징하는 것이라고 보아 무리가 없을 듯 하기 때문이다. 만일 이런 추측이 허용된다면 견훤은 광주부호와 그리고 광주지방과 가까운 지방의 다른 세력자와의 결합에서 태어난 유력한 가문의 소생이라 보아 좋을 것이다. 이러한 점과 관련하여 볼 때 견훤은 광주지역을 중심으로 하여 세력을 확장한 유력한 지방세력이라 보아 무방하겠다. 그리고 이와 관련하여 다음 사료에 유의하면,

> 지기가 활달하고 비범하였다. 從軍하여 서울에 들어왔다가 西南海 防戍을 맡았는데 항상 창을 베개로 삼고 적을 기다리고 있었다. 그 용기가 항상 병사들을 앞장섰으며, 공로로 해서 裨將이 되었다.[19]

이라는 기록이 보인다. 이것을 張保皐 및 그의 해상세력과 관련시켜 생각해 볼 때 견훤과 광주지방의 관련설이 더욱 설득력을 갖게 되는 것이 아닌가 생각된다. 즉 장보고가 그의 출신지인 靑海鎭을 중심으로 하여 세력을 확장했던 사실과 위의 기록은 어떤 유사성을 갖는 것이 아닐까 싶다. 신라 말기와 같이 혼란한 상황에서 서남해 지역과 같은 요충지에 그 지역과 아무런 연고도 갖지 않은 견훤에게 서남해 防戍의 임무를 맡기지 않았을 것임은 당연하다고 여겨지기 때문이다. 즉 견훤에게 서남해 防戍을 맡겨 그 공로로 인해 裨將을 삼았다는 사실은 마치 張保皐를 그 공로의 대가로 靑海鎭大使를 제수했던 것과 비슷한 성격을 갖는 것이 아닌가 생각할 수 있다.

그리고 견훤이 광주지방 출신일 것이라는 또 하나의 가능성은 『三國史記』

---

19) 氣倜儻不凡 從軍入王京 赴西南海防戍 枕戈待敵 其氣恆爲卒先 以勞爲裨將(『三國史記』卷50, 列傳 甄萱).

의 다음과 같은 기록을 통해서 이다.

> 이에 견훤은 은근히 叛心을 품고 무리를 모아 서울 서남쪽 州縣들을 진
> 격하니, 가는 곳마다 호응하여 그 무리가 달포 사이에 五천여명에 달하였
> 다. 드디어 武珍州를 습격하여 스스로 왕이 되었다.[20]

이 기록은 견훤이 처음으로 무리를 모아 襲取한 곳이 무진주(지금의 광주)
이고, 이 무진주를 근거지로 하여 그가 세력을 확장해 갔다는 사실을 뒷받침
하는 것이라 하겠다. 만일 그가 무진주 지역과 특별한 관련을 맺고 있지 않았
더라면 굳이 이 지역이 중심 되어야 할 이유가 없는 것이다. 이런 의미에서
볼 때 위 蚯蚓史料에 보이는 광주 지역 부호와 甄萱의 관련설은 더욱 선명해
질 수 있다고 믿는다. 따라서 견훤의 출신배경은 광주 지역을 중심으로 한 유
력한 지방세력을 배경으로 하여 성장할 수 있었다고 보아 좋을 것이다.[21]

2) 甄萱의 勢力과 西南海

우선 견훤의 출신지가 광주지방과 관련이 있는 서남해 지방이라 추정한 이
상 그 세력 근거지가 구체적으로 어디이며, 어떠한 세력들과 연결되어 있는지
를 살펴볼 필요가 있다. 먼저 後高句麗의 궁예가 건국한지 3년만에 後百濟의
錦城郡(羅州)을 위시한 珍島 皐衣島(荷衣島) 등에 대해 맹공격을 가하고 있는
사실이 주목된다. 이 지방의 지형을 살펴보면 서남은 바다로 통하고 동북은
육지와 연결되어 陸海交通의 중심지일 뿐만 아니라 산물이 풍부하여 인간이
살기에 적당한 곳이었다. 高麗末 鄭道傳이 錦城(羅州)의 속현인 會津에서 유배

---

20) 於是 萱竊有觀心 嘯聚徒侶 行擊京西南州縣 所至響應 旬月之間 衆至五千人 遂
　　襲武珍州 自王(『三國史記』卷50, 列傳, 甄萱).
21) 金庠基, 앞의 글, 200쪽에서 甄萱의 출신지와 관련하여 그 주변 인물로서 끝까
　　지 甄萱에게 충성을 다한 朴英規(甄萱의 女婿)나 金惣의 출신지역이 昇州였던
　　점을 들어 甄萱도 이 지역 출신이 아닐까 하는 추측을 한 바 있다.

생활을 할 때 父老들에게 曉諭했다는 글 속에서도 錦城을 가리켜 "산천이 아름답고 인물이 富庶함에 남방의 일대 巨鎭이다"라고[22] 칭송한 것을 보아도 산물이 풍부하고 교통이 발달하여 국방상 요지이었음을 짐작할 수 있겠다. 뿐만 아니라 백제가 한강유역을 상실한 뒤 중국과 교통할 수 있는 지역으로 지목한 곳이 바로 이 지방이었을 것이라는 점을 추측하기 어렵지 않다. 그러므로 이 지방은 일찍부터 본격적인 對 중국 교통로로서 활발히 개척, 발전되었을 것이라 생각된다.

西南海 지역에서 해외무역을 포함한 상업활동이 일어나기 시작한 것은 청해진을 중심으로 한 張保皐의 해상활동에서 비롯된 것임은 다 아는 사실이다. 다시 말하면 淸海鎭을 중심으로 한 西南海의 개척은 당시 성행하던 해적들의 약탈을 방어하려는 군사적인 목적 이외에 해상교통을 확보함으로써 얻어지는 경제적인 목적이 보다 크게 작용하였을 것이다.[23] 따라서 장보고가 西南海 上에 발호하는 해적들을 소탕하고 제해권을 장악한 후 당과 일본을 왕래하며 활발한 무역활동을 전개한 사실은 이를 뒷받침하는 적절한 자료이다.[24] 그러나 해상의 요충지로서의 청해진이 文聖王 13년(851)에 폐지된 이후 그 軍鎭 세력은 청해진과 가까운 서남해의 어느 지역으로 옮겨졌을 것이다.[25] 다시 말하면 청해진의 세력은 쇠퇴해 버렸지만 청해진의 역할을 수행할 어떤 다른

---

22) 登羅州東樓 論父老書 "道過羅登東樓 徘徊瞻眺 山川之勝 人物之富蔗 抑南方巨鎭也"(『三峰集』卷3).

23) 日野開三郞,「羅末三國の鼎立と對大陸海上交通貿易」, (『朝鮮學報』16輯, 6쪽 참조).

24) 謂大王曰 遍中國以吾人爲奴婢 願德鎭淸海 使賊不得掠人西去 淸海新羅海路之要 今謂之莞島 大王與 保皐萬人 此後海上無鬻鄕人者 保皐旣貴(『三國史記』, 卷44, 列傳, 張保皐).

25) 文聖王 13년(851), 청해진이 폐지된 이후 그 인원들은 碧骨郡(지금의 金堤)으로 강제 移居당해서 청해진은 쇠퇴해 버렸지만 군진 세력의 필요성은 그 어느 때보다 강했을 것이다. 신라의 군사조직인 10停 중의 하나인 未多天里停이 武州 玄雄縣(羅州)에 일찍이 설치되었던 것은 西南海上의 중요성 때문이었을 것이며, 청해진 폐지 이후 청해진이 수행한 역할을 이 지방이 중심이 되어 수행했다고 보아 좋을 듯하다.

유력한 지역의 출현은 불가피한 것이었다. 바로 錦城 등지가 청해진의 임무를 수행할 새로운 군진 설치의 장소가 아니었을까? 그러나 청해진 폐지 후 서남해의 어떤 지역에도 새로이 군진을 설치했다는 뚜렷한 기록을 찾을 수는 없다. 그렇더라도 다음과 같은 기록들은 금성 등지가 서남해의 요충지이며 견훤과 밀착된 관계를 갖고 있음을 보여주는 자료로 참고가 되지 않을까 생각된다.

ⓐ 天復 3년에 태조는 수군을 거느리고 서해로부터 광주지경에 이르러 금성군을 공격하여 이를 함락시키고, 10여 개의 군·현을 공격하여 이를 쟁취하였다. 이어 금성을 나주로 고치고 군사를 나누어 수비하게 한 후 개선하였다.26)

ⓑ 수군을 거느리고 광주 염해현에 머물렀다가 吳越國으로 들여보내는 견훤의 배를 포획하여 돌아오니 궁예가 매우 기뻐하였다.27)

ⓒ 乾化 원년 태조는 군사를 거느리고 금성 등을 쳐서 금성을 나주라 개칭하였다.28)

ⓓ 드디어 광주 서남지경 반남현 포구에 이르러 적의 경내에 첩보망을 늘어놓았다.29)

위의 네 사료는 후삼국 쟁패기에 弓裔－王建軍이 西南海 지방을 공략한 사

---

26) 天復三年 率舟師 自西海抵光州界 功錦城郡拔之 奪取十余郡縣 仍改錦城爲羅州 分軍成而還(『高麗史』 世家, 太祖 1).
　　또 『高麗史』 地理志 羅州項에 "羅季 甄萱稱後百濟王 盡有其他 未幾 郡人附後 高麗王弓裔 弓裔命太祖 爲精騎大監 率舟師攻取 改爲羅州"라 하여 錦城을 羅州 라고 改稱하였다는 기사가 보인다. 이것은 錦城의 중요성을 확인하는 일환으로 금성을 나주로 승격시킨 조처로 보아 좋을 것 같다.
27) 以舟師次于光州鹽海縣 獲萱入吳越船而還 裔甚喜(『高麗史』 世家, 太祖 1).
28) 乾化元年 太祖率兵伐錦城等 錦城爲羅州(『三國史記』 卷50, 列傳, 弓裔傳).
29) 遂至光州西南界 藩南縣浦口 從謀賊境(『高麗史』 世家, 太祖 1).

실을 모은 것이다. 사료 ⓐ의 天復3년은 궁예가 후고구려를 세운지 3년 밖에 되지 않은 903년이다. 이 때 水兵을 파견하여 금성 등지를 공략하고 금성 주위 10여군현을 탈취한 사실은 금성을 중심으로 한 서남해 지방의 중요성을 더욱 확인시키는 것이라 보아 좋을 듯하다. 사료 ⓑ의 鹽海縣은 나주의 속현이다. 궁예군사는 이곳에서 견훤이 吳越에 보내는 선박을 포획함으로써 후백제와 吳越과의 통교를 저지한 사실을 밝히고 있다. 史料 ⓒⓓ 역시 궁예군의 금성 지방 확보에 대한 구체적인 기록이다. 이 기록에 의하면 궁예－왕건은 금성 지방을 확보한 후 이곳을 근거로 하여 그 주위의 押海島, 只佐島, 荷衣島, 苔芥島, 朴只島 등 多島海의 여러 섬을 경략하고, 이어서 珍島 등과 함께 서남해지역 여러 섬의 확보에 주력하고 있음을 알 수 있다. 이러한 궁예－왕건의 군사활동에 대해 甄萱은 다음과 같이 대치하고 있다.

> ⓔ 開平 4년에 훤은 금성이 궁예에게 투항한 것을 분히 여겨 보기병 3천 명으로서 금성을 포위 공격하여 열흘이 지나도록 풀지 아니하였다.[30]

> ⓕ 乾化 2년에는 견훤이 궁예와 더불어 덕진포에서 싸웠다.[31]

사료 ⓔ의 開平 4년은 910년이다. 이해에 견훤은 앞서 궁예가 금성 지방을 攻取한데 대한 보복으로 금성탈환을 시도했으나 뜻을 이루지 못한 것을 기록하였고, 그 2년 후인 乾化 2년(912)에 금성 부근인 德津浦(務安)에서 재탈환전을 벌렸다는 사실을 사료 ⓕ는 전해주고 있다. 이와 같이 이 지역에 있어서 쌍방간의 攻防戰이 치열했던 것은 이 지역이 對 大陸 해상교통로였다는 점이 중요한 이유가 될 것이다.[32] 그러나 궁예의 입장에서 이 지방은 견훤이 소위 후백제를 건국한 세력기반이 되었다고 볼 수 있는 지방의 세력, 즉 서남해 지

---

30) 開平四年 萱怒錦城投以弓裔 以步騎三千圍攻之 經旬不解(『三國史記』 卷50, 甄萱).

31) 乾化二年 萱與弓裔 戰于德津浦(『三國史記』 卷50, 甄萱).

32) 日野開三郎, 「羅末三國の鼎立と對大陸海上交通貿易」(『朝鮮學報』, 20輯) 105～107쪽

역의 해상 및 군진 세력을 이탈시키려는 데 더 큰 목적이 있었다고 보아 좋을 것이다. 만일 그렇게 된다면 이는 견훤에 있어서 일대 타격이 아닐 수 없었을 것이다.33) 왜냐하면 이 지역은 곧 견훤이 신라로부터 서남방면의 防戍 임무를 부여받았던 지역이었을 것이 분명하기 때문이다. 이러한 쌍방간의 利害가 전제되기 때문에 甄萱과 弓裔(王建)는 이 지역 확보를 위해 끈질긴 노력을 하였던 것이라 생각된다. 견훤에 있어서 이 지역은 서남해의 制海權 장악과 對 大陸 해상교통로라는 이유 이외에 그의 세력기반이 되는 지역에 대한 수호라는 측면에서 더욱 중요한 의미를 갖는다고 하겠다. 이런 관점에서 보면 결국 서남해 防戍의 임무를 띄고 비장이 되었던 견훤의 출신지는 광주부근이었고, 금성을 위시한 서남해 지역의 여러 섬은 그의 세력기반이었을 것이라는 추측을 가능케 한다. 이러한 점은 견훤이 마지막으로 金山寺에서 도망하여 왕건태조에게 도움을 청한 곳이 금성이었다는 점에서34), 금성이 처음부터 견훤과 밀접한 관계를 가진 지역일 것이라는 추측을 더욱 가능케 한다고 하겠다. 따라서 견훤의 세력 기반은 광주지역을 중심으로 한 금성 및 서남해 諸島일 것이며, 이 지역의 호족 및 해상세력을 근거로 하여 발전하였다고 할 수 있다.

　위에서 살핀 바와 같이 금성 지방을 발판으로 성장한 甄萱은 이제 어떤 지역의 확보에 노력했을까? 지금까지는 대체로 신라의 통치권이 미치지 않은 전라, 충청 등 新羅의 외곽지대 확보에 노력했지만, 이제 서서히 신라 중심부를 향하여 공격을 시도하고 있는 것을 다음 사료를 통하여 파악할 수 있다.

---

33) 이 지역의 해상세력이나 군진세력이 어떻게 견훤과 연결되고 왕래했는지에 대한 구체적인 기록은 없다. 뿐만 아니라 군진의 설치에 대한 기록도 보이지 않는다. 다만 註 18)에서 언급된 10停 가운데의 하나인 未多夫里停이 羅州에 설치되었다는 기록이 있을 뿐이다. 그렇지만 이 시기의 사회, 정치적인 상황에 비추어 보건대 이 지역을 중심으로 하여 이런 세력의 성장은 충분히 있었음직 하다. 이것과 관련하여 李基白,『高麗 太祖時의 鎭』(『高麗兵制史研究』, 一潮閣, 1968)참조.

34) "萱在錦山三朔 六月 與季男能乂 女子哀福 嬖妾姑比等 逃奔錦城 遣人請見於太祖"(『三國史記』卷50, 列傳, 甄萱).

ⓖ 天福 원년에 萱이 대야성을 쳤으나 항복 받지 못하였다.35)

ⓗ 5월에 견훤이 가만히 군사를 보내어 강주를 습격하여 3백여명을 죽이
자, 장군 유문이 항복 하였다.36)

ⓘ 4년 7월에 萱이 갑병 5천인으로 의성부를 공격하였는데 성주인 장군
홍술이 전사하니 태조가 통곡하며, 내가 좌우의 손을 잃었다고 하였
다.37)

ⓙ 順州 장군 元逢이 견훤에게 항복하니 태조가 듣고 노하였으나 원봉의
전공을 생각하여 용서하고 단지 순주를 고치어 縣을 삼았다.38)

ⓚ 萱은 강병을 뽑아 부곡성을 쳐서 빼앗고, 지키던 군사 천 여명을 죽였
으며, 장군 楊志, 明式 등이 항복하였다.39)

ⓛ 興達은 견훤의 고사갈이 성주였다. 태조가 강주를 순행할 때 그 읍을
지났더니 홍달이 자기 아들을 파견하여 귀순의 뜻을 표명하였다.40)

위의 사료 ⓖⓗⓘ는 각각 견훤이 군대를 이끌고 신라의 중심부와 가까운
지역을 공격하여 혹은 함락하고 혹은 함락하지 못한 사실을 기록하고 있다.
특히 義城府의 성주·장군인 洪術의 전사는 왕건태조에게 충격적이었던 만
큼 견훤으로서는 커다란 수확이 아닐 수 없었을 것이다.

---

35) 天復元年 大耶城攻不下(『三國史記』卷50, 列傳 甄萱).
36) 秋五月 萱潛師襲康州 殺三百余人 將軍有文生降(『高麗史』世家, 太祖 1).
37) 四年 秋七月 萱以甲兵五千人 攻義城府 城主將軍洪術戰死 王哭之慟曰 吾失左右
手矣(『高麗史』世家 太祖 1, 『三國史記』卷50, 列傳 甄萱).
38) 順州將軍元逢降於甄萱 太祖聞之怒 然以元逢前功宥之 但改順州爲縣(『三國史
記』卷12, 新羅本紀12, 敬順王).
39) 萱選勁卒攻拔缶谷城 殺卒一千餘人 將軍楊志·明式生降(『三國史記』卷50, 列
傳 甄萱).
40) 興達爲甄萱高思葛伊城主 太祖徇康州 行過其城 興達遣其子來降(『高麗史』卷92,
列傳, 王順式附興達).

사료 ⓙ는 역시 順州(安東의 屬縣)의 호족인 원봉이 견훤에게 투항한 사실과 순주가 縣으로 강등된 사실을, 그리고 사료 ⓚ는 견훤이 날쌘 군사를 동원하여 缶谷城을 공취하고, 그 지방의 세력자인 장군 楊志와 明式을 생포한 사실을 밝히고 있다. 사료 ①은 홍달이 견훤을 위하여 高思葛伊(聞慶) 성주가 되었지만, 太祖 巡行(幸)時 태조에게 투항한 사실을 기록하고 있다. 이것은 이미 견훤의 세력이 이 지역까지 확산되어 있었다는 것을 나타내는 것이라 보아 좋다.

위의 史料 ⑧에서 ①까지의 기록을 종합해 보면 견훤의 진출방향은 대체로 陸路로는 소백산맥 동쪽의 경상도 지역, 즉 안동, 의성, 진주 등을 攻取, 확보했던 것으로 나타나고, 海路로는 서남해의 유지는 물론 왕건(궁예)에 대한 경계도 게을리 하지 않으면서 그 지역의 확보에도 관심을 기울이고 있는 것으로 나타난다.

3) 甄萱勢力과 王建

이제 견훤과 더불어 가장 격렬하게 대치했던 왕건과의 관계를 살펴보기로 하자.

처음에 견훤은 왕건과의 관계를 상당히 우호적으로 이끌려했던 것 같다. 『三國史記』에 나타난 甄萱 – 王建 관계의 다음 기록에 의하면

> 貞明 4년 술인년에 철원경의 민심이 급변하여 왕건을 추대하여 즉위케 하였다. 훤이 듣고 8월에 일길찬 민극을 보내어 치하하면서 공작선과 지리산 죽전을 바치었다.41)

이라 하였는데, 貞明 4년은 918년으로 王建이 高麗를 건국한 해이다. 견훤은 왕건이 궁예를 축출하고 고려를 건국했다는 소식을 듣고 稱賀使를 보내는 한

---

41) 貞明四年戊寅 鐵圓京衆心突變 推戴我太祖卽位 萱聞之秋八月 遣一吉湌閔郃稱賀 遂獻孔雀扇及地理山竹箭(『三國史記』, 卷50, 列傳, 甄萱).

편, 진귀한 예물 등을 바쳤다고 한다.

혹은 견훤이 進禮城(茂朱)을 공략하려 했을 때 新羅의 구원요청을 받은 왕건이 군대를 이끌고 출진하자, 이를 들은 견훤은 곧바로 군대를 거두어 퇴진하고 있는 것을 볼 수 있다.[42] 위의 두 기록에 의하면 적어도 초기의 견훤은 왕건과의 관계를 우호적으로 유지하려 생각했던 듯하다. 이러한 추측을 더욱 가능케 하는 것은 다음 사료이다.

> 조물성을 공격하였는데 성중 사람들이 태조를 위하여 굳게 지키고 또 싸우니, 수미강이 이를 얻지 못하고 돌아갔다. 8월에 사신을 보내어 준마를 태조에게 바치었다.[43]

이것은 견훤의 아들 須彌强이 曹物城을 공략한 사실을 기록한 것이다.

수미강은 이 전투에서 城을 함락시키지 못하고 퇴각하고 있는데, 그 퇴각이유가 왕건에게 있는데도 불구하고 오히려 견훤은 왕건에게 사신을 보내고 驄馬를 선물했다는 것이다.[44] 이로써 보면 이들 견훤—왕건, 두 사람의 관계는 초기에는 겉으로나마 부드럽게 유지되어 왔던 것 같다. 『三國史記』의 표현을 빌리면 "萱與我太祖 陽和而陰克"(『三國史記』 卷50, 列傳, 甄萱)이라 하였는데, 이처럼 이들은 겉으로는 평화를 유지한 듯 하다.

이들 관계에 변화가 오기 시작한 것은 926년 이후의 일이 아니었나 생각된다. 다시 말하면 925년 曹物城에서의 전투 때 서로 화평할 것을 약속하고 質子로 교환한 바 있었던[45] 견훤의 外甥인 眞虎의 갑작스런 죽음으로부터 비롯된

---

42) "萱卒步騎一萬 攻陷大耶城 移軍於進禮城 新羅王遣浪金律 救援於太祖 太祖出師 萱聞之引退"(『三國史記』, 卷50, 列傳, 甄萱).

43) 攻曹物城 城人爲太祖固守且戰 須彌强失利而歸 八月遣使獻驄馬於太祖(『三國史記』 卷50, 列傳, 甄萱).

44) 외교적인 측면에서도 견훤은 상당히 적극적인 자세를 취했던 듯하다. "又遣使入吳越進馬 吳越王報聘 加授中大夫"라는 吳越國과의 관계기사나, "遣使入後唐稱蕃 唐策授檢校大尉兼侍中 判百濟軍事" 등과 같은 後唐과의 관계기사를 통해서 견훤이 국제적인 외교활동에 대해서도 상당히 적극적이었음을 알 수 있다.

것이 아닐까 하는 추측이다. 質子인 眞虎의 죽음이 우연한 사고에서 연유되었
는지, 혹은 견훤의 주장대로 고려에서 피살된 것인지[46] 확인할 수 없지만 어
떻든 이 사건을 계기로 하여 양국간의 관계에 변화가 나타나기 시작했다는
것은 주목을 요한다. 나타난 첫 번째의 변화로서 견훤은 왕건에게 보냈던 驄
馬를 돌려 받고 본격적으로 신라의 여러 성을 공취하기 시작한 것이다. 그리
고 이 시기를(925) 전후하여 견훤에게 중대한 변화가 일어나고 있음을 지적할
수 있다. 이러한 변화가 무엇인지 이해를 돕기 위해 <표 1>를 만들면 아래와
같다. 이 <표 1>은 『三國史記』를 근거로 하여 甄萱과 王建 세력의 격렬한 전
투지라 추측되는 곳만을 간추려 작성한 것이므로 원래 견훤에게 속해 있었거
나 來投해 온 지역은 제외되었음을 미리 밝혀 둔다.

 <표 1>을 다시 그 특성에 따라 세 시기로 나누어 살펴보았다. 그 결과, 901
년부터 918년까지를 제1기, 918년 이후 926년까지는 제2기, 926년 이후 932년
까지를 제3기로 구분할 수 있었다. <표 1>에 나타난 것과 같이 918년 왕건이
고려를 건국하여 太祖로 등장하기 이전까지는 몇 가지 예외를 제외하고는 서
남해 방면에 대한 궁예와의 공방전이 견훤에게 있어서 주된 전투지였다. 즉
금성을 중심으로 한 서남해 지역에 대한 유지와 확보가 견훤의 큰 관심사로
나타나고 있는 것이다. 원래 이 지방은 견훤에게 속해 있었는데 궁예가 왕건
에게 명하여 공취한 곳으로 『高麗史』 地理志에 의하면 다음과 같은 기록을
접할 수 있다.

 羅系는 견훤이 후백제 왕이라 칭할 때 그 땅 대부분을 차지하였다. 그
 郡民이 후고구려왕 궁예에게 항복하지 않자, 궁예는 태조를 정기대감으로
 삼아 해군을 거느리고 공격케 하여 취한 후 나주로 고쳤다.[47]

---

45) "太祖欲勸和 以老其師 移書乞和 以堂弟王信爲質 萱亦以外甥眞虎交質"(『三國史
   記』 卷50, 列傳10, 甄萱).
46) 四年 眞虎暴卒 萱聞之疑故殺 卽因王信獄中(『三國史記』 卷50, 列傳 甄萱).
47) 羅系 甄萱稱後百濟王 盡有其地 未幾郡人附後高麗王弓裔 弓裔命於太祖爲精騎
   大監 率舟師攻取 改爲羅州(『高麗史』 卷57, 地理志).

<표 1> 甄萱의 主要 戰鬪地

區分	年	戰 鬪 場	現 地 名	攻取여부	典 據
第一期	901	大 耶 城	狹 川	不取	史記 및 遺事
	903	錦城, 木浦	羅州, 木浦	奪	〃
	909	錦城 厭海縣	羅州, 靈光	奪	〃
	911	錦 城	羅 州	不取	〃
	912	德 津 浦	務 安	取	〃
	918	一善郡등 十餘郡	善 山	取	〃
第二期	920	大 耶 城	狹 川	取	〃
	920	進 禮 城	茂 朱	取	〃
	924	曹 物 城	軍 威	取	〃
	925	居昌 등 二十餘城	居 昌 等	取	〃
第三期	927	近 品 城	尙州 山陽	取	〃
	927	高 鬱 府	永 川	取	高 麗 史
	927	始 林	慶州 西部	取	〃
	927	慶 州	慶 州	掠 奪	〃
	927	公 山	大邱 達城	取	史記 및 高麗史
	928	大 木	仁 同	取	〃
	928	康 州	晉 州	取	〃
	928	命 旨 城	軍 威	不取	〃
	928	岳 谷 城	義 興	取	〃
	929	義 城 府	眞 寶	取	〃
	929	順 州 城	安東 豊山	取	〃
	930	古 昌 郡	安 東	不取	〃
	930	加 恩 縣	聞 慶	不取	〃
	932	鹽州, 白州, 貞州	延安, 白川, 豊德	掠 奪	〃
	932	大 牛 島	西 海		〃
	932	任 存	瑞 山		〃
	932	京 山	星 州		

　그러니까 견훤의 입장에서 보면 이 지방 일대가 그의 세력기반이 형성되는 곳이고, 對 중국무역의 통로였기 때문에 매우 중요한 곳이 아닐 수 없었다. 한편 궁예의 입장에서는 西南海上에서 나주를 공격하여 후백제를 괴롭힘으로써 견훤의 對 중국교통을 牽制하는 한편, 견훤의 세력기반을 무너뜨린다는 측면에서 크게 중요한 곳으로 지목되었을 것이다. 이러한 쌍방간의 利害가 수반되기 때문에 두 세력은 이 지역 확보를 위해 치열한 攻防戰을 벌렸다고 보아 무리가 없겠다.

　그러나 918년에 궁예가 왕건에게 축출된 뒤에는(<표 1>의 제2기) 견훤과 왕건은 표면적으로나마 화평을 유지하려 했던 듯하다. 그렇기 때문에 918년 이후 926년까지는 금성을 중심으로 한 서남해상에서의 전투는 기록에 보이지 않고, 견훤의 일방적인 新羅지역 공격이 나타날 뿐이다. 그러니까 이 시기는 견훤의 세력이 우세했던 시기라고 생각할 수 있으며, 신라의 중심부를 겨냥한 준비가 이 시기에 이미 계획되고 있었던 듯하다.

그러다가 925년 고려에 보낸 견훤의 질자가 갑작스런 죽음을 당한 후부터 이들 관계는 악화된 것이라 생각된다. 그리고 이 시기를 전후하여 견훤의 심경에 커다란 변화가 일고 있음을 알 수 있다. 그것을 <표 1>의 제3기로 보았다. 그 변화가 어떠한 것이지 꼭 집어 드러내기는 어렵지만 대체로 다음과 같은 것들을 생각해 볼 수 있겠다.

그 하나는 이제까지는(925) 王建 軍의 능력을 가늠해 보는 기간으로서 화친을 유지할 필요가 있었던 시기라 생각할 수 있다는 것이다. 그러나 신라의 요충지인 善山郡 함락 등과 같은 전투를 통해 王建 軍의 실력이 어느 정도인가를 가늠할 수 있었다는 것을 생각할 수 있다. 다음과 같은 기록은 이러한 추측을 더욱 가능케 한다고 하겠다.

ⓐ 萱이 기병 3천을 거느리고 조물성에 이르니 태조도 정병을 거느리고 대전하였다. 이때 훤의 군사가 너무도 날래어 승부를 내지 못하였다. 태조는 잠시 권도로 화친하여 그 군사를 피로케 하고자 서신을 보내어 화친을 청하였다[48]

ⓑ 12월에 거창 등 20여성을 공격하여 취하였다.[49]

---

48) 萱率三千騎至曹物城　太祖亦以精兵來與之確　時萱兵銳甚　未決勝否(負)太祖欲勸和 以老其師 移書乞和.(『三國史記』卷50, 列傳 甄萱)
『高麗史』와『三國史記』甄萱傳과는 표현상의 차이가 발견된다. 즉,『高麗史』에는 이 부분에 관해 "乙亥 王自將 及甄萱 戰于曹物郡 黔弼引兵來會 萱懼之和 以外甥眞虎 爲質 王亦以堂弟王信交質"이라 하여 마치 甄萱이 왕건을 두려워하여 화친을 구걸한 것 같은 느낌을 주는 表現을 하였다.
49) 十二月 攻取居昌等二十餘城(『三國史記』권50, 列傳 甄萱傳).

ⓒ 9월에 견훤이 몰래 군사를 내어 康州를 습격하여 3백 여명을 죽이니 장군 有文이 항복하였다.50)

  사료 ⓐ는 견훤이 曹物城을 공격할 때 왕건태조 역시 숙달된 군사로 대치했으나 甄萱軍이 워낙 精銳軍이라서 승부가 나지 않으므로 왕건이 화친할 것을 희망하게 되었다는 기록이다. 화친을 요구한 표면상의 이유는 병사들이 피로하기 때문이라고 하였지만, 실제로는 精銳된 견훤군을 당해낼 수 없다는 현실적인 판단에서였을 것이다. 이 사건이 924년에 있었던 것이고, 사료 ⓑ에 나타난 거창군 등 20여 성의 공취가 925년에 이루어졌으니, 당시로서는 견훤군이 상당히 우세했다는 것을 알 수 있다. 이러한 기간을 통하여 왕건군의 세력이 어느 정도인가를 가늠한 견훤은 그가 所期한 바 목적을51) 달성하기 위한 작업을 진행시키고 있었을 것이다. 이러한 때 質子의 죽음은 견훤에게 좋은 구실을 제공하였다고 생각된다. 그리고 그의 목적—즉 반도의 통일이라는—을 달성하기 위해서는 우선 배후세력이 되는 신라를 자기 휘하에 예속시킬 필요를 느꼈을 것이다. 그것은 곧 일 천년 신라의 역사와 전통을 이어받을 수 있는 지름길이 되는 것이기도 하였다. 그러한 이유 때문에 926년 이후의 그의 전장은 주로 경상도 지역, 그것도 신라 서울에 가까운 지역이었다. 그가 직접 경주에 들어가 景哀王을 죽이고 많은 妃嬪·宗親들을 포로로 하는 등과 같은 무자비한 행동을52) 서슴치 않았던 것도 견훤 나름대로의 계산에 의해서였을 것이다. 다시 말하면 이와 같이 견훤이 新羅 중심의 경상도 지역의 확보에 노력을 기울였다는 사실은 그 동안 왕건군의 세력정도를 파악한 이후 자신의

---

50) 秋九月 萱潛師襲康州 殺三百餘人 將軍有文生降(『高麗史』 世家, 太祖 1).
51) "所期者 掛弓於平壤之樓 飮馬於浿江之水"(『三國史記』 同上, 甄萱)
    위 기록을 통하여 견훤이 所期한 바 목적이 무엇이었는지 분명하게 드러난다고 하겠다. 견훤의 목적은 바로 한반도의 통일이었던 것이다.
52) "萱猝入新羅王都 時王與夫人嬪御出游鮑石亭 置酒娛樂 賊至 狼狽不知所爲 與夫人歸城南離宮 諸侍從臣寮及宮女伶官 皆陷沒於亂兵 萱從兵大掠 使人捉王 至前戕之 便入居宮中 强引夫人亂之 以王族弟金傅嗣位 然後虜王弟孝廉宰相英景 又取國帑珍寶兵仗子女白巧之巧者 自隨以歸"(『三國史記』 卷50, 列傳, 甄萱).

우세를 확신할 수 있었기 때문에 취해진 행동이라 생각된다.53) 이것은 또한 927년 이후 계속되는 전투에서 견훤군이 항상 우세했다는 여러 기록이54) 이를 뒷받침한다. 또한 다음과 같은 기록은 우리의 눈길을 모은다.

> 15년 9월에 견훤이 一吉湌 상귀를 시켜 수군을 거느리고 예성강으로 쳐들어 와서 염주, 백주, 정주 등 세 고을의 배 1백 척을 불사르고 저산도 목장에 있는 말 3백 필을 약탈하여 갔다.55)

왕건의 본거지인 예성강구에 대한 공략은 왕건의 對 중국교통로의 차단을 꾀하는 동시에, 이들의 세력기반에 대한 위협을 의미한다고도 볼 수 있다. 이러한 행위는 견훤이 자신의 우세를 확신할 수 있었기 때문에 취할 수 있었던 행동이라 생각된다.56)

견훤의 왕건과의 관계에 변화가 일어날 수 있었던 또 하나의 이유는 견훤이 왕건에 대하여 어떤 정신적인 부담감 내지는 위기의식을 느낀 결과에서

---

53) 그러나 926년 이후의 전장이 주로 육지에서 이루어지고 있는 사실은 막강한 왕건의 해군력과 대항해서 승부를 결정하기보다는 陸戰으로 승세를 굳혀 보려는 현실적인 판단에 기인된 것은 아닐까? 그렇기 때문에 그의 세력기반이 되었던 錦城등 西南海에서의 戰術을 경상도 지역으로 이동했던 것이라 생각된다. 이 문제는 견훤의 세력 기반과 관련해서 주목되는 것이므로 앞으로의 연구과제가 아닐 수 없겠다.

54) 927년 이후 왕건과의 전투에서 견훤군이 우세한 기록들을 다음에 옮겨 본다.“ …… (前略) …… 王聞之大怒 遣使弔 祭親率輕騎五千 邀萱於公山桐藪 大戰不利 萱兵圍王 甚急 大將申崇謙·金樂力戰死之 諸軍破北 王僅以身免 萱乘勝取大木郡 燒盡田野積聚”(『高麗史』 世家, 太祖1). 이 기록은 公山戰鬪에서 太祖軍의 大將 申崇謙과 金樂이 戰死하고, 太祖 또한 심히 위태로운 지경에 빠졌던 사실을 나타낸 것이다. 이와 비슷한 사료로 다음과 같은 것도 견훤군의 우세를 밝혀 준다고 보인다. “辛巳 甄萱以甲卒五千 侵義城府 城主 將軍洪術戰死 王哭之慟曰 吾失左右手矣”(『高麗史』 世家, 太祖 1).

55) 十五年 九月 甄萱 遣一吉湌相貴 以舟師入侵禮成江 焚鹽·白·貞 三洲 船一百艘 取猪山嶋牧馬三百匹而歸(『高麗史』 世家 2, 太祖).

56) 王建의 海上貿易活動에 대해서는 朴漢卨, 「王建世系의 貿易活動에 대하여」 (『史叢』 10) 참조.

비롯된 것이 아닐까 하는 점이다. 다시 말하면 왕건이 견훤에게 보여주는 여유 있는 태도나[57) 왕건에 대한 민심의 동향 같은 것이다.

> 신라의 군신은 衰勢를 당하여 부흥키 어려우므로, 우리 태조를 꾀어 결호하고 후원을 삼으니 견훤은 혼자서 나라를 도둑질할 마음을 가지고 태조가 혹시 먼저 갈까 두려워하였다.[58)

라는 기록은 신라왕실이 왕건에게 우호적인 태도를 보이고 있다는 사실을 기록한 것이다. 신라와 왕건과의 관계를 예의 주시해온 견훤에게 있어서 이러한 신라측의 親고려적인 태도가 못마땅하게 받아들여진다는 것은 당연한 일이었다. 그 결과 기선을 제하여 신라의 왕도를 침범하는 등과 같은 무자비한 행위를 하였던 것이라 보여진다. 또한 다음 사료는 신라민심의 동향이 왕건에게 유리하게 움직이고 있있다는 사실을 밝혀주는 것이라 생각된다.[59)

> 수도사람들은 선비나 여자들이 서로 축하하며 말하길 어제 견씨가 왔을 때는 마치 승냥이나 호랑이를 만난 듯 하더니 지금 왕공이 이르매 마치 부모를 만난 것 같다고 하였다.[60)

---

57) 質子 眞虎가 죽었을 때 견훤은 전에 예물로 보냈던 驄馬를 되돌려 줄 것을 요구하며 王信을 곧 獄에 가두어 버리지만 왕건은 그러한 견훤의 요구를 너그러이 받아 들였다는 것 등과 같은 기록에서 왕건의 여유있는 모습을 느낄 수 있다.

58) 新羅君臣以衰季 難以復興 謀引我太祖 結好爲援 萱聞之 又欲入王都作惡 恐太祖先之(『三國史記』卷50, 列傳, 甄萱).

59) 金哲埈,「後三國時代의 支配勢力의 性格」(『韓國古代社會硏究』, 知識産業社, 1975) 264쪽 참조. 그리고 『三國史記』列傳 崔致遠傳에 "初我太祖 致遠知非常人 必受命開國 因致書門 有鷄林黃葉 鵠嶺靑松之句 其門人等至國初來朝 仕至達官者非一". 이와 같은 기록은 왕건의 새로운 질서 수립과 관련하여 지식인의 동향이 왕건에게 유리하게 작용한 한 사례라 하겠다.

60) 都人士女相慶曰 昔甄氏之來也 如逢豺虎 今王公之至 如見父母(『三國史記』, 卷50, 列傳, 甄萱 및 『高麗史』, 世家, 太祖 1).

신라인들 사이에 나타나는 그와 같은 반응은 견훤에게 있어서 매우 불안한 요소가 아닐 수 없었을 것이다. 이러한 상황의 전개는 왕건에 대하여 갖는 견훤의 정신적인 부담감을 가중시키는 것이라 보아 좋을 듯 하다. 따라서 견훤은 이의 극복을 위해 보다 적극적인 자세로 왕건에게 대처하였던 것이라 할 수 있다. 그것이 <표>의 제3기에 해당하는 926년 이후의 일이다.

이런 관점에서 볼 때 견훤은 왕건에 대하여 상당한 정신적인 부담감 내지는 위기의식을 느꼈던 것 같다. 다시 말하면 견훤 자신이 신라의 전통을 승계할 만한 정치적 경륜이나 도덕성이 결여되었음을 스스로 인식한 나머지 그와 같이 잔인한 행위를 자행할 수도 있었다는 것이다. 여하튼 926년 이후 견훤의 태도는 보다 적극적으로, 그리고 난폭하게 변화하고 있다는 사실을 부인할 수 없겠다.

견훤이 이와 같이 적극적이고 강경한 태도로 일관하고 있는 동안 왕건은 새로운 질서를 위한 통치자로서의 덕목을 닦고 전략을 가다듬으며 때를 기다리고 있었던 것 같다.

> 태조가, 사신을 보내어 조문하였다. 명년 술자년 춘삼월에 태조가 말 탄 오십여 병사를 거느리고 (신라) 경기에 이르러 면회를 통하니 왕(경순왕)이 백관으로 더불어 교외까지 출영하여 함께 궁으로 들어와 서로 대면하고 정례를 곡진히 하고 임해전에 잔치를 베풀어 주정이 난만하자 왕이 말하되 '나는 하늘의 도움을 입지 못하여 화란을 발생케 하고 견훤이 불의를 자행하여 우리 국가를 침해하니 얼마나 통분한 일인지 모르겠다.' 하고 인하여 눈물을 흘리며 울었다. 좌우의 신하들이 누구나 목메어 울지 않는 이가 없고, 태조도 또한 눈물을 흘렸다.61)

이것은 931년의 기록이기는 하지만 견훤과 왕건의 정치적 도량과 민심의

---

61) 我太祖 遣 使吊祭 明年戊子春三月 太祖率五十餘騎 巡到京畿 王與百官郊迎 入宮相對 曲盡情禮 置宴臨海殿 酒酣王言曰 吾以不天 浸致禍亂 甄萱恣行不義 喪我國家 何痛如之 因泫然涕泣 左右莫不鳴咽 太祖亦流涕(『三國史記』, 新羅本紀, 第12, 敬順王).

향방을 한 눈에 볼 수 있는 대목이라 생각된다. 물론 이와 같은 기록은 통일왕국을 이룩한 왕건에 대하여 보다 우호적이고 유리하게 쓰인 것만은 부인할 수 없을 것이다. 그렇더라도 우리는 이를 통하여 견훤과 왕건의 성격적 차이를 발견한다는 것은 어렵지 않겠다. 이런 성격적 차이가 견훤으로 하여금 전제군주적인 정치형이[62] 되게 하였던 것이며, 弓裔·甄萱이 겪었던 試行錯誤를 발판으로 하여 반도를 통일한 王建의 출현이 가능하게 되었던 것이라 생각된다. 그리고 이와 관련하여 왕건이 신라의 사신에게 들려준 다음과 같은 기록은 왕건의 야망을 드러내준 것으로 보아야 할 것이다.

> 신라왕이 사절을 파견하여 말하기를, '반드시 그(견훤)를 돕지 않을 것이다. 만일 대왕이 그를 한 번 반격하면 萱은 반드시 스스로 패망할 것이다.' 라고 하였다. 왕이 사절에게 말하길 '내가 견훤을 두려워하는 것은 아니다. 다만 그의 죄악이 가득 차서 스스로 넘어질 것을 기다릴 뿐이다.' 라고 하였다.[63]

여기에서 우리는 왕건의 정치적 성격과 반도통일의 방법을 보다 선명하게 파악할 수 있게 되었다고 믿는다.[64]

위의 여러 기록을 종합해 볼 때 견훤이 왕건에 비하여 세력이 결코 약하였기 때문에 그가 所期한 바 목적을 달성하지 못한 것이 아니고, 그가 갖는 전제군주적 성격이 급진적으로 작용하면서 민심의 離叛을 가져왔기 때문인 것으로 파악된다. 그에 대한 반동이 반도 통일의 기회를 기다려 온 왕건에게 유리하게 작용되어 그로 하여금 반도 통일의 행운을 잡는 당사자가 될 수 있게

---

62) 역사는 勝者의 편에 유리하게 기록되기 마련이다. 따라서 역사는 역사를 쓰는 이들의 붓끝에서 조작되는 일이 많으므로 敗者인 견훤을 전제군주적 정치인으로 그려 놓은 史書들에 의존, 표사했음을 밝힌다.
63) 新羅王 遣使曰 甄萱違盟擧兵 天必不祐 若大王奮一鼓之威 萱必自敗 王謂使者曰 吾非畏萱 俟惡盈而自僵耳(『高麗史』世家, 太祖 1).
64) 金光洙, 「高麗太祖의 三韓功臣」(『史學志』 7, 1973.) 50쪽에서 "高麗王朝가 그 통일에 있어서 적대세력의 제거를 정복보다는 타협에 의존한 면이 크다."라고 한 것은 왕건의 이와 같은 성격을 잘 나타내 준 것이라 보인다.

한 것으로 보아야 할 것이다.

4) 後三國鼎立問題

　지금까지 甄萱의 세력기반의 성립 배경으로서 견훤의 출신지와 그리고 그
가 주로 활동한 지역 및 왕건과의 관계에 대하여 그 대강을 살펴보았다. 그
결과 견훤의 출신지는 종래의 지배적인 尙州地域說과 일부의 光州地域說 가
운데 필자는 光州地域 出身이라는 설이 더 설득력있는 것이라 추정했다. 따라
서 견훤의 세력기반은 그 지역을 중심한 서남해 지역일 것이라 보았다. 이 점
에 대해 필자는 錦城(羅州)이 차지한 군사적인 위치와 지리적 조건을 들어 이
지방이 서남해의 중심지일 것이라는 것과 그렇기 때문에 고려 통일전 궁예－
왕건과의 주된 전장이 이 지역에서 이루어졌다는 사실을 들어 설명하였다. 그
러므로 견훤의 세력은 금성을 위시한 서남해를 중심으로 크게 확장되었다고
보아 무리가 없을 듯 하다.

　이와 아울러 견훤과 왕건과의 관계는 초기에는 상당히 우호적이었던 것 같
으나 926년을 지나면서부터는 견훤에게 커다란 변화가 나타나기 시작한 것으
로 보았다. 그 변화가 어떤 것이었는지 단정하기 어렵지만 대체로 두 가지 방
향에서 推定해 볼 수는 있었다. 그 하나는 왕건의 세력이 어느 정도인가를 측
정해 보는 기간이 끝나고 견훤에게 반도를 통일할 수 있다는 확신이 주어진
때문에 있을 수 있는 변화라는 점이고, 다른 하나는 왕건에 대하여 견훤이 갖
는 정신적인 부담이 가중되었기 때문일 것이라는 점이다. 다시 말하면 왕건이
견훤에 대하여 보여주는 여유 있는 태도나 왕건에게 유리하게 작용되는 민심
의 동향 같은 것이 견훤에게 어떤 위기의식 같은 것을 느끼게 하여 그로 하여
금 그와 같은 변화를 가져오게 한 것이 아닌가 한다.

　이제 견훤·왕건과 관련하여 後三國鼎立期라는 문제를 검토해 보고자 한
다.

　우선 필자는 이 시기를 後三國鼎立期라고 보는데 대해 몇 가지 수긍이 가지

않는 점에 관해서 문제를 제기하고자 한다. 그러기 위해서는 이 시기의 시대적 배경을 살펴볼 필요가 있다.

> 논하여 말하길 신라는 운수가 다하고 도를 잃으니, 하늘이 돕지 않고 백성은 귀의할 곳이 없었다. 이에 여러 도적이 틈을 타서 고슴도치 털과 같이 일어났는데 그 중에도 심한 자가 궁예, 견훤 두 사람이었다.[65]

이 기록은 아는 바와 같이 신라말기의 정치적인 혼란을 극명하게 적어 놓은 것이다. 마치 고슴도치 털과 같이 일어나는 그 수많은 群盜 가운데 가장 우세한 실력자로 등장한 사람이 궁예와 견훤이고, 그 群盜를 차례로 吸收하는 과정이 곧 신라 말의 정치적 및 사회적 배경인 것이다. 여기서 우리는 이들 群盜들(弓裔・甄萱)의 신라에 대한 태도를 주시하게 된다. 이들은 겨우 慶州만을 중심으로 하여 닝맥을 유지하고 있는 신라임에도 불구하고 신라를 항상 상위에 두고 있다는 점을 유의하지 않을 수 없다.

다음기록은 이를 뒷받침한다고 생각된다.

> 드디어 무진주를 습격하여 스스로 왕이 되었지만 감히 공공연히 왕을 일컫지 않고 자칭하여 ' 新羅西面都統指揮兵馬制置持節都督全・武・公等州軍事行全州刺史兼御史中丞上柱國漢南郡開國公' 이라 하고 食邑은 2천호라고 하였다.[66]

위의 기록은 견훤이 처음 武珍州를 근거로 하여 세력을 다질 때에 관련된 기록이다. 윗 글에 보이는 바와 같이 스스로 王이라고는 하였지만 공공연하게 稱王하지 못하였을 뿐만 아니라, "新羅西面都統指揮兵馬制置持節都督……"

---

65) 論曰 新羅數窮道喪 天無所助 民無所歸 於是群盜投隙而作 若猬毛然 其劇者 弓裔・甄萱二人而已(『三國史記』 卷50, 論贊).

66) 襲武珍州自王 不敢公然稱王 自署爲新羅西面都統指揮兵馬 制置 持節都督全武公等州軍事行全州刺史兼御史中丞上柱國漢南郡開國公 食邑二千戶(『三國史記』 卷50, 列傳 甄萱).

이라 하여 新羅로부터 관직을 제수 받은 것으로 기록하고 있다. 이런 것은 어쩌면 오히려 신라로부터 그런 작위를 받고 봉록을 받는 것처럼 하여 권위를 인정받으려는 의도에서 비롯된 것은 아닐까 한다. 이 기록은 초기의 것이기 때문에 그렇다고 치더라도 다음 기록은 어떻게 이해하여야 할까?

ⓐ 반드시 백성을 도탄에 빠뜨리고, 국토를 폐허로 만드는 일인 것이다. 이러므로 내가 먼저 채찍을 잡고 홀로 철성을 휘둘러 신라를 정벌하였다. 그 때에 나는 백관들에게는 해를 가리키며 맹세하고 육부에는 정의로운 풍습을 지키도록 가르쳐 주었다. 그러나 뜻밖에 간신이 도망가고 신라왕은 자결하는 사변이 일어났다. 나는 마침내 경명왕의 외종제요 헌강왕의 외손인 사람을 받들어 왕위에 오르도록 권고하여 위태로운 나라를 재건하니, 없어졌던 임금을 다시 드려 세운 공로가 여기에 있는 것이다.[67]

ⓑ 나의 마음은 미운 것을 참고 용서하여 두지 않으며 뜻이 존왕 대의에 간절하기 때문에 장차 조정을 구원하고 국가의 위기를 붙들려고 하였다. 그런데 당신은 털끝 만한 작은 이해에 눈이 어두워 천지와 같은 두터운 은혜를 잊어 버렸다. 군왕을 죽이고 궁궐을 불태웠으며 재상과 관리들을 모조리 살육하고 백성들을 무찔러 없앴다. 궁녀들은 약취하여 수레에 태워갔으며 진귀한 보물들은 약탈하여 짐짝으로 실어갔다. 당신의 죄악은 桀, 紂 보다 더하며 殘忍하기란 맹수보다 심하다.[68]

위 기록 ⓐ는 견훤이 왕건에게 자기의 입장을, ⓑ는 왕건이 견훤에게 보내는 문건이다. 이들은 모두 신라를 上位에 두고 자신들의 입장을 밝히고 있다

---

67) 必使生靈塗炭 宗社丘墟 僕是用先着祖鞭 獨揮韓鉞 誓百寮如皦日 諭六部以義風 不意奸臣遁逃 邦君薨變 遂奉景明王之表弟 獻康王之外孫 勸卽尊位 再造危邦 喪君有君 於是乎在(『三國史記』卷50, 列傳 甄萱).

68) 以僕心無匿惡 志切尊王 將援置於朝廷 使扶危於邦國 足下見毫釐之小利 忘天地之厚恩 斬戮君主 焚燒宮闕 葅醢卿佐 虔劉士民 姬妾則取以同車 珍寶則奪之相載 元惡浮於桀紂 不仁甚於獍梟(『高麗史』世家, 太祖 1 및 『三國史記』卷50, 列傳, 甄萱).

는데 주목할 필요가 있다. 甄萱이나 王建은 각기 君臣의 입장은 아니더라도 적어도 新羅와는 同格으로 생각하지 않고 있다는 것을 확인할 수 있게 하는 대목이다. 견훤은 칭왕은 했지만 신라의 관직을 제수하는 입장에서 景哀王 被誅 사실과 敬順王 擁立의 사실을 (사료 ⓐ) 기록하고 있다. 왕건 역시(사료 ⓑ) 똑같은 입장에서 甄萱의 포악무도한 행위를 규탄하고, 王建 자신은 장차 임금(新羅王)을 도와서 나라의 위태로움을 극복코자 한다고 하였다. 사료 ⓐ 는 견훤이 왕건에게, 사료 ⓑ는 왕건이 견훤에게 보내는 일종의 외교문서인데 사료에 나타난 바와 같이 ⓐⓑ 모두 新羅에 대해 邦君, 邦國, 君王, 宗社, 尊王 등과 같은 용어를 사용하고 있는 것을 알 수 있다. 이렇게 신라에 대해 존칭을 사용하고 있는 것은 견훤이나 왕건 모두 신라를 同格으로 생각하지 않고 상위에 두고 있었다는 對 新羅認識態度가 아닐까? 그렇다면 이 시기를 후삼국이 정립한 시기라고 보기는 어려울 것 같다. 차라리 豪族聯立時期라고 하는 편이 더욱 설득력 있는 것은 아닐는지? 이러한 추론이 가능하다면 신라 말기의 여러 호족들 가운데 가장 두드러진 실력자로서의 甄萱이나 王建(弓裔) 이 사용했던 王號는 상징적인 의미를 지녔을 뿐, 하나의 왕조로서 실제적인 역할을 기대할 수는 없었다고 본다.

　물론 왕조중심의 시각과 사회중심의 그것은 다를 수 있고 따라서 견해도 달라질 것이다. 그러나 당시의 시회 전반에 걸쳐 통합적으로 접근 밀착해서 규명하고 규정해야 한다는 것이 역사학의 기본전제라고 한다면 이 시기를 후삼국시대라고 규정한 것이 과연 타당한가 라는 의문을 제기하지 않을 수 없다. 필자는 본고를 작성하는 과정에서 이러한 문제에 부딪쳤고 그 해답으로 이 시기를 豪族聯立期로 보는 것이 더욱 설득력 갖는 게 아닌가 하는 결론에 도달했다. 先學들의 叱正을 바란다.

고려
평양
송악
(개성)
철원
(철원)
패강진
(평산)
북원
(원주)
명주(강릉)
북진(삼척)
혈구진(강화)
당성진(남양)
죽주
(죽산)
고칭
(안동)
니어진(안강)
운주(홍성)
웅주(공주)
금성(경주)
강주
(진주)
신 라
완산
(전주)
금성(나주)
후백제
대마도
진도
청해진(완도)
(천진)
등주
황하
모평현
문등현
유산포
적산촌
대
당
운
하
대주산
숙성촌
연수
초주
회 수

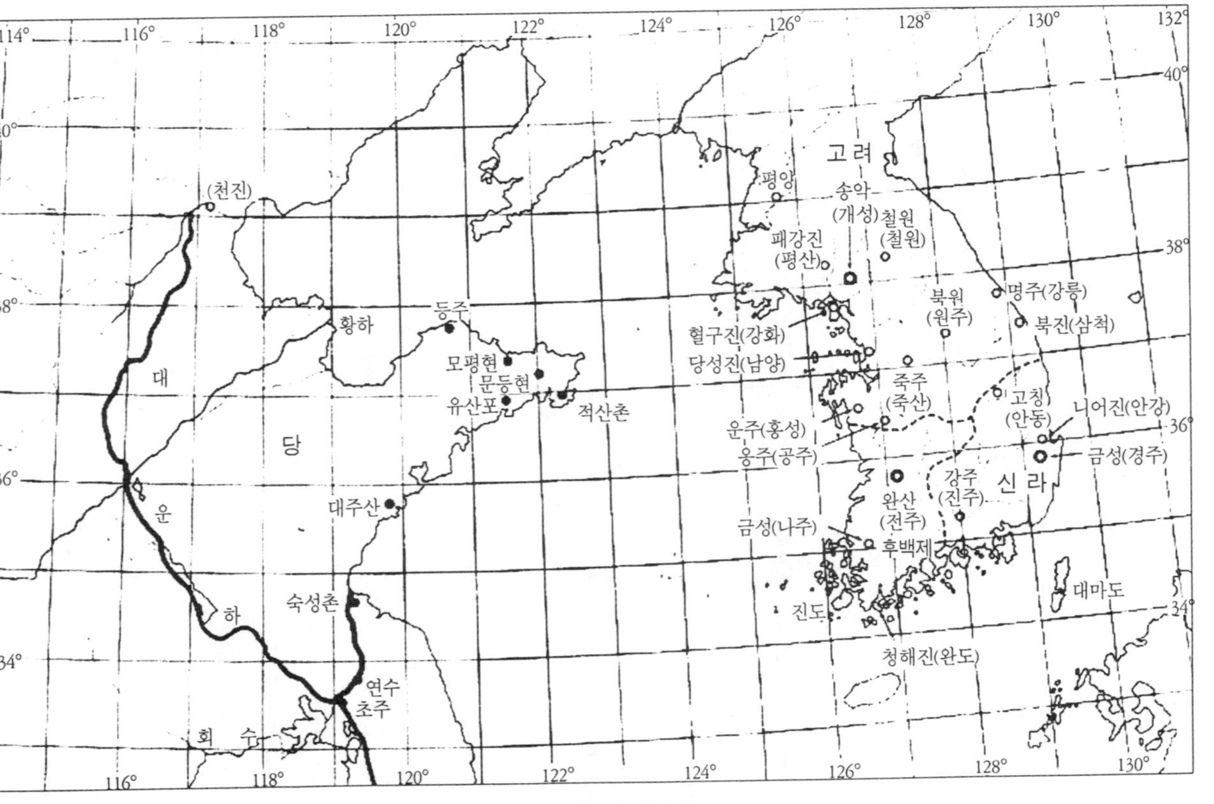

〈圖 2〉 신라말 형세도

2. 高麗時代 漣川遷都說에 대하여

우리 역사상 한 시기의 社會가 다음 시기의 사회로 전환된 역사적 경험은 적지 않지만, 그 중에서도 羅末麗初는 그 변동의 양상이나 성격에 있어서 특히 주목을 받고 있다. 그것은 첫째 이 시기의 사회변동이 다른 어느 시기의 변동보다도 외부세력이 개재되지 않고 우리 민족의 자주적 사회변화능력에 의해서 이루어졌기 때문이며, 둘째 이 시기의 변화는 신라사회가 자체 내에서 스스로 배태시킨 反社會的·反文化的 요인으로 말미암아 자기사회가 부정되고 새로운 사회가 구성되었다는 점 때문이다. 나말여초의 이러한 역사적 전이과정을 주도하는 계층이 바로 豪族層이라 함은 잘 알려진 사실이다.[1] 신라하대의 호족은 일반적으로 중앙의 정쟁에서 도태된 귀족들이 낙향하여 지방세력화 한 경우와 대대로 그 지방에 토착해 온 토착세력, 그리고 군진을 배경으로 성장한 군진세력들로 구분할 수 있다.

이와 같은 호족은 정치적으로는 독자적 지배권을, 경제적으로는 중앙과의 조직체계에 얽매이지 않았고 사상적으로도 유교적 합리주의를, 종교적으로는 교리보다는 개인적인 수양에 무게를 둔 禪宗에 관한 이해를 넓히는 등 신라 중앙귀족 및 왕실과는 대립적인 성격을 갖게 되었다. 이것은 다시 말해 호족집단의 성격이 骨品制的 사회운영에 정면으로 대항하는 反新羅的 체질을 가

---

1) 金哲埈, 「韓國古代社會의 性格과 羅末麗初의 轉換期」, 『韓國古代社會研究』, 1975.

지는 것을 의미한다. 당시의 호족들이 그들 出身州나 城을 중심으로 「某州將軍」, 「某城將軍」 등으로 불리면서 독립 집단적 정치세력으로 등장하게 되는 것은 이러한 배경과 성격에 기인한다고 하겠다.

이와 같이 신라하대에 수많은 호족이 각 지역에 등장하였지만 漣州地方 호족의 존재는 현재로서는 확실치 않다. 그러나 궁예의 세력이 이 지역을 중심으로 하여 형성된 것은 아닐까 추측해 볼 수는 있다. 왜냐하면 궁예는 양길의 휘하에서 출발하여 中東部 수십 縣을 점령하고 鐵圓을 중심으로 등장하여 황해도, 경기도지역의 통합세력으로 성장하기 때문이다. 따라서 본고에서는 이 시기에 궁예의 세력이 미쳤다고 생각되는 功成縣을 중심으로 漣川지역의 옛 모습을 살펴보고 고려시대 漳州라고 불리어진 漣川지역의 지방통치체제의 변동 등을 구체적으로 살펴보고자 한다. 그리고 고려말 적지 않게 논의된 천도설에 대하여 연천을 중심으로 한 近畿지역의 여러 지역을 살펴봄으로서 조선초 한양천도가 자연스럽게 이루어 질 수 있었던 배경을 찾고자 한다. 이렇게 고려말에 집중적으로 이루어진 천도논의는 당시의 혼란한 사회상과 무관하지 않을 것이다. 이것은 고려 일대를 풍미한 풍수도참사상이 이 시기에 이르러서는 移御, 遷都중심으로 유행하면서 혼란한 사회상을 극복하려했다는 점에서 주목되기 때문이다.

1) 弓裔와 功成縣

원래 연천지역은 고구려의 영토인 工木達縣 (熊閃山)이었는데, 신라 통일기에 功成縣으로 편제되었다가 고려시대는 거의 대부분 漳州로 불렸다. 고려 후기 충선왕이 즉위한 후 避諱2)하여 기존의 漳州를 漣州로 개칭하였고, 漣川으로 불리게 된 것은 아마도 조선시대 와서의 일인 듯하다.3)

---

2) 忠宣王의 이름은 '璋'인데 음역이 '장'과 같으므로 '漳'을 피하여 같은 뜻을 지닌 '漣'으로 쓰게 되었던 것 같다.

3) 연천의 연혁에 대한 기본사료는 『高麗史』(卷 第58 志 第12 地理3)라 할 수 있고, 『三國史記』와 『世宗實錄地理志』, 『新增東國輿地勝覽』 등을 참고할 수 있

신라말 특히 진성여왕 이후 신라의 중앙정부는 지방에 대한 통제력을 거의 잃고 말았다. 중앙의 통제권을 대신하며 중앙정부에 대해 독립적인 지위를 누리는 호족들이 각지에서 일어나고 있었기 때문이다. 그 뿐 아니라 중앙의 통제력 부재 속에 도적들이 횡행하고, 또한 중앙정부에 대한 반란도 빈번하였다. 신라 하대 혼란한 사회상황 속에서 연천이 어떠한 길을 밟아 갔는가는 나말여초 이 연천 지역을 일찍이 자기 세력화 했던 弓裔의 활동 속에서 비로소 찾아 볼 수 있게 된다.

『三國史記』에 의하면 弓裔는 신라 47대 憲安王 誼靖 혹은 48대 景文王 膺廉의 아들로 5월 5일 외가에서 출생하였으며, 10여세까지 婢子의 손에서 양육되다가 世達寺에서 중이 되었다고 한다.[4] 진성왕5년(891), 弓裔는 竹州의 箕萱에게 귀의하였다가 그에게 천대받고 나와 다음해 北原의 梁吉의 휘하로 들어갔다.[5] 양길 휘하에 들어간 이후 弓裔의 활동을 알려주는 기사를 통하여 그의

다. 연천이 지금과 같이 연천으로 불리게 된 사실은 『高麗史』지리지에는 나와 있지 않다. 『世宗實錄地理志』에는, 공양왕대 지방제도 개편기사를 인용하는 부분에서는 '漣州'로 기록되어 있고, 조선시대 鐵原都護府의 領縣의 하나로는 '漣川'이라 기록하고 있다. 같은 책에서 한 곳의 지명을 이렇게 다르게 기록한 것은 고려 공양왕대와 조선시대의 연천이 분명 다르게 불리고 있었기 때문에 이를 구별하기 위해서라 생각된다. 또한 『三國史記』에도 공성현을 지금(고려)의 '獐州'라고 기록하고 있다. 『新增東國輿地勝覽』연천현조에 '충선왕때 지금의 이름으로 고쳤다'고 기록하고 있으나 이상의 다른 제반 기록들을 참고해 볼 때 '연천'이라 불린 것은 조선시대에 들어와서 였던 것이라 보아도 무리가 없을 듯 하다. 충선왕때에 가서 避諱하여 獐州를 漣州로 개칭했나는 『高麗史』의 세가와 열전의 기록에 의하면, 고려시대 대부분의 기간동안 연천은 '장주'로 불렸던 것 같다. 그러나 『高麗史』나 『高麗史節要』에서는 위의 개칭기사외에는 장주를 모두 연주로 기록하고 있다. 이는 이 두 사서가 모두 연천이 '연주'로 불리던 조선시대초에 편찬된 사서이기 때문일 것이라 짐작된다. 따라서 여기서는 충선왕 이전까지는 漳州, 충선왕 이후부터는 漣州라 부르기로 한다. 왜냐하면 연천이란 지명은 조선시대에 와서 통용되던 이름이기 때문이다.

4) 『三國史記』 권50, 弓裔傳.

5) 『三國史記』 권11, 진성왕5년(891) 10월조에는 그 때 弓裔가 양길의 명에 따라 정복활동을 한 것으로 되어 있다. 그렇다면 弓裔가 양길의 부하가 된 것이

출세과정을 살펴보도록 하자.

> 景福元年(진성왕6년 : 892)에 北原(原州)의 梁吉에게 가니, 吉이 잘 대우
> 하며 일을 맡기었다. 드디어 군사를 나누어 주면서 동쪽으로 가서 공략하
> 게 하니, 이에 그는 雉岳山 石南寺에 出宿하고, 酒泉·奈城·鬱烏·御珍
> 등을 습격하여 모두에게 항복을 받았다. …… (中略) ……
> 乾寧元年(진성왕8년 : 894) 10월[6])에는 溟州(江陵)로 들어가니, 군사가 3
> 천5백인이나 되었다. 이를 14隊로 나누어 金大黔·毛昕·長貴平·張一[7])
> 등으로 舍上을 삼고 사졸과 더불어 甘苦와 勞逸을 같이 하며, 주고 빼앗고
> 하는데 있어서도 公으로 하고 私로 하지 아니하니, 이로써 衆心이 그를 두
> 려워하고 경애하여 將軍으로 추대하였다. (『三國史記』 권50, 弓裔)

弓裔는 명주로 들어가서 장군을 칭하였다.[8]) 나말여초의 '호족'이라 하면, 사
료에 某某지역의 城主나 將軍을 칭한 경우를 전형으로 삼고 있다.[9]) 그에 비추

적어도 891년 10월이전이어야 한다. 그렇지만 同書 弓裔전에는 891년 기훤에
게 의탁했다가 다음해인 892년 양길의 부하가 된 것으로 기록되어 있다. 弓裔
의 행적에 관한 기사이니 만큼 弓裔 개인의 傳이 그 선후관계를 보다 주의를
기울여 기록하였을 것으로 생각된다. 따라서 본고에서는 弓裔傳의 기사를 따
르기로 한다.

6) 『三國史記』 권11, 진성왕8년(894) 10월조에 弓裔가 북원으로부터 何瑟羅(강릉)
   곧 명주로 들어갔다는 기사가 있다. 이에 궁예전에는 없지만 '10월'을 보충하
   여 넣는다.

7) 이병도 譯註(『三國史記』, 1983, 397쪽)에 따른다. 이와 달리 김철준(「후삼국시
   대의 지배세력의 성격」, 『이상백박사회갑기념논총』, 1964;『한국고대사회연
   구』, 1975, 254쪽)은 金大·黔毛·昕長·貴平·張一 로 읽었고, 조인성(「弓
   裔의 세력형성과 건국」, 『진단학보』 75, 1993, 2쪽)이 그의 견해에 따랐다. 또
   鄭淸柱(「弓裔와 호족세력」, 『전북사학』 10, 1986, 12쪽)는 金大黔·毛昕長·
   貴平·張一로 읽는 등 다양한 견해가 있음을 밝혀둔다.

8) 『三國史記』 권11, 진성왕8년 10월조에는 弓裔가 장군을 자칭한 것으로 나온
   다. 자칭을 한 것이든, 열전에서처럼 장군으로 추대를 받았든 그것은 그리 중
   요하지 않다. 중요한 것은 弓裔가 이 시기에 장군을 칭했다는 사실이다.

9) 호족에 대해서는 그간 많은 연구성과가 있다. 연구자들이 城主·將軍을 칭한
   자를 호족의 전형으로 보는 것은 일반적이다. '호족'이란 용어가 문제가 있음
   은 이미 지적된 바이지만(이순근, 「나말여초 '호족' 용어에 대한 연구사적 검

어 볼 때 궁예가 장군을 칭하였다는 사실은 최소한 양길의 부하로서라기 보다는 독립된 세력기반을 가진 자로서의 위상을 대외적으로 인정받고자 했다는 사실을 말해주는 것이라 생각된다.[10] 궁예에게 이 시기는 중대한 전환기였다. 즉 궁예가 장군을 칭한 이 시기는 후삼국 중의 하나인 후고구려 건국의 기틀을 마련한 때이기 때문이다.

　궁예가 명주에 들어갈 당시 이끌고 있었던 무리가 6백여명[11]이었는데, 명주에 들어가서는 3천5백명으로 늘어났다. 명주로 들어가는 과정에서, 혹은 명주에서 2천 9백명에 이르는 병력을 더 모았던 것이다. 또 3천5백명을 14대로 나누고, 그를 지휘할 舍上을 두는 등 부대의 체제를 정비하였다는 것은 이를 뒷받침한다고 생각된다. 또 명주는 다른 지역과 달리 弓裔가 '들어갔다(入)'고 표현되고 있다.[12] 즉 다른 지역에 대해서는 '行襲'·'擊破'·'攻取' 등의 표현을 썼는데 여기시는 그냥 '들어갔다' 고 하여 다른 지역과 구별하고 있다는 점도 주목된다. 즉 명주지역의 호족들은 다른 지역들의 경우와 달리 궁예에게 적극 호응하였거나 크게 저항하지 않았기 때문에 이렇게 표현하였으리라 짐작되기 때문이다. 궁예부대의 증가, 체제정비와 함께 명주지역의 호응은 궁예

　　토」,『성심여자대학논문집』19, 1987), 이 글에서는 나말여초 유력지방세력을 지칭하는 용어로서 아직까지 일반화되어 있는 '호족'을 그대로 사용하기로 한다.

10) 弓裔가 장군을 칭하였다는 사실을 弓裔의 독립으로 보는 것은 이미 지적된 바이다. 정청주, 앞의 논문, 15쪽 및 조인성, 앞의 논문, 3쪽. 성주·장군을 칭하는 호족들이 대개 10세기 들어서 많이 출현하고, 또 弓裔가 장군을 칭하는 것은 거의 최초의 일이기 때문에 이때 지방의 독립세력으로서 장군이라고 칭한 것으로 단정하기는 어렵다. 또한 弓裔가 왕족의 후손이라고는 하나 이렇다할 지지기반없는 상태에서 양길의 휘하로 들어간지 불과 1년여만에 양길로부터 완전히 독립하였다고 할 수 있을지 의문이다. 그렇기는 하지만 그가 장군을 자칭하였든, 장군으로 추대받았든 장군을 칭했다는 기록이 있는 것은, 그가 최소한 일정한 세력기반을 갖추게 되었음을 보여주는 것임이 분명하다 하겠다.

11)『三國史記』권11, 진성왕8년 10월조에는 何瑟羅(명주)로 들어갈 때 무리가 6백여인이었다고 기록하고 있다.

12) 조인성, 앞의 글(3쪽)에서 지적하고 있다.

의 자립에 커다란 역할을 했음이 분명하다. 궁예가 명주를 기반으로 어떻게 세력을 키워 나갔는지 다음의 사료를 통해 살펴보기로 하자.

- 이에 猪足(인제)·牲川(화천)·夫若(금화)·金城(금화군 금성면)·鐵圓(철원) 등 성을 격파하고 군사의 성세가 매우 떨치매, 浿西의 賊寇로서 와서 항복하는 자가 많았다. 善宗(弓裔)이 스스로 생각하기를, 무리가 많으므로 개국할 수 있다고 하여 임금을 자칭하고 내외의 관직을 설치하였다. 태조 왕건이 松岳郡에서 來投하자 곧 鐵圓郡太守를 제수하였다. (『三國史記』 권50, 弓裔)

- 895년 8월 弓裔가 猪足(인제)·牲川(화천)의 두군을 襲取하고 또 한산주관내 夫若(금화)·鐵圓(철원) 등 십여 郡縣을 破하였다.(『三國史記』 권11, 진성왕9년)

- 丙辰(896)에 (弓裔가) 철원(지금의 東州다)에 도읍하였다.(『三國遺事』 1 王曆 後高麗 弓裔)

- 3년(乾寧; 896) 僧嶺·臨江의 두현을 공취하였다.(『三國史記』 권50, 弓裔)

사료에 나타나듯이 명주를 기반으로 궁예는 매우 빠르게 세력을 확장해 나간다. 궁예는 명주에 들어간지 겨우 10개월 후인 895년 8월 강원도 인제·화천을 자기세력화하고 금화쪽으로 광주산맥을 넘어 철원까지 진출한다. 이미 광주산맥을 넘어 철원을 세력하에 두고 있는 이때, 철원과 경계를 같이 하고 있는 연천 지역도 궁예의 영향력에서 벗어나 있다고 하기는 어려울 것이다. 그것은 연천 지역에 특기할만한 호족세력이 보이지 않는 점에서도 추론이 가능하다고 본다. 즉 연천 지역에 어느 정도의 세력을 가진 유력자가 없었기 때문에 주변지역이 궁예 세력하로 편입해 갈 때 연천도 더불어 그 영향력 아래 들어갔을 가능성이 크다고 할 수 있다. 궁예는 이 강원도 서쪽지역을 점령하면서 크게 세력을 키워, 마침내 임금을 자칭하고 내외 관직을 설치하기에 이르렀던 것이다.

이와 같이 궁예가 철원지역을 점령한 것은 궁예의 건국에 결정적 계기가 되었다. 철원지역을 점령한 뒤 浿西지역의 많은 호족들이 궁예에게 '귀부'하였고, 궁예는 드디어 철원에 도읍하고 건국하기에 이른 것이다.13) 그렇다면 철원지역은 구체적으로 궁예에게 어떤 기반을 제공했을까?

궁예가 철원지역을 점령하기 30년전인 865년에 철원의 到彼岸寺에 鐵造毘盧遮那佛이 만들어졌다.14) 이 불상은 도피안사의 "成佛之侍士"들과 천5백여명의 香徒들이 조성하였다고 한다. "成佛之侍士"들은 도피안사의 승려들이었을 것으로 보인다.15) 이 천오백명에 대해서는 구체적으로 알 수 없지만 대부분은 철원과 그 인근지역 주민이었을 것이다.16) 身高 100.5㎝에 달하는 이 불상을17) 만든 사람들은 대체로 어느 정도 경제적인 여유를 갖고 있었던 농민들, 아마도 자작농이 아니었을까 한다.18) 이렇게 대규모의 철불을 자체적으로 민들 수 있었던 이 지역의 경제적 능력은 궁예가 건국하면서 이 철원을 근거지로 삼은 한가지 이유가 될 수 있다고 본다.

경제적 능력과 함께 철원 지역주민들이 불상을 만들게 되었던 사상적 배경 또한 궁예와의 연관성을 지울 수 없게 한다. 향도들은 석가가 입적한 후 '三十(千)光'이 비치지 않은 지가 1806년이 되었음을 슬퍼하여 불상을 조성하였다고 한다. 일반적으로 석가가 입적한 후 正法 5백년, 像法 천년이 지나면 末法의 시대, 곧 말세가 온다고 한다. 향도들이 당시를 하필 석가가 입적한 해를 기준으로 계산하여 1806년이 되었다고 하였음은 곧 그들이 당시를 말세라고 인식하고 있었음을 알려준다고 하겠다. 도피안사의 향도들이 주로 철원일대의 호족들과 자영농들로 구성되어 있었던 것임을 볼 때, 그러한 처지의 향도들이 말세의식을 갖고 있었다면 하층농민들은 더욱 그러하였을 것이다. 말세

---

13) 『三國史記』 권50 弓裔傳.

14) 『朝鮮金石總覽』 上, 「到彼岸寺 毘盧遮那佛造像記」, 54~55쪽

15) 蔡雄錫, 「高麗時代 香徒의 社會的 性格과 變化」, 『국사관논총』 2, 1989, 96쪽

16) 文明大, 「新羅下代 毘盧遮那佛像彫刻의 研究(속)－ 신라하대 불교조각의 연구
    (2)－」, 『미술자료』 22, 1978, 31쪽

17) 문명대, 「신라하대 불교조각의 연구 (1)」, 『미술자료』 21, 1977, 19쪽

18) 조인성, 앞의 글, 20~21쪽

를 구제할 수 있는 것은 미륵불의 下生 뿐이라는 당시의 폭 넓은 구원사상을 떠올리면 철원 등지의 점령지 주민들은 미륵불 하생의 이상세계가 곧 올 것이라 내세우는 궁예에게 적극적으로 호응하게 된 것은 자연스런 현상이었을 것이다.[19)

　이처럼 철원의 경제력, 지역민들의 적극적인 호응과 패서호족들의 귀부에 힘입어 궁예는 임금을 자칭하고 내외 관직을 설치할 수 있었다. 왕건집안이 궁예에게 귀부한 것도 바로 이즈음의 일이다. 연천지역이 궁예에게 편입된 것도 이때로부터 머지 않은 시기였을 것으로 추측된다. 진성왕 10년(896), 이해 궁예는 현재 연천 지역인 僧嶺과 長湍인 臨江을 점령한 것으로 나타난다. 따라서 늦어도 896년에는 연천이 궁예의 세력하에 편입되었다고 보아 좋을 것 같다. 군사적 기반이 강하였던 평주의 대호족 朴遲胤을 비롯한 패서호족들과[20) 상당한 경제력을 확보하고 있었던 王建家와 제휴하였던[21) 궁예는 효공왕 2년(898) 7월 철원을 떠나 송악(개성)으로 천도하였다. 이것은 궁예가 천도한 의도를 엿볼 수 있게 하는 부분이다. 즉 궁예가 패서호족인 박지윤과 송악호족인 왕건가와의 결합을 공고히 하여 그들의 군사적·경제적 기반을 활용하려는 의지의 표현이라고 할 수 있다. 송악으로 천도한 이듬해인 899년 궁예는 북원을 중심으로 대세력을 형성하고 있었던 양길과 겨뤄 승리를 거두었는데, 이는 궁예의 송악천도가 성과를 거두었음을 말해주는 것이다.

　양길을 격파함에 따라 그 이듬해(900) 궁예는 남쪽으로 영역을 늘릴 수 있는 기회를 얻게 된다. 廣州와 唐城(南陽)을 수중에 넣음으로써 궁예는 한강 하류유역을 확보하고, 나아가 서해 활동의 기반을 다짐으로써 해상으로부터 후백제를 견제할 수 있게 되었다. 이러한 정복활동의 성공적 수행은 901년 궁예가 후고구려를 세울 수 있는 바탕이 되었다고 할 수 있다.[22)

---

19) 조인성, 앞의 글, 23쪽
20) 정청주, 「신라말 고려초 호족의 형성과 변화에 대한 一考－平山朴氏의 一家
　　門의 實例 檢討－」, 『역사학보』 118, 1988, 3～15쪽
21) 朴漢卨, 「後三國의 成立」, 『한국사』 3, 국사편찬위원회, 1976, 635쪽
22) 河炫綱, 「高麗建國의 經緯와 그 성격」, 『한국중세사연구』, 1988, 25～27쪽

이후 경명왕 2년(918) 洪儒·裵玄慶·申崇謙·卜智謙 등이 모의하여 왕건을 추대하고 혁명을 일으키니 백성들도 이에 호응하여 궁예를 축출하고 왕건이 왕위에 오르는 상황이 되었다. 이제 연천 지역은 다른 태봉지역과 마찬가지로 왕건의 고려로 편입하게 되었으며 이후 고려의 양계로, 혹은 경기도 州縣의 일부로 통치되었다. 왕건은 국호를 다시 고려라 하여 고구려의 부흥과 계승이념을 뚜렷이 하였다. 다음해에는 서울을 자신의 본거지인 송악으로 옮기어 자신의 정치적·군사적인 기반을 확고히 하였던 것으로 보인다. 이렇듯 궁예와 왕건이 철원과 송악을 오가며 세력을 확장하고 있을 때 통일신라시대 공성현으로 불렸던 연천지역도 그들과 浮沈을 함께 하였을 것이라 생각된다.

2) 高麗時代의 漳州

고려시대에 연천지역은 어떤 길을 걸었을까? 고려시대 지방제도가 본격적으로 정비되기 시작한 것은 성종대이다. 연천 지역 역시 성종14년이 되어서 團練使를 두었다는 기록이 첫 지방관 파견기사로 등장한다.[23] 통일신라시대 鐵城郡 功成縣으로 편제되었던 연천은 고려시대에는 주로 漳(獐)州라는 이름으로 불렸으나 언제부터 그렇게 불렸는지 확실한 기록을 찾기는 어렵다. 그렇더라도 본고에서는 고려 전시대의 대부분을 '장주'로 이름하였던 명칭을 그대로 살려 명칭이 변경되는 충선왕 때까지는 漳州라고 하기로 한다.

고려 초기에는 지방호족세력이 강대했던 반면 중앙 행정력은 매우 미약했기 때문에 지방관을 파견하기 어려웠다. 때문에 태조는 서경을 경영함으로써 왕실세력의 기반을 보완하거나 군사상의 목적으로 鎭과 都督府·都護府 등 특정지역을 두어 경영하였다 함은 잘 알려진 사실이다.

태조 23년(940) 왕건은 州府郡縣의 칭호를 고치는 등 지방통치에 관심을 기울이는 것으로 나타난다.[24] 이 지방제도 개편의 특징 중 하나는 대소 읍격에

---

23) 『高麗史』 권58, 지리3 東州 領縣 漳州縣.
24) 『高麗史』 권2, 태조23년 3월조, 同書 권56, 지리1 및 『高麗史節要』 권1, 태조

관계없이 州가 많이 생긴다는 것이다.25) 이처럼 같은 해에 주부군현의 칭호를 고친 것에 대해서 태조의 군현 장악으로 보아야 한다는 적극적인 해석을 하려는 견해도 있고26), 또 신라적 내지는 후백제적인 지방행정체계를 명칭상으로나마 고려적인 것으로 개편하려 한 것이었다는 견해도 있다.27) 결국 태조 때의 지방통치 조직은 크게 호족의 지배력이 강한 지역인 州縣지역과 군사상의 요충지역인 진·도호부·도독부 지역, 그리고 왕실세력의 기반이 되는 지역(서경)에 따라 각각 차이가 있었다고 보아야 할 것이다.28)

태조때 군현제 개편은 三韓功臣의 책정, 役分田의 제정 등과 밀접한 관련이 있는 일련의 조처였다. 이리하여 태조 말년에는 군현 단위의 작은 州와 이 보다 큰 州가 섞여 있는 상태였다. 이들 지역에는 외관이 파견되지 않았고, 대체로 지방세력의 자치에 맡겨져 있었다. 다만 도호부·도독부 등의 일부 지역에만 외관이 존재하였다. 이러한 군현제의 혼란상은 왕권의 강화와 더불어 개편될 필요성을 내재하고 있었던 것이다.

고려 성종 이전인 태조 23년 지방제도가 새로이 개편되면서 연천은 漳州라는 이름을 갖게 되었던 것이 아닐까 생각된다. 왜냐하면 이때 지방제도 개편의 특징 중 하나가 대소읍격에 관계없이 州가 많이 생겼다는 점에서 추측이 가능하기 때문이다. 그러나 고려시대 전체를 보아도 지방관이 파견되지 않은 지역이 더 많아서 지방행정이 주로 향리에 의해 운용되었다는 점을 생각하면 고려초기처럼 아직 지방제도가 틀을 잡지 못한 때에 연천 지역의 행정은, 고

23년 3월.

25) 金甲童, 「'고려초'의 州에 대한 고찰」, 『高麗史의 제문제』, 1986, 삼영사.
26) 邊太燮, 「고려초기의 지방제도」, 『한국사연구』 57, 1987.
   朴宗基, 「고려태조23년 군현 개편에 관한 연구」, 『한국사론』 19, 1988
   박종기, 「高麗史 지리지의 '고려초' 年紀 實證」, 『이병도구순기념논총』, 1990.
   김갑동, 「고려 태조대 군현의 來屬關係形成」, 『한국학보』 52, 1980.
27) 李基白, 「高麗 太祖時의 鎭」, 『역사학보』 10, 1968, 『고려병제사연구』, 1966, 일조각.
28) 하현강, 「지방의 통치조직」, 『한국사』 13 고려전기의 정치구조, 국사편찬위원회, 1993, 160~161쪽

려의 중앙에서 미쳐 향리로도 파악되지 못하고 있는 연천 지역 유력자에게 맡겨져 있었을 것으로 짐작된다. 이제 연천 지역의 지방통치체제의 대강을 살펴봄으로서 고려시대 연천에 대한 이해를 돕고자 한다.

(1) 성종14 − 목종8(團練使時代)

지방세력에게 맡겨졌던 연천 지역에 처음으로 중앙에서 외관을 파견하게 되는 것은 앞에서 언급한 대로 성종 14년(995) 漳州에 團練使를 파견하면서부터이다. 성종이 지방제도 정비에 착수한 것은 성종 2년(983)의 일이다. 성종은 12목을 설치하고[29] 향리제를 정비하는[30] 등 지방제도의 정비작업에 힘을 쏟았다. 12목이 실제로 실시된 것은 설치에 이은 몇 가지 조치들로 알 수 있다. 12목 설치 당시에는 외관만을 부임케 하였으나 성종 5년(986)에는 12목에 대하여 처자들을 거느리고 부임케 하여[31], 지방관이 안징된 생활기반 위에서 지방행정에 전념토록 하였다. 또한 경제적 기반조성에도 힘써 성종 2년 州·府·郡·縣·館·驛에 田地를 지급하였다.[32] 성종 6년(987) 8월에는 12목마다 경학박사와 의학박사 각 1인씩을 뽑아 보내어 지방 교육을 담당하게 하는 한편[33] 성종 12년(993)에는 兩京·12牧에 상평창을 설치하여 물가조절의 기능을 맡게 하기도 하였다.[34]

성종은 동 14년(995)에 다시금 지방제도 개편을 단행한다. 성종 2년부터 실시된 12牧에 節度使를 두어 12절도사제로 바꾸고 10道制[35]를 시행한 것이다.

---

29) 『高麗史』 권3 성종2년 2월.

30) 『高麗史』 권75, 銓注 鄕職 성종 2년 및 『高麗史節要』 성종 2년 12월 改州府郡
   縣吏職 그리고 拙稿, 「고려향리제도의 성립」, 『역사학보』 63, 1974 등 다수의
   논문이 이를 밝히고 있다.

31) 『高麗史節要』 성종6년 8월.

32) 성종12년에는 州·府·郡·縣·驛路에 公廨田柴를 지급하였다(『高麗史』 권
   78, 志32 食貨1 田制 田柴科).

33) 『高麗史節要』 성종6년 8월.

34) 『高麗史節要』 성종12년 2월.

35) 『高麗史』 권3, 성종14년 9월 庚戌. 同書 56 지리지1. 『高麗史節要』 성종14년 7월.

절도사체제는 당나라에서 安史의 난 후에 절도사 이하 관찰사·단련사·방
어사 등 군사적으로 편성한 지방제도였음은 다 아는 바와 같다. 고려도 이러
한 唐制에 따라 12목이 설치된 큰 주에 12절도사를 두고 7都團練使·11團練
使·15刺史·21防禦使를 설치하여 군사적인 절도사체제로 개편하였다.

牧을 절도사제로 바꾼 것은 단순한 명칭변경만이 아니었다. 이때에 와서 군
사적인 면이 크게 강조되고 있는 것이다. 14년에 이런 조치가 취해진 배경은
확실치 않지만, 서로 상반되는 두 가지 견해가 있다. 하나는 군사적인 조직으
로 지방 호족세력을 통제하여 중앙집권을 꾀한 조치일 것이라는 설36)과 다른
하나는 당시 외관이 파견된 지역은 고려에 호의적인 호족이 지배하였던 곳이
라는 사실을 들어, 이들 지방세력을 대소 지방제도의 조정과정에 반영하기 위
한 조치라고 보는 설이 그것이다.37) 확신할 수는 없지만 節度使·團練使 등
의 명칭과 그 역사적 연원을 볼 때 군사적으로 주요한 지역을 중심으로 이들
을 중앙에서 장악해 나가고자 하여 취했던 것이 아닐까 생각된다.

절도사를 두었던 12주는 關內道의 楊州·海州·廣州·黃州, 中原道의 忠
州·淸州, 河南道의 公州, 江南道의 全州, 嶺南道의 尙州, 山南道의 晉州, 海陽
道의 羅州·昇州인데, 嶺東道·朔方道·浿西道에는 절도사를 두지 않았다.
이 해에 영동도에는 東京留守使가, 패서도에는 西京留守使가 설치되었다. 그
리고 이보다 작은 주에 7都團練使·11團練使·15刺史·21防禦使를 설치하
였다. 이 때 關內道의 抱州(포천)·水州(부평)·衿州(시흥)·竹州(죽산), 朔方
道의 交州(회양)·春州(춘천)·東州(철원)·登州(안변)·溟州(강릉)·陟州
(삼척)와 함께 지금의 연천지역인 朔方道의 漳州에도 단련사가 두어진 것으로
파악된다.38)

---

36) 金光洙, 「나말여초의 지방학교문제」, 『한국사연구』 7, 1972.
　　김광수, 「나말여초의 호족과 관반」, 『한국사연구』 23, 1979.
　　蔡尙植, 「정토사지 법경대사비 음기분석」, 『한국사연구』 36, 1982.
37) 李純根, 「고려초 향리제의 성립과 실시」, 『김철준박사화갑기념논총』, 지식산
　　업사, 1983.
38) 『高麗史』 권56~58, 지리지1~3.

그러나 이 절도사제는 실제 행정면에서는 큰 성과를 거두지 못한 것 같다. 10년 후인 목종8년(1005)에 12節度使와 4都護府, 東西 北界 防禦鎭使·縣令·鎭將만을 두고, 나머지 觀察使·都團練使·團練使·刺史 등이 모두 혁파되기 때문이다.[39]

성종14년(995) 10도제실시와 함께 많은 외관이 파견되면서 漳州는 10도 가운데 朔方道로 편제되고 동시에 團練使가 파견되어 중앙의 통치를 받게 되었던 것으로 보인다. 그러나 불과 10년후인 목종8년(1005)의 지방제도 개편때 漳州의 團練使도 다른 단련사들과 함께 혁파되었다.

(2) 명종5년 - 예종이후(監務時代)

현종대 지방제도의 기본구조가 마련되었지만 전국의 모든 州府郡縣에 외관을 파견하지 못하는 고려의 중앙정부로서는 대안으로서 긱 지방 향리들을 조직화하고 체계화하였다. 목종8년(1008)에 단련사조차 혁파된 뒤 외관 없이 속현으로 있었던 漳州는 고려 초기의 지방세력과는 이제 다른 면모를 갖추게 된 향리들에 의해 지방 행정이 이루어졌을 것으로 짐작된다.[40]

지방제도의 정비과정에서 특기할 만한 사실은 예종대(1009~1031)에 또 나타난다. 속현에 대한 監務의 파견이다. 현종9년(1018) 당시에는 현령관이 많아야 29현 정도였으므로, 335현에서 이들 29현을 뺀 306현은 외관을 두지 않은 속현이었던 셈이다. 고려국가는 속현을 줄이려는 노력을 계속하였다. 감무 파견은 이런 상황을 전제로 하여 시행되었다. 감무는 예종대를 시작으로 하여 인종·명종·공양왕때까지 계속해서 파견되었다. 감무를 파견했던 이유는 넓게 보면 중앙 집권화의 진전 내지 제도정비의 일환이겠지만, 구체적으로는 당시 국가의 입장에서 流民安集과 더불어 所의 장악 및 수조권자에 대한 통제의 필요성이 있었기 때문이었던 것이라 생각된다.[41] 그러나 감무가 파견된다

---

39)『高麗史節要』목종8년 3월.
40) 하현강, 앞의 논문, 168쪽.
41) 이인재,「고려 중후기 지방제 개혁과 감무」,『외대사학』3, 1990.

고 해서 바로 고려 지방제도의 중요 특성인 영속관계가 해체되지는 않는다. 고려정부는 현령관과 감무를 엄격히 구분하여 현령관을 파견하였을 때에는 영현으로 승격시켰으나, 감무를 파견하였을 때에는 여전히 속군현으로 취급하였던 것이다.[42)

예종1년(1106)부터 시작된 감무의 파견은 고려 중기와 후기를 거쳐 조선 태종 때까지 계속되었고 태종13년(1413) 감무를 縣監으로 개칭할 때까지 약 2백여 군현에 두고 있었다. 감무는 유주·안악·장연 등에 처음 두었고, 이후 牛峯 등 24개현, 예종3년(1108)에는 土山 등 41개현, 인종21년(1143)에는 개성 및 경기 이남지역 8개군현, 명종2년(1172)에는 尙州牧·羅州牧의 속군현을 중심으로 한 49개현, 명종5년(1175)에 漳州를 포함한 10개군현, 1176년에 5개군현, 그리고 설치연대는 정확히 알 수 없으나 後置로 기록된 47개 군현 등 고려 중기에 집중적으로 나타난다. 그 뒤에 꾸준히 수가 늘어, 고려시대 전체를 통해 2백여 지역에 감무가 설치되었다. 연천 지역에는 명종5년(1175)에 비로소 감무가 파견되어 중앙의 통제를 받은 것으로 보인다.

감무의 설치목적은, 유망민을 토착, 안정시켜 여진정벌로 국가에서 필요로 했던 조세와 역을 효과적으로 확보하기 위해서였으며, 아울러 중앙으로부터 지방관을 파견함으로써 중앙집권화를 꾀하는 데에도 효과를 거둘 수 있었기 때문이다. 이러한 근본목적 외에도 국왕의 유모가 태어난 鄕里, 鐵場(대장간)의 설치에 따른 지방행정의 강화, 國師 등 승려의 거주지 및 왕비의 친가가 있는 곳, 지방민의 軍功, 원나라와 외교관계에 따른 통역의 공적 및 權臣의 강권에 의한 건의 등이 동기가 되어 감무가 설치되기도 하였다. 漳州에 감무가 설치된 것은 아마도 국가에서 필요로 하는 조세와 역의 효과적인 확보에 있지 않았을까 한다.

명종대 이후 지방에 파견된 관인들의 부패로 지방행정은 제대로 시행되지 못하였다. 현령과 감무는 대민안정에 진력하기보다는 권세가에 기생하는 형편이었고, 왕명을 받고 파견된 별감조차도 權貴를 섬겼다. 이에 더하여 권세

---

42) 하현강, 앞의 글, 168~169쪽

가들이 군현의 官格조차도 마음대로 바꾸는 현실 속에서 정연한 지방제도를 운영하는 것은 매우 어려웠던 것이다.

명종대 이후의 외관제는 국가기구로서 정연한 지배체제를 갖추지 못하였고, 지방파견관의 종별과 직무한계 등이 권문세가의 자의로 정해지고 있었다. 戶口와 田丁數에 따라 정해지는 군현의 관격조차 권세가의 뜻에 따라 昇降이 되는 현실에서 지방제도의 정비나 운영은 기대할 수 없었다고 하겠다.

명종5년(1175) 漳州에 監務가 파견되었다고는 하나 이와 같은 상황에서 감무가 제 역할을 해낼 수 있었는지 의문이다. 공민왕때 제반개혁의 일환으로 지방제도 개혁도 추진되지만[43] 그다지 괄목할 만한 성과를 보지 못하였던 것 같다. 따라서 이 시기에 장주에 파견되었던 감무는 일시 僧嶺을 겸하여 업무를 수행하였는데, 그도 다른 감무들과 마찬가지로 곧 개인의 영달을 도모하거나 권세가에 의지하여 지방제도의 정비나 개혁은 기대할 수 없었을 것이라 짐작된다. 고려시대 대부분의 시간을 漳州로 지내다 충선왕대부터 漣州의 이름을 갖게 된 연천 지역은 이렇듯 때로 단련사나 감무와 같은 외관이 한시적으로 파견되기도 하였으나 대체적으로는 지역토호출신인 향리에 의해 행정이 이루어졌을 것이라 생각된다.

고려시대 漳州는 성종14년(955) 朔方道소속으로 단련사가 파견된 곳이었는데, 목종8년(1005)에는 團練使가 혁파되었고, 명종5년(1175)에 이곳에는 監務가 파견되었다. 한편 삭방도 소속이었던 漳州는 적어도 현종대(1009∼1031)에는 교주도 소속으로 바뀌었다고 생각된다. 그것은 현종9년(1018)의 지방제도를 기준으로 편성된 『高麗史』 지리지에 漳州가 交州道의 東州 소속현으로

<hr>

43) 공민왕대 이후 군현제 개혁방안은 크게 네가지 방향에서 진행되었다. 이전 외관파견의 관행이 되었던 외관천거제의 擧主의 자격을 제한하고, 천거의 책임을 분명히 하였다. 외관의 자격을 6품이상으로 하여 그들의 지위를 보장하였으며, 이를 위하여 외관으로 나가는 자들은 기본적으로 登科 士類를 원칙으로 하였다. 한편 수령의 인사고과 기준도 분명히 제시하여 이 기준을 따르도록 하였고, 이를 위하여 임기도 보장하였다.(『高麗史』 권75, 選擧志3, 選用 守令 공민왕 11년 5월, 12년 5월, 신우원년 2월 등의 사료와 이혜옥, 「고려시대의 수령제도」, 『이대사원』 21, 1985, 참조).

기록되어 있기 때문이다. 그러다가 문종23년(1069)에 漳州는 京畿가 확대되면서 大京畿로 편입되었다.[44] 이 대경기가 언제 原京畿로 되었는지는 기록에 전혀 나타나지 않는다. 그러나 대경기가 적어도 예종(1106～1122)초에는 실시되지 않고 있음이 분명한 것으로 보아 이 때부터는 다시 原京畿制가 실시되고 있었다고 하겠다.[45] 이 때 장주는 다시 교주도 소속으로 바뀌었을 것이다.

명종8년(1178)에 장주의 상급행정기구가 春州道로, 또 춘주도는 곧 東州道로 바뀌었다. 원종4년(1263)에는 동주도가 다시 交州道로 바뀌었으며, 교주도는 일시적으로 충숙왕 원년(1313)에 淮陽道, 우왕14년(1388)에는 交州江陵道로 불리기도 했다.[46] 그리고 공양왕2년(1390) 경기의 확대에 따라 장주는 다시 경기좌도에 소속하게 되었다.[47] 이렇게 漳州는 고려 지방제도의 개편과 함께 여러 차례 그 소속이 바뀌었는데 이는 漳州의 지리적 위치와 관련이 있다고 하겠다.

〈표 1〉

	京	大都護府	牧	大都督府	都護府	知事府	領郡	領縣	鎭	屬府	屬郡	屬縣
王京	1										1	12
楊廣道	1		3		1	1	5	3			22	75
慶尙道	1		2			2	6	3		1	24	89
全羅道			2			2	5	8			13	74
交州道							3				5	20
西海道		1	1				3	2	1		3	14
東 界				1	1	2	13	8	16			17
北 界	1	1				2	26	6	12			4
합계	4	2	8	1	2		61	30	29	1	68	305

---

44) 『高麗史』 권56, 지리지 王京開城府 공양왕2년조.

45) 예종원년(1106)에 楊廣忠淸州道가 성립하고, 이듬해에는 이 楊廣忠淸州道와 全羅州道・慶尙晉州道에 諸道按撫使가 분견되어 按察使道가 형성되기 시작하였으니, 이것은 대경기에 편입된 것으로 되어 있는 楊州가 楊廣忠淸道로 개편되고 원경기가 복구됨을 표시하는 것이다(변태섭, 「고려시대 경기의 통치제」, 『고려정치제도사연구』, 1971, 253～254쪽). 이 때, 漳州도 교주도로 그 소속이 바뀐 것으로 짐작된다.

46) 『高麗史』 권58, 地理志3 交州道.

47) 『高麗史』 권56, 지리지1 王京開城府.

<표 2>

	3품이상	4 품	5 품	6 품	7 품	8 품	9 품
京	留守(知西京留守官)	副留守		判官	司祿, 掌書記	法曹	醫師, 文師
都護府 · 牧	使	副使		判官	司祿, 掌書記	法曹	醫師, 文師
防禦(州)鎮 州府郡			使 (知事)	副使	判官		
縣 鎮					令 將	尉副將	

이상에서 漳州를 중심으로 살펴본 고려의 지방제도를 표로 정리해 보면 위의 <표 1>과 같다.

『高麗史』지리지의 서문에서는 먼저 五道兩界의 이름을 들고 이어서 그들이 '京 4, 牧 8, 府 15, 郡 129, 縣 335, 鎭 29'를 총괄한 듯이 서술하고 있는데 이를 참조해 표를 만들었다. 앞서 언급하였듯이 고려시대 지방제도에서는 지방의 명칭보다 그 지역에 외관이 파견되었는지의 여부가 더 중요하기 때문에 아울러 이들 행정구역의 관원을『高麗史』77, 百官志2, 外職條에 의거하여 품계별로 분류해보면 <표 2>와 같다.

3) 高麗後期 漢州遷都說

고려시대 천도논의는 그리 적지 않은데 대체로 천도와 관계된 일은 풍수도참사상과 깊은 관련을 갖고 나타난다. 고려 일대를 통해 풍미하였던 이 풍수도참사상은 고려전기에는 건국 · 통일중심의 圖讖說이 유행하였고, 중기에는 延基 · 巡駐 중심으로, 후기에 이르러서는 移御 · 遷都 중심의 도참설이 유행한 것으로 나타난다.[48]

고려시대 천도지로서 가장 먼저 거론할 수 있는 지역은 역시 지금의 서울지역이다. 그 내용은 고려 肅宗때 術士로서 신라말기 道詵의 계승자임을 자처

---

48) 이병도 선생은 도참설의 유행면에서 그 시기를 三分하고 있다. 전기는 太祖
　　－靖宗, 중기는 文宗－元宗, 후기는 忠烈王이후로 구분한다.

하던 金謂磾의 상소문에서 살펴볼 수 있다.

> 道詵의 秘記에 이르기를 고려에 三京은 松嶽에 中京을, 木覓壤에 南京을, 平壤에 西京을 두어, 11월, 12월, 정월, 2월은 중경에 머물고, 3월, 4월, 5월, 6월은 남경에 머물며, 7월, 8월, 9월, 10월에는 서경에 머물면 36국이 와서 조공할 것이라고 하였습니다. 또한 건국한 후 160여년에 목멱양에 도읍한다고 하였는데 신은 지금이 바로 新京에 巡駐할때라고 봅니다. …… (中略) …… 그런데 지금 우리나라에는 중경과 서경은 있으나 남경이 없습니다. 원컨대 삼각산 남쪽 목멱양 북쪽 벌판에 도성을 건립하고 때를 맞추어 巡駐하십시오.(『高麗史』 122 金謂磾傳)

이때 김위제는 남경천도와 아울러 삼경의 巡駐를 건의하고 있다. 그러나 김위제가 건의하고 있는 것이 단지 그 뿐만은 아닌 듯한데, 그것은 그가 앞의 인용문을 상소한 것이 남경으로 천도하기를 청하고자[49] 한 것이라고 기록하고 있기 때문이다. 또한 위의 인용문중 건국 후 160여년에 목멱양에 도읍한다는 일을 인용하면서 목멱양에 남경 건설을 건의하는 것인데, 이 상소가 이루어지는 때가 바로 태조 왕건이 후삼국을 통일한지 꼭 160년이 되는 1096년(숙종원년)이다. 태조의 건국으로부터는 160여년이 되는 셈이다. 김위제는 도선의 秘記와 踏山歌 등의 내용을 들어 남경의 건립과 巡駐, 더 나아가 남경으로의 천도를 건의하고 있는 것 같다.

이 김위제의 상소가 고려시대 천도와 관련된 논의의 시작으로 보인다. 이때 日官인 文象이 김위제의 의견에 동의하였고, 또 예종때(1105~1122) 殷元中이 도선의 說로 상서하여 말하기도 했다.[50] 이와 같은 도선의 참설은 후일 묘청의 서경천도운동에도 영향을 미쳤던 것 같다. 즉 인종6년(1128) 묘청은 다음과 같이 상서하고 있는데서 이를 짐작할 수 있다.

> 臣등이 보건대 서경 林原驛의 땅은 음양가들이 말하는 大華勢인데 만약

---

49) 『高麗史』 122 金謂磾傳. "…… 磾學其術(도선의 풍수법)上書請遷都曰……"
50) 『高麗史』 122 金謂磾傳.

이 곳에 궁궐을 건축하고 옮겨 앉으면 천하를 倂呑할 수 있고, 금나라가
방물을 바치고 스스로 항복할 것이며, 36국이 모두 조공하게 될 것이다.
(『高麗史』 127, 妙淸傳)

묘청은 김위제와 달리 서경을 천도지로 지목했지만 천도주장의 배경이 되
는 사상은 역시 풍수지리 도참사상이었음을 알 수 있다. 이때 묘청은 日官이
었던 白壽翰, 鄭知常, 왕의 근신이었던 內侍郎中 金安, 洪彝敍, 李仲孚, 文公仁,
林景淸 등과 같이 서경으로의 천도를 주장하였다. 平章事 金富軾, 參知政事 任
元歌, 承宣 李之氐 등의 반대에도 불구하고 왕은 서경으로 가서 재상 재추들
에게 묘청과 백수한을 데리고 임원역의 지세를 보게 하고 김안을 시켜 궁궐
을 신축케 하기에 이르렀다. 이때 묘청의 서경천도 논의가 결국 이루어지지는
못하였으나 아는 바와 같이 후대에 미친 영향은 매우 컸던 것이다.
　36국이 조공을 하게 될 것이라는 도선의 설은 공민왕내 다시 또 인용된다.
승려인 普愚가 한양에 도읍하면 36국이 조공하러 올 것이라는 讖說을 아뢰었
더니 공민왕이 이 말에 솔깃하여 한양에 크게 궁궐을 짓게 하였다는 것이
다.51) 이 때 한양천도 계획의 진행은 다음과 같이 이루어진다. 공민왕 5년
(1356) 6월에 왕은 判書雲觀事 陳永緒에게 남경의 집터를 보게 하는데 이 때문
에 인심이 동요하여 백성들이 남쪽으로 가는 자가 매우 많아 가족을 거느리
고 성밖으로 나가는 것을 금하기까지에 이른다.52) 그럼에도 불구하고 같은
해 12월 남경의 궁궐을 보수하고 있는 것을 보면 남경에 대한 관심은 계속되
고 있었던 것 같다.
　다음해인 공민왕 6년(1357) 정월, 왕은 봉은사에 가서 태조진전에 참배하고
한양에 천도하는 것에 대하여 점을 쳤더니 ‘靜’자를 얻었는데, 다시 이제현에
게 점치게 하여 ‘動’자를 얻고 기뻐하였다고 한다.53) 공민왕이 한양으로 천도
할 뜻이 있었음이 분명히 나타나는 대목이다. 공민왕은 남경에 궁궐을 조영하

---

51) 『高麗史』 권106, 尹諧傳(附 澤).
52) 『高麗史』 권39, 공민왕 5년 6월 丁丑, 7월 壬午.
53) 『高麗史』 권39, 공민왕6년 정월 壬辰. 『高麗史節要』 공민왕6년 정월.

는 일로 하여 양광도의 그 해 둔전을 면제해 주는 등 후속조치를 취하였다.[54] 또한 2월에는 이제현에게 한양에서 터를 보아 궁궐을 건축하도록 명하였다.[55]

왕의 이와 같은 천도추진에는 반대의견도 있었던 것 같다. 대표적으로 공민왕 6년의 천도계획은 이제현을 책임자로 하여 어느 정도 순조롭게 진행되는 듯 보였는데 무슨 까닭에서인지 이해 4월 이제현은 노쇠함을 이유로 들어 사임하게 된다.[56] 뒤에 前 漢陽尹 李安이 남경의 성과 궁궐 수리를 행하기도 하지만[57], 이제현 사임후 공민왕의 한양천도 계획은 일시 중단된 것으로 나타난다. 이것은 필시 왕의 천도계획에 반대하는 세력이 있었기 때문일 것이라 짐작된다.

이로부터 3년이 지난 공민왕 9년(1360), 왕은 지난번에 중단되었던 천도를 다시금 시도하였다. 우선 太廟에서 천도에 관한 점을 쳤는데 불길한 점괘를 얻었고, 때맞춰 한양의 성과 궁궐을 수리하는 사람들이 많이 凍死하였다.[58] 3년전 천도하지 말라는 점괘를 잡고도 이제현을 시켜 다시 점치게 하였듯, 이번에도 점괘와 상관없이 공민왕은 천도를 강행하고자 하였다. 천도하지 말라는 점괘가 나온 것이 마치 천도후보지 한양의 문제인 것처럼 이번에는 지역을 바꿔 白岳의 지세를 살펴보게 하였다.[59] 이 해 2월의 가뭄과 왜구의 침입,

---

54) 『高麗史』 권39, 공민왕6년 정월 甲辰.
55) 『高麗史』 권39, 공민왕6년 2월 己酉. 『高麗史節要』 공민왕6년 2월.
56) 『高麗史』 권39, 공민왕6년 4월 乙酉.
57) 『高麗史』 권39, 공민왕9년 7월 辛未. 『高麗史節要』 공민왕9년 7월.
58) 『高麗史』 권39, 공민왕9년 정월 丙辰.
59) 『高麗史』 권39, 공민왕9년 7월 乙卯. 이때의 白岳은 한양의 백악과는 구별된다. 이러한 사실은 『高麗史』 공민왕9년 7월 을묘조 끝에, 그리고 『高麗史節要』 공민왕9년 7월조에 북악이 臨津縣 북쪽 5리에 있다고 명기되어 있는 것으로 알 수 있다. 또한 『新增東國輿地勝覽』 권12, 長湍都護府 산천조 白岳 설명에 '임진현 북쪽에 있는데 고려에서 풍덕의 白馬山을 右蘇로 삼고, 백악을 左蘇로 삼았다' 고 하면서 이어 공민왕 9년 백악으로 천도하려 하는 논의 내용을 싣고 있다. 흔히 조선초 한양천도에 관해 설명하면서 이 공민왕대의 백악천도기사를 운운하는 것은 잘못이다.

6월의 홍수 등 백성들이 고충을 겪고 있음에도 불구하고 공민왕은 백악에 궁궐을 짓기 시작하였다. 그리고 이곳은 新京이라 일컬어지더니, 마침내 왕은 백악의 신궁으로 移御하여 4개월여를 백악에서 지낸다.[60] 공민왕이 당시 사회경제적 상황이 매우 어려웠음에도 불구하고 무엇 때문에 천도를 강행해야만 했는지에 대해서는 백악에 이어한 후 내린 왕의 교서에 잘 나타나 있다.

> 내가 왕위에 오른 이래로 하늘을 두려워하고 백성을 사랑하며 선대의 유훈을 반드시 준수하여 나라를 잘 다스리고자 하는 마음이 간절하다. 그런데 때가 다난하여서 은덕이 아래까지 내려가지 못하고 병란이 계속 일어나며 각종 재앙과 天災地變이 빈번히 발생하고 있다. 내가 이를 두려워하여 道詵의 말을 들어 이 언덕에 자리 잡았으니 이는 국가의 운명을 無窮히 하려함이다. 신하들과 백성들이 이 공사에 분주하게 동원되니 그 노력과 비용이 실로 크다. 내가 어찌 나라를 근심하는 뜻을 모르겠는가. 그러나 이렇게 하지 않을 수 없다.[61]

공민왕의 천도의지가 확실하게 나타난 대목이다. 즉 內憂外患의 총체적 난국을 헤쳐나가려는 강력한 개혁의지를 가진 공민왕은, 천도가 백성의 고통과 사회경제적 부담을 더욱 가중시키게 된다는 것을 예측하면서도 오히려 천도를 통해 이와 같은 상황을 극복하고 자신의 개혁의지를 관철시키려 했던 것이다.

이러한 부담을 안고 백악[62]으로 천도한 공민왕은 불과 4개월만에 개경으로 환도하였다. 공민왕이 왜 그렇게 개경환도를 서두르게 되었는지 알 수 없지만 그 후로도 공민왕의 천도의지는 식을 줄 몰랐다. 다음해인 공민왕11년(1362) 9월 왕은 또 江華로 천도하기 위하여 評理 李仁復을 개태사의 태조진전으로

---

60)『高麗史』권39, 공민왕9년 7월 辛未, 동9년 11월 辛酉, 동10년 3월 丁巳.『高麗史節要』공민왕9년 7월, 동9년 11월 辛酉, 동10년 3월 丁巳.
61)『高麗史』권39, 공민왕10년 2월 辛卯
62) 백악은 연천군 백학면의 동쪽 줄기가 뻗어와 생긴 면의 이름이다. 따라서 백악은 연천에 인접한 곳으로 공민왕이 이어해 4개월간 머문 백악궁은 연천과 무관하다고는 볼 수 없겠다.

보내 점치게 하였다.[63] 다음기록이 그것을 말해 준다.

> 僉議評理 李仁復에게 명하여 開泰寺의 太祖影殿에 나아가 점치게 하였
> 으나 不吉한지라 이에 중지하였다.(『高麗史』 권40, 恭愍王 11년)

따라서 천도계획은 보류될 수밖에 없었다.

공민왕18년(1369) 7월 공민왕은 태조가 해마다 4仲月에 3蘇를 순회하였음을 들어 자신도 평양에 행차하고 금강산을 순행하여 충주에 駐駕할 것이라 하였다.[64] 공민왕이 이와 같은 교서를 내린 것은 辛旽의 청에 의한 것으로 생각된다. 이 교서가 내려지기 전에 신돈은 侍中 李春富를 시켜서 충주로 천도할 것을 건의하였으나 이에 왕은 크게 노하였다고 한다.[65] 그러나 어떤 까닭인지 알려져 있지 않지만 결국 공민왕은 신돈의 건의대로 충주천도를 추진한 것으로 나타난다. 이렇게 공민왕은 즉위 후부터 부단히 천도를 기도하였으나, 백악으로 4개월 정도 移御한 것이 유일한 성과였던 것으로 보인다.

공민왕에 이어 즉위한 우왕도 즉위 초에는 강력한 천도의지를 보였다. 우왕 원년(1375) 8월에 書雲觀에서 천문에 異災가 자주 나타나니 移御하여 재화를 피하는 것이 마땅하다고 하자 우왕은 천도논의를 하였다. 그러나 최영의 반대로 뜻을 이루지 못하였던 것 같다.[66] 다음 기록이 이를 뒷받침한다.

> 書雲觀에서 말하기를 "近者에 天文이 이상한 것을 보이고 災變이 자주
> 일어나니 마땅히 移御하여 災을 피하소서" 하니 禑가 천도할 것을 논의하
> 였는데 判三司事 崔瑩 등이 "이제 大故가 없으매 갑자기 舊都를 저버릴 수
> 는 없나이다"고 하여 이를 중지하였다.(『高麗史』 권133, 辛禑 원년)

禑王은 이때 일단 최영의 반대에 승복하기는 하였으나 계속 기회를 노리고

---

63) 『高麗史節要』 공민왕 11년 9월.
64) 『高麗史』 권41, 공민왕18년 7월 甲辰. 『高麗史節要』 41 공민왕18년 8월.
65) 『高麗史節要』 공민왕18년 8월. 『高麗史』 132 辛旽傳.
66) 『高麗史』 권133, 신우원년 8월. 『高麗史節要』 신우원년 8월.

있었던 듯 하다. 그리하여 우왕3년(1377) 5월에 서울이 바다에 인접하여 있어 왜적이 쉽게 침입할 수 있다는 것을 이유로 들어 內地로 천도할 것을 논의하였다. 이에 모두 속으로는 수긍하지 않았으나 후에 재변이 생기면 화가 미칠 것을 두려워하여 모두 찬성하였는데 오직 최영만이 반대하였다. 다시 慶復興 崔瑩 등이 太祖眞殿에 가서 점을 쳤는데 止자를 얻었다. 그럼에도 불구하고 우왕은 왜적이 가까이에 왔는데 점만 좇겠느냐면서 政堂文學 權仲和를 철원으로 파견하여 相宅하도록 하나 결국 최영의 반대를 이기지 못하였다.67)

최영의 적극적인 반대에 번번히 뜻을 굽혔던 우왕은 이로부터 불과 2달밖에 지나지 않은 7월에 또다시 崇敬府尹 陳永世를 漣州에 보내어 相宅하도록 하였는데 그 내용은 다음과 같다.

> 禑王 3년 7월 崇敬府尹 陳永世를 漣州에 보내어 相宅하도록 하니 진영세가 돌아와 "漣州는 五逆之地라 도읍하기에 적당하지 않습니다."라고 하였다.(『高麗史』 권133, 열전 46, 辛禑』)

相宅하고 돌아온 진영세는 漣州가 5逆의68) 땅이라 도읍하기에 적합하지 않다고 보고하여 천도계획은 역시 무산이 된다.69) 이 기록으로 연주가 천도지로 지목된 것을 알 수 있다. 단순히 천도지로 지목되기만 한 것이 아니고 相宅까지 하기에 이르렀으니 우왕의 연주천도에 대한 의지는 상당히 강렬하였던 듯 하다. 우왕이 왜 이렇듯 연주에 애착을 갖게 되었는지 알 수 없지만 최영의 거센 반대에도 불구하고 상택까지 한 것을 보면 연주에 대한 우왕의 관심을

---

67) 『高麗史』 권133, 신우3년 5월 癸未.『高麗史節要』 신우3년 5월.

68) 漣州가 왜 五逆의 땅이 되는지 정확한 설명도 없이 五逆의 땅이므로 천도지로 적합하지 않다고 한 것을 보면 崔瑩을 위시한 臣僚들의 뜻을 그대로 반영한 것이 아닌가 생각된다.

69) 『高麗史節要』 신우3년 가을 7월에도 같은 내용이 보인다. 그리고 이를 확인이라도 하듯 우왕 11년 3월에는 연주의 澄波渡의 물이 사흘동안 누렇게 흐렸다고 되어 있다.『高麗史節要』 신우11년 3월. 이것만으로 五逆의 땅임을 설명하기는 설득력이 부족하다

짐작하고도 남음이 있다. 우왕 원년 8월 처음 천도를 논의하고자 하였을 때는 최영의 반대로 논의 자체가 이루어지지 못한 것으로 나타났다. 이어 우왕 3년 5월의 천도논의 때는 최영이 반대하였어도 왕의 강력한 의지로 相宅까지 진행시켰다. 그리고 불과 2달후 지금의 연천지역으로의 천도 논의가 있었을 때 천도논의가 더 진행되지 못한 것은 연주가 도읍이 될 만한 땅이 못된다는 것이 이유였다. 즉 우왕의 천도계획은 몇 차례의 시행착오가 있었을지언정 점차 왕의 의지대로 관철되는 양상을 보이고 있었다. 연주에 대한 우왕의 관심은 아마도 연주가 지닌 광활한 지리적 조건과 풍수상 좋은 形局이 아니었을까 생각한다.

고려시대 단련사나 감무정도가 파견된 연천지역이 왜 천도후보지로 거론되었을까? 그것은 아마도 다음과 같은 이유에서일 것이다. 첫째 연천이 풍수상 좋은 형국을 지녔다는 점을 들 수 있다. 당시 고려는 공민왕이후 天災地變이 자주 있어 移御로서 재화를 피해야 한다는 논의가 자주 있었음은 앞에서 살펴 본 바와 같다. 이러한 상황에서 거론된 천도후보지는 당연히 풍수도참사상상 유리한 곳이어야 했을 것이다. 풍수상 좋은 형국은 대체로 부귀와 다산과 풍요와 장수를 의미한다. 예컨대 龍은 상서로움을, 소는 풍요로움을, 거북은 장수를 상징하는 것인데 연천의 여러 형국이 이와 비슷하다는 것이다.[70] 즉, 백학면의 거물개봉은 산의 형상이 고무래와 같다고 해서 붙여진 이름이다. 고무래는 곡식을 끌어 모은다는 상징적인 의미를 가지므로 연천은 항상 재물이 풍부하다고 하였다. 뿐만 아니라 연천에는 선녀, 옥녀, 군자, 청룡, 거북, 개미 등의 지명이 있어 풍수상 좋은 形局論과 부합된다. 따라서 연천으로 천도하면 물자와 재물이 풍부하여 도탄에 빠진 민심을 건질 수 있다고 믿게 되었던 것이 아닌가 생각된다.

또 한가지 생각해 볼 수 있는 것은 연천에는 토착세력이 없다는 점이다. 옛날 궁예가 功成縣에 머물렀던 사실 이외에 연천에는 뚜렷한 지방세력이 없었던 것으로 파악되었다. 이러한 점도 우왕이 연주를 천도지로 관심갖게 되는

---

70) 연천문화원, 『향토사료집』 1995, 234쪽 참조

배경이 되기에 충분하다고 생각된다. 다시 말하면 재물이 풍족하고 국운이 날로 번창하여 고려가 융성해질 것이라는 연천의 풍수적 형국이 연천을 천도 후보지로 거론하게 된 배경이 아니었을까 한다.

그리고 마침내 우왕은 北蘇造成都監과 左蘇造成都監을 설치하기에 이르렀다.71) 우왕은 동왕 4년(1378) 11월 서울이 바다에 인접하여 있어서 쉽게 적의 습격을 당할 우려가 있고, 또 이 땅에 도읍한지 오래되어 地氣가 쇠하였다는 사실을 이유로 천도논의를 다시금 제기하였다. 이에 洪仲宣, 權仲和, 李穡, 朴晉祿이 書雲觀과 의논하는데 閔中理가 道詵의 密記에서 이르는 北蘇 箕達山이 있는 峽溪를 추천하였다. 권중화와 判書雲觀事 張補之 中郞將 金祐 등이 협계를 둘러보고 옛궁궐터를 발견하였다고 보고하자 北蘇造成都監이 설치되었다. 그러나 협계는 산골짜기에 있어 漕運이 통하지 않는다 하여 논의가 중지되었다. 그러사 우왕은 이제 左蘇造成都監을 설치하여 천도하려 하였다.72) 左蘇는 白岳으로 일찍이 공민왕때 공민왕이 移御해 4개월간 머문 곳이기도 하다. 이렇게 당시 최고 대신이었던 최영의 반대를 무릅쓰고 강행하려 했던 우왕의 천도계획은 결국 무산된 듯하다. 이후로도 10년이나 더 재위하는 우왕대에 더 이상 천도에 대한 언급을 찾아 볼 수 없기 때문이다.

창왕에 이어 즉위한 공양왕은 왕2년(1390) 7월에 評理 裵克廉을 楊廣道 察理使로 임명하여 한양궁궐을 수리하게 하였다. 그리고 9월에 효신전에서 제사지내면서 천도를 고하고 한양에 천도하여 약 5개월만에 다시 환도하였다.73) 이상에서 고려시대 있었던 천도관련 자료들을 정리하면서 특히 우왕이 연주에 집착하게 된 이유를 살펴보려 하였다. 그러나 정확한 이유를 밝혀 볼 수 없었지만 아마도 고려초기 연주를 위시한 철원 등지의 역사적 지리적 조건이 연천의 풍수적 형국과 부합된 것에 기인한 것이 아닐까하는 추론을 해 볼 수는 있었다. 고려말 천도와 관련된 사실들을 표로 정리해 보면 다음의 <표 3>과 같다.

이 시기에 집중적으로 거론되는 천도의 후보지가 한양을 중심으로 한 경기

---

71) 『高麗史』 133 신우4년 11월, 12월. 『高麗史節要』 신우4년 11월, 12월.

<표 3> 고려말 遷都論議

천도지	시 기	천도논의 내용	출 전
漢陽 (南京)	恭愍5년6월丁丑	判書雲觀事陳永緒相地于南京	『高麗史』
	恭愍5년12월	南京궁궐보수	『高麗史』
	恭愍6년정월壬辰	李齊賢卜之	『高麗史』, 『절요』
	恭愍6년2월 己酉	命李齊賢相宅于漢陽築宮闕	『高麗史』, 『절요』
	恭愍9년정월丙辰	卜遷都于太廟	『高麗史』
	恭讓2년7월乙巳, 癸丑	評理裵克廉爲楊廣道察理使監修漢陽宮闕	『高麗史』
	恭讓2년9월 乙巳, 丙午, 庚戌	遷都于漢陽	『高麗史』, 『절요』
	恭讓3년2월 己未,丁卯	남경에서 還都	『高麗史』, 『절요』
白岳	恭愍9년7월乙卯	幸白岳相視遷都之地	『高麗史』, 『절요』
	恭愍9년7월辛未	始營白岳宮闕(新京)	『高麗史』, 『절요』
	恭愍9년11월辛酉	移御白岳新宮	『高麗史』, 『절요』
	恭愍10년3월丁巳	王及公主奉太妃至自白岳	『高麗史』, 『절요』
	禑王4년12월丙午	置左蘇造成都監時議欲遷都	『高麗史』, 『절요』
江華	恭愍11년9월	評理李仁復에게 점치게 함.	『절요』
忠州	恭愍18년	辛旽密令李春富請移都忠州	辛旽傳, 『절요』
	恭愍18년7월甲辰	三蘇巡駐敎書	『高麗史』, 『절요』
	恭愍18년8월 乙丑, 丙寅	判司天監事 陳永緒 　三蘇巡駐敎書철회	『高麗史』, 『절요』
?	禑王원년8월	書雲觀에서 천도건의, 최영반대	『高麗史』, 『절요』
鐵原	禑王3년5월癸未	遣政堂文學權仲和相宅于鐵原, 최영반대	『高麗史』, 『절요』
漣州	禑王3년7월	遣崇敬府尹陳永世相宅于漣州	『高麗史』, 『절요』
峽溪	禑王4년11월	政堂文學權仲和及判書雲觀及張補之相之 / 北蘇造成都監 설치	『高麗史』, 『절요』

※『高麗史』는『高麗史』세가 동왕, 동년, 동월조를 의미하고,『절요』는『高麗史節要』를
　의미한다.

북부인 鐵原, 白岳, 漣州 등 이었다는 것이 주목을 요한다. 특히 고려말 천도후

---

72)『高麗史』133 신우4년 11월, 12월.『高麗史節要』신우4년 11월, 12월.

73)『高麗史』45 공양왕2년 7월 乙巳, 癸丑, 9월 乙巳, 丙午, 庚戌, 同書46 동3년
　2월 己未, 丁卯.『高麗史節要』공양왕2년 9월 丙午, 동3년 2월 己未.

보지로서 漣州가 거론된 것은, 연주가 기울어 가는 고려의 氣勢를 회복시킬 만한 힘을 가진 땅이라는 것을 인정하는 것이다. 즉 연주가 풍수상 수도의 후보지로 생각해 볼만한 땅이었다는 것이다. 비록 五逆의 땅이라고 해서 수도로 할 수 없다고 하였지만, 相宅하는 것만도 우리나라 전역을 모두 할 수는 없다는 점을 인식한다면 천도후보지로 거명되었다는 것 자체가 이미 일정한 자격을 갖추고 있었다는 점을 인정한 셈이라고 하겠다.

이제 위의 내용을 정리함으로서 결론에 대신하고자 한다. 고려시대 지방제도가 본격적으로 정비되기 시작한 것은 잘 아는 바와 같이 성종대이다. 따라서 연천지역 역시 성종 14년이 되어서야 團練使를 두었다는 사실이 연천에 첫 지방관이 파견되었다는 기록으로 나타났다. 통일신라시대 鐵城郡 功成縣으로 편제되어 궁예와 밀접한 관계를 가졌던 연천은 고려시대에는 주로 漳州라는 이름으로 불렸으나 언제부터 그렇게 불렸는지 확실한 기록은 찾을 수 없었다. 다만 태조 23년 지방제도가 개편되는 때에 연천은 새로이 장주라는 이름을 갖게 된 것은 아닐까 추측해 볼 수 있을 뿐이다. 왜냐하면 이때 지방제도 개편의 특징 중 하나가 대소읍격에 관계없이 州가 많이 생긴다는 점이 주목되기 때문이다. 고려시대 대부분을 장주로 지내다 충선왕때부터 漣州의 이름을 갖게 된 연천지역은 고려시대에 때로 단련사나 감무와 같은 외관이 한시적으로 파견되기도 하였으나 대체적으로는 지역의 향리들에 의해 행정이 이루어졌을 것이라 생각된다. 그리고 고려시대 지방제도의 개편에 따라 그 소속이 혹은 交州道로, 혹은 春州道로, 그리고 京畿道 등으로 여러차례 바뀌는 것으로 나타나는데 이것은 장주의 지리적 위치와 관계가 있는 것으로 파악되었다.

고려시대의 천도에 관한 논의는 고려후기, 그것도 공민왕대 이후에 집중적으로 나타났다. 이것은 공민왕이 당시 혼란한 정치 및 사회상을 극복하고 자신의 개혁의지를 관철시키려는 의도에서 비롯된 것이 아닐까 한다. 즉 공민왕이 권문세족인 구세력을 축출하기 위하여 신진세력을 적극 등용하였듯이 구세력의 근거지인 개경을 떠나 새로운 근거지를 마련하려 했던 것과 일맥 상

통한다고 할 수 있겠다. 우왕도 즉위초에 그처럼 천도에 연연하였던 것은 왕 스스로 고려의 불안한 정정을 느끼고 천도로써 그 난관을 극복해 보려 함이 아니었을까 짐작해 보았다. 앞에서 살펴본 대로 이 시기에 집중적으로 거론되는 천도의 후보지가 한양을 중심으로 하여 경기 북부인 鐵原, 白岳, 漣州 등이 었다는 것은 주목할만 하다. 이것은 조선 건국후 한양이 새로운 도읍지로 자연스럽게 등장하는 배경이 되었다는 점에서 더욱 그렇다. 특히 고려말 천도 후보지로서 漣州가 거론된 것은 연주가 풍수상 수도의 후보지로 적절한 땅이 었다는 것을 암시하는 것으로 보인다. 漣州(漣川)가 천도지로서의 일정한 자격을 갖추고 있었다는 점을 확인시켜 준다는 의미에서 그 역사적 의의는 크다고 하겠다.

참고문헌

基本資料

『三國史記』, 朝鮮史學會本, 1941.
『三國遺事』, 三中堂本, 1943.
『高麗史』, 延世大學校 東方學研究所 影印本, 서울, 景仁文化社, 1972.
『譯註高麗史』, 東亞大學校 古典研究所, 부산, 東亞大學校 出版社, 1965∼1971.
『高麗史節要』, 古典刊行會 影印本, 서울, 東國文化社, 1959.
『高麗史節要』, 民族文化推進會 譯, 1969.
『高麗圖經』, 梨花史學研究會 影印本, 1970.
『新增東國輿地勝覽』, 民族文化推進會 譯, 1969.
『東文選』, 民族文化推進會 譯, 1970.
『東國李相國集』, 民族文化推進會 譯, 1979.
『韓國金石文追補』, 李蘭暎 編, 서울, 亞細亞文化社, 1968.
『韓國金石文大系』, 趙東元 編, 圓光大學校 出版部, 1980.
『朝鮮金石總覽』上, 朝鮮總督府 編, 서울, 景仁文化社, 1974.
『韓國金石遺文』, 黃壽永 編, 서울, 一志社, 1976.

著書

姜晋哲,『高麗土地制度史研究』, 서울, 高麗大學校 出版部, 1980.
高麗大學校 民族文化研究所 編,『韓國文化史大系』Ⅱ, 서울, 高麗大學校 民族文化研究所, 1965.
國史編纂委員會 編,『한국사』高麗篇, 1993.
金甲童,『羅末麗初의 豪族과 社會變動研究』, 서울, 高麗大學校 民族文化研究所, 1990.
金庠基,『高麗時代史』, 서울, 東國文化社, 1961.
金哲埈,『韓國古代社會研究』, 서울, 知識產業社, 1973.
都賢喆,『高麗末 士大夫의 政治思想研究』, 서울, 一潮閣, 1999.
讀書新聞社 編,『韓國史의 再照明』, 讀書新聞社 出版部, 1975.

朴龍雲,『高麗時代臺諫制度硏究』, 一志社, 1980.
_____,『高麗時代史』上・下, 一志社, 1985.
朴恩卿,『高麗時代鄕村社會硏究』, 一潮閣, 1996.
邊太燮,『高麗政治制度史硏究』, 서울, 一潮閣, 1971.
_____ 編,『高麗史의 諸問題』, 서울, 三英社, 1986.
申虎澈,『後百濟 甄萱政權 硏究』, 서울, 一潮閣, 1993.
歷史學會 編,『韓國史論文選集』Ⅲ, 서울, 一潮閣, 1978.
李基白,『韓國史新論』改訂版, 서울, 一潮閣, 1976.
_____,『高麗兵制史硏究』, 서울, 一潮閣, 1968.
_____,『新羅政治社會史硏究』, 서울, 一潮閣, 1974.
_____ 編,『高麗光宗硏究』, 서울, 一潮閣, 1981
_____・盧鏞弼・朴貞柱・吳瑛燮 共著,『崔承老上書文硏究』, 서울, 一潮閣,
    1993.
李丙燾,『高麗時代의 硏究』, 서울, 乙酉文化社, 1948.
李樹健,『嶺南士林派의 形成』, 경산, 嶺南大學校 民族文化硏究所, 1979.
_____,『韓國中世社會史硏究』, 서울, 一潮閣, 1984.
李有壽,『蔚山鄕土史硏究論叢』, 蔚山, 蔚山鄕土史硏究會, 1998.
鄭杜熙,『朝鮮初期 政治勢力硏究』, 서울, 一潮閣, 1983.
鄭容淑,『高麗時代의 后妃』, 서울, 민음사, 1992.
鄭淸柱,『新羅末高麗初豪族硏究』, 서울, 一潮閣, 1996.
蔡雄錫,『高麗時代의 國家와 地方社會』, 서울대학교 출판부, 2000.
車河淳・李基東・李賢惠・李樹健・洪承基 共著,『韓國史時代區分論』, 翰林科
    學院叢書 26, 소화, 1995.
河炫綱,『高麗地方制度의 硏究』, 韓國硏究叢書 32, 韓國硏究院, 1977.
_____,『韓國中世史硏究』, 서울, 一潮閣, 1988.
韓國中世史學會,『高麗時代史講義』, 부산, 늘함께, 1997.
韓永愚,『鄭道傳思想의 硏究』, 서울, 서울대학교 韓國文化硏究所, 1973.
_____,『朝鮮前期社會思想硏究』, 서울, 知識産業社, 1983.
許興植,『高麗科擧制度史硏究』, 서울, 一潮閣, 1981,
_____,『高麗社會史硏究』, 서울, 亞細亞文化社, 1981.
洪承基,『高麗貴族社會와 奴婢』, 서울, 一潮閣, 1983.
黃雲龍,『高麗閥族에 관한 硏究』, 서울, 太學社, 1978.
旗田巍,『韓國中世社會史の硏究』, 東京, 法政大學 出版局, 1972.
末松保和,『新羅史の諸問題』, 1954.

논문

姜恩景, 『高麗後期 戸長層의 變動研究』, 延世大 博士學位 論文, 1997.
金載名, 『高麗 稅役制度史 研究』, 精神文化研究院 韓國學 大學院 博士學位 論文, 1994.
羅恪淳, 『高麗鄉吏의 身分變化에 관한 研究』, 成均館大 博士學位 論文, 1988.
朴敬子, 『高麗時代의 鄉吏研究』, 淑明女大 博士學位 論文, 1986.
李佑成, 『高麗社會諸階層의 研究』, 成均館大 博士學位 論文, 1974.
蔡雄錫, 『高麗時期 ‵本貫制'의 施行과 地方支配秩序』, 서울대 博士學位 論文, 1995
河炫綱, 『高麗王朝成立期 諸問題』, 延世大 博士學位 論文, 1984.

姜恩景, 「高麗後期 戸長層의 變化와 『世宗實錄地理志』의 土姓·亡姓」, 『東方學志』 99, 1998.
______, 「高麗時代 鄉吏 公服制」, 『韓國思想과 文化』 4, 1999.
姜晋哲, 「高麗初期의 公田·私田과 그의 差率收租에 대하여」, 『歷史學報』 29, 1965.
姜喜雄, 「高麗惠宗朝王位繼承亂의 新解釋」, 『韓國學報』 7, 1977.
______, 「高麗初科擧制度의 導入에 관한 小考」, 『韓國史論文選集』 Ⅲ, 一潮閣 1978.
丘秉朔, 「韓國古代奴婢制度」, 『法史學研究』 창간호, 1974.
權斗奎, 「高麗時代의 身分制와 階層構造」, 『安東史學』 2, 1996.
金甲童, 「高麗建國時期의 淸州勢力과 王建」, 『韓國史研究』 48, 1985.
金光洙, 「羅末麗初의 地方學校問題」, 『韓國史研究』 7, 1972.
______, 「高麗太祖의 三韓功臣」, 『史學志』 7輯, 1973.
______, 「高麗建國期의 浿西豪族과 對女眞關係」, 『史叢』 21·22, 1977.
______, 「羅末麗初의 豪族과 ‵官班'」, 『韓國史研究』 23, 1979.
金杜珍, 「朗惠와 그의 禪思想」, 『歷史學報』 57, 1973.
______, 「了悟禪師 順之의 禪思想」, 『歷史學報』 65, 1975.
______, 「高麗光宗時代의 專制王權과 豪族」, 『韓國學報』 15, 1979.
______, 「高麗初의 法相宗과 그 思想」, 『韓㳓劢博士停年紀念史學論叢』 1981.
______, 「玄暉와 坦文의 佛敎思想」, 『高柄翊先生回甲紀念史學論叢』 15, 1984.
______, 「高麗時代思想의 歷史的 特徵」, 『傳統과 思想』 3, 1991.

金成俊,「其人의 性格에 대한 考察」上・下,『歷史學報』10・11, 1958・59
_____,「高麗時代의 良吏」,『湖西史學』3, 1974.
金壽泰,「高麗 本貫制度의 成立」,『震檀學報』52, 1981.
金玉根,「高麗前期의 土地所有關係 研究」,『學術院論文集』34, 1995.
金龍善,「高麗時代의 蔭敍制度에 대한 再檢討」,『震檀學報』53・54合, 1982.
金潤坤,「麗末鮮初의 尙瑞司」,『歷史學報』25, 1964.
_____,「新興士大夫의 擡頭」,『韓國史』8, 1977.
_____,「江華京板 高麗大藏經의 體制에 관한 一考」,『釜山女大史學』10・11,
      1993.
金毅圭,「高麗武人政權期 文士의 政治活動」,『韓㳋劤博士停年紀念史學論叢』,
      1981.
金鎭鳳 外,「地方行政區域變遷의 政治・社會的 背景에 대한 研究」,『湖西文化
      研究』1, 1981.
金哲埈,「後三國時代의 支配勢力의 性格」,『韓國古代社會研究』, 1975.
金泰旭,「高麗 顯宗代 宰樞의 社會的 基盤」,『李基白先生古稀紀念韓國史學論
      叢』(上), 古代篇・高麗時代篇, 1994.
金泰永,「高麗後期士類層의 現實認識」,『創作과 批評』44, 1977.
金翰奎,「高麗時代의 薦擧制에 대하여」,『歷史學報』73, 1977.
羅恪淳,「高麗鄕吏의 身分變化」,『國史館論叢』13, 1989.
盧明鎬,「高麗時代 鄕村社會의 親族關係網과 家族」,『韓國史學』19―『金哲埈
      博士停年紀念號』, 1988.
_____,「高麗時代의 親族組織」,『國史館論叢』3, 1989.
_____,「北韓史學의 高麗時代 身分制와 土地所有關係에 관한 研究成果 分析」,
      『北韓의 韓國學 研究成果 分析』, 1991.
馬宗樂,「高麗時代 土地所有關係 研究序說」,『震檀學報』59, 1985.
文喆永,「高麗時代의 閑人과 閑人田」,『韓國史論』18, 1988.
閔丙河,「高麗武臣執權時代에 대한 一考」,『史學研究』6, 1959.
_____,「高麗時代의 地方制度와 土豪勢力」,『成均館大學校 論文集』8, 1963.
_____,「高麗時代에 있어서의 成均館 成立과 發展」,『大東文化研究』6・7,
      1970.
閔賢九,「辛旽의 執權과 그 政治的 性格」,『歷史學報』38・40, 1968.
_____,「高麗後期의 權門勢族」,『韓國史』8, 1977.
朴敬子,「高麗 鄕吏制度의 成立」,『歷史學報』63, 1974.
_____,「高麗 鄕吏의 經濟的 基盤」,『國史館論叢』39, 1992.
_____,「高麗後期 鄕吏出身 及第者의 成長課程」『大眞大 論叢』3, 1995.

朴龍雲, 「高麗時代 臺諫 機能의 變遷」, 『史叢』 17・18, 1973.

______, 「高麗時代의 海州崔氏와 坡平尹氏 家門 分析」, 『白山學報』 23, 1977.

______, 「高麗家産官僚制說과 貴族制說에 대한 檢討」, 『史叢』 21・22合, 1977.

______, 「高麗時代의 定安任氏・鐵原崔氏・孔巖許氏 家門 分析」, 『韓國史論叢』 3, 1978.

______, 「高麗前期 文班과 武班의 身分問題」, 『韓國史研究』 21・22, 1978.

______, 「高麗時代의 臺諫과 宰樞文武兩班」, 『誠信女子大學 研究論文集』 12, 1979.

______, 「高麗時代의 文散階」, 『震檀學報』 52, 1981.

______, 「高麗時代 蔭敍制의 實際와 그 機能」 上・下, 『韓國史研究』 36・37, 1982.

______, 「高麗時代 水州崔氏家門 分析」, 『史叢』 26, 1982.

______, 「高麗時代 科擧의 考試와 體系에 대한 檢討」, 『韓國史研究』 61・62, 1988.

朴恩卿, 「高麗後期 地方品官勢力에 관한 研究」, 『韓國史研究』 44, 1984.

______, 「高麗後期 鄕吏層의 變動」, 『震檀學報』 64, 1987.

______, 「高麗時代 事審官의 性格」, 『仁荷史學』 3, 1995.

______, 「高麗時代 鄕村支配와 郡縣名號」, 『韓國學研究』 10, 1999.

朴宗基, 「高麗時代 鄕・部曲의 變質過程」, 『韓國史論』 6, 1980.

______, 「高麗時代 村落의 機能과 構造」, 『震檀學報』 64, 1987.

朴贊洙, 「高麗時代의 鄕校」, 『韓國史研究』 42, 1983.

朴菖熙, 「高麗時代 官僚制에 대한 考察」, 『歷史學報』 58, 1973.

______, 「武臣執權時代의 文人」, 『韓國史』 7, 1973.

邊太燮, 「高麗朝의 文班과 武班」, 『史學研究』 11, 1961.

______, 「高麗前期의 外官制」, 『韓國史研究』 2, 1968.

______, 「高麗按察使考」, 『歷史學報』 40, 1968.

______, 「高麗初期의 政治制度」, 『韓沽劤博士停年紀念史學論叢』, 1981.

______, 「高麗時代 地方制度의 構造」, 『國史館論叢』 1, 1989.

申虎澈, 「弓裔의 政治的 性格」, 『韓國學報』 29, 1982.

申千湜, 「高麗時代 武科와 武學」, 『軍史』 7, 1983.

옥한석, 「關東地域 鄕村支配勢力의 成長에 관한 研究」, 『春州文化』 10, 1995.

尹京鎭, 「高麗前期 鄕吏制의 構造와 戶長의 職制」, 『韓國文化』 20, 1997.

尹武炳, 「高麗時代의 州府郡縣의 領屬關係와 界首官」, 『歷史學報』 17・18, 1962.

尹熙勉, 「新羅下代의 城主・將軍」, 『韓國史研究』 39, 1982.

李京炯,「高麗時代의 系譜觀念과 親族」,『韓國의 社會와 歷史』, 1991.
李慶喜,「高麗時代 鄕吏制度에 관한 硏究史的 檢討」,『釜山女大史學』12, 1994.
_____,「高麗初期 尙州牧의 郡縣編成과 屬邑統治의 實態」,『韓國中世史研究』 2, 1995
李光麟,「其人制度의 變遷에 대하여」,『學林』3, 1954.
李起男,「忠宣王의 改革과 詞林院의 設置」,『歷史學報』52, 1972.
李基東,「新羅下代의 浿江鎭」,『韓國學報』4, 1976.
_____,「羅末麗初의 近侍機構와 文翰機構의 擴張」,『歷史學報』77, 1978.
李基白,「高麗地方制度의 整備와 州縣軍의 成立」,『曉城趙明基博士華甲紀念佛 敎史學論叢』, 1965.
_____,「高麗京軍考」,『高麗兵制史研究』, 1968.
_____,「高麗太祖時의 鎭」,『高麗兵制史研究』, 1968.
_____,「新羅統一期 및 高麗初期의 儒敎的 政治理念」,『大東文化研究』6·7, 1969·1970.
_____,「高麗時代 身分의 世襲과 變動」,『民族과 歷史』, 1971.
_____,「高麗貴族社會의 形成」,『韓國史』4, 1973.
_____,「高麗成宗代의 政治的 支配勢力」,『湖南文化研究』6, 1974.
_____,「新羅私兵考」,『新羅政治社會史研究』, 1974.
_____,「新羅六頭品研究」,『新羅政治社會史研究』, 1974.
_____,「新羅執事部의 成立」,『新羅政治社會史研究』, 1974.
李萬烈,「高麗慶源李氏家門의 展開過程」,『韓國學報』21, 1980.
李炳熙,「高麗時代의 榮山江」,『鄕土文化』17, 1998.
李相瑄,「高麗時代 江華의 歷史的 位上과 文化」,『누리와 말씀』2, 1997.
李成茂,「朝鮮初期의 鄕吏」,『韓國史研究』5, 1970.
李樹健,「朝鮮朝 鄕吏의 一 研究」,『嶺南大學校 文理大學報』2-2, 1974.
_____,「後三國時代 支配勢力의 姓貫分析」,『大丘史學』10, 1976.
_____,「高麗時代「土姓」研究」上,『亞細亞學報』12, 1976.
_____,「嶺南士林派의 在地的 基盤」,『新羅伽倻文化』12, 1981.
_____,「高麗前期의 支配勢力과 土姓」,『韓國中世社會史研究』, 一潮閣, 1984.
_____,「高麗時代「邑司」研究」,『國史館論叢』3, 1989.
_____,「麗末鮮初 土姓吏族의 成長과 分化」,『李基白先生古稀紀念韓國史學論 叢』上 , 1994.
_____,「高麗時代 支配勢力과 鄕吏」,『啓明史學』8, 1997.
李純根,「高麗初鄕吏制의 成立과 實施」,『金哲埈博士華甲紀念史學論叢』, 1983.
_____,「高麗時代 事審官의 機能과 性格」,『高麗史의 諸問題』, 1986.

李淑京, 「高麗時代 地方官廳附屬地에 대한 一考察」, 『東亞研究』 17, 1989.

李佑成, 「麗代百姓考」, 『歷史學報』 14, 1961.

______, 「高麗朝의 吏에 대하여」, 『歷史學報』 23, 1964.

______, 「高麗의 營業田」, 『歷史學報』 28, 1965.

______, 「三國遺事 所載 處容說話의 一分析」, 『金載元博士回甲紀念論叢』, 1969.

李存熙, 「鮮初 地方統治體制의 整備와 界首官」, 『東國史學』 15·16, ―『醉鵝李龍範博士華甲紀念』, 1981.

李鍾旭, 「南山新城碑를 통하여 본 新羅의 地方統治體制」, 『歷史學報』 64, 1975.

李泰鎭, 「醴泉開心寺石塔記의 分析」, 『歷史學報』 53·54, 1972.

______, 「高麗宰府의 成立」, 『歷史學報』 56, 1972.

______, 「15세기 後半期의 鉅族과 名族意識」, 『韓國史論』 3, 1976.

______, 「金致陽亂의 性格」, 『韓國史研究』 17, 1977.

______, 「高麗末·朝鮮初의 社會變化」, 『震檀學報』 55, 1983.

李惠玉, 「高麗初期 西京勢力에 대한 一考察」, 『韓國學報』 26, 1982.

______, 「高麗時代의 鄕役」, 『梨花史學研究』 17·18, 1988.

李勛相, 「高麗中期 鄕吏制度의 變化에 대한 一考察」, 『東亞研究』 6, 1985

林炳泰, 「新羅五小京考」, 『歷史學報』 35·36合, 1967.

鄭杜熙, 「高麗武臣執權期의 武士集團」, 『韓國學報』 8, 1977.

______, 「高麗後期의 添設職」, 『震檀學報』 44, 1978.

鄭容淑, 「高麗初期婚姻政策의 推移와 王室族內婚의 成立」, 『韓國學報』 37, 1984.

曺凡煥, 「新羅末 敬順王의 高麗 歸附」, 『李基白先生古稀紀念韓國史學論叢』 上, 1994.

趙榮濟, 「高麗初期 鄕吏職의 由來에 對한 小考」, 『釜山史學』 4, 1980.

______, 「高麗前期 鄕吏制度에 대한 一考察」, 『釜山史學』 6, 1982.

蔡尙植, 「淨土寺址 法鏡大師碑陰記의 分析」, 『韓國史研究』 36, 1982.

蔡雄錫, 「高麗時代 香徒의 社會的 性格과 變化」, 『國史館論叢』 2, 1989.

______, 「高麗時代史 연구 半世紀(1945~1995)의 動向과 課題」, 『韓國學報』 79, 1995.

______, 「高麗後期 地方支配政策의 변화와 貢戶의 파악」, 『카톨릭대논문집』 창간호, 1995.

千寬宇, 「閑人考―高麗初期 地方統制에 대한 一考察―」, 『社會科學』 2, 1958.

崔柄憲, 「新羅末 金海地方의 豪族勢力과 禪宗」, 『韓國史論』 4, 1978.

______, 「新羅下代 禪宗九山派의 成立」, 『韓國史研究』 7, 1972.

______, 「羅末麗初 禪宗의 社會的 性格」, 『史學研究』 25, 1975.

_____, 「高麗時代의 親族組織」, 『歷史學報』 제94·95합집－創立三十周年紀念特輯－, 1982.

최종택, 「麗末鮮初 地方品官의 成長 過程」, 『학림』 15, 1993.

崔弘基, 「韓國戶籍制度史研究」, 『서울大學校 論文集 人文社會科學』 18, 1973.

河炫綱, 「高麗地方制度의 一研究」, 『史學研究』 13·14합, 1962.

_____, 「高麗西京考」, 『歷史學報』 35·36합, 1967.

_____, 「高麗惠宗代의 政變」, 『史學研究』 20, 1968.

_____, 「高麗太祖와 開城」, 『李弘稙博士回甲紀念論文韓國史論叢』, 1969.

_____, 「高麗初期權力構造의 性格」, 『史學會志』 16, 1970.

_____, 「高麗王朝의 成立과 豪族聯合政權」, 『韓國史』 4, 1973.

韓㳓劤, 「古代國家成長過程에 있어서의 對服屬民施策」, 『歷史學報』 12·13, 1960

_____, 「麗初의 其人選上規制」, 『歷史學報』 14, 1961.

許興植, 「高麗時代의 國師·王師制度와 그 機能」, 『歷史學報』 67, 1975.

洪承基, 「高麗時代의 雜類」, 『歷史學報』 57, 1973.

_____, 「高麗時代의 工匠」, 『震檀學報』 40, 1975.

_____, 「高麗後期 事審官制度의 運用과 鄕吏의 중앙진출」, 『東亞研究』 17, 1989.

_____, 「高麗初期祿邑과 勳田」, 『史叢』 21·22합, 1977.

黃雲龍, 「高麗閥族에 관한 研究」, 『東亞大學校 東亞論叢』, 1978.

_____, 「官階上에서 본 高麗太祖의 側近勢力」, 『釜山史學』 2, 1978.

江原正昭, 「新羅末高麗初期の豪族」, 『歷史學研究』 287, 1964.

今西龍, 「新羅骨品考」, 『新羅史研究』, 1933.

旗田巍, 「高麗の武散階－鄕吏·耽羅の王族·女眞の酋長·老兵·工匠·樂人の位階」, 『朝鮮學報』 21·22合, 1961.

_____, 「高麗王朝成立期の府と豪族」, 『朝鮮中世社會史研究』 1972.

_____, 「高麗の事審官制について」, 『朝鮮中世社會史研究』, 1972.

金鍾國, 「高麗王朝成立過程の研究」, 『立政史學』 25, 1961.

_____, 「高麗時代の鄕吏について」, 『朝鮮學報』 25, 1962.

藤田亮策, 「新羅九州五京考」, 『朝鮮學報』 5, 1953.

末松保和, 「新羅の村主について」, 『新羅史の諸問題』, 1954.

武田幸男, 「淨兜寺五層石塔造成形止記の研究」, 『조선학보』 25, 1962.

_____, 「高麗時代の鄕職」, 『東洋學報』 47－2, 1964.

_____, 「高麗時代の百姓」, 『朝鮮學報』 28, 1963.

_____, 「高麗·李朝時代の邑吏田」, 『朝鮮學報』 39·40, 1966.

_____, 「高麗初期の官階」, 『朝鮮學報』 41, 1966.

_____, 「新羅の滅亡と高麗の展開」, 『世界歷史』 9, 1971.

深谷敏鐵, 「高麗初期の鄉吏について」, 『鈴木俊敎授還曆紀念東洋史論叢』, 1964.

有井智德, 「高麗の鄉吏について」, 『東洋史學論集』 3, 1955.

田川孝三, 「錦城日記」, 『朝鮮學報』 53, 1969.

周藤吉之, 「高麗初期の地方制度」, 『東洋大學大學院紀要』 12.

_____, 「高麗朝の京邸・京主人とその諸問題」, 『朝鮮學報』 111, 1984.

茶谷十六, 「高麗時代の長吏について」, 『北陸史學』 13・14, 1965.

索 引

ㄱ

覺淵寺通一大師塔碑陰記　39
감무　334, 335, 344
强首　72
姜著　259
姜彰瑞　259
改定田柴科　209, 214
更定田柴科　211, 214
檢校神虎衛上將軍 希愈　81
檢務　119
堅權　202
堅金　54, 78
堅書佐丞　38
甄萱　19, 20, 98, 99, 108, 151, 152, 199,
　293, 294, 295, 296, 299, 300, 303, 304,
　305, 308, 310, 311, 312, 313, 314, 316,
　317, 318, 319
謙漢　177, 245
卿　35, 36, 40, 41, 42, 46
慶奇俊　74
慶大升　84, 85, 87
敬順王　319
景哀王　311, 319
更定田柴科　195, 205, 215, 221, 224, 228,
　230, 233
慶柱洪　74
慶珍　84, 87
高麗史 鄕職條　35
高麗太祖　47, 78, 80, 87

高鬱府將軍　14
高鬱府將軍 能文　60
古昌(安東)전투　203
恭愍王　269, 340, 341, 342
公須(司)　285
公須田　220, 285
孔律卿　42
公儀　82
龔直　16, 19, 20, 108, 200
寬駿　54
觀察使　333
光蓋　177
光軍　284
光胤　81, 87
光州地域說　316
廣評省　39
廣評侍中　39
光漢　177, 245, 246
校尉　273
郡吏　240, 274, 278
軍簿總郎　267
軍尹　221
郡人 愛堅　52
軍人田　218, 227
弓裔　27, 48, 49, 50, 51, 52, 70, 91, 97,
　103, 151, 293, 302, 303, 304, 315, 317,
　323, 324, 325, 326, 327, 328
宮院田　217, 218
權呾　265
權溥　265
權說　36, 37

權說佐丞　35, 38
權永　264
權仲和　343, 345
權行　21, 203, 245
均漢　177, 179, 245, 246, 248
錦城郡(羅州)　300
今有　143
今有·祖藏　121, 122
金印檢校　287
兢達　101
記官層　273
其人　143
其人選上　228, 229
其人選上規準　116
其人田　227, 229
其人制度　113, 115, 117
箕萱　293, 323
金巨　223
金寬謙　72
金寬駿　70, 77
金九容　269
金勤謙　54, 70, 77, 78, 86
金南秀　164
金達　44
金德謙　79
金方慶　255
金甫當　254
金傅　110, 111, 203
金富軾　339
金釋希　72
金宣弓　175, 179, 245, 248
金宣平　21, 153, 164, 203, 245
金審言　135
金安　339
金言規　70, 77
金芮宗　56, 64, 69, 71, 79, 166
金祐　345

金遠　56, 66, 68, 69
金謂磾　338, 339
金鍾國　237, 239
金敞　255, 256
金策　138
金孝印　255
金希一　56, 69, 71

ㄴ

郎　41
郎中　25
奈麻　35, 41
內奉省　39
內奉省令　39
內議省　39
奴婢按檢法　125
祿眞　72
能達　54, 78
能丈　14, 23

ㄷ

多燐君　100
團練使　333, 335, 344, 347
檀越　30, 31, 59
踏山歌　338
堂大等　43, 46
當寺令 釋紬　69
大監　23, 24, 119
大匡　17
大等　25, 43, 46
大舍　41, 42, 75
大相　214, 221
大相 朴守文　37
大相 俊弘　39, 127
大丞　215

德冲　78
都團練使　333
都令　273
道詵　337, 338, 345
東京留守使　332
東陽院夫人 庾氏　103

□

明吉　54
鳴鳳寺慈寂禪師凌雲塔碑　26
夢良院夫人　104
妙淸　338, 339
茂山大樹村　72
文公仁　339
文奉　245
文象　338
乂植　54
閔中理　345

ㅂ

朴守卿　97, 104, 128
朴述熙　97, 132
朴英規　108
朴儒　97
朴全之　264
朴暹胤　328
朴晉祿　345
朴暄　256, 258
裵克廉　345
陪戎校尉　224
裵玄慶　95, 104, 329
百官 公服제정　125
白思柔　139
白壽翰　339
法鏡大師　31, 33, 34

法鏡大師慈燈塔碑　31
法鏡大師慈燈塔碑陰記　31
法鏡碑陰記　37, 40, 43, 45
碧珍郡　16
別正　273
兵部　57
兵部卿　42, 44, 46, 59, 61
兵部尙書　255
瓶山戰鬪　108, 143
兵正　228, 229
兵倉史　170
兵倉正　170
普愚　339
卜智謙　95, 104, 329
奉御同正職　78
奉化戶長 鄭公美　272
奉希　44
部曲吏　240, 278
府吏　240, 278
副兵正　228, 229
副兵倉正　170
副倉正　228, 229
副戶長　170, 185, 279
副戶長同正　229
副戶正　170
北蘇造成都監　345

ㅅ

史　41
司林院　264
司兵　185, 186, 279
事審官　143
事審官制　203
司獄(司)　285
寺院田　217, 218
舍知　41

沙粲　26, 27
沙粲村主　27
司倉　61, 75, 185, 186, 279
司戶　186, 263, 279
散員　287
三司　282, 283
三韓壁上功臣　81
上奈　25
上大奈麻　25
上沙飡　25
尙州地域說　316
上村主　25
色吏層　273
西京留守使　332
徐穆　137
瑞書院　66
書雲觀　345
西原小京　72, 73, 74, 76, 86
서필　137
徐弼　40, 136
徐熙　136, 140
선긍　174, 244
宣德王　50
先沮知　42
善弼　153
薛公儉　262, 263
薛聰　72
城主　47
城主將軍　47
稅位田　230
孫錫　66, 69
孫仁謙　72, 74, 75
孫熙　72, 75
宋國瞻　257, 258
松壽　264
宋有仁　85
守文　104

須彌强　307
守司徒三重大匡　78
守元　17
宿衛軍　114
徇軍部　126
崇文臺　66
侍郎　23, 25, 35, 36, 59
侍郎 權說　37
始定田柴科　205, 207, 208, 230
食祿(司)　285
神劍　198
神劍軍　18, 108
辛旽　269, 342
神明順成王太后　34
神明王后　101
新城　41, 44
申崇謙　95, 104, 329
神靜王太后 황보씨　101, 104
神惠王后　100
莘萱　48
實職　81
10道制　331, 333
11團練使　332
12牧　331
12節度使　332
12節度使制　331
15刺史　332
雙冀　125, 134

ㅇ

阿玆介　295, 296
阿字盖　296
阿粲　35, 36, 40, 41, 46
阿粲 新城　40
安史의 亂　332
安逸戶長　225

安戩　262
安軸　267, 268
哀奴　293
藥店(司)　285
梁吉　293
良文　18, 19
兩班田　217, 218
楊演　139
御侮副尉　224
言規　54
彦書卿　42
餘三　72
驛吏　240, 278
役分田　196, 204
連翌　54
廉可偁　216
廉承益　262
廉邢明　216
永業田　212, 216, 218
禮賓卿　81
醴川　14
吳詗　267
五龍寺法鏡大師普照慧光塔碑　38
五朝政績評　134
吳漢卿　264, 266
王擧　139
王建　13, 19, 21, 27, 31, 38, 48, 49, 52, 54,
　　55, 68, 70, 78, 86, 99, 114, 142, 294,
　　312, 313, 314, 316, 318, 319
王建軍　302
土規　132
王昭君　38
王順式　16, 17, 20, 36, 198, 199, 203
王式廉　131, 132, 133
王堯君　38
王儒　97
王育　128, 129

外吏　240
外役田　230, 276
龍頭寺幢竿記　57, 59, 67
禑王　342, 343, 345
右一品別將　177
云敬代　272
原京畿制　336
元甫　214
元尹　212, 214
元戩　78
元宗　293
原州　14
庾黔弼　38, 95, 103
劉權說佐丞(承)　38
劉權說　31, 37, 40, 46
劉兢達　34
柳邦憲　119, 120, 138, 139, 141
有司　282, 283
劉新城　40
劉氏　34
柳潤謙　120, 139
有井智德　237, 239
柳天弓　101
柳淸臣　173
尹瓘　262
尹文玉　262
尹珤　262
尹紹宗　269
尹全　52
殷元中　338
邑吏　240, 274, 278
義城府院夫人 홍씨　104
毅宗復位 運動　254
李奎報　257
李克臣　164
李敦文　271
李穡　345

李崇仁　269, 271
李承休　264
李安　340
利輿　177
李永　216
李瑛　264
李允綏　257
李義旼　84
李義方　253
李仁復　341
李仁任　271
李資謙　79
李長庚　164
李齊賢　340
李峻　275
李仲孚　339
李之氐　262, 339
李恩言　16, 18, 19, 20, 164, 165, 200
李春富　342
李判院事　275
21防禦使　332
印公秀　262
人吏位田　232
一利川戰鬪　199
一品別將　180
林景淸　339
林樸　269
任元敳　339
林長富　191, 284

張保皐　299, 301
張補之　345
掌衛部　126
掌印行公　191, 285
莊和王后 오씨　100
張希　44
前侍郎　59
前侍郎 孫熙　72
轉運使　122, 143
殿中寺內給事(從六品)　78
漸梁部 孫氏　72
鄭可臣　263
鄭筠　85
鄭道傳　269, 271, 272, 300
鄭夢周　269, 270, 271
政房　264
正甫　214
鄭襲明　270
正朝　221
鄭仲夫　85, 253
鄭知常　339
正職 別將　222
整治都監　267
淨土寺法鏡大師慈燈塔碑陰記　30
淨土寺法鏡碑陰記　45
鄭興　263
諸壇史　274
趙位寵의 亂　84, 85, 87
趙仁規　262
租藏　119, 143
左蘇造成都監　345
佐丞　36, 214, 215
佐丞 王同　39, 127
佐尹　36, 40, 221
州吏　240, 278
周美　78
州府郡縣史　170

ㅈ

刺史　333
子彭　177
將軍　47
長吏　240
長命　17

俊弘佐尹　35, 39
中書侍郎平章事　84, 85
中尹　221
智胤　104
紙田　220
眞空大師塔碑　25
晋光仁　136
晉兢　136, 141
珍島　皇衣島(荷衣島)　300
眞聖女王　293
陳永緖　339
陳永世　343
振威副尉　224
珍州　200
眞虎　307, 308
執事郎中　41, 46
執事部　35, 41, 59

元

倉部　57
倉部卿　42, 59
昌王　345
倉正　228, 229
蔡靖　258
册　246, 248
靑吉　48
淸州徙民　50
淸州釋希侍郎　33
淸州龍頭寺幢竿記　56, 166
靑海鎭　299, 301
靑海鎭大使　299
村長　24
村正　24
聰逸　78
崔居業　139
崔光範　139

崔暹　135
崔承老　117, 123, 132, 133, 140, 143, 159,
　　161, 190
崔岳　264
최영　342, 343, 344, 345
崔儒　44
崔凝　95
崔怡　255, 256, 258, 261
崔知夢　129
崔忠獻　84
樞密院副使　薛愼　263
忠良　78
忠烈王　260
忠宣王　261, 264
忠式卿　42
7都團練使　332

ㅌ

太府寺少卿(從四品)　78
太祖　王建　36, 91, 93, 95, 97, 100, 103,
　　113, 151, 202
平農書史　權信　39

ㅎ

河崙　275
學院卿　62, 63, 75
學院郎中　62, 63
學院郎中　孫仁謙　72
韓康　81
韓公儀　81
韓光胤　82
韓蘭　80, 81
翰林院　66, 67
翰林學士　67, 255
翰林學生　66

韓明寔 75, 82
寒水 200
韓彦恭 139
韓衍愈 82
鄕吏外役田 218, 220, 230, 231
鄕役 242
鄕職 大丞 222
許越 17, 36
憲安王 誼靖 323
縣監 334
縣吏 240
玄化寺僧統 金德謙墓誌 78
玄暉 31, 34
戶長 170, 177, 185, 279
戶長同正 177, 229
戶長正朝 177, 178, 247
戶長職田 225
戶長層 273
戶正 170
洪術 151, 165, 305
洪儒 95, 104, 202, 329
洪彛敍 339
洪仲宣 345
皇甫悌恭 104
懷玉 78
孝隱太子 130
後壇史 170
勳田 225
萱直 44
興寧寺澄曉大師寶印塔 38
興達 199, 200
興法寺眞空大師塔碑 24
興鉉 54

고려시대 향리연구

인쇄일 초판 1쇄 2001년 02월 15일
     2쇄 2015년 03월 05일
발행일 초판 1쇄 2001년 02월 20일
     2쇄 2015년 03월 15일

지은이 박 경 자
발행인 정 찬 용
발행처 국학자료원
등록일 1987.12.21, 제17-270호
서울시 강동구 성내동 447-11 현영빌딩 2층
Tel : 442-4623~4 Fax : 442-4625
www. kookhak.co.kr
E- mail : kookhak2001@hanmail.net

ISBN 978-89-8206-579-8 *93910
가 격 20,000원